Sociology of Fashion

高宣揚◎著

獻給雙溪

序

　　二十世紀全球社會結構和人們心態的重大變化，以及隨之而來的人類生活方式的根本改變，使流行文化迅速地在全球範圍內傳播和氾濫起來。當代流行文化的出現和普及是人類文化史上一件重大事件：它不但典型而全面地顯示了二十世紀社會文化發展的新特點，也預示二十一世紀未來整個文化發展的趨勢；而且，流行文化同社會經濟和政治之間的緊密關係，也進一步使它的任何一點變化都成為整體社會變遷的重要跡象。在人類歷史發生世紀轉折的重要時刻，流行文化的發展同整體性政治、經濟和文化的「全球化」、「後殖民化」、「本土化」的各種新趨勢息息相關。

　　在這種情況下，對於人文社會科學來說，研究流行文化，不論就其理論層面，還是就實際經驗調查而言，都具有戰略性理論意義。當代西方社會學、人類學、哲學、語言學、符號論、心理學、政治學、經濟學、歷史學、文學藝術理論以及美學等學科的最深刻的思想家們，從二十世紀六十年代起，就已經敏感地意識到當代流行文化的興起所隱含的重要意義（Bailleux, N. / Remaury, B. 1995; Barthes, R. 1983; Ariès, P. / Duby, G. 1987; Bell, D. 1970; Baudrillard, J. 1969; Bourdieu, P. 1979 ; Bauman, Z . 1999; Alexander, J. 1989; Douglas, M. 1999）。從那時起，西方流行文化、社會結構、人的心態和學術界對於流行文化的研究，就形成為同步發展而又相互滲透的「四重結構」；這四大方面社會文化力量，對當代整體西方社會、文化和人的心態結構的變遷及其發展，都產生了決定性的影響。

理論的目光與生活的旋律，使筆者對流行文化發生了興趣；或者，更確切地說，引導筆者投入流行文化的洪流。隨著筆者同流行文化的反覆遭遇與對話，把筆者導向更深入的境界；在那裡，筆者看到的，已經不只是「後現代」都市時空中折射的幻影、櫥窗裡的時裝、街上的車水馬龍或人群中散發的香水氣味，而是朦朧地混雜在其中的文化氣韻和蒸蒸日上的神秘氛圍。這一切，把筆者帶入歷史的長河，穿梭於既可愛、又矛盾重重的現代資本主義社會，並在文化的廣闊場域中反思。追隨流行文化，但又不沈迷於它；對它投入、又保持自律，就會給我們帶來青春活力，不僅獲得理論的新生，而且也使自己的生命年輕化。流行文化不僅使筆者進一步學會在生活中思考，體會到理論與生活的一致性，而且也使筆者無窮地回味了生活的樂趣，對生活充滿著信心和憧憬。

　　從上一世紀九十年代以來，通過對於當代社會和文化的研究，筆者一直堅持系統地研究了以法國為代表的當代西方象徵論社會人類學的基本理論及其發展特徵，使我有機會集中地研究了西方當代文化理論以及當代西方文化的實際狀況；同時也進一步加深了此前筆者早已進行多年的對於西方當代社會思潮的研究工作。從1980年代以來，法國著名社會學家和人類學家李維史陀、布爾迪厄和波德里亞等人，以及著名哲學家德里達、拉畢卡和德勒茲等，也都先後對筆者的文化研究工作，給予親切而具體的關懷和指導；同他們的多次深入討論和交往，得到很深的啓示。在此期間，連續多年參與布爾迪厄所領導的「歐洲社會學研究中心」所進行的文化研究計畫，更為筆者在這方面提供豐富的資料和實際經驗。

　　中國的改革和開放在近二十多年來取得了顯著的成果，不但大大地改變了中國經濟的狀況，也改變了社會和文化的結構以及中國人的心態和生活模式。由於西方文化和生活方式的全球化的影響，中國的改革也自然地引進了西方的流行文化。西方流行文化隨中國現代化的

發展而勢不可擋地在全中國範圍內氾濫起來的事實，有力地說明了當代西方流行文化的威力，說明流行文化是當代社會文化變遷的重要動力：不但先進的西方國家，而且連發展中國家的近代化和現代化的進程，也要在很大程度上受到流行文化的強大酵母和媒介力的影響。原來非常強大的中國傳統文化和占統治地位的意識形態，竟然也招架不住流行文化的發展洪流。不但思想開放的中國青年，而且，占全國人口80%的中國農民，也深受西方流行文化的感染。北京這個東方文化古都和共產主義的最後堅強堡壘，也在西方流行文化的衝擊下，煥然一新，呈現出史無前例的活力。北京的街道以及高聳入雲的現代和後現代大廈群，充斥著流行文化的物品及其氣韻。北京已經成爲如同紐約、巴黎和倫敦那樣的流行文化中心。中國和其他發展中國家的現代化過程中所顯現的流行文化問題，具有深刻的社會意義，值得社會學家、人類學家和哲學家反省和深思。

當代流行文化的發展具有深遠的理論意義。爲此，必須從哲學、心理學、社會學、人類學、政治學、經濟學、語言學、符號論等多學科的角度對流行文化進行研究，特別注意從理論上進行總結。但對當代西方流行文化的研究，不能停留在基本理論的層面上。理論固然重要，有助於把握研究的方向和抓住事物的本質，但對於當代社會實際具體現象的觀察和經驗分析，也是非常重要的。特別是對於流行文化的研究，更脫離不開對於具體的經驗資料的整理和分析。在這方面，不論是早期的布勞岱、埃里亞斯、宋巴特、維布倫、索洛金，還是當代的布爾迪厄、羅蘭·巴特、波德里亞，都爲我們樹立了將理論研究同實際經驗統計調查分析相結合的良好榜樣。

本研究所引用的資料，大多數是筆者近十年來在巴黎和在台北親自收集的。從資料蒐集到撰寫草稿、修改稿以及最後定稿，經歷了將近十年的時間，正巧度過了二十世紀的最後幾年，並一直延伸到二十一世紀的最初歲月。時間的維度把筆者置於最幸運的歷史時刻，使筆

者得以觀察到世紀轉折時期的各種文化亂象、創新及重構過程。而筆者近二十多年生活於法國巴黎的實地經歷，又在空間上得到了觀察和體驗流行文化的最近視角和最生動的場域。巴黎作爲世界花都，從來都是流行文化的發源地和倡導者。巴黎的街道商店就是最好的流行文化表演場所，而巴黎的居民，不管是其上流社會人士，還是其普通民衆，都是流行的最狂熱的演員。在台灣，近三十年來經濟文化的發展，也大大促進了流行文化在全島的興盛。台灣最大都會台北，已經成爲模仿法國、美國和日本流行文化的先鋒；而台北市區街道，特別是最繁華的忠孝東路、敦化南路和西門町的人流和櫥窗，則是西方當代流行文化的最積極和最生動的推銷者和展覽台。

由於流行文化本身帶有明顯的時代性，所以，筆者儘可能選用最新的書面和圖片資料。每當本書進行一次新的修改，就採用直至修改當天所得到的最新資料。例如在2001年5月19日，當筆者在巴黎東郊寓所，面對著電腦準備展開工作修改本書序言以前，筆者仍然以極大的興趣和儘可能敏銳的眼光，去尋求新的流行文化資料。動筆前，信步走到最近的書報攤瀏覽，居然發現當天巴黎《世界報》（*Le Monde*）發表了長達十六版的「首都時尚」副刊。這正是佐證了「流行文化時時處處呈現」的判斷。一位美女頭像占滿整個報紙第一版。美女的臉部皮膚塗上以植物原料製成的化妝液；耳垂上懸掛著用貝殼製成的耳墜；口紅是由植物原汁精工細作提煉出來的；頭上戴著由青草及樹葉交織而成的草帽。《世界報》說：「生機美」（beauté bio）是當今巴黎最流行的時尚（Supplément au 《*Le Monde*》 du samedi 19 mai 2001, No.17516）。一切回歸自然。使用最新和最高的當代科技手段，將自然界的植物及其原料，精心加工，製成各種美化身體的化妝品。生活在科學技術產品充斥的世界，使人們不再喜歡百分之百的科技化妝品，而是追求純自然生物產品。但是，這種新的純生物化妝品實際上也並不是百分之百的自然，因爲它是經最新科技加工而製成的。這就表明

現代生活的矛盾和弔詭：既愛自然，又不是愛百分之百的自然；既創造了科技，又不喜歡百分之百的科技。流行的生命就在於它的時代性。不同的流行帶有不同的時代特點。因此，結合不同時代流行文化史的分析需要，本書也精心選用了反映不同時代特徵的史料。又由於各國流行文化帶有明顯的民族傳統特徵，所以本書也儘可能選用世界上各國各地區多民族流行文化的多元化原始資料。為此，筆者要特別感謝謝盛佑先生費心為本書選擇了相關的圖片。

　　不論在國內還是在國外學術界，對流行文化的研究尚處於開端階段，甚至帶有一定程度的試驗性和探索性。希望本書的出版能有助於推動對於流行文化的研究，也有助於推動對於整個人類文化的研究。為此，熱誠歡迎學術界人士和朋友對本書提出寶貴的意見。

高宣揚

2002年夏完稿於世界花都巴黎

目　錄

第一章

導論：
流行文化及其研究的重要意義

為了深入理解流行文化的重要意義，我們首先從總體社會宏觀現象的層面，以感性經驗的粗略觀察方式，對流行文化進行初步分析。由此，就可以很容易地發現：流行文化已經成為當代社會生活中的一種重要社會文化現象。正如波德里亞所指出的，「流行，作為政治經濟學的當代表演，如同市場一樣，是一種普遍的形式」（Baudrillard, J. 1976: 139）。流行文化不只是具有普遍性（universality），而且也具有一般性（generality）和滲透性（pervasiveness）。如果說在一百多年以前，面對古典資本主義社會的基本結構，馬克思得出了「商品是社會的普遍形式」（Marx, K. 1867）的結論，那麼，現在，不只是在先進的資本主義國家，而且，在全球各個角落，普遍存在、並滲透於社會各個領域的東西，就是已經徹底商品化和全球化的流行文化產品。既然在馬克思的時代裡，他抓住了商品這個「最普遍」的社會存在形式，作為分析資本主義社會整體結構的基本細胞，同樣的，現在，為了分析當代資本主義社會，也可以、甚至應該抓住流行文化這個社會中「最普遍」的東西，作為我們分析當代社會的出發點。

第一節　作為一種社會文化現象的流行文化

　　流行文化雖然早已在古代出現，但其盛行及其在社會中的普遍化和滲透化，則明顯地只是近半個多世紀以來的事情。當代流行已經完全市場化，成為整個資本主義市場的主要商品，也成為市場的主要運作機制，甚至成為市場的生命力主要來源。不但如此，流行文化還遠遠超出經濟生活和經濟活動的領域，同時具有普遍而廣泛意義。當代經濟的全球化趨勢，更使流行文化成為無所不在的政治經濟文化力量。它在社會生活中，不僅已經成為最普遍的事物，而且也成為社會

中最重要的因素和力量：（1）當代流行文化已經成為社會區分化和階層化的重要槓桿（Simmel, G. 1890; 1904; Frisby, D. / Featherstone, M. 1997: 199-200; Veblen, 1899; Elias, N. 1988[1936]; Braudel, F. 1981[1979]; Bourdieu, P. 1980）；（2）成為社會權力分配和再分配的強大象徵性力量和指標；（3）也是推動社會改革和社會現代化的因素（Dant, T. 1999: 1-5; Lury, C. 1996: 1-9）；（4）不僅如此，而且，流行文化同當代商業和媒體系統的高度結合，又使流行文化同時具有文化、商業和意識形態並重的三重性質；（5）在當代西方文化和生活方式的全球化過程中，流行文化又成為最活躍的力量和酵母，通過媒體和各種大眾傳播的中介，滲透到世界的各個角落，改造和更新各國社會的基本結構以及人們的基本心態和生活方式；（6）流行文化的日常生活化，使它不僅成為社會大眾日常生活的重要組成部分，而且也成為他們協調個人同社會整體相互關係的基本中介，使它同時地成為社會大眾實現個人社會化和社會整合的重要環節；（7）流行文化不只是社會大眾和上層「菁英」分子的一種生活方式，而且也是他們的精神面貌、生活喜好、內心慾望和整個心態的表現。

流行文化在當代社會中的蓬勃發展及其極為重要的社會影響，並非一件孤立和偶然的事件。儘管它無疑是一種文化現象，可以在一定程度上繼續以傳統文化的角度和觀點去分析，但它在實際上已經超出文化的範圍，要從整體社會結構和性質的複雜變化狀況，進行綜合觀察和探索；而且還要從流行文化同社會文化各個領域的互動和相互滲透的角度，從它同人們心態和精神狀況的緊密關係的方面，才能對它的性質及其運作邏輯有更全面的認識。

流行文化之成為當代人類生活中的一種重要社會文化現象，主要表現於它在社會生活中的極端普遍性，以致可以說它真正地在整體社會中無孔不入：在空間上無所不在，在時間上不僅無時無刻地起作用，而且也不斷重複地發生；不論是專業文化活動，還是政治經濟領

域以及日常生活，都滲透著它的精神，都可以感受到它的活動氣息。流行文化幾乎成爲了全社會的社會文化現象，一方面它成爲整個社會文化運作的重要中介力量，使社會的政治、經濟和文化的各個領域，都不得不靠它的介入才能在社會文化生活中充分發揮其作用，另一方面它本身又深受政治、經濟和文化活動的牽制，成爲一種史無前例的超文化社會力量，也使它成爲具有「全社會性」的新型社會文化現象。流行文化同整個社會文化各個領域複雜因素之間的緊密互動，使它自然地成爲分析和揭示當代社會文化性質及其特徵的關鍵因素。

由於它同日常生活之間的緊密關係，又由於它透過日常生活的頻繁活動而時時發揮其社會區分化（social differentiation）和社會區隔化（social distantiation）的功能，法國著名社會學家布爾迪厄強調從日常生活實踐和行動者「生存心態」（habitus）的互動關係角度去分析流行文化的性質及其區分化社會功能（Bourdieu, P. 1979; 1980）。由於它的普遍性和群眾性，又由於它的普遍性和群眾性已經遠遠超出傳統文化的狹隘範圍，使當代英國及西方各國大多數文化研究者，乾脆就把「大眾文化」當成「流行文化」的同一詞；並把「大眾文化」當成「當代文化研究」（Contemporary Cultural Studies）的中心任務（Bennett, T. 1981; 1986a; 1986b; 1992; 1993; 1995; Brantlinger, P. 1990; Clarke, J. 1991; Fiske, J. 1986; 1989a; 1989b; 1993; Gray, A. / McGuigan, J. 1993; Grossberg, D. 1992; Hall, S. 1980a; 1981; 1990; 1992; Inglis, F. 1993; Johnson, R. 1983; Kellner, D. 1995; Leavis, F. R. 1994; McGuigan, J. 1992; McRobbie, 1981; Morley, D. et al. 1995; Murdock, G. 1989; Shiach, M. 1991; Storey, J. 1997; Turner, G. 1996; Valda, B. et al. 1993; Waites, B. et al. 1982; Williams, R. 1975[1961]; Willis, P. 1990）。英國伯明罕大學「當代文化研究中心」從它成立以來，就明確宣稱：「大眾文化」是它的主要研究對象；而當代文化研究不同於傳統文化研究的地方，正是在於它不但以大眾文化作爲其研究重點，而且它還鼓勵廣大人民群眾

積極參與這項研究活動。

　　從二十世紀八十年代以來，各國政府和國家最高領導人，都關心、重視並親自參加各種重要的流行時裝表演活動。以當代流行文化的重要生產基地法國為例，國家領導人，包括總統和總理以及各相關部長在內，從八十年代起，都親自參加著名的流行時裝表演活動及其儀式。1985年，法國政府工業部長克勒松夫人（Edith Cresson, 1934-），在文化部長賈克朗（Jack Lang, 1939- ）和密特朗總統夫人的陪同下，正式主持成立「法國時裝研究院」（Institut Français de la Mode）。接著，1987年，法國政府又正式命名里昂第二大學為「法國時裝大學」（L'Université de la Mode）。除了法國以外，幾乎所有的西方主要工業國家的政治領袖，不論在其正式的政治活動中，還是在其他的活動中，都很重視進行「文化修飾」或「文化秀」，儘可能地採用流行文化的形式和方式，把自己「包裝」起來。美國總統柯林頓的夫人希拉蕊（Hillary Clinton），最近在紐約州競選參議員時，為了博得廣大選民的好感和支援，決定請整容醫生進行拉面皮手術，除去眼袋並收緊日益鬆弛的下巴肌膚。她的整容醫生說：「萊溫斯基性醜聞對柯林頓和希拉蕊的打擊都很大。希拉蕊的眼肚和頸項都明顯地鬆弛了不少；她看來筋疲力盡」。為此，醫生建議收緊她眼部四周的肌膚，抽除眼肚位置多餘的脂肪和液體，使眼睛看起來更有精神和年輕起來；同時還要除去她下巴中多餘的脂肪組織，使下巴收緊。就連一向以堅持「艱苦樸素革命傳統」為基本生活原則的中共國家領導人，以江澤民為代表，也在他們的生活起居及行動的各個方面，特別講究「流行」起來。他們模仿西方的生活方式，首先著力於追隨西方流行。江澤民等人很清楚：要擠身於世界政治經濟領袖行列，必須學會打高爾夫球；必須乘坐最名牌的「賓士」汽車等等。這一切，標誌著西方各國政府對於流行時裝和整個流行文化的高度重視，也典型地表現了當代流行文化同最高國家政權機關及其權力運作過程的緊密結合。不僅如此，而且，

流行文化同當代商業和媒體系統的高度結合，又使流行文化同時具有文化、商業和意識形態的三重性質。這種狀況尤其使流行文化成為現代社會政治經濟力量進行競爭和角力的重要手段和工具。

當代流行文化的滲透性和普遍性，主要表現在：第一，它已經成為社會基本結構的重要構成部分。一切構成社會基本結構的領域，都存在著流行文化的痕跡；它甚至成為社會基本結構的主要因素。例如，社會硬體和軟體部分，都受流行文化的影響。作為社會基本結構的基礎單位，當代家庭在流行文化的衝擊下已經衝破傳統家庭的基本形式，也改變了傳統家庭的基本功能。流行文化從社會的最基礎的家庭結構開始，轉變著整個社會的結構模式及其運作方式。法國思想家布爾迪厄認為，雙向運動著的當代社會結構（structure sociale）和心態結構（structure mentale），是通過流行文化的「中介」（mediation）而運作的。流行文化同權力、媒體、意識形態和商業的緊密結合，使它具有宰制社會運作的神秘性質。英國社會學家季登斯認為，流行文化通過全球化、媒體化、資訊化和符碼化的過程改造了現代社會的基本結構。他還認為，流行文化同當代社會基本結構的緊密關係，使它成為社會現代化過程的重要力量。第二，流行文化直接影響了社會的基本組織狀況。流行文化滲透到社會組織的各個層面，不但重建各級社會組織內基本成份的相互關係，也調整了各社會組織之間的關係網絡。它改造了社會組織的基本原則、基本成份，也改變了社會組織的運作邏輯。第三，流行文化改變了社會變遷的基本過程及其形態。如前所述，流行文化已經深深地影響著現代化的進程。在當代，不論是社會變遷的溫和平穩過程，還是其改良或革命狀態，都不可避免地同流行文化相結合。第四，流行文化成為了社會階層或階級結構變化的酵母，使社會階級的劃分和重構脫離不了它的影響。自從流行文化興盛以來，社會階級的劃分標準和各階級間的關係都發生了根本的變化。以往那種注重於財富、權力以及職業區分的階級分析模式，逐漸

地讓位於對流行文化享用和品味程度的分析模式。當代社會階級的劃分，在很大程度上決定於人們對於流行文化的態度，決定於他們享用流行文化時所表現的不同生活方式及其生活風格。受流行文化深刻影響的生活方式和生活風格，是當代社會各階級或階層結構評定的主要標誌（Goldthorpe, J. et al. 1968-1969; Bourdieu, P. 1980）。第五，當代流行文化在廣大民眾中的滲透，也使流行文化本身成爲人民大眾的一種新型生活方式。這就是說，流行文化的生命同人民的實際生活息息相關。流行文化在當代社會中的重要地位，使它毫不遜色地可以成爲時代精神的「晴雨錶」，成爲人們觀察社會文化動向的敏感標誌。

流行文化在社會中的顯著地位和重要作用，表明人類文化已經發展到一個新的重要階段。在這個新階段中，首先，文化創造和鑑賞活動並不單純限於專業文化藝術界，而是成爲廣大人民群眾的日常生活實際活動。第二，文化活動已經滲透到社會的各個領域，滲透到傳統文化領域以外的經濟、政治和社會活動中，成爲社會結構的重要組成部分。第三，文化的普及和提高過程採取了嶄新的形式。第四，文化的創造並不單純靠專業文化工作者的內在創造能力，而且還大大借助於科學技術的複製能力，借助於商業和媒體的中介力量，使文化的創造和再生產採取了嶄新的方法。第五，文化的生產和再生產已經遠遠超出人與自然之間單純相互對立關係的模式，而且也廣泛的在人造的「第二自然」甚至所謂「第三自然」和「第四自然」的範圍內進行。也就是說，當代社會中的文化生產和再生產，更多地發生在由科學技術所創造的人爲環境中進行。這種狀況雖然有它的好處，但它明顯地導致對於原有自然界的破壞。文化同自然的相互關係，不但沒有因爲人類社會和文化的發展而更加協調，反而更加對立，甚至最後有可能導致損害人類的自然生活環境本身。這是我們在研究流行文化時所要予以注意的一個重要問題。

所以，文化創造和再生產的實現過程，並非僅限於傳統的專業文

化界，不只是限於學校、科學院、歌劇院、音樂廳、研討會、研究所等傳統文化機構之內，而是涉及到政治、經濟和其他方面的各種複雜因素，同時又有廣大民眾的積極參與和共同享受，成為整個社會上下各階層成員實際生活的具體方式和基本形式，使流行文化的生命運作變成為全社會整體結構性運動的一個組成部分。

當代流行文化在社會中的顯著活躍狀況，已經使社會和文化的因素進一步緊密地結合在一起。文化固然是人類經驗累積的結果，甚至包含相當程度的習俗因素，但在很大程度上，文化是需要經過學習，經過相當程度的系統教育過程才能獲得的。因此，在人類歷史上，以往的各種社會中，文化總是按層次地先由少數知識分子所掌握和壟斷，成為專業文化人士的特殊職業活動，然後才透過嚴格的教育手段和制度，慢慢地和有條件地在社會中推廣開來。文化的這種特點，也使它長期以來被社會中占統治地位的集團或勢力所控制，遠離著社會中廣大民眾階層的實際生活。但是，近一百年來社會的現代化過程，創造了空前未有的政治自由和經濟繁榮以及科學技術突飛猛進的優越條件，使文化的提升和普及有可能採取嶄新的形式和程式。當代流行文化就是在這樣的社會歷史條件下興起的。當代流行文化的全面活躍，既是社會文化高度發展的結果，又是文化發展新階段的重要標誌。流行文化的興盛和蔓延，從根本上改變了文化本身的基本概念：文化已經不再是少數知識分子或菁英分子所壟斷的精神財富，也不是單靠高深知識才能掌握的學問；經過幾千年的發展和演變，文化已經變成為整個社會成員共同關懷和實際參與的實踐活動，成為現實生活的一部分（Bauman, Z. 1999; Bennett, T. 1995; Bennett, T. et al. 1986; Certeau, M. de. 1984[1980]）。

如果我們從文化發展史的宏觀觀點來總結人類文化發展的基本過程的話，我們可以說，人類文化經歷了三大歷史時期、並相應地採取三大基本形式：第一時期就是原始文化時期，在這一時期內，文化同

人類衣食住行緊密相互交錯在一起，人類文化創造直接表現在衣食住行的基本形式上面。第二時期是文化從衣食住行的日常生活中脫離開來，成爲少數專業知識分子的社會職業，這是由社會分工的發展所決定的。第三時期是文化又回復到原始文化時期的狀態，一方面文化同人民大眾的日常生活，同社會大眾的衣食住行緊密相關，從而使文化成爲社會大多數人的日常實踐活動；另一方面文化創造又更多地採用原始時期的文化創造形式，例如訴諸於最簡單和最形象的象徵性符號，採用較爲模糊和不確定的形式。當然，這種對於原始文化的回歸並非意味著當代文化的倒退或簡單的復古，而是在新的基礎上重複原始時代的形式。就以日常生活方式而言，原始時期人們只能滿足於最低限度的基本生活需要，只要能活著就滿足了；現在則不一樣，社會生產力和科學技術的高度發展，使人們日常生活的需求，特別是肉體方面的慾求，必須達到極度的「舒適」（fitness）（Becker, H. S. / McCall, M. M. 1990: 215）；不只是一般地滿足基本生活需要的問題，而是「無止盡地要求舒適、再舒適」，正如法國社會學家所指出的，在這方面人們的要求，可以說是「永遠不滿足」，「永遠還要再增加」（toujours plus）。談到現代人的無止盡慾求，馬庫色早在1964年就指出：「我們要區分眞正的需求和虛假的需求兩種。所謂虛假的需求就是特殊的社會利益的壓迫而從外部強加於個人之上所產生的。這種需求始終是圈套式的、帶攻擊性的、貧困的和非正義的（perpetuate toil, aggressiveness, misery and injustice）。絕大多數占主流的對於休閒、尋求樂子和消費的需求，都是同廣告相配合，引導人們去愛和恨其他人所愛和恨的東西」（Marcuse, H. 1964: 5）。「在這種情況下，人們都是在他們的商品性中認識他們自己的身分的；他們是在他們的汽車、音響設備、套房和廚房設備中發現自己的靈魂的。連接著個人和社會的機制已經發生轉變，而社會宰制是立足於社會所生產出來的虛假需求之上」（Ibid.: 9）。當代流行文化的興盛就是人類文化發展到第三時期

的基本標誌。

　　所以，研究流行文化，不僅是觀察當代文化動向所需要的，而且也是研究和深入探討整體社會結構及其運作邏輯的一個出發點；同時也是深入分析未來新世紀人類文化重構動向的關鍵。

第二節　當代流行文化的重要意義

一、流行文化的社會學意義

　　在宏觀總體經驗觀察的基礎上，必須進一步對流行文化進行社會學的分析，深入揭示它的社會意義。如前所述，流行文化充斥於社會生活的各個領域，滲透到社會的政治、經濟、教育、文學、藝術和日常生活的各個方面，成為了社會運作和發展的一個重要動力。流行文化在當代社會的出現和膨脹，使原有社會結構中的政治、經濟、文化及各個社會領域和社會系統，都發生深刻的變化。它不但改變了原有的文化的性質及結構，也改變了政治、經濟及其他社會結構，甚至也改變了社會各個領域之間的相互關係。因此，流行文化已經成為觀察和分析社會文化變動的一個重要指標和關鍵因素。同時，流行文化同權力運作各個環節相關聯的普遍現象，也使流行文化成為權力分配和權力鬥爭中的一個重要環節，成為觀察社會階級和階層結構的新視角。

　　長期以來，西方的文化研究一直不重視流行文化的存在，甚至將流行文化當成「下等人」或「下里巴人」的文化，當成「大眾文化」、

「粗俗文化」、「非主流」的文化、「次文化」或「邊緣文化」等。如前所述,在傳統上,文化似乎只是少數人才有資格掌握的壟斷專利或特權,因此,對於文化的研究只限於上流社會所確認的專業領域。正如英國伯明罕學派的思想家們所指出的,上流社會居然把流行文化當成一種屬於「他人」的文化,似乎它「理應」被排斥在「標準」文化之外。傳統思想和統治階級不承認流行文化的「正當性」,其目的是雙重的:一方面為了鞏固統治階級對於文化的壟斷,另一方面掩飾流行文化中的意識形態控制和利益分配。因此,全面開展當代流行文化的研究,在西方文化史、甚至全人類文化史上,都具有重要意義。

　　具體地說,流行文化研究的社會學意義,還可以從不同角度進行分析。第一,流行文化研究有助於探討當代新型的社會與個人的相互關係問題。傳統社會學總是把社會整體與個人的相互關係問題列為首位加以探討,並將這一問題分為三大面向:社會整合、社會化及文化。從涂爾幹和韋伯以來,社會學家都無例外地將社會與個人的相互關係問題歸結為社會結構與行動者的行動的相互關係問題。在這一方面,帕森思所提出的AGIL模式更是具有典範意義。由於流行文化在當代社會中的滲透性,實際上,它已經可以成為解決上述基本問題的重要機制。德國社會學家齊默爾曾經就這一問題提出非常深刻的見解。他認為,通過流行文化,社會各個個別成員,可以實現個人同社會整體的適應過程,從而實現其個性的社會化;而社會整體結構的運作,也可以藉由流行文化作為橋樑或酵素(催化劑),將個人整合到社會中去(Simmel, G. 1905, *The Philosophy of Fashion*)。他說:「流行是某一個特定模式的模擬,因而滿足了社會適應的需求(Fashion is the imitation of a given pattern and thus satisfies the need for social adaptation.);它將個人引向人人經歷的道途上(it leads the individual onto the path that everyone travels),它提供了最一般的條件,使每位個體的行為有可能成為一種榜樣(it furnishes a general condition that resolves the conduct of every individual into a mere example）。與此同時，在一定程度上，它滿足區分的需要，提供一種趨向於區分化、變化以及個人間相互對比的勢態（ At the same time, and to no less a degree, it satisfies the need for distinction, the tendency towards differentiation, change and individual contrast.）。它一方面通過內容的改變，以今日的時裝爲每個個體提供一種標誌，以與昨日和明日的個體相區分，另一方面，它又以更加有效的方式，通過時裝這個始終作爲社會階級的標誌，通過社會高層藉由時裝將自己同社會底層區分開來的事實，通過社會高層在社會底層剛剛跟上其時裝轉變的時刻就立即將他們拋在一邊的事實，流行文化實現了社會區分的功能（It accomplishes the latter, on the one hand, by the change in contents - which gives to the fashions of today an indiviudal stamp compared with those of yesterday and tomorrow - and even more energically, on the other hand, by the fact that fashion are always class fashions, by the fact that the fashion of higher starata of society distinguish themselves from those of the lower strata, and are abandoned by the former at the moment when the latter begin to appropriate them.）。因此，在各種社會生活形式中，流行文化無非就是一種特殊的社會判斷領域，通過它，我們在一種統一的行爲中，力求將導向社會平等化的趨向同進行個人區分和個人多變性的需求聯結起來（Hence, fashion is nothing more than a particular instance among the many forms of life by the aid of which we seek to combine in a unified act the tendency towards social equalization with the desire for individual differentiation and variation.）」（Simmel, G. 1905. In Frisby, D. / Featherstone, M. 1997: 188-189）。

　　第二，流行文化的研究有利於探討當代社會變遷與現代化問題。正因爲流行文化成爲當代社會整合與社會化過程的重要機制，所以，在社會變遷與現代化過程中，它也同樣扮演了重要角色。以中國大陸

爲例。研究中國大陸現代化過程，離不開對於流行文化在中國大陸的傳播狀況的調查和分析。目前在中國大陸，隨著現代化的全面展開，流行文化像「開路先鋒」一樣，在其所到之處，同時也帶來了西方現代政治、經濟和文化。

第三， 流行文化的研究有利於探討社會權力運作，特別是探討滲透於當代社會中的象徵性權力的運作問題。

第四， 流行文化的研究有利於探討當代全球化問題。流行文化與全球化是始終互動的；不僅前者離不開後者，後者也離不開前者；而且，兩者是相互推動和相互滲透的。由於當代西方經濟及文化的全球化已成爲當代社會學研究的一個重要課題，因此，有關這方面的研究意義將在下一節單獨專門論述。

二、與社會現代化及文化經濟全球化的關聯

從六十年代以來，西方社會的發展已經進入新的階段；在西方各國國內，不論是政治領域，還是經濟和文化層面，都發生了根本性的變化；西方各國進入了所謂的「消費社會」、「消費文化時期」、「後現代」、「晚期資本主義」、「後殖民主義時期」、「訊息（資訊）社會」以及「數位化時代」等等（Baudrillard, J. 1969; 1970; Bell, D. 1970; Bourdieu, P. 1979; Jameson, F. 1981; 1991[1984]; 1992; Said, D. 1978; 1993; Shohat, E. 1992; Mcluhan, 1964）；而在世界範圍內，西方文化和生活方式的全球化，又造成了「電子殖民主義」（McPhail, Th. L. 1987）、「後殖民主義」、「新資訊秩序」（Thompson, J. 1990: 1）等空前未有的世界局面。在這個新階段中，全球市場模糊了原來民族國家的界限，文化的因素越來越占據重要的地位，以致使社會生活中的任何領域幾乎都同文化的發展和運作相關聯，也使任何社會行動都難免

滲透著文化的因素而具有文化活動的意義。在這種情況下，掌握著主要社會權力的統治階層，特別是政治和經濟方面的統治階級，爲了進一步加強對社會各個部門的控制，有意識地通過種種手段，特別是通過文化媒體系統，滲透到文化部門，並將文化改造成爲該階層影響整體社會的重要渠道。當代流行文化也就在這種情況下，作爲文化系統中的最活躍和最有影響力的社會文化力量，不但應運而生，而且也自然地被社會統治勢力人爲地推波助瀾而氾濫起來。在這個意義上說，當代流行文化是當代社會發展的一定產物。研究流行文化也就成爲探討社會權力結構及其再生產過程的重要參考指標。

當代西方文化的全球化以及伴隨而來所出現的媒體化、電腦資訊化和網絡化，使各國的現代化過程，不僅在速度和方式上，而且也在內容方面，完全不同於上一世紀的狀況。全球化和現代化在新的世紀的進程，其重要特徵，就是緊密地同流行文化的發展聯繫在一起。

從十六世紀到十九世紀，現代化的進程，首先從西方開始，接著，西方各國在向全世界擴張的同時，靠西方國家強制性軍事力量的介入和殖民占領，實行殘酷的黑奴販賣、鴉片輸出和原始資源的掠奪，再加上不平等的商品傾銷，將西方現代文化擴散到世界各地。但是，二十世紀下半葉以來，自從進入後殖民時代以來，西方現代文化在全世界的擴散，主要是通過全球化的過程。西方流行文化成爲西方整個現代文化向全世界擴散的一支最重要的先鋒力量。

法國《快報》（*L'Express*）1999年8月26日發表題名爲〈當整個中國化起妝來的時候〉（*Quand la Chine se maquille*）的報導性文章。文章有趣的指出，世界各強國的大型企業正競爭劇烈地在中國廣闊的市場上展開一場「化妝品戰爭」。各個製造化妝品的大型跨國公司正競相採用不同廣告和推銷策略，設法讓成千萬、甚至成億的中國人，首先是姑娘們，從頭到腳都化妝起來。一位叫保羅·加斯巴里尼（Paolo Gasparini）的義大利化妝品老闆甚至「夢想」有一天能讓全中國的婦

女們都塗上他所製造的口紅。

　　台灣流行文化的發展顯然也同台灣社會的現代化過程有密切關係。同全球各國的現代化過程一樣，台灣社會在現代化的過程中，也包含著西方各國流行文化的擴展及其「本土化」和「在地化」過程。值得注意的是，台灣流行文化的發展，又緊密地同台灣社會的區分化過程息息相關。實際上，任何國家和地區的現代化過程，都同時也進行著新的社會區分化過程，通過這個過程，一個新的現代化社會便形成、出現和發展。台灣流行文化的發展模式，典型地表現出一個地區現代化過程同它的社會區分化過程的同步性和相互關聯性。

　　由於西方文化的全球化趨勢，以及由於西方各國在媒體、資訊電腦網絡方面的絕對優勢，當代流行文化已經變成為西方國家影響、甚至宰制世界各國社會文化的一個重要手段。根據詹明信的說法，晚期資本主義的文化，不但在量的方面已經擴展到社會的各個領域，擴展到世界的各個角落，而且，在質的方面也發生了根本變化。詹明信由此將流行文化當成晚期資本主義文化的一個重要組成部分，也構成「後現代」文化的一個重要表現形式（Jameson, F. 1991[1984]）。在這個所謂的「後殖民時代」中，流行文化成為了西方各國在政治、經濟和文化各方面向全球擴張的主要中介。正如賽義德所說：後殖民主義的主宰形式已經從原先的侵略和殖民，轉變成為文化入侵和文化滲透；「通過文化刊物、旅行以及學術講演等方式逐步地贏得後殖民人民」（Said, E. 1993: 292）。當代西方文化發展的任何一個重要成就，往往都首先通過其流行文化的輸出和傳播而對其他國家發生影響。流行文化在不知不覺之中成為西方文化征服世界的一個重要力量，甚至在一定意義上，它成為西方各國向世界擴張的文化先鋒。不僅如此，由於全球化和資訊網絡化的結果，由西方決定和發明的各種流行文化也成為當代全球文化發展的主流，甚至成為未來二十一世紀人類文化發展的一個重要特點。因此，研究當代流行文化具有前瞻性，也對二十一世

紀文化建設具有重要戰略意義。

　　但是，同樣從全球化和後殖民文化的角度，流行文化在東方和一切非西方各國的氾濫，也包含著第三世界和非西方各國對於以西方為中心的流行文化的抵制和批判。阿里夫‧德里克，作為一位反西方中心主義的後殖民學者，在其重要文章中指出：「後殖民的抱負在於實現文化話語的真正全球化，其策略則不外乎以下兩種：或者把中心地帶的歐美文化批評問題和思想取向擴展到全球範圍；或者把以往處於政治的和意識形態殖民主義邊沿的聲音和主體性引進到歐美文化批評中來，它們現在要求能夠在中心聽到自己的聲音。的確，後殖民的宗旨無非是取消中心與邊沿的區別，取消一切那些被認為是殖民主義思維方式之遺產的『二元主義』，從而在全球範圍內揭示出各個社會複雜的異質性和偶然性」（Dirlik, A. 1994）。流行文化在東方和非西方各國的流行，從消極被動的角度來說，似乎是西方文化藉由流行文化的形式繼續向東方滲透，但從東方和非西方的立場來看，如果他們是從積極主動的角度來對待流行文化的問題，那麼，流行文化在非西方各國的氾濫，同時也意味著這個地區人民在接受流行文化中的主動創造，是他們對於西方流行文化的積極消溶和同化，也是他們以自身的創造抵制西方文化的最好形式。

三、流行文化研究的跨學科性質及其意義

　　流行文化作為一種普遍地廣泛存在的社會文化現象，具有極其複雜的性質，也呈現出多樣的表現形態。因此，對於它的研究，不可避免地涉及到多學科的領域，也關係到多元化的方法。既不能把流行文化當成一成不變的固定對象，也不能將它單質化和單一化，更不能視之為純粹經濟現象。不僅它本身的組成成份非常複雜，而且它的產生

內外條件也極其複雜，甚至它的表現形態和社會功能也隨著不同的社會環境和歷史基礎而千變萬化。因此，對於它的研究勢必涉及到多學科和跨學科的多元視角和方法。

從學科分工的角度，對它的研究可以是以單學科的分別分析的方式，將它置於單學科集中觀察和探討的視角下。在這種情況下，流行文化可以作為某一學科，例如作為社會學研究的對象，從社會學的角度，對於它的各種社會表現形式及其不同的社會功能進行調查和分析。流行文化也可以成為心理學的研究對象，將它當作不同社會群體和個人的心理變化的標誌，當成個人和群體心理的某種產物。在這種情況下，對於流行文化的研究就單純從心理學的角度，探討它同個人和群體心理的相互關係。總之，儘管流行文化性質具有高度複雜的特徵，但仍然可以在必要的時候，把它當成某單一學科的研究對象，只是在這種情況下，不能滿足於單一研究的成果，還必須考慮到同其他學科的研究相結合。從這裡也可以看出：即使是對於像流行文化這樣複雜的社會文化現象，仍然可以在必要的時候，對它進行分割分析，在一門學科的觀察下，探討它的某些面向的特徵。這種研究儘管不能窮盡流行文化的性質，但可以同其他類型的研究相結合，有利於對它就某一方面進行較為深入的研究。

但由於流行文化的複雜性質，對它的研究總是儘可能避免單一角度和單一方法。實際上，對於流行文化的研究，要考量許多方面，必須儘可能把它當成多種因素的結合物，同時還要把它當成充滿生命力的、活生生的文化精神產品。在這種情況下，就要從社會學、人類學、心理學、經濟學、政治學、語言學、符號學、精神分析學、管理學以及哲學等等學科的角度，對它進行交叉的研究分析。

就方法論和具體研究方法而言，對於流行文化也必須將各種途徑和手段兼顧並用，或者，分別進行，然後再進行綜合性研究和統一協調。總的來講，如果將當前所慣用的研究方法簡單地加以分類的話，

那麼，就可以說，或者採用經驗性調查統計分析的方法，或者採用哲學性理論分析批判詮釋的方法；或者，也可以將兩者結合起來，同時並用地對於流行文化進行經驗調查統計分析和哲學理論批判詮釋的方法。

總之，從多方面的角度，研究流行文化確實具有重要的意義。第一，由於流行文化已經成為整體文化領域中最活躍的部分，研究流行文化就成為研究整體文化發展動向的前哨陣地。第二，流行文化同權力、金錢和傳播媒體的緊密聯繫，使我們有可能通過對它的研究，有助於進一步瞭解社會權力、金錢和傳播媒體的運作過程及其特點。通過這一方面，還有助於揭示掌握著權力、金錢和媒體的主要政治、經濟和文化勢力的具體策略及其性質。第三，流行文化在民眾中的廣泛傳播，使我們有可能通過流行文化的研究，進一步瞭解民眾的生活方式、心態及其動向。第四，由於流行文化同各國現代化進程及社會變遷的緊密關係，使我們有可能通過對於它的研究，深入瞭解各國現代化進程及其社會變遷的特點。當然，研究流行文化還有許多重要意義。相信隨著研究過程的深入，將會更多地發現其重要意義。

第三節　流行文化社會學簡史

由於流行文化在當代社會中占據重要的地位，並具有特別重要的意義，當代社會學已經進一步加強了對它的研究。一般地說，西方社會學對於流行文化的全面研究，是從十九世紀末、二十世紀初就已經正式開始。這是因為從那時候起，西方社會的生產和消費能力都已經達到新的階段，以致生產出來的產品，不但大大過剩，遠遠超出社會的自然需要，而且，有相當大產品也已經超越商品經濟的範圍而成為

文化產品，並具有濃厚的流行文化性質。從那以後，這項研究經歷了四大階段。

一、流行文化研究的第一階段

第一階段是從十九世紀末、二十世紀初到第一次世界大戰結束為止。資本主義社會在這個階段已經進入繁榮而又充滿危機的時期。在這個時期，資本主義社會中的消費現象，隨著社會生產力的迅速發展而在整個社會中漫延開來。消費的膨脹及其對於資本主義經濟生產發展的主導作用，導致商品的流行化，同時也使流行文化進一步商品化，從而也加速了流行文化的傳播。從那時起，流行文化和消費同資本主義整體經濟之間，構成了相互緊密關聯的三大重要因素，並使三者相互依賴和相互促進的循環發展模式，從此定型化和模式化。這個時期研究流行文化的社會學家，最有成果的是英國的斯賓塞（Herbert Spencer, 1820-1903），德國的齊默爾（Georg Simmel, 1858-1918）和宋巴特（Werner Sombart, 1863-1941），美國的維伯倫（Thorstein Bunde Veblen, 1857-1929）以及法國的托克維爾（Charles Alexis Clerel de Tocqueville, 1805-1859）和加普里爾‧德‧塔爾德（Gabriel de Tarde, 1843-1904）等人。斯賓塞最早發現流行時裝禮儀的社會意義。他認為流行是社會關係的一種表演活動；人的天性促使人在社會生活中追求時裝的外觀形式（appearance），而且，透過時裝外觀的講究和不斷變化，各個階級和階層的人相互間實現了相互模擬和區分化（Principes de sociologie, 1877-1896）。齊默爾在這一時期，不但深入研究了西方文化及其資本主義發展形式，而且也特別研究了流行文化（Simmel, G. 1890; 1892-1893; 1894; 1895a; 1895b; 1895c; 1902a; 1902b; 1903;1904; 1906; 1908; 1909a; 1909b; 1911; 1912; 1916a; 1916b; 1950; 1980; 1986;

1990; 1994）。宋巴特不只是一位社會學家，而且也是經濟學家和歷史學家。他在這一時期，對資本主義社會的形成過程進行了全面的研究。宋巴特認爲，資本主義的發展從一開始就同奢侈的消費生活密切相關。他在1913年發表的《布爾喬亞：論現代經濟人的精神思想史》（*Der Bourgeois: Zur Geistesgeshcichte des modernen Wirtschaftsmenschen*）和《奢侈與資本主義》（*Luxus und Kapitalismus*）是最典型的流行文化研究著作。他認爲，自十七世紀以來，歐洲各民族朝向奢侈生活的方向可以說是突飛猛進。這是具有重大社會歷史意義的事件。歐洲社會的決定性轉變，恰恰在於當時的奢侈生活方式總是傳播於更大的社會集團中。宋巴特認爲，奢侈生活方式的傳播迅速地改變了歐洲社會的結構和人民的精神心態。他所揭露的奢侈生活方式，正是現代流行文化的雛型。美國社會學家維伯倫，同時又是經濟學家和社會批評家。他在流行文化研究方面，主要是撰寫了《悠閒階級論》（*Theory of the Leisure Class,* 1899）。他在書中無情地揭露和批判了美國社會統治集團競相追逐豪華奢侈的生活方式，特別是過著「炫耀性消費」（conspiscious consumption）的寄生生活。他認爲，這種炫耀性消費是資本主義社會制度及其商業性所決定的。這種生活方式的擴散導致流行文化的氾濫。他在後來的著作《營利企業論》（*Theory of the Business Enterprise,* 1904）、《改進技藝的本能》（*The Instinct for Workmanship,* 1914）以及《工程師和價格體系》（*The Engineers and the Price System,* 1921）中，更進一步批判美國資本主義的「掠奪性」和「寄生性」，期望有朝一日那些無聊的休閒階級能被工程師所取代，使人們改進技藝的本能逐步占據社會中的統治地位。法國社會學家和政治學家托克維爾在其所寫的《民主制在美國》（*De la Démocratie en Amérique,* 1835-1840）中，以相當大的篇幅分析了美國的庶民文化及其最早的流行文化性質。一般人總是簡單地認爲他的這部著作只是一部政治或社會著作，其實，他在這本書中，以非常生動、具體和經驗

直接描述的方式，敘述了美國人民的日常生活方式，其中有很多地方實際上屬於流行文化的範疇。法國社會學家加普里爾‧德‧塔爾德試圖探討流行時裝在社會中的傳播和運作邏輯，強調「模擬」（Imitation）行為的重要意義（Les lois de l'imitation, 1890）。

二、流行文化研究的第二階段

　　第二階段是從二十年代到第二次世界大戰時期。在這一時期內，在美國，先是由哈佛大學教授索洛金（Pitrim Sorokin, 1889-1968）所開創，接著，先後有米德（George Herbert Mead, 1863-1931）和移居美國的法蘭克福學派的理論家們進行深入研究，並取得了顯著成就。米德等人所創立的符號互動論及法蘭克福學派所遵循的異化批判理論，對於後來的流行文化研究發生了深遠的影響。

　　索洛金最重要的理論和方法論貢獻，集中在他的主要著作《社會文化動力學》（*Social and Cultural Dynamics,* 1937）四大卷中。這部著作的最大優點，就是從社會整體的角度，探索在社會總體結構的宏觀運作中，被社會整合化的文化體系的運作邏輯。整部著作探討被整合的文化的性質、變遷及其動力學，探討其各種類型、過程、趨勢、浮動、節奏和時間長短。索洛金所遵循的研究方法，用他自己的話來講，就是「同『因果－功能分析』相結合的『邏輯－意義分析』方法（the logico-meaningful, combined with the causal-functional）」（Sorokin, P. 1937: Vol. I. XI）。這種綜合性研究方法的優點，如同他自己所說，「就是一方面給予邏輯思考的一般化和分析性過程以充分的自由，另一方面又同時透過與相關經驗事實的關聯，得以證實它的歸納性演繹過程」（Ibid.）。顯然，索洛金對於流行文化的研究方法，是邏輯意義分析同實證經驗調查統計方法的結合。他強調，忽視其中的任何一方

面，都是片面的。他說：「純粹『發現事實』（pure fact finding）是毫無思想性的，而且也是很少取得重大成果。純粹邏輯思考在社會科學中將是無所成果的」（Ibid.）。索洛金在第一卷的第一部分概括地說明整合文化的基本問題，而在第二部分中，集中論述繪畫、雕塑、建築、音樂、文學及文藝評論等藝術領域的浮動性（fluctuatioons）。第二卷的第一部分論述科學的浮動性，建構了他的知識社會學；第二部分則論述倫理及法律領域的浮動性。第三卷第一部分論述社會關係的各種類型及其浮動性；第二、三、四部分分別論述戰爭、內亂的浮動性以及文化同心態的相互關係；第四卷則總結社會文化變遷的一般理論，並在其最後一節以評論涂爾幹《社會學方法的規則》作爲全書的總結。索洛金顯然不是單純說明文化的表面現象，而是觸及社會文化現象的最基本範疇及其基本研究方法。

索洛金認爲，作爲社會科學的研究對象，在社會中的任何一種社會文化現象，都是具有某種意義並屬於某種類型的人類互動（Each sociocultural phenomenon is always a meaningful human interaction.）。所謂互動就是意味著在一個情境中某一方，以其特有方式，影響著另一方的外在行爲或其內在心態（Interaction means any situation in which one party influences in a tangible way the external actions or the state of mind of another.）。而對於「有意義的」，「必須把它理解爲某種對於理智來說比互動的純粹外表物體屬性更多的意指體系（by Meaningful one must understand that which, for the intellect, is the indication of something more than the physical properties of the interaction）」。所以，任何一種社會文化現象，都是互動，而其中，某一方對於另一方所施展的影響，是具有一定意義或特定價值的；而且這些意義和價值，都以一定形式或方式，凌駕於或鑲嵌於純物理性或純生物性的外顯行動之上。一旦所有這些意義或價值被排除掉，任何社會文化現象就立即變成爲純物理或生物現象。

對於任何社會文化現象，索洛金建議集中分析其中的三大因素：載體（vehicle）、意義或價值（meaning or value）以及行動者（agent）。不要以為載體只是完全被動的事物，它在社會文化現象的生命運動中，對於價值或意義以及行動者來說，都會發生重大影響。在他的知識社會學中，索洛金特別強調上述有關載體和行動者對於意義的複雜影響。在他看來，只要載體或行動者發生變化，就會對意義發生重大影響，以致從根本上改變意義的內容。總之，社會科學的研究對象，就是有意義的人類互動；所謂社會文化現象，就是這種有意義的人類互動。

載體的重要性表現在：第一，沒有載體，非物體的無形的意義或價值，就無法表達出來，也無法傳達出去。就此而言，載體對於意義或價值是非常重要的。第二，同樣的載體可以運載一定數量的意義。例如，同一個姿勢，可以表示許多不同的意思。當一個人手中舉著一張銀行票據時，既可以表示一種未付清的債務，也可以表示一個工資單，也可以表示償付的證據，等等。載體運載多意義的可能性，是載體成為意義靈活運轉或轉化的中介。在這個意義上說，載體比意義更具有明顯的伸縮性。第三，在有些情況下，凝縮在載體中的意義結晶發生了轉變，而載體本身卻繼續具有自律，繼續同某一個特定的意義保持聯繫。載體同其意義的這種聯繫的穩定性，使載體有可能成為各種各樣的崇拜對象。

索洛金所說的行動者實際上包含行動者的身體表現、行動中的心態以及他們之間的互動關係三方面。正是靠行動者的上述三方面的複雜交錯滲透的動態結構，才使載體及其意義能夠在行動者的互動中發揮出複雜的功能和效果。

索洛金關於文化動力學的上述論述，在相當長的時間裡，被社會學家當成文化研究的理論典範。在他的文化動力學中，他已經清醒地看到了社會文化現象本身的生命力及其高度自律性。而且，索洛金的

文化動力學還很重視研究方法的多元化以及多種研究方法相結合的必要性。索洛金認為，經驗主義的調查統計分析，固然是重要，但他也一再強調文化研究中進行哲學理論詮釋批判方法的必要性。正是因為社會文化現象具有其不同於一般自然現象的特徵，而且它在許多情況下往往富有自身的自我生產和自我參照的能力，所以，索洛金一再敬告社會學家不要自我封閉在經驗統計的數量資料中。顯然，他的經驗，將有助於當代社會學家及一切流行文化的研究者，更靈活地使用各種研究方法，避免陷入僵化的單一方法之中。

作為芝加哥學派的重要成員，米德的貢獻在於分析文化運作中的「自身」（Self）、「他人」（Other）及「社會」（Society）的相互關係，並指出符號互動的重要意義（Mead, H. G. 1932; 1934; 1938）。他以象徵互動的基本理論和方法，探討了社會中的各種文化表演活動對於建構和鞏固個人個性、人際關係及社會整合過程的重要意義。米德本人將自己的社會學稱為社會行為主義（social behaviorism），以區別於華特森等人的正統心理行為主義。他在研究文化時，強調社會行動者（social actor）的社會意識心理、自我意識以及自我調節的機制。自我是在社會互動中形成的；人類在社會互動中扮演他人的角色（taking the role of the other），從而將想像中的他人同實際的他人的態度都轉化成自己的意識結構。他以庫里的「鏡中自我」的概念說明「主我」（I）與「客我」（Me）之間的相互影響和相互轉換。人們是在不斷的社會互動中不斷扮演各種角色，使社會群體的價值觀逐漸內化成自身的價值觀，並在這過程中，人們學會和熟練語言和象徵的社會運用，達到逐步脫離自然影響而調整人際關係的目的。

從三十年代到四十年代，以霍克海默（Max Horkheimer, 1895-1973）、阿多諾（Theodor Wiesengrund Adorno, 1903-1969）和馬庫色（Herbert Marcuse, 1898-1979）等人為代表的法蘭克福學派，在他們移居紐約和加利福尼亞期間，加強了對於大眾文化的研究，其中包括了

對於流行文化的研究。他們從社會批判理論出發，以「異化」
（Alienation; Reification）概念爲基本支柱，主要揭露流行文化製造和
傳播中的商業和意識形態性質，並集中批判資本主義文化的商業化以
及統治集團利用流行文化宰制人民大衆的策略。霍克海默除了自己寫
了《理性的消蝕》（*Eclipse of the Reason,* 1946）以外，還同阿多諾一
起，發表《啓蒙的辯證法》（*Dialectic of Enlightenment,* 1947）一書，
批判流行文化的理性異化實質。阿多諾本人在這一時期發表了一系列
批判性論文，分析美國採取「文化工業」形式而氾濫的流行文化，並
深入分析批判了流行於美國平民大衆的「爵士音樂」等大衆文化的
「異化」性質。阿多諾認爲，由於交換價值規律在社會生活中的不斷擴
大，商品中原有的使用價值有逐漸被取代的趨勢。而且，交換價值本
身也逐漸地抽象化，使得商品本身可以自由地發揮其代用品（Ersatz）
的功能，不斷地產生商品的「次級」使用價值。阿多諾的這種觀點，
後來被法國的波德里亞進一步加以發揮，使波德里亞提出了著名的
「記號價值」的新符號論，有助於人們深入分析文化產品同當代媒體相
結合的社會效果。通過這種理論，人們將更深入地理解：爲什麼當代
流行文化產品，可以借助於媒體、廣告宣傳以及日常生活中城市建築
景觀的空間表演，直接進行走馬燈式的影像生產；爲什麼現代商業和
消費商品的生產過程，又可以借助於影像生產來引誘、刺激和再生產
消費者的慾望。阿多諾的上述理論的重要性還在於：當代消費社會中
占主導地位的意識形態，並不只是對於「物」的崇拜，那種古典時代
的商品崇拜；而且，更重要的是，還包括刺激人們產生無數夢幻似慾
望的影像文化。正如英國當代新馬克思主義者文化研究者豪格（W. F.
Haug）所說：當代消費社會並不單純是占主導地位的「物慾主義」的
釋放，而且還是一種強迫消費者面對他們所沒有期望過的影像爆炸的
社會；在其中，人們時時刻刻必須面對著無數夢幻式的影像，接受這
些影像對於他們的強迫性敍說，還進一步迫使他們使自己的審美感非

現實化，把他們引導到虛幻的影像消費中（Haug, 1986: 52; 1987: 123）。馬庫色也在其著作《愛慾與文明》（*Eros and Civilization*）和《單一維度的人》（*One-dimensional Man*）中，以異化理論深入批判美國文化的「單維度」（unidimensional）性質（Marcuse, H. 1955; 1964）。此外，法蘭克福學派的克拉考爾（Siegfried Kracauer, 1889-1966）、洛文達爾（Leo Lowenthal, 1900- ）等人，也分別對於研究流行文化作出了特殊貢獻。克拉考爾早在1927年便發表了《論大衆裝飾物》（*The Mass Ornament*），批判「娛樂製造廠」（Distraction Factories）對於大衆文化的扭曲，從而最早提出了類似於「文化工業」概念的重要觀點。克拉考爾於1941年移居美國後，先是擔任紐約現代藝術和電影資料館的研究人員，然後又在哥倫比亞大學應用社會科學部工作，更深入批判美國的流行電影，從事電影文學藝術的評論工作，發表了《從卡里加利到希特勒》（*From Caligari to Hitler,* 1947）和《電影理論》（*Theory of Film*）等重要著作。洛文達爾也早在二、三十年代就把研究重點放在美學的主題上，同克拉考爾等人一起，在《人民舞台》（*Die Volksbühne*）雜誌上發表關於美學和藝術的研究論文。他到了美國以後，同阿多諾等人繼續研究流行文化和大衆文化，發表了《文學、大衆文化和社會》（*Literature, Popular Culture and Society*）、《文學與人的形象》（*Literature and the Image of Man*）及《文學與群衆文化：社會中的溝通》（*Literature and Mass Culture: communication in Society*）等著作，不但深入探索十八世紀英國大衆文化的起源，而且也分析批判發表於當時報刊中的各種流行文學作品，包括流行傳記作品在內。洛文達爾認爲，所有資本主義社會中的通俗文學作品，都是以市場爲取向的商品，是類似於「文化工業」的東西。他還透過對於流行文化的研究，進一步探討了爲芸芸衆生的消費而生產的閱讀文本中所描述的各種典型行爲和信仰方式的基本模式，探討人民大衆在欣賞這些文本時的各種希望和恐懼心理的基本模式。而且，洛文達爾還

深入批判了當時的媒體傳播系統對於大眾文化的惡劣影響。他所寫的《騙人的預言家》（*Prophets of Deceit*）一書，同古德曼（Norbert Gutterman）一起，批判揭露了當時的美國「鼓動家」的騙人蠱惑技倆，強調他們之所以能夠在社會中飛揚跋扈，是因爲他們同他們所操縱的傳播媒體系統沆瀣一氣。洛文達爾在他的〈從歷史取向探討大眾文化〉（*Historical Perspectives on Popular Culture*）一文中，尤其高度精確地總結了法蘭克福學派的大眾文化理論。

在當時情況下，美國文化發展已經達到相當高的程度，典型地表現了現代資本主義文化的性質。因此，米德和索洛金以及剛剛移居美國的法蘭克福學派的思想家阿多諾等人，對當時美國文化所出現的許多新現象特別感興趣。但就方法論而言，當時對流行文化的研究還明顯地顯示出時代的特點。米德所採用的是立足於語言符號論基礎上的互動論，而索洛金所採取的是經驗主義的實證分析方法。至於阿多諾等人所採取的社會批判理論的文化批判方法，也明顯地表現出忽略群眾主動精神的缺點。他們的批判，過多地揭露流行文化的消極因素，只看到其與權力統治集團的關係，只看到理性的異化方面，看不到它的積極面向以及群眾在流行文化創作中的主動精神。而且，在阿多諾對於當時美國爵士音樂的批判中，也似乎表現出傳統知識分子蔑視群眾創作的「精神貴族」態度。嚴格地說，索洛金、米德和阿多諾等人的方法論，都仍然脫離不開傳統的主客二元對立模式。

在法蘭克福學派的理論家中，同樣是在第二次世界大戰期間，沒有移居美國的本雅明（Walter Benjamin, 1892-1940），在流亡法國期間，對於流行文化的研究，表現了獨特的風格。他一方面批判資本主義社會金錢經濟和科學技術發展對於文化的消極影響，揭示當代技術複製文化而破壞藝術氛圍的悲劇；另一方面又高度肯定現代科學技術對於文化普及所作出的歷史貢獻（Benjamin, W. 1936）。在這一時期的法國，涂爾幹學派和年鑑學派的社會學家和人類學家，以毛斯、布勞

岱等人爲代表，也深入研究了資本主義文化，並在理論和方法論上獨創出特有的風格。他們對於「交換」、「禮物」以及「儀式」的研究，尤其爲流行文化研究提供良好的典範。

在英國，在第二次世界大戰期間，早年流亡英國的原德國社會學家和思想家埃里亞斯（Nobert Elias, 1897-1990），以獨特的風格在其著作《文明的進程》和《宮廷文明》中，研究了流行文化的最初形態及其同現代社會的產生的相互關係。《文明的進程》第一卷《生活方式和習俗的歷史》（*The Civilizing Process. Vol. I. The History of Manners*）（Elias, N. 1978[1939]）、《文明的進程》第二卷《國家的形成和文明》（*The Civilizing Process. Vol. II. State Formation and Civilization.* Oxford: Basil Blackwell）（Elias, N. 1982[1939]）、《宮廷社會》（*The Court Society.* Oxford: Basil Blackwell）（Elias, N. 1983[1969]）、〈知識與權力〉（*Knowledge and Power: An Interview by Peter Ludes.* In N. Stehr / V. Meja, Eds. *Society and Knowledge.* New Burnwick: Transaction books）（Elias, N. 1984）、〈兩性之間均衡的變遷〉（*The Changing Balance of Power Between the Sexes.* In *Theory, Culture & Society,* 1987: 4, 2-3）（Elias, N. 1987a）、《捲入與超脫》（*Involvement and Detachment. Oxford: Basil Blackwell*）（Elias, N. 1987b）以及《象徵理論》（*The Symbol Theory.* London: Sage）（Elias, N. 1991[1989]）等。

實際上，英國對於流行文化的研究，在馬修‧阿爾諾德（Matthew Arnold, 1822-1888）的影響下，是從本世紀二十年代開始的。當時，著名文學評論家李維斯（Frank Raymond Leavis, 1895-1978）開始注意到流行文化的群眾性特徵。他在三十年代初連續發表《群眾文明與少數派文化》（*Mass Civilization and Minority Culture*）和《文化與環境》（*Culture and Environment,* with Denys Thompson）等重要著作，試圖應用馬修‧阿爾諾德的文化政策和原則，分析三十年代初所出現的「文化危機」（Cultural Crisis）。他認爲，二十世紀的人類文化正日趨頹

廢和衰落。李維斯及其追隨者的重要歷史貢獻，正如當代英國流行文化研究專家伯納特（Tony Bennett）所指出的：對於一向只重視專業精緻文化的英國傳統文化研究而言，李維斯等人對於民眾文化創作的重視，至少開闢了流行文化研究的先例（Bennett, T. 1981: 5-6）。

　　在英國，新馬克思主義的一個分支，以霍加德（Richard Hoggard）、雷蒙‧威廉斯（Raymond Williams）、湯普遜（E. P. Thompson）、霍爾（Stuart Hall）、默多克（Graham Murdock）和莊森（Richard Johnson）為代表，從五十年代起，成功地將英國原有馬克思主義文學研究傳統同英國現代文學研究成果結合在一起，並進一步吸收了結構主義、精神分析學、符號論和當代各種思潮的多元化觀點，加強了對於大眾文學和其他類型大眾文化的研究工作，從而開創了英國當代流行文化研究的先例，也為英國在六十年代後的流行文化研究奠定了堅實的基礎。

三、流行文化研究的第三階段

　　六十年代後，首先由於西方各國整個社會文化的性質發生了根本的變化，而且，人文社會科學方法論方面也進行了帶有歷史意義的重大變革，使社會學連同其他相關的社會科學，在流行文化研究方面出現了新的面貌。這是繼二十年代以來流行文化研究的第二次大飛躍。這就說明，六十年代以後，不但流行文化本身的性質，而且研究它的方法論也發生了根本的變化。這一切，使對於流行文化的研究進入了第三階段。

　　在第三階段中，研究流行文化的著名社會學家，包括法國的社會學家羅蘭‧巴特（Roland Barthes, 1915-1980）、拉康（Jacques Lacan, 1901-1981）、波德里亞（Jean Baudrillard, 1929-　）、布勞岱（Fernand

Braudel, 1902-1985）、古爾維茨（Georges Gurvitch, 1894-1965）、布爾迪厄（Pierre Bourdieu, 1930- ）、波德里亞（Jean Baudrillard, 1929- ）、德里達（Jacques Derrida, 1930- ）、福柯（Michel Foucault, 1926-1984）、德勒茲（Gilles Deleuze, 1925-1995）、李維史陀（Claude Lévi-Strauss, 1908- ）和李歐塔（Jean-François Lyotard, 1924-1998）等人，德國的法蘭克福學派第二代理論家哈伯瑪斯等人和科隆大學教授柯尼斯（René König, 1906- ）以及美國的貝爾（Daniel Bell, 1919- ）、葛茲（Cliford Geertz,1926- ）哥夫曼（Erving Goffman, 1922-1982）、貝克（Howard Saul Becker）和加爾芬克爾（Halord Garfinkel, 1917- ）等人。

李維史陀的結構主義人類學神話學，拉康的結構主義精神分析學，羅蘭·巴特所提出的後結構主義符號論流行社會學（Système de la mode, 1967），布勞岱對於十五至十八世紀物質文明的研究成果（Braudel, F. 1979），福柯的後結構主義論述解構理論，德里達對於傳統邏輯中心主義的解構主義批判，波德里亞的消費文化理論，李歐塔的後結構主義文化理論，德勒茲的精神分裂文化理論，都是新一代文化理論的重要組成部分，對於二十世紀晚期的流行文化研究產生了深刻的影響。沒有法國思想家的這些理論和方法論的研究成果，新的流行文化研究就不可能取得歷史性的偉大進展。

羅蘭·巴特的《流行體系》以後結構主義符號論作為基本方法，將流行時裝當作一種重要社會信號加以研究。他認為，為了深入分析時裝這個非常複雜的社會現象，必須善於運用符號論，集中解剖時裝的純粹圖像想像形式（imaginaire），集中分析它的純粹理智表現形態（purement intellectif），即它在時裝專門雜誌上所呈現的那些模樣。他透過當時最流行的法國兩大時裝雜誌《她》（*Elle*）和《時裝花園》（*Jardin des modes*）的文本和圖案，區分了三大種類的時裝：「圖像時裝」（le vêtement image）、「書寫時裝」（le vêtement écrit）、「實際時

裝」（le vêtement réel）。圖像時裝是被拍攝或設計圖案化的時裝；書寫時裝是透過語言並改造成語言的時裝；實際時裝是被出售、展覽和穿戴的那些時裝。羅蘭‧巴特指出，書寫時裝就是透過口語和普通語言的翻譯，決定並生產著時裝的意義。所以，書寫時裝是時裝意義的生產和再生產場域。在羅蘭‧巴特看來，並不是實際時裝這個實際呈現的物體對象，而是它的名稱，也就是透過書寫文字的加工而被賦予特定意義的那些書寫時裝，促使追求者產生追求時裝的慾望，才是真正的時裝流行的內在推動力。因而，也不是人們心目中的幻想或美的理念，而是書寫製造出來的意義，使時裝可以被廣泛而普遍地銷售和傳播開來（Barthes, R. 1967: 10）。這就表明，到了資本主義社會晚期階段，由於文化的全面普及以及科學技術的廣泛使用，通過人造符號和文本，而不需要通過實物，就可以足夠引誘和挑起消費者的慾望，並促進他們對於各種人造符號和「意義」的崇拜和追求。正是因為這樣，晚期資本主義階段的流行文化產品，並不局限於實際物品的生產，還無限制地擴大到各種人造符號和載有特定意義的產品。

　　羅蘭‧巴特並不滿足於一般地分析流行時裝的各種社會表現形式，而且更深入解剖流行時裝的生產者和設計者們如何製造和生產時裝意義的過程及其社會效果。他認為，最關鍵的是要揭露語言符號同實際時裝物體之間的複雜關係及其相互轉化過程。它們兩者之間是在時裝雜誌的編輯室中相遇的，並在那裡由一群被商人和當權者所僱用的廣告知識分子、設計人員以及作家們，在玩弄符號遊戲的過程中，將流行時裝的意義生產出來。符號同其意義的關係，始終是在符號同實際時裝之間遊蕩，一會兒是從符號轉向實際時裝實體，一會兒又顛倒過來，從它們之間的翻轉關係中尋找新的意義。時裝雜誌在這過程中，始終是在想像中創造。能指符號無非就是意義本身（le signifiant n'est rien d'autre que le sens lui-même），因為流行時裝永遠只能是某種虛空的信號體系（la mode est un système de signes vides）。羅蘭‧巴特

在其著作《符號論要義》中指出：傳統符號論所說的「所指」，實際上已經不是實物，不是「一件實際事物」，而是想像中的「再現」，是一種屬於思想精神事物的人造因素，他稱之爲「思想表象」（mental representation）。現代人正是將這種「思想表象」當成實物本身，也就是將虛無的表象當成實際存在的實物加以追求。之所以能夠實現這一點，是因爲當代社會科學技術和管理能力已經達到很高的程度，以致於各種人爲的虛構都可以製造得很逼眞，可以達到以假亂眞的目的；而且，現代人自己也由於精神空虛，自願地在各種虛假的符號中遊蕩和享樂，進行自我消遣和自我陶醉。

在分析符號以及由符號所負載的「意義」的時候，羅蘭·巴特強調能指與所指之間的關係之外的其他重要因素，而其中最重要的，是它們運作時所處的環境及其意境。「意境」所指的是除了環境的客觀因素以外的主客觀關係及其複雜網絡。不僅不同的符號會在不同的環境中產生不同的意義，而且，也會在不同的意境中產生變化。在他的《愛情絮語》中，羅蘭·巴特詳細地分析情人間由於雙方的情感所產生的對於對方身體各個組成部分的想像意境及其「意義」指涉範圍的多重變化。

羅蘭·巴特爲了更深入揭露時裝符號意義的人爲性質及其被操作過程，進一步越出嚴格意義的時裝的範圍，在時裝的那些所謂「周邊附件」中，探索時裝符號同意義的複雜關係。這些時裝周邊附件包括：各種臉上和身上的化妝品，從頭頂的帽子到腳底的襪子和鞋子等。羅蘭·巴特指出，在符號同其意義的運作中，毫無意義的和嚴格意義的、功能性的和任意性的兩方面的因素，始終是相互混淆、又相互區分，其目的就是爲了掩飾流行時裝意義的人爲性質及其虛空本質。他說：談論流行時裝的論述修辭學是空洞無物的；「流行時裝所創意的，是一種經過周密製作和掩飾的語義弔詭體系（paradoxe précieux d'un système sémantique），其唯一目的就是將其所耗資精心製

作的意義加以掩飾」（Barthes, R. 1967: 287）。

　　波德里亞在1968年所發表的《物體體系》（*Le système des objets*）和1970年發表的《消費社會》（*La société de consommation*）兩本書，是這一時期從商業經濟和消費角度分析批判流行文化的最具典型意義的著作。波德里亞認為，消費活動並不是商品功能的使用或擁有，不是商業物品的簡單相互交換，而是一連串作為象徵性符碼的商業物品不斷發出、被接受和再生的過程。因此，在消費過程中，進行交換的商品，必須成為具有消費者追求的意義的某種符號，才能成為被消費的物品。在這種情況下，消費者不再是將消費品視為純粹的物品，而是當成具有象徵性意義的符號。商業物品的交換和流通，實際上只是具有差異意義的符號之間的轉換和更新過程。消費已經超出經濟的範圍，成為靠符號轉換和交換而進行的文化活動，成為以符號差異化為基本機制的象徵性交換活動。

　　在某種意義上說，波德里亞的基本觀點同羅蘭・巴特的符號論有類似之處，因為他也同樣將商品符號意義的轉換和再生產當成一切消費活動的關鍵機制。為此，波德里亞集中分析了運作這場機制的核心部分：符號意義生產和再生產過程，特別是作為物品生產者同消費者之間的中介因素的廣告商的廣告運作策略。

　　同一時期，主張以歷史和日常生活觀點研究流行文化的主要理論家是米謝・德舍多（Michel de Certeau, 1925-1986）。他首先是在1975年發表了《歷史的書寫》（*L'Ecriture de l'Histoire*），接著在1980年又發表《日常生活的創造性》的第一卷《日常生活的創造性：工作的藝術》（*L'Invention du Quotidien: I. Arts de faire*）。他從日常文化的最簡單的構成元素日常語言開始分析，注重於探討日常語言具體使用中的策略，然後深入探討各種有關日常實踐的理論，比較了在這個領域中的兩位最傑出的人物：福柯和布爾迪厄。舍多還研究了現代都市、旅行、交通及各種超級市場結構及其對於現代人日常生活的影響

（Certeau, M. 1984[1980]）。他的觀點和方法後來產生了重要影響。

　　與此同時，法國社會學家德康（M.-A. Descamps）細緻地分析了流行時裝的「十二向量」（douze vecteurs de mode）及其社會功能，逐一指出「價值」（valeur）、「性」（sexe）、「變化」（changement）、「規範」（norme）、「社會」（société）、「階級鬥爭」（lutte des classes）、「政治」（politique）、「經濟」（économie）、「工業」（industrie）、「商業」（commerce）、「誘發」（inspiration）、「再現」（représentation）等十二向量在研究流行時裝中的重要意義（Psychosociologie de la mode, 1979）。

　　而在英國，原來由霍加德、雷蒙‧威廉斯、湯普遜和霍爾等人所開創的文化研究活動，繼續取得重大成果。值得指出的是：以雷蒙‧威廉斯等人為代表的英國大眾文化研究隊伍，在六十年代不僅找到了用以指導研究的基本理論和方法論，而且，也終於建立了自己的研究基地。雷蒙‧威廉斯於1961年發表《漫長的革命》（*The Long Revolution*）一書，在系統地總結英國文化研究歷史經驗的基礎上，提出和制定了流行文化研究的基本理論和方法論。這本書發表三年之後，霍加德在伯明罕大學創辦了「當代文化研究中心」（Birmingham Centre for Contemporary Cultural Studies）。這個研究中心的建立標誌著英國文化研究進入一個新的歷史階段。從此以後，他們以「伯明罕當代文化研究中心」為主要陣地和論壇，形成了伯明罕學派對於當代文化的獨特研究方法和風格。他們所取得的成果是為國際學術界所公認的。

　　1961年，雷蒙‧威廉斯發表《漫長的革命》一書可以構成英國流行文化研究的新里程碑。這位出身於威爾士工人階級家庭、並任劍橋大學戲劇美學教授的學者，在這部劃時代的著作中，明確地從三個方面界定了「文化」的定義：第一，作為理念的文化；通過這個概念，人們表達了他們所追求的最高理念和價值；而在這種情況下，文化就

是某種人性完滿的狀態或過程。依據這樣的文化觀點而從事的文化研究，就是要通過對於活生生的現實或作品的分析和描述，尋求或發現那些足以構成永恆完滿秩序以及作為普遍人類生活條件的參照標準的價值。英國在二十年代至三十年代的早期文化研究，以李維斯為代表，就是屬於這種類型。第二，作為文件記載的文化；依據這種概念，文化基本上就是文本創作和文化實踐經驗的記錄，它是以人類思想和想像力所創作出來的文本作品為主體的體系。依據這種觀點，文化研究的任務，就是對於文本中所記載的經驗進行評估或評論。第三，作為特定生活方式的文化，這是一種有關文化的社會定義。正是這第三種文化定義，對六十年代後的英國文化研究產生決定性影響。

在其著作中，雷蒙·威廉斯關於文化的上述社會定義，引進了對於文化的三種新的思考模式。第一，採用和吸收人類學對於文化的研究成果，將文化看作是「對於一種特殊生活方式的描述」，這就在文化研究的領域中，架起從人類學到社會學以及語言學、符號論、心理學和精神分析學等跨學科視野的多重結構的橋樑。第二，文化是某種意義和價值的表達方式。第三，文化分析和研究的基本任務，就是揭示隱藏於特殊生活方式或特殊文化中的所有那些明顯的和隱蔽的意義和價值，從而使文化研究同對於廣大人民群眾的社會生活實際活動的研究結合起來（Williams, R. 1975 [1961]: 57）。

雷蒙·威廉斯的上述文化理論及其基本概念，從根本上改變了英國文化研究的方向。按照他的定義，文化研究者應該首先把文化當成一種在實際生活中到處存在和表現出來的實踐活動，一種在社會中活生生地運動著的「生活方式」。這樣一來，文化從原有狹隘的概念化系統中走脫出來。其次，文化研究應該關心在社會廣大人民群眾中流傳的那種生活方式。

六十年代之後，來自法國的結構主義、後結構主義、女性主義和後現代主義以及其他各種思潮，進一步改變英國的流行文化研究。威

爾‧萊特（Will Wright）首先應用結構主義方法分析美國好萊塢西部
影片和西部小說的結構。如同原始文化中的神話一樣，威爾‧萊特也
認爲西部影片中的所有故事，幾乎都採用二元對立結構的模式。但
是，威爾‧萊特強調他所主要關心的，不是像李維史陀那樣去發現神
話中所隱藏的思維同一結構，而是揭示：社會神話（the myth of a soci-
ety）是如何借用其特有的結構而向社會所有成員傳達某種概念中的秩
序（a conceptual order）（Wright, W. 1975: 17）。威爾‧萊特認爲，西
部影片的威力，就在於應用西部故事結構向所有的人傳達美國人心目
中的生活理念。在威爾‧萊特看來，西部影片所採用的象徵結構是非
常簡單的，也就是說，它們幾乎採用千篇一律的形式，傳達極其深刻
的「美國生活方式」的理念。一般說來，西部片中的發展史，經歷了
三大階段：經典（classic）、過渡性主題（transition theme）以及專業性
（professional）；而整個西部片都貫穿二元對立模式：在社會內的
「善」、「強大」和「文明」，永遠同社會外的「惡」、「弱」和「野蠻」
相對立。但威爾‧萊特並不滿足於揭示情節的二元對立結構，而是進
一步指出其特殊的「敘述結構」（narrative strcuture），指明故事情節發
展及其衝突解決方式所採用的基本方式。爲此，威爾‧萊特應用原籍
俄國的結構主義評論家弗拉吉米爾‧普洛浦（Vladimir Propp）的分析
方法，將一般「經典」西部片的故事情節發展及其解決方式，分爲十
六段「敘述功能」（narrative functions）。

　　除了威爾‧萊特的結構主義文化分析以外，還有屬於後結構主義
的埃德瓦‧塞德（Edward Said）、屬於新馬克思主義的馬舍利（Pierre
Macherey）以及從屬於新馬克思主義學派的阿圖塞結構主義者
（Althusserian）威廉森（Judith Williamson）、葛蘭西主義者赫伯狄格
（Dick Hebdige）和霍爾（Stuart Hall）等人的作品。近二十年來，屬於
後結構主義學派的新女性主義思潮，也在研究一般文化和流行文化方
面，取得顯著的成果。她們的代表人物有莫德列斯基（Tania Modleski）

和柯瓦德（Rosanlind Coward）等。

在上述豐富多樣的思潮和研究方法的帶動下，英國的流行文化研究從二十世紀六十年代之後，就發生重大變化。如同十九世紀時期英國在人類學方面的文化研究一樣，英國人首先重視的是在制度上的改革和重建。如前所述，在這方面，他們的最具有歷史意義的貢獻，就是迅速地在伯明罕大學建立了「當代文化研究中心」（Centre for Contemporary Cultural Studies，簡稱CCCS）。這是由伯明罕大學英語系教授理查德・霍加德（Richard Hoggart）於1964年創立的文化研究所。這個研究所的建立標誌著英國流行文化研究的新階段。該所在霍加德及其繼承者霍爾、莊森等人的領導下，在近四十年來取得了深受國際學術界公認的顯著成就。最主要的成果可以歸納如下：第一，實現了跨學科的整合研究。具體地說，他們不只是在社會人文科學領域內進行多學科的綜合交叉研究，而且還同媒體、教育、青年文化、性、種族等領域進行廣泛的合作。第二，他們不只是進行理論層面的研究和探索，而且很重視實際的調查、統計和經驗方法分析。上述伯明罕大學「當代文化研究中心」自建立以來，先後進行了研究者個人或集體性的經驗調查工作，對於流行文化在英國各地區和各個歷史時代的具體表現，進行長期的或短期的、部分的或全面的、專題性的或整體性的調查研究工作，收集了各種類型的經驗資料，有助於今後從各個方面對流行文化進行基礎性的研究分析，也有助於更深一層的理論提升工作。第三，他們把對於流行文化的研究同廣泛的社會政治文化批判聯繫在一起，使這種研究不只是停留在學術理論研究的層面，而是變成為廣泛的社會文化改造運動的一部分。為此，他們把流行文化的研究，具體地同意識形態、文化霸權以及日常生活意義探討等實際社會文化運動結合起來。他們的流行文化研究就這樣也變成了對於英國現實社會和文化的改造運動。第四，英國的流行文化研究集中到大眾文化和消費文化的問題。大眾文化和消費文化都是當代流行文化

的主要表現形態。第六，他們的流行文化研究變成爲廣泛的文化理論探索活動，既有個人的理論研究，又有集體的或群體的研究成果；既有該中心成員的研究專著，又有該中心以外的參與者或合作者的聯合研究成果；既有大型的和成體系的成果，又有短篇的或散篇的論文。現在，對於流行文化的研究已經形成爲以伯明罕大學爲中心的全國性和國際性的研究網絡，形成爲跨國和跨區域的綜合研究。第五，他們還定期發表研究成果，以該中心的雜誌爲論壇，並有計畫地發表整體性或專題性的書籍。由於伯明罕大學當代文化研究中心已經取得重大成果，從1988年起，該中心進一步擴大成爲專門培養當代文化研究人員的獨立系所，成爲隸屬於伯明罕大學社會科學院的「文化研究系」（Department of Cultural Studies within Social Sciences），同時設有大學部和研究所。

伯明罕大學的「當代文化研究中心」創立以後，出版了許多研究著作，產生很大的學術影響。但對於英國流行文化研究具有決定意義的，是其中的三本書：（1）保爾·維爾著《向勞動學習》（Paul Will, *Learning to Labour,* 1977）；（2）大衛·莫雷的《全國範圍的觀眾》（David Morley, *The 'Nationwide' Audience,* 1980）；（3）霍爾和傑斐遜合編的《採取儀式形式的對抗：戰後英國青年的次文化》（Stuart Hall and Tim Jefferson, Eds., *Resistance Through Rituals: Youth suncul-ture in Post-war Britain,* 1976）。

在德國，法蘭克福學派的阿多諾在研究流行文化方面有新的突破。他除了繼續批判流行文化的大眾性及其受宰制性，還進一步研究同流行文化相對應的中產階級的「裝模作樣的文化」，即所謂「半教育」的文化。他於1959年發表的《半教育理論》（*Theorie der Halbbildung; Theory of Pseudo-Culture*）深刻地揭示了居於社會中間地位的中產階級的文化性質。如果說文化工業理論所涉及的，是資本主義社會中靠科學技術手段大量進行商業生產的複製性文化產品的話，那麼，「半

教育理論」所涉及的是所謂有教養的中產階級的「裝模作樣文化」（Adorno, Th. W. 1959）。這種「裝模作樣文化」的產生社會背景，同大眾性的流行文化稍稍有所不同。值得注意的是，二十世紀五十年代的德國，歷經戰後的經濟文化重建，一方面出現了經濟文化繁榮的景像，但另一方面又導致美國經濟、文化和生活方式在德國的氾濫，造成德國原有經濟文化和生活方式的重構。當時，不但美國式的超級市場和文化工業以入侵的方式勢不可擋地洶湧而來，而且，電視等媒體系統也發生巨大變化，不僅改變了德國人的生活方式，也改變了他們的心態。在這種情況下，文化的生產和擴散，不再是德國傳統式的精心製作和精雕細刻，而是以速食方式，採取類型化和模式化的方式，透過定型模擬的消費活動來進行。社會上一批受過相當高教育的中產階級，為了將他們的文化鑑賞和品味同人民大眾區分開來，往往以簡單化的分類程式，將高級的複雜文化產品及其鑑賞過程加以形式化，以便顯示他們在占有和鑑賞文化方面的特徵。這種半教育文化同流行文化的關係是戲劇性和諷刺性的，因為半教育文化的擁護者，一方面享有高於一般人民大眾水準的文化權力，另一方面又難以抵擋氾濫於整個社會的流行文化對於他們的衝擊，使他們在有意將自身同人民大眾區分開來的同時，又不得不急於縮短掌握文化的過程，致使他們採用官僚行政機構的公式化分類方式去消化和掌握文化。所以，阿多諾說，半教育是「一種已經沈澱下來的否定性的客觀精神」（Adorno, 1959: 93）。文化在本質上就是否定性的；這就使文化從一開始到將來，永遠是否定的。但文化的否定性又迫使它採取現實化的運作程式，致使它永遠都只好以文化產品的特定形式在社會中存在，並由此導致它對於它本身的自我否定。半教育文化的鑑賞者不懂得文化的這種充滿矛盾而又同時具悲劇性的特徵。

法蘭克福學派新一代的代表人物哈伯瑪斯（Juergen Habermas, 1929- ），在系統研究德國和整個西方社會文化歷史轉變特點的基礎

上，提出了溝通行為理論（Theorie des kommunikativen Handelns; Theory of Communicative Action）以及「主體間性」（Intersubjektivitaet; Intersubjectivity）的新典範，主張從主體間性的基本觀點和方法，深入研究新社會的新文化性質，強調新市民社會中以「溝通合理性」（Kommunikative Rationalitaet; Communicative Rationality）為中心所建立起來的「商討的倫理」（Diskursive Ethik; Discoursive Ethics）的重要意義，期望建構一個以「生活世界」為基礎、實現「生活世界與社會系統相互間合理溝通」的新社會（Habermas, J. 1964; 1981; 1983）。哈伯瑪斯的溝通行動理論及其主體間性新典範的提出，對於流行文化的研究具有重要意義。與此同時，德國理論界也廣泛展開了對於「實踐哲學」（Praktische Philosophie）的研究，強調日常生活的實踐對於人類文化發展的重要性（Appel, K. - O. 1970）。在實踐哲學研究的影響下，德國哲學家和社會學家越來越重視日常生活中的社會文化現象，直接地推動了德國流行文化研究的全面展開。在方法論方面，阿多諾同波普（Karl Popper）之間所展開的「實證主義大論戰」（Positivist Debates）以及以伽達默為代表的「哲學本體論詮釋學」（Philosophic-Ontological Hermeneutics）的建立和推廣，也同樣深深地影響著這一時期德國和整個西方國家對於文化的研究工作。

在當時的德國，除了法蘭克福學派以外，科隆大學社會學家柯尼斯也在研究流行時裝中作出了重要貢獻。他所寫的《流行社會學》（*Sociologie de la mode,* 1967）一書，論證了流行時裝同當代消費活動之間的必然關係。

在美國，受符號互動論以及法蘭克福學派和現象學派的影響，流行文化研究也取得重大成果。在符號互動論方面，貝克深入研究了爵士音樂和其他流行音樂，他的著作《局外人》（*Outsiders: Studies in the Sociology of Deviant,* 1963），在整個六十年代是很有影響的，尤其影響了英國的伯明罕學派的大眾文化研究及「次文化」（Subculture）研

究。

四、流行文化研究的第四階段

西方社會學對於流行文化的研究，從八十年代起，進入到第四階段。從八十年代起，美國和德國以及英國社會學家都在其流行文化的研究中取得顯著成果。法國的流行文化研究也在原有成績的基礎上，向前邁進了一大步。

流行文化研究在八十年代後之所以進入新的階段，是因為從那以後，西方社會和社會學研究，都發生了根本的變化。這個變化的特點是：第一，西方社會更顯示出它的晚期資本主義性質，顯示出明顯的消費社會和「後現代」性質。在這個時期，全球化和後殖民時代的歷史特徵，有顯著進展。第二，在社會學研究方面，各種新的社會學研究取向和方法以及理論典範，都陸續出現和傳播開來，顯示出社會學研究的一個嶄新階段。

就具體國別而言，八十年代以來，英國學術界加強了對流行文化的研究，迅速擴大伯明罕學派所取得的成果，使他們在這方面，迅速地躍居世界的前位。從二十世紀九十年代以來，英國社會學家以及社會人文科學各學科的專家學者，從各個不同的角度和方法，進一步加強對於流行文化的研究，在這方面的學術著作出版量有大幅度增長的趨勢（Featherstone, M. 1991; 1995; Fine, B. / Leopold, E. 1993; Finkelstein, J. 1991; Gamman, L. / Makinen, M. 1994; Gilloch, G. 1996）。德國社會學界也在法、英等國理論家的影響下，加強了對於大眾文化和日常生活中的實際文化的研究。魯曼和貝克（U. Beck）從不同的觀點和方法加強了對於現代社會文化活動冒險性的研究；在埃里亞斯的影響下，漢（Hahn, A.）、威德爾（Vetter, H.-R.）肅爾茲（Schulze, G.）

瓦格納（Wagner, P.）以及沃斯（Voß , G.-G.）等人注意到現代社會文化活動同實際生活之間的新關係，集中研究個人生活經歷、生活風格以及整個文化發展過程對於現代社會結構和行動者行動邏輯的決定性影響（Beck, U. 1986; Hahn, A. 1980, 1982, 1987, 1988; Luhmann, N. 1986, 1992, 1993, 1994, 1995a, 1995b; Schulze, G. 1992; Vetter, H.- R. 1991; Voß, G.-G. 1991; Wagner, P. 1995）。法國的流行文化研究也進入到新的歷史時期。一大批新起的社會理論家和社會學家，都把研究的注意力轉向文化，特別是流行文化方面，其中包括布爾迪厄、福柯、舍多、波德里亞和李歐塔（Jean-François Lyotard, 1924-1998）等人。美國社會學家也不甘落後，在二十世紀末的關鍵時刻，加強了對於流行文化的研究，並明顯地廣泛採用了除美國傳統方法論以外的最新研究方法，使美國社會學界出現了空前未有的新的活躍局面。美國社會學家特別加強對於各種不同種類流行文化的專門研究，例如對流行服裝、麥當勞現象、流行音樂、流行電影等具體流行文化形式，都給予深入的經驗調查研究和分析，凸顯了美國社會學界原有的傳統研究方法的優點，並在接受新型歐陸研究方法的基礎上，也發展了對於流行文化的一般理論研究。

總之，西方社會學界對當代流行文化的研究，在二十世紀經歷了四大階段：第一階段是從十九世紀末至二十世紀初，第二階段是從二十年代到六十年代，第三階段是從六十年代至七十年代末，第四階段是從八十年代至今。四個階段的研究，不僅表現在內容和重點的區別，也顯示出方法論方面的不同。

在這裡，特別要指出的是，方法和方法論的問題對於大眾文化的研究，具有非常重要的意義。不論是美國、英國，還是法國、德國的研究史，都顯示出方法和方法論對於文化研究的決定性意義。在這些國家中，文化研究早就已經進行好多個世紀。但對於流行文化的研究，只有當索洛金、阿多諾、布爾迪厄等人以及伯明罕學派提出和應

用其特有的方法和方法論之後，流行文化的研究才真正地進入一個富有成效的嶄新階段。

正如格列姆‧特納（Graeme Turner）在談到英國流行文化研究時所指出的，英國現代文化研究雖然一般都認為由霍加德和雷蒙‧威廉斯等人所開創，但真正取得國際性的讚賞和公認，那只是到了英國理論家們找到行之有效的理論和方法之後。格列姆‧特納認為，早期的英國文化研究只限於文學作品的文本分析。這是一種非常傳統的方法，主要受到英國傳統文學評論方法的影響。1958年由霍加德寫的《學文化的用處》（*The Uses of Literacy,* 1958）和由雷蒙‧威廉斯所寫的《文化與社會：一七八〇至一九五〇年》（*Culture and Society, 1780-1950,* 1958），雖然都開始對流行文化有所注意，但仍然繼續李維斯（F. R. Leavis）的傳統文學作品分析方法，只集中研究文本的文學形式；縱然也研究了文本同社會文化的一般關係，也探討了文本對於社會的基本意義，但並沒有從整體的角度去分析文化本身（Turner, G. 1992: 12）。

霍加德和雷蒙‧威廉斯在那個時候也都試圖在其研究中突破對於單純文學文本的分析範圍，對於當時的流行歌曲和流行小說進行了初步的分析和探討。然而，由於他們尚缺乏掌握有效的方法，使他們只能集中研究文學文本的美學特點和意義，而無法深入揭示這些文本的社會基礎及其創作的社會機制。只有到了五十年代，法國的結構主義有了擴大性的影響，才被英國的文化研究者所應用，並進一步將它同當時流行的精神分析學、符號論和馬克思主義等其他思潮結合起來。從此，英國的文化研究才確定了自己的系統研究方法，富有自己的特色，並因而蓬勃地發展起來。

按地區和國別來說，西方各主要國家的理論家，自十九世紀以來，就很重視對於流行文化的研究。英、美、法、德各國的研究，除了有其共同點以外，也表現了不同的傳統。最近三十多年以來，義大

利和澳大利亞等國的社會學家、哲學家和人類學家，也在流行文化研究方面取得了輝煌的成就，其中最重要的有前面已經提到的澳大利亞學者格列姆·特納。他在澳洲創辦了專門研究文化的兩個著名刊物：《澳大利亞文化研究學報》（*Australian Journal of Cultural Studies*）和《文化研究》（*Cultural Studies*）。圍繞這兩個學術刊物，澳大利亞近十幾年來也在研究流行文化方面取得顯著的成就。

第四節　流行文化社會學的正當性

　　當代流行文化的研究，經過將近半個多世紀的發展，已經取得顯著的成果。成批的以流行文化為研究對象的社會學著作，在近二十年來，尤其凸顯流行文化這個主題在社會學研究領域中的重要性。

　　西方社會學界對於流行文化的研究，已經帶動和促進了整個社會文化理論的研究。現在，流行文化的研究，已經構成社會學研究的一個重要分支，在其中的任何一個方面，都同社會整體和社會學研究的進展息息相關。正如依利沙伯·朗（Elizabeth Long）所指出的：近幾十年來，社會和文化之間的相互關係問題，成為了學術界許多理論家和思想家所感興趣的研究主題（Long, E. 1997: 1）。同樣的，福爾納斯（Johan Fornäs）也在其著作中強調：由於晚期資本主義社會的流行文化的廣泛發展，使文化研究成為一項非常重要的課題（Fornäs, J. 1995: 1-2）。通過流行文化的研究，為社會學理論研究所提供的啓發，可以簡單地概括成以下幾個方面：第一，既然流行文化進一步將「社會」同「文化」混合在一起，在現在情況下，究竟什麼是「社會」？什麼是文化？兩者間的界限在哪裡？如果說兩者已經緊密地混合在一起，那麼，如何看待兩者的結合？當代社會中的哪些領域和哪些部門最富

有文化的特色？當代社會同傳統社會的不同，是否同流行文化的出現有關係？第二，流行文化的出現是否影響到社會階層結構的改變？第三，流行文化對於傳統文化的改變，究竟起了什麼樣的作用？第四，流行文化同媒體的緊密結合，對於權力和金錢的社會媒介作用發生什麼樣的影響？第五，流行文化的發展同西方文化全球化過程有什麼關係？第六，流行文化的發展同世界各國的近代化和現代化有什麼關係？第七，流行文化同社會生活方式的變遷有什麼關係？第八，、流行文化的普遍化及其重要性，是否意味著流行文化社會學可以作爲一門獨立的社會學分支而存在？除了這些問題以外，還可以牽涉到其他許多重要的社會問題。由此可見，流行文化的研究，不論對於社會學基本理論的發展和深入研究，還是對於一般的哲學、人類學、心理學、語言學、政治學和經濟學等各種社會人文科學的發展，都具有重要的戰略意義。從實踐的角度來說，研究流行文化不僅有助於發現和解決現實的具體社會問題，而且也加強了我們對於現實社會和日常生活的認識，有助於瞭解和處理現實社會生活中的各種複雜人際關係。

流行文化的研究歷史以及近半個世紀以來對於流行文化的不斷加強的研究趨勢，表明對於流行文化的社會學研究已經進入一個新的歷史轉折點。流行文化社會學作爲一個獨立的專門學科已經形成和成熟了，它完全有必要、也有資格成爲一門獨立的社會學研究的分支而存在和發展。流行文化社會學之所以已經到了成熟階段，並有資格作爲社會學研究的一門獨立分支而出現，是因爲：第一，流行文化社會學的研究對象、內容、範圍、方法及基本理論等方面，經過多年來的探索和研究，已經基本上明確下來。在這方面，儘管隨著研究的發展和進步，會有許多新的突破和新的發現，但其輪廓基本上是清楚的。第二，流行文化社會學的研究對象及其範圍，幾乎涉及到當代社會的許多重要領域，其重要性不亞於許多已經定型的社會學研究分支，例如知識社會學、文化社會學、法律社會學和經濟社會學等。第三，流行

文化社會學的多學科整合的研究性質及其研究對象的複雜性，使它有必要作爲一門獨立的專門社會學研究分支而存在。它不應該如同傳統的社會學研究那樣，籠統地將它列入傳統文化社會學的範圍，因爲傳統文化社會學只能對流行文化進行最一般和最抽象的社會學研究；它也不應該被納入到文化學或文化人類學的範圍，將它規定爲文化學或文化人類學的研究對象，因爲文化學和文化人類學都只能從一般文化和人類學的角度去研究它。流行文化作爲非常複雜而普遍的社會文化現象，必須專門地從社會學、人類學、心理學、哲學、語言學、符號論等領域進行整合性和綜合性研究。在這種情況下，流行文化社會學將從一般和特殊兩方面對流行文化進行研究和分析。從一般角度，指的是把整個流行文化當成一個相互聯繫的社會文化現象網絡，並對其整體性質及運動規律進行研究；從特殊角度，指的是將流行文化分析成許多不同的現象系列，如按照服裝、飲食、音樂、藝術、文學等不同流行文化種類進行分析和深入研究，在這方面，甚至可以再分生出專門的流行文化研究項目，例如獨立出一個新的流行飲食文化社會學、流行藝術社會學、流行服裝社會學等。這些新的流行文化社會學分支的出現，有利於將流行文化社會學研究推向更深入的方向發展，並將反過來加強整體流行文化社會學的研究。

第五節　研究流行文化的基本理論和方法

從文化和流行文化研究的近一百年發展史來看，任何流行文化的研究，都不可避免地要首先解決其基本理論和方法論的問題。基本理論的確立及其應用，方法論和研究方法的選用，都對於流行文化研究本身的發展方向及其成果，發生具有決定意義的影響。如前所述，近

一百年來，西方社會學界對於流行文化進行了深入的研究，提出了許多不同的理論和方法論，它們既是研究流行文化的理論和方法論基礎，也是不同歷史發展階段西方流行文化研究成果的理論和方法論總結。這些理論和方法論，不但具有不同的特色，而且還從各個面向考察了流行文化的性質及其在不同時代的社會表現形式，對於研究當代流行文化具有深刻的理論和方法論意義。

流行文化基本理論所首先關懷和重視的問題，就是流行文化的性質及其同社會整體的關係。在這一點上，流行文化基本理論要特別突出其平民大眾文化的性質、消費文化性質及其同現代資本主義社會制度的內在關係。為此，流行文化基本理論總是集中研究現代資本主義制度下文化分化的社會性質及其對於平民大眾，特別是對於工人階級文化生活的影響。資本主義社會制度所實行的文化政策，一方面造成上層文化和大眾文化的區別以及前者對於後者的宰制，另一方面卻又為文化在平民大眾的普及提供了前所未有的有利條件。資本主義的自由民主製造成了文化普及的嶄新形式，使平民大眾有可能在受到宰制和被壓迫的同時，在自由民主制所提供的有利活動範圍內，在人民大眾生活和工作活動的領域內，自由地發揮其自身的創造力。因此，一般流行文化理論都要集中研究資本主義制度下，民眾自由地創造符合自己需要的特殊文化的條件及其具體方式。在此基礎上，流行文化基本理論要進一步深入研究流行文化不同於一般文化，特別是不同於上層文化、不同於文化專業人士所掌握的精緻文化的地方，以便突出流行文化的基本特徵。接著，流行文化基本理論要進一步研究各國流行文化的基本形式，並研究這些符合本國社會文化歷史條件的基本流行文化形式的具體表現。例如，在英國，「社區研究中心」（The Institut of Communities Studies）和「獨立研究群」（Independent Group, IG）以及「倫敦當代藝術研究所」（The Institut of Contemporary Arts, ICA）都集中研究了在五十年代最早流行於英國的「波普藝術」（Pop Art），特別研究其具體表現形式，以便進一步同美國和其他國家的「波普藝術」

區別開來。不但不同的國家和民族有自己不同的流行文化形式,而且,不同時代也有不同的表現形式。在研究這些流行文化表現形式時,流行文化基本理論要依據關於文化的美學、人類學、符號學和社會學的超學科或跨學科綜合研究成果,從內容與形式、藝術類型特點、民族心理和其他各種基本問題的相互關係,深入分析流行文化具體形式的產生機制及其可能的表現特點。研究流行文化具體表現形式是非常複雜的課題,必須從理論上探討和解決各種與文化表現形式相關的問題。

其次,流行文化理論特別重視流行文化的表現特質及其各種實際表現形態。為此,各種流行文化理論很注意研究流行文化的基本結構及其特徵。在這方面,從早期的符號分析,經過馬克思主義、精神分析學、結構主義、解構主義和後結構主義,再到建構主義和後現代主義等,都在研究流行文化的結構方面下很大當代功夫,並取得了各有特色的理論成就。

第三,流行文化理論很注意研究流行文化的運作機制及其動力學原則。

第四,流行文化理論也重視對於流行文化產品的品味分析及其與特定生活方式的關係。

第五,流行文化理論也將流行文化同媒體和意識形態的關係當成一個重要問題提出來。

如前所述,流行文化的基本理論及其研究方法是多種多樣的。流行文化本身的高度複雜性和變化性,使得對於流行文化的研究,必須根據不同的時空條件,不同的文化傳統和社會文化脈絡,以及不同的研究需要,而適當地採取不同的理論和研究方法;同時,由不同的基本理論和方法所得出的研究結論,也必須從更高和更寬的角度加以比較,並綜合地加以重新調整分析。

同時,流行文化的日常生活性、實踐性及其複雜性,決定了其基

本理論和方法的跨學科性，也決定其多元性和高度靈活性。

　　從當代流行文化研究開創以來，先後曾經產生過幾種較為重要、並有廣泛影響的流行文化基本理論和方法論。我們必須系統地對這些多種多樣的流行文化理論進行歷史性和詮釋性的研究工作，加以比較，總結其各自的優點和不足之處，作為我們今後研究流行文化的借鑒。

　　其實，根據各國的研究傳統，英、美、法、德各國，早在當代流行文化研究展開以前，都已經存在其自身適合於本國民族文化特點的文化研究基本理論和方法論。在英國和德國，流行文化研究理論都多多少少同馬克思主義的批判傳統有密切關係。在英國，一般認為，流行文化研究的基本理論和方法論的確立及其應用程式，都同馬修‧阿爾諾（Matthew Arnold）的早期研究成果有密切關係。馬修‧阿爾諾一向被認為是英國流行文化研究的先驅。他在1869年出版的《文化與無政府主義》（*Culture and Anarchy,* 1869），深受當時流行的社會主義思潮的影響，深入分析資本主義工業化對於一般人民群眾文化生活的負面影響，並第一次明確地提出了「庸俗文化」（philistine cumture）的概念 （Arnold, M. 1869）。

　　其實，與他同一時期生活、並研究工人階級狀況的馬克思和恩格斯（Friedrich Engels, 1820-1895），也已經在他們的重要著作中高度重視工人階級的文化生活狀況，並對資本主義的整個制度進行尖銳的批判（Marx, K. 1867; Engels, F. 1845）。正因為如此，馬修‧阿爾諾的研究理論和方法都帶有馬克思主義的明顯痕跡。馬修‧阿爾諾之後，對於流行文化的研究都一直帶有馬克思主義的批判原則，使英國的流行文化研究理論從屬於新馬克思主義社會批判理論的一個分支。關於這一點，研究流行文化史的默洛（Adrian Mellor）正確地指出：「英國人並不局限於自己的文化研究」（Mellor, A. 1992: 664）。格列姆‧特納也特別指出：「當我論證指出雷蒙‧威廉斯和其他研究者的影響是關

鍵的時候，歐洲結構主義者李維史陀、索緒爾、拉康、羅蘭·巴特和福柯以及歐洲馬克思主義的某些代表人物，如阿圖塞和格蘭西等人，也對於英國流行文化研究發生重要影響」（Turner, G. 1996: 3）。

在德國，研究流行文化的理論的馬克思主義傳統，首先是同法蘭克福學派的社會批判理論有關。這個起源於二十世紀二十年代、後來又經過移民美國的新馬克思主義理論派別，試圖從流行文化、大眾文化同資本主義社會的關係入手，分析它的商業和工業化性質，提出了著名的異化理論和文化工業理論。

在這個意義上說，英國當代流行文化研究理論類似於德國法蘭克福學派社會批判理論的文化批判理論，都屬於新馬克思主義的文化理論。

在美國，情況完全不同於英國和德國，因為馬克思主義思想理論在美國一向得不到充分的發展機會。美國流行文化研究是緊密地同它的文化傳統相聯系，主要是同它的實用主義、象徵互動論、行為主義、實證主義等學派相聯繫。因此，美國的流行文化研究擅長於在科學研究方法上下功夫，集中進行系統的經驗實證的統計調查和分析。在這方面，從索洛金開始，經米德等人，再到研究麥當勞文化有顯著成就的李茲爾（George Ritzer）等人，都為我們提供了最好的範例。

各個不同的方法往往具有不同的優缺點，也各具有不可取代的不同特徵。我們必須謹慎地探討它們的各種不同思考模式及重要概念，取長補短，將有助於我們今後的流行文化研究工作。

各種方法和方法論的形成，在很大程度上受到哲學和認識論思潮的影響。近一百年來，對於文化研究產生重要影響的思潮，主要是結構主義、新馬克思主義、符號論、存在主義、精神分析學、女性主義、後結構主義、解構主義和後現代主義等。

根據近一百年來流行文化研究的演變狀況來看，綜合各國應用的理論和方法，可以大致將最有影響力的基本理論和方法論劃分為兩大

範疇：批判的詮釋方法和經驗的調查統計方法。屬於前一種的，包括結構主義、新馬克思主義、符號論、精神分析學、解構主義和後現代主義等；第二種類型的理論，包括行為主義、實用主義、實證主義等等。

兩種方法論和研究方法並非絕對相互排斥和相互對立的；相反地，兩者是可以相互結合併相互補充。

所有的流行文化研究都依據一定的基本理論和方法論。這些基本理論和方法，可以依據其抽象程度、其同流行文化的緊密關係程度而劃分為三個等級。第一等級的理論是屬於最一般的文化理論。這一層次的文化理論雖然同流行文化存在相當的距離，但對於研究流行文化是非常必要的。它們可以說是研究流行文化的基礎理論，因為它們對於一般文化的基本觀點，將有助於我們更深一層地探討流行文化同社會和歷史的相互關係，有助於我們瞭解流行文化產生的社會文化根源和條件。第二層次是關於流行文化的產生、發展、再生產以及運作的基本理論。第三層次是對於流行文化的各個層面和各種類型進行分析和探討的理論。

在第一層次的文化理論中，值得我們反覆參考和應用的，是最有研究成果的社會學家的經典著作。在這方面，首先當推埃里亞斯的文化理論。正如本書在第一章導論中所指出的，他從二十世紀三十年代起，經歷半個多世紀的探索，撰寫出一系列有關一般文化和流行文化的理論作品，其中包括：《文明的進程》第一卷《生活方式和習俗的歷史》（1978[1939]）、《文明的進程》第二卷《國家的形成和文明》（1982[1939]）、《宮廷社會》（1983[1969]）、〈知識與權力〉（1984）、〈兩性之間均衡的變遷〉（1987a）、《捲入與超脫》（1987b）以及《象徵理論》（1991[1989]）等。

在研究流行文化的過程中，不管採取什麼樣的理論觀點和方法，都不可避免地會遇到一系列重要概念。這些重要概念構成為研究流行

文化的基本範疇。這些範疇包括「文化」（Culture）、「大眾文化」（Popular Culture）、「群眾文化」（Mass Culture）、「民間文化」（Folk Culture）、「統治的文化」（Dominant Culture）、「工人階級文化」（Working Class Culture）、「意識形態」（Ideology）、「符號」、「文化結構」、「身體」、「性」等等。在流行文化的研究中，究竟以哪些基本範疇為中心，這不但要由研究者所採用的基本理論所決定，而且也要根據所研究的流行文化具體形態及其特點來決定。例如，以符號論為基本理論的研究者，就以符號論的主要概念作為其基本範疇；而以社會批判理論為其基本理論的，就以「文化工業」、「意識形態」等概念作為基本範疇。

總之，自二十世紀八十年代以來，流行文化研究所採用的基本理論主要是法蘭克福學派的社會批判理論、佛洛依德精神分析學、法國結構主義、羅蘭‧巴特符號論、英國伯明罕學派文化理論以及法國後結構主義文化理論等。這些學派和理論，基本上都是二十世紀六十年代之後所出現的，而他們的主要代表人物及其學說的主要內容，均已在本書第一章導論中作了簡單的論述。這些理論和方法，雖然各具有其特色，但幾乎都同古典的文化理論及其研究方法有緊密關聯。例如，法蘭克福學派的社會批判理論，帶有明顯的馬克思理論和方法的影響，而法國後結構主義文化理論也並不是絕對地同古典文化理論絕緣。在貫徹不同理論和方法的時候，必須同時考量各個學派理論和方法的不同局限性，必須適當參考古典文化理論和方法。在各種古典文化理論中，最有深刻意義的，主要是齊默爾、尼采、馬克思、宋巴特等人的思想和方法。他們是對資本主義文化進行批判性研究的先驅，為我們留下許多寶貴的理論遺產。

在方法方面，研究流行文化所採用的批判詮釋方法，綜合了新馬克思主義、結構主義、解構主義、存在主義、現象學、符號論、後現代主義等思潮的基本原則及其所提供的方法，使批判的詮釋方法在實

際上涵蓋了上述各種思潮的因素。同時，批判的詮釋方法也總結了社會學、人類學、語言學和現代哲學的研究成果，使它具有跨學科的性質。

　　美國人類學家兼社會學家葛茲在研究摩洛哥和印尼巴峇島文化時，往往將文化看成一系列意義符號體系（Geertz, C. 1983）。他認為，包括流行文化在內的一切文化，既然都是與其中的意義作為基礎，就必須首先重視對於流行文化產品的意義的詮釋和批判。德國詮釋學家加達默在《真理與方法》一書中，把詮釋當成普遍性的生活方式，具有本體論的重要意義。當然，德里達指出，詮釋並不只是字面上的解釋和說明，而是要進行重構；而要重構，就必須首先對它進行解構。由於流行文化產品都是經密碼化的價值載體，所以，就更必須對它們進行「解碼」，即進行解構。解構的過程，就是一方面揭示其中的奧秘，另一方面進行重構和創新。布爾迪厄和波德里亞等人，正是靈活地應用了詮釋的批判方法，才使他們的流行文化批判性著作得出深刻的結論。

　　但是，批判的詮釋方法並不能替代實證的經驗調查和具體的統計分析工作。對於流行文化所採用的經驗的統計調查分析方法，實際上是英美兩國傳統經驗主義、實證主義、實用主義和分析哲學等思潮的具體應用。在這方面，正如我們在前面一再指出的，英國和美國學者的某些代表性著作已經為我們建立了典範。

　　西方各國對於流行文化的研究，不論從歷史發展的角度，還是在理論方法論的層面上，都各有其不同的特徵。但它們在基本理論和方法論方面，仍然有許多相通和共同之處。這些相通和共同之處，當然一方面是由於它們本來在文化上就有共同的傳統和基礎，但另一方面是由於西方現代化的發展已經達到嶄新的歷史階段，即達到「全球化」和「後殖民」的新時期；在這個新時期中，資本主義政治、經濟和文化的任何變化和發展，都難免表現出全球步調一致的特徵。對於西方

各國研究流行文化的這些異同點，有必要進行更深入的分析比較，以便對於當代流行文化的基本特徵及其基本性質有更全面的瞭解。

首先，就各國研究的發展階段而言，一般都同以上劃分的四大階段相對應：第一階段是從十九世紀末至二十世紀初；第二階段是從本世紀二十年代至第二次世界大戰期間；第三階段是從六十年代至七十年代末；第四階段是從八十年代至今。

劃分上述四大階段，一方面是根據各國社會文化生活的演變特點以及流行文化本身在當時的發展狀況，另一方面是依據西方整體社會結構和性質的變遷特點。為了深入瞭解西方各國研究流行文化的基本理論及其方法論的性質，讓我們首先從各國的具體特點，然後再綜合地考察西方整體社會文化的歷史變遷特點及其理論發展過程。

首先，談到英國的文化研究過程，不能不考慮到它在思考模式和方法論方面的傳統和特點。在這方面，必須注意到：第一，經驗主義在英國文化研究中的影響是不可忽視的。第二，同經驗主義緊密聯繫在一起的是分析主義的研究方法。第三，除了原有的上述思考分析傳統以外，從二十年代起，流行於歐洲，特別是法國的各種思潮，諸如馬克思主義、精神分析學、存在主義、結構主義和符號論等，也直接影響到英國文化研究的方向，使英國的流行文化研究逐漸走上多元化的道路。第四，英國社會人類學的結構功能論文化研究在十九世紀呈現出強勢狀態。以泰勒、馬林諾夫斯基等人為代表的英國結構功能論取得了顯著的成就，直接地影響了英國二十世紀初的文化研究。

美國的文化研究呈現出與英國完全不同的情況。一般說來，美國的傳統文化是深受英國影響的。共同的語言文字以及兩國歷史發展的特殊密切關係，往往使英美兩國在文化發展上呈現許多類似的地方。但是，英美兩國對於流行文化的研究卻表現出很大的不同點。實用主義、經驗主義、符號互動論、現象學等在美國學術界有很大的市場，也曾經占據過領導地位。所以，美國的流行文化研究在經驗實證方法

方面作出了特殊的貢獻。

　　美國文化對於馬克思主義思想一貫有偏見、甚至抱有相當程度的敵視。因此，美國文化研究從十九世紀開始就排斥馬克思主義的理論和觀點。同英國的情況不同，馬克思主義在美國要等到「冷戰」時期結束才得到自由的傳播的機會。其次，美國的流行文化研究開始於對「群眾文化」（mass culture）的研究，並從一開始就把群眾文化當成一種低級的「次文化」，某種傳播於正統文化之外的消極因素。美國的這種群眾文化首先是在貧窮的黑人住宅區中創造、並傳播開來。在六十年代，貝克等人對於黑人流行音樂，特別是爵士音樂，進行了深入研究（Becker, H. S. 1963; 1982）。

　　類似於黑人區群眾文化的美國白人群眾文化，例如「貓王」埃爾維斯・普列斯萊（Elvis Presley, 1935-1977）所開創的「搖滾樂」（Rock Music），是在五十年代才流行起來、並達到其頂峰。由於這些原來屬於中下層社會階級的次文化在戰後的擴散，以及美國文化工業的高度發達，使戰後美國的流行文化研究領域也出現了繁榮的景象。

　　芝加哥大學、哥倫比亞大學、耶魯大學和加利福尼亞大學是美國流行文化研究的四大重鎮。芝加哥大學和哥倫比亞大學的文化研究是由實用主義者杜威開創的。他將實用主義從單純的哲學研究改變成多學科綜合研究方式，並以經驗主義爲基礎，奠定了文化研究的工具主義和實驗主義方法，使文化研究找到了具體和實證的科學途徑。在杜威的「文化」概念中，值得注意的是，他以多元主義觀點擴大了文化的意含，也很重視對於實際的文化活動的研究。在他的影響下，芝加哥大學出現了舉世聞名的芝加哥學派，而在哥倫比亞大學也推動了系統的文化研究，培養和訓練了一批有創見的文化研究者。耶魯大學的文化研究，在七十年代之後，主要是以保爾・德曼（Paul de Man）爲代表的耶魯學派引用了法國思想家德里達的解構主義方法，取得了顯著的成就。但他們的研究基本上還停留在純理論層面，並沒有對流行

文化進行系統的調查研究。至於加利福尼亞大學，由於它緊靠著好萊塢，又受到過法蘭克福學派的影響，使它對於流行文化的研究有比較突出的成果。

德國研究流行文化的狀況深受其歷史特點的影響，這主要是指德國現代歷史發展的三大特徵：第一，德國在十九世紀末、本世紀初的文化研究深受馬克思主義、新康德主義、尼采主義、存在主義和現象學的影響。第二，三十年代希特勒的法西斯專政使德國本土內的文化研究只能局限在狹隘的範圍內。第三，德國文化研究，如同其他社會研究一樣，深受其哲學思辨傳統的影響，具有濃厚的理論氣息，也具有較深刻的方法論意義。

從上一世紀末開始，齊默爾就已經靈活地採用哲學和社會學的綜合理論和方法，對文化進行了卓有成效的研究。他首先將文化看著是社會互動以及社會各層面相互交流的產物。這就使他有可能高度重視流行文化的形成及其社會意義。在1912年發表的〈哲學相對主義者文選〉中，他明確地從哲學和社會日常生活兩個角度對文化進行界定（Simmel, G. 1912）。為此，他首次提出了「哲學文化」的概念。他的文化概念，清楚地指明了任何人類文化所採用的「內容」（Centent）與「形式」（Form）的兩方面層次。就內容而言，文化必然隱含和凝縮著人類歷史經驗，而任何歷史經驗又勢必採取一定的表現形式。因此，文化的內容和形式兩方面，既要分別加以考察，充分注意到其本身的不同特點，又要考慮到兩者之間的相互緊密關係及其互動形式。齊默爾所使用的「凝縮」（Verdichtung; condensation）概念，對於研究文化和流行文化具有重要意義。任何人類經驗，當它們被加工而轉化成為文化產品的時候，總是要「凝縮」成各種各樣的文化形式。所以，研究文化的「凝縮」過程是研究文化內容同其形式的相互關係的關鍵。在齊默爾的二十世紀著作中，他研究流行文化的重點逐漸地轉移到文化的創作過程本身。他在研究流行文化形成過程的時候，注意到主觀

精神思想因素同客觀因素之間的複雜互動關係。他認為，文化的形成過程脫離不開主觀因素，但又必須依賴個人主觀因素的「非主觀化」（the desubjectification of the individual）過程（Simmel, G. 1900）。在這裡，顯示出齊默爾對於文化形構過程中「主觀－客觀」以及「個別－一般」雙方因素互動的高度重視。正如齊默爾的研究專家歐阿克所指出的：「文化，在齊默爾看來，是生活將其自身以『多於生活』（more life）的形式而再現出來的精神產物。因此，通過文化的創作過程，生活本身超越其自身而產生出具有『多於生活』本質（qualify as 'more-than life'）的特定形式。齊默爾將文化表現為具有兩個層面的過程（two dimensioanl process）。一方面，生活的能量和旨趣被轉化和被凝縮成為『客觀文化的形式』（the forms of objective culture），即化約成為文化形式的世界。這樣一來，它就變成為獨立於個人生活存在的客觀事物。另一方面，這些文化形式及其人工產品又被整合到個人的主觀文化中去，即進入到不同的人格個性狀態中去，而這些人格個性實際上也是文化培訓的最終產物。……主觀文化乃是個人的個性化文化，或者，是作為文化生存物的個人的生命」（Oakes, 1984: 6-7）。

在齊默爾的影響下，德國流行文化研究也呈現多元化的趨勢。從二十世紀初的卡希勒的符號論文化理論，經過法蘭克福學派的新馬克思主義社會批判理論和文化工業理論，在戰後，德國深受法國和美國文化研究的影響，使它綜合了法國的以批判詮釋方法為主和美國的經驗實證方法為主的雙重特徵，有利於德國文化研究專家們，以其特色發展自己的流行文化理論。

值得指出的是，埃里亞斯的文化理論在德國文化研究中占據特殊的地位。這位原籍德國、但長期流亡英國和荷蘭等國的資深社會學家，從三十年代以來，一直以他的光輝著作和深刻觀念影響著包括德國在內的整個西方學術界。

法國在文化發展上，始終濃厚地呈現出其自身的法蘭西民族傳統

的特徵。法國的文化研究，從古典人類學和社會學研究開始，便完全不同於英美兩國。法國人類學和社會學，並不像六十年代後的英國那樣集中研究「大眾文化」。五、六十年代後法國對於流行文化的研究，只是一般文化研究的一部分，而且，法國學者對於文化的研究一般是從研究語言和象徵開始的。法國人類學和社會學對於語言的研究，完全不同於英國學者對於語言的研究：英國是在分析哲學語言研究的基礎上開展對於語言的研究的，因此，英國的語言研究受經驗主義和科學實證主義很深的影響；即使英國哲學在後期維根斯坦的影響下也產生了劍橋和牛津的「日常語言學派」，但他們對於日常語言的研究，也不同於法國的傳統。

首先，法國的語言研究深受人類學和語言學結構主義的影響。其次，法國學者集中研究語言論述及其應用策略。第三，法國學者很重視權力運作以及整個社會的力量關係網絡對於文化活動的影響。

綜合以上各方面的分析，流行文化研究領域中的理論和方法的探討，是一項長遠而具有重要意義的戰略性文化建設工程，它的研究成果將直接影響人文社會科學的整體發展。

第二章

流行文化的定義討論

第一節　從現實中的流行文化談起

流行是什麼？在給「流行」下一個嚴格的學術定義以前，讓我們先引用一篇有關流行文化現實狀況的報導以及關於流行玩偶Hello Kitty的實際故事，以便從現實的流行文化中引伸出有關它的定義的討論。

第一篇是《紐約時報》（*The New York Times*）的一篇題名為〈「酷」的時髦的獵手們〉（*The Cool Hunters*）的文章所作的分析報導（轉引自法文Vocable, No. 347bis du 9 au 22 septembre 1999, Paris）。這篇由洛伊弗斯哥德（Roy Furchgott）撰寫的文章指出，「酷」的時髦的獵手們，同時也就是最時髦的各種時尚和流行的「製造者們」。他們在為各種時髦的推出和推廣氾濫而搖旗吶喊和興風作浪時，也自行創造各種新的時髦，目的在於使他們自己時時站在時髦運動的最前列。因此，「酷」的時髦的獵手們，同時也是流行的製造者、推廣者、享用者和消費者。他們一身而同時扮演四種角色。從他們扮演的角色可以領會到流行產生和氾濫的奇怪邏輯：一切時髦和流行都是在街頭被發明、表演出來、並被推廣開來。流行時髦產生和推廣的「發動機」，並不存在於流行追求者之外，而是流行的追求者本身。

在談到流行的產生邏輯時，《紐約時報》講述了幾例有趣的故事。一位叫蘭西的紐約大學攻讀公共衛生年輕研究生，一方面在曼哈旦區大時裝商店當售貨員，另一方面又為一家流行調查分析公司充當情報員，負責定期提供有關當時流行的最新消息。她從後者所獲得的薪水大大高於前者。像蘭西這樣充當「『酷』的時髦的獵手」的年輕人，現在比比皆是。這是從六十年代開始的。當時，兩位美國社會心理學家Yankelovitch和Rokeach，幾乎同時進行社會調查，試圖發現追

隨流行時髦的社會群體的心理基礎。當時，他們同羅泊斯達茨國際公司（Roper Starch Worldwide Inc.）合作，採用「焦點群體研究」（focus-group research）方法。現在，情況有些不同。像伊康諾文化公司（Iconoculture）、衛星公司（Sputnik）、X阿建德公司（Agent X）、蘭伯西斯（Lambesis）以及青年智慧公司（Youth Intelligence）等專門研究青年時髦式樣的資訊商業集團，分別僱用像蘭西那樣對於流行極為敏感的青年們。他們的年齡大約在十四到三十歲左右，繼續採用上述「焦點群體研究」方法。為此，他們跑遍城市內所有的籃球場、流行夜總會以及度假村等地區，試圖發現在其中流行的各種時髦表現，因為他們認為這些地區的各種新發明出來的時髦，很可能有相當一部分會影響和流傳到社會其他地區。然後，這些商業資訊公司又將收集到的情報傳給由可口可樂、MTV、通用食品製造公司以及溫地國際公司組成的商業集團。他們接著就根據這些資料去設計新的產品，並相應地發動一場商業廣告戰爭，採用必要的市場推銷策略，讓社會上更多的青年知曉新近流行的時髦。在三藩市的新力Sony公司設計部主任Jim Wick說，當他們設計一種專為年輕運動員使用的新式「隨身聽」（the Freaq walkman）時，他們就是採用了他們僱用的「『酷』的時髦獵手」們的建議的。Jim Wick 說，新式隨身聽採用最特殊的形狀設計，並用特殊的物質材料做成，使用時可以緊貼在身體上。它的功能和性質，同舊的新力牌隨身聽完全一樣；不同的，只是它的「酷」。它的「酷」吸引了許多年輕人。一件商品具有它自身的使用價值，它是用來實現特定功能的。但一旦採用時髦的設計，它就不只是一件商品而已，而是一種「酷」的表現。作為「酷」的形象和象徵，它馬上變成時髦追隨者的狩獵對象。所以所有的著名公司都意識到：「『酷』的時髦的獵手」具有一種靈敏的「酷」的品味。他們就像具有靈敏嗅覺的獵犬一樣，能夠預感到即將出現的新時尚，及時地捕捉變化萬端的時髦。青年智慧公司負責人Jane Rinzler Buckingham說，她之所以僱

用蘭西小姐，是因為在四年以前，有一次，她在咖啡店裡看到蘭西身穿一件很有品味的服裝。這是她根據自己的愛好而親自設計的。 Jane Rinzler Buckingham認為，「酷」或流行，是很難表達清楚的：它究竟是什麼？它的精確涵義應該包含哪些內容？這一切，實在很難給予界定。但關鍵是：它表現出特定的氣息，是可以在一個人的身上、氣質和行為方式中體現出來的。他從蘭西小姐的一舉一動，直覺地感受到一種與眾不同的精神氣質和品味，斷定她具有某種時髦「前衛」（avant-garde）的個性和特質。所以，他決定僱用她充當該公司的「酷」的情報員。

第二篇是刊載於台北流行雜誌*Taipei Walker*的西元2000年第24期上的*Top Characters in Japan*。這篇報導不但例舉出目前流行於日本的凱蒂貓（Hello Kitty）、「烤焦麵包」（Cogepan）、趴趴熊（Tarepanda）、壽司家族（Sushiazarasi）、毛毛（Postpet Momo）以及電視節目周邊玩偶（TV Characters）等各種玩偶，而且還分析它們的流行歷史以及它們之所以被社會大眾追求的原因。玩偶是人們，或者，更確切地說，是它的製造商和廣告商所設計和推銷出來的「人造」玩具、符號和商品。這些玩偶之成為流行文化，都經歷一段獨特的、不平凡的歷史過程；而在這過程中，幾乎都牽涉到其製造商、廣告商、媒體和群眾玩家之間的四角關係網絡。這些玩偶就是在這四大角色之間循環運動，掀起一陣又一陣的流行漩渦。它們的故事使我們看到：流行文化是在上述四大角色之間循環運動、並不斷以螺旋式發展和膨脹的形式而發展的「人造」玩具、符號和商品的複雜綜合體。

以Hello Kitty為例。它是在1974年以坐式登場造成轟動的「人造」玩具、符號和商品。據說，當它出現之初，造型玩偶還不多，也幾乎沒有商品化。在它之前，五十年代曾出現過「原子小金剛」，六十年代出現過「抱抱娃娃」和「莉卡娃娃」等，雖然曾經造成一時的流行，但無論如何也只能被當作玩具而已，並未變成搶手的商品。它的商品

化是隨六十年代後西方新型消費社會的出現，隨著新式媒體和資訊科技的發展，隨著資本主義全球化新時期和後殖民時期的到來而發生的事情。

Hello Kitty 的最初作者是清水侑子小姐，當時掛上鮮紅色緞帶，穿一身藍色洋裝，以其多彩多姿的鮮明色彩，尤其是以獨特的坐姿登場亮相，受到當時大眾的喜愛。但當時它並未被命名，也就是說，尚未取Kitty 這個名字。為它取名Hello Kitty 是第二年的事。為了吸引大眾，引起人們對它的興趣，製造者為它編纂了帶有人情味的「故事」：它是在1974年11月1日「出生」在英國倫敦市郊外某鎮的可愛娃娃，本名為Kitty White，「身高」為五顆蘋果的高度，「體重」為五顆蘋果的重量，「性格」是常常在公園或森林裡玩耍，精神奕奕，有點像男孩那樣活潑頑皮，但有時又喜歡彈彈鋼琴，烤點餅乾之類的「休閒活動」，具有女孩子「溫馴慈祥」的一面，它個性開朗，愛結交朋友，喜歡「友情」這個字，使這位令人愛憐的Kitty周圍總是環繞著一群朋友，大家在一起時，總是那麼快樂，它喜歡媽媽做的蘋果派，各種糖果、星星、金魚等「小玩意兒」，還收藏了很多可愛的緞帶，拿手的科目是英語和音樂，夢想成為鋼琴家或詩人。由於它的造型的變化以及環繞著它的許多人為的宣傳造勢，它成功地偶像化和商品化。

Kitty在1975年的第一號商品是用塑膠材料製造的小錢包，立即轟動市場，成為超人氣的偶像商品。1976年Hello Ketty 交棒給它的第二代作者米窪節子小姐，其商品形式開始多元化和生動活潑起來，不只是以坐姿出現而已，而是以精神百倍的多種多樣姿勢顯示出來，例如1976年採用同本尊一模一樣的迷你造型，1977年的站立姿勢的Kitty，1979年的「單腳跳躍式」的Kitty，1980年做成「數字式電子手錶」的Ktty等等。

但是，Kitty並不只是商品化而已，它還借助於媒體、金錢和權力，靠它背後的社會文化力量，從八十年代起進軍社會社交界，參與

到活生生的公共社會社交活動。1980年，Kitty的作者改爲山口裕子小姐，將Kitty 的華麗裝扮同流行的觀念結合起來，變爲更加可愛的形象和模樣，活靈活現地進入到社會社交活動中去。這時候，一系列具有獨特造型的新設計產品陸續被推出市場，例如帶有Kitty可愛造型的電氣商品和休閒製品紛紛登場。1981年出現了Kitty 電話機，當時的價格是二萬三千日元，Kitty 照相機也同時上市，1982年東京的首都高速公路上出現了Welcome Tokyo 的Kitty 大看板，1983年Kitty 接受任命爲派往美國的「親善大使」，1984年Kitty 十週年生日時隆重推出的Kitty 守護神籤，大受歡迎，1985年Tainichyamu初次登場的泰迪熊系列大公開，在1986年推出白色和紅色爲主的「色彩鮮明系列」， 1987年除了推出高雅裝扮並富有成年人風格的「單調風格系列」外，更有限量發行的二千七百個Kitty手提包，讓Kitty臉型出現在黑底白框中，並標上親切的話語：I'm happy to have a friend like you，使Kitty成爲許多貓咪族的隨身朋友，1988年受到當時深受歡迎的Checkers 偶像團體服裝的啓示，設計出「方格子系列」，1989年設計出紀念Sanrio 第三十週年的Kitty 電視。

在九十年代，Kitty系列的商品更以豐富多彩多姿的形式走進市場、社會和日常生活領域。以Hello Kitty 爲主體的Sanrio Puroland 在1990年開幕啓用後，在九州的Harmonyland也開幕了。拍成錄影帶的「Hello Kitty 灰姑娘」是於1991年銷售於市場中，與此同時，以Hello Kitty Babies 爲名的寶寶用品系列以及青梅竹馬的幼年玩伴Daniel 以嬰兒姿態銷售於市。1994年Kitty的二十週年慶，將註冊商標由原先的緞帶更換爲可愛的小花，使它的造型和形象更新了。1995年「護士Kitty系列」推出抗菌用品，讓Kitty穿上可愛的藍色護士服，同時也推出護髮品及其他化妝用品，內容充實而多樣化，深受歡迎。1996年粉紅色的「蘇格蘭格子花布系列」，尤其以其中的手機護袋最受歡迎，剛上市就被一搶而空，造成日本商業史上最轟動的事件。1997年「眞珠系列」

更是爲Kitty 貓咪族的瘋狂崇拜運動推波助瀾，1998年Kitty 摩托車和汽車先後上市，同時東京市內出現Kitty 商品專賣店Vivitix連鎖店，1999年Kitty的青梅竹馬玩伴Daniel以更成熟的姿態歸來，在多次的遊行秀中雙雙表演。當2000年來臨時，Kitty家族的成員已經成爲社會大衆最熟悉和最喜愛的玩偶系列，它們當中，有：最懂故事的老貓爺爺Anthony White，愛好繪畫，據說住在鄉下，離Kitty家有一點距離；Kitty的老貓奶奶Margaret White最拿手的是刺繡，同時又是製造布丁的能手，同老貓爺爺Anthony White同甘共苦一輩子；Kitty 的老貓爸爸George White，常常叼著煙斗，很有幽默感，在商社上班，很「顧家」的男士，值得信賴；Kitty的老貓媽媽Mary White，是一個溫柔慈善的傳統女人，喜歡掃除、洗衣、澆花等整理家務，聽說也是一位做蘋果派的名廚師！Kitty的雙胞胎妹妹Mimy White愛戴橙色的緞帶，個性內向、怕羞，最喜歡手工藝和家政事物；除了Kitty家族的上述成員以外，還有夢想成爲Kitty的男朋友的熊小夥子Tipi，他一身有深棕色的毛茸茸的外表，既溫文爾雅、又有健全的體魄，喜歡戴綠色的大絲巾；Daniel是Kitty的男朋友，爲人友善，愛好體育運動；Fifi是Kitty的好朋友，頭上經常戴非常可愛的小花，它是善於聊天又活潑的羊小姐；Kassi是非常穩重、又時時爲大家著想的善良野兔小姐，喜歡戴粉紅色緞帶；Joy是Kitty班上的最要好的同學，有點急躁，但聰明伶俐，賽跑是它的拿手運動，因爲它就是老鼠先生。

　　通過以上對於Hell Kitty 玩偶的成長、擴散和氾濫的詳盡歷史描述，我們可以看出：一切玩偶都是緊密同商業、廣告、媒體等力量結合在一起，構成當代社會最富有生命力、而又同時具有強大控制力的複雜網絡。

第二節 流行文化定義的靈活性

上述各種有關流行的實際報導，告訴我們流行是什麼，它是怎樣產生的，它為什麼會流行以及其他一系列同流行文化的定義密切相關的事情。

流行文化本身的過度複雜性及其極端靈活性，使試圖為流行文化下一般定義的任何努力，都會遭遇到很多困難。流行文化的複雜性和靈活性以及它在現實生活中的多樣表現，使人們可以從多方面對它下定義，也可以就不同角度或取向對它下定義；人們既可以根據它的不同具體分類，就其具體形式（例如就服裝、流行音樂等）下定義，也可以根據人們對它進行研究的具體需要和不同側重點而下各種不同的定義。

且讓我們初步比較本書導論中所已經提到的西方著名社會學家所下的流行文化定義。英國的斯賓塞認為流行是社會關係的一種表演活動；人的天性促使人在社會生活中追求時裝的外觀形式（appearance），而且，透過時裝外觀的講究和不斷變化，各個階級和階層的人相互之間，實現了相互模擬和區分化。在這種情況下，流行文化產品的使用也具有一定的社會禮儀的意義（Spencer, Principes de sociologie, 1877-1896）。德國社會學家齊默爾是從社會互動和流行文化的社會區分化功能而深入揭示流行文化的性質。他認為，通過流行文化，社會各個個別成員，可以實現個人同社會整體的適應過程，從而實現其個性的社會化；而社會整體結構的運作，也可以借助於流行文化作為橋樑或酵素（催化劑），將個人整合到社會中去（Simmel, G. 1905, The Philosophy of Fashion）。他說：「流行是某一個特定模式的模擬，因而

滿足了社會適應的需求（Fashion is the imitation of a given pattern and thus satisfies the need for social adaptation.）；它將個人引向人人經歷的道途上（it leads the individual onto the path that everyone travels），它提供了最一般的條件，使每位個體的行為有可能成為一種榜樣（ it furnishes a general condition that resolves the conduct of every individual into a mere example）。與此同時，在一定程度上，它滿足區分的需要，提供一種趨向於區分化、變化以及個人間相互對比的勢態（ At the same time, and to no less a degree, it satisfies the need for distinction, the tendency towards differentiation, change and individual contrast.）。它一方面通過內容的改變，以今日的時裝為每個個體提供一種標誌，以與昨日和明日的個體相區分，另一方面，它又以更加有效的方式，通過時裝這個始終作為社會階級的標誌，通過社會高層借助於時裝將自己同社會底層區分開來的事實，通過社會高層在社會底層剛剛跟上其時裝轉變的時刻就立即將他們拋在一邊的事實，流行文化實現了社會區分的功能（It accomplishes the latter, on the one hand, by the change in contents - which gives to the fashions of today an indiviudal stamp compared with those of yesterday and tomorrow - and even more energically, on the other hand, by the fact that fashion are always class fashions, by the fact that the fashion of higher starata of society distinguish themselves from those of the lower strata, and are abandoned by the former at the moment when the latter begin to appropriate them.）。因此，在各種社會生活形式中，流行文化無非就是一種特殊的社會判斷領域，通過它，我們在一種統一的行為中，力求將導向社會平等化的趨向同進行個人區分和個人多變性的需求聯結起來（Hence, fashion is nothing more than a particular instance among the many forms of life by the aid of which we seek to combine in a unified act the tendency towards social equalization with the desire for individual differentiation and variation.）」（Simmel, G. 1905. In Simmel On

Culture, Selected Writings, eds. by David Frisby / Mike Featherstone, London: Sage, 1997: 188-189）。同一時代另一位著名德國社會學家宋巴特是從資本主義商品經濟發展同奢侈生活方式的相互關係，試圖說明流行文化的社會產生條件，並由此說明流行文化無非是隨著奢侈生活方式的傳播而興起的。他認為，作為一種奢侈生活方式，流行文化迅速地改變了歐洲社會的結構和人民的精神心態。他在這裡，已經深刻地揭示了流行文化的傳播對於改變整個社會成員的心態以及生活方式的重要意義（Sombart, 1967[1913]）。美國社會學家維伯倫在《悠閒階級論》一書中，將流行文化的產生及其傳播，歸結為資本主義社會統治階級 「炫耀性消費」（conspiscious consumption）的寄生生活所引起。他認為，這種炫耀性消費是資本主義社會制度及其商業性所決定的。法蘭克福學派的理論家們，從社會批判理論出發，以「異化」（Alienation; Reification）概念為基本支柱，主要揭露流行文化製造和傳播中的商業和意識形態性質，揭露流行文化的異化本質，並集中批判資本主義文化的商業化以及統治集團利用流行文化宰制人民大眾的策略。他們當中的阿多諾，集中分析批判流行文化所採用的「文化工業」模式，並認為，由於交換價值規律在社會生活中的不斷擴大，商品中原有的使用價值有逐漸被取代的趨勢。阿多諾深刻地指出，流行文化的產生和發展，是商品中所滋生出來的「代用品」（Ersatz）及其不斷產生的「次級」使用價值進一步膨脹的結果。這就使他成為最早揭示流行文化同媒體、廣告宣傳以及日常生活中城市建築景觀的空間表演的緊密關係，也最早揭示了流行文化的幻影崇拜實質。此外，馬庫色、克拉考爾（Siegfried Kracauer, 1889-1966）、洛文達爾（Leo Lowenthal, 1900- ）等人，也分別揭示了流行文化的「單一維度」及其商業性質。同屬於法蘭克福學派的本雅明深刻地探討了流行文化的現代科學技術複製性質，並分析了流行文化同「氛圍」的複雜關係。受到法蘭克福學派社會批判理論、佛洛依德精神分析學、現代符號論、

結構主義等思潮影響，並對當代資本主義社會消費文化有深刻研究的法國社會學家波德里亞認爲，流行文化實際上是一種符號論述體系，它雖然大量地呈現爲消費性商品的交換和更替，但它的眞正社會功能，是表達和溝通人們之間對於自身身分和社會生活的某種看法，並同時顯示人們的社會地位和慾望（Baudrillard, J. 1968; 1976）。在波德里亞看來，現代消費社會的產生，首先是把各種商品變成爲一種實實在在的客觀論述系統（Baudrillard, J. 1968: 101-189）。作爲客觀的論述系統，所有的商品所構成的物的體系，表達了操作該社會的人和階層試圖引導社會達到的目標和方向，同時也表達了被操作的人群所要追求的那些實際上已被控制的慾望和信念。例如，當人們追求某種流行服裝時，他們所在意的，並不只是服裝外形的美，而且，更重要的是，他們試圖由此理解流行文化產品設計者和製造者所要傳達的資訊，另一方面又藉此向社會大眾表達他們所追求和盼望的那種愛好、品味、社會地位和身分。所以，流行時裝就這樣成爲了一種「論述」（關於什麼是「論述」，請參閱拙著《當代社會理論》上卷：239-240；319；334-336和《後現代論》：83-89）。

實際上，迄今爲止各個社會學家爲流行文化所下的定義，都只是從他們各自所關懷的重點以及從他們本身的基本觀點出發。所以，將現有各種有關流行文化的定義加以比較，有利於我們更全面地探討流行文化的性質。

由於流行文化在實際生活中有多種表現，就目前的情況而言，它至少大致地可以按照其具體表現而被人們分別地稱爲「物質文化」（Material Culture）（Miller, D. 1987; Dant, T. 1999; Appadurai, A. 1986）、「消費文化」（Consumer Culture）（Baudrillard, J. 1968; 1970; Bourdieu, P. 1979; 1980; Lury, C. 1996）、「象徵性文化」（Symbolic Culture）（Baudrillard, J. 1972; 1976; Bourdieu, P. 1979; 1980; Barthes, R. 196）、「大眾文化」（Popular Culture）、「群眾文化」（Mass

Culture)、以及「次文化」（Sub-Cullture）、「名牌貨」等等。所有這些流行文化的不同稱呼，表明它的實際形態及其種類的多樣性及變動性，使人們有可能作出不同的流行文化定義。這也就是說，它們的不同組成因素以及在社會生活中的不同影響，使它們本身具有非常不同的性質，無法籠統地以同一種流行文化的定義加以概括。

正因為這樣，羅蘭‧巴特在研究流行文化時，寧願首先集中地研究流行文化中的「服裝」，將服裝當成流行文化的一種典型表現形態，進行深入的分析。因此，我們可以以羅蘭‧巴特對於「服裝」這種特殊而典型的流行文化所下的定義，作為榜樣。

羅蘭‧巴特說：流行文化的高度複雜性，使它只能由其自身來界定。他說：「流行時裝只能透過其自身來界定，因為流行時裝純粹是一種服裝而已，而時髦的服裝無非就是由流行所決定的（la mode ne peut se définir que par elle-même, car la mode n'est qu'un vêtement et le vêtement de Mode n'est jamais rien d'autre que ce que la Mode en décide）」（Barthes, R. 1994: 365）。在這裡，羅蘭‧巴特實際上首先抓住了典型地作為流行文化的時裝自我矛盾性及其自我參照性。流行文化就是這樣奇特，以致使它成為當代生活世界中非常弔詭而又高度任性和「飛揚跋扈」，既有明顯的自我規定性和任意性，又有某種「蠻橫無理」的「霸道」性格：它按照它自身的運作邏輯而生產和傳播，同時又在社會中產生強大的影響力；它在自我規定的同時，又強迫社會大眾把它接受下來；它使自身寄生於現代社會中，卻又反過來極大地推動現代社會的發展。

流行文化的高度生命力及其活躍的動力學性質，使它自身的定義也富有生命力和靈活性。流行文化的上述特性，使研究它的社會學家不得不將注意力轉向它的動力學結構及其各個組成要素。而在它的動力學結構中，最具有神秘性的部分，就是它的符號象徵結構。它的符號象徵結構具有明顯的自我規定、自我參照和循環反思性質。因此，

在談到「服裝」這個典型的流行文化的符號結構特性時，羅蘭‧巴特說：「這樣一來，從能指到所指，乃是一個純反思的過程，而在這個過程中，所指在某種意義上喪失一切內容，但它又絲毫不損害它的指稱力量（ainsi s'établit, des signifiants au signifié, un procès purement réflexif, au cours duquel le signifié est en quelque sorte vidé de tout contenu sans cependant rien perdre de sa force de désignation）。這個過程使服裝構成爲對於某事物的能指，而這個這些被指的事物又無非就是這個構成過程本身（ce procès constitue le vêtement en signifiant de quelque chose qui n'est pourtant rien d'autre que cette constitution même）」（Ibid.）。在這裡，羅蘭‧巴特所說的「能指」和「所指」，主要是指流行文化中的符號及其指涉的對象。由於流行文化是一種具有高度象徵意義的符號系統，因此，對它的分析，主要應集中在它的符號結構。但它的符號結構是一種非常特殊的符號系統，它不同於其他任何文化中的符號，是一種具有自我參照、自我指涉和自我生產的系統。因此，羅蘭‧巴特認爲，流行文化中的能指與所指的相互關係，是揭示它的本質特點的關鍵。接著，羅蘭‧巴特又說：「或者，爲了更準確地描述這個現象，能指（也就是流行的表述）繼續不停地透過一種意指結構而散佈意義（即作爲模本的對象物、支撐體、變項及其等級），但是，這個意義歸根結柢又無非就是能指本身（Ou, pour décrire ce phénomène d'une façon encore plus précise, le signifiant [c'est-à-dire l'énoncé de Mode] continue sans cesse à diffuser de sens à travers une structure de signification [objets, supports, variants et hiérarchies de matrices], mais ce sens n'est finalement rien de plus que le signifiant lui-même.）」。

由此出發，羅蘭‧巴特轉而集中分析流行文化的特殊語言的特點。因此，羅蘭‧巴特認爲，「流行提出了這樣一種極其珍貴的語義弔詭系統，而這種語義弔詭系統的唯一目的就是使它精心製作的意義喪失殆盡；因此，這個珍貴系統拋棄其意義卻毫無損害其意指力量

（La Mode propose ainsi ce paradoxe précieux d'un système sémantique don't la seule fin est de décevoir le sens qu'il élabore lexueuesement: le système abandonne alors le sens sans cependant rien céder du spectacle même de la signification.）」（Ibid.）。羅蘭·巴特把流行的這種自我反思活動同形式邏輯加以比較，從而更深刻地揭示了它的自我矛盾而又自我參照性質：「這種反思活動有其類似的心靈活動模式：如同邏輯一樣，流行是由單一循環論證的無限變化來決定的；也像邏輯一樣，流行尋求的是同義關係和有效性，而非眞理；和邏輯一樣，流行被抽取了內容，卻保留了意義（Cette activité réflexive a un modèle mental: la logique formelle. Comme la logique, la Mode est définie par la variation infinie d'une même tautologie; comme la logique, la Mode cherche des équivalentces, de validités, non des vérités; comme la logique enfin, la Mode est dénuée de contenu, mais non pas de sens.）」（Barthes, R. 1994: 365）。

　　從以上的分析，羅蘭·巴特最後指出：「流行就像一部保持意義、卻不固定其意義的機器一樣，它永遠是一個既失落意義、然而又確實具有意義的弔詭事物。它是人類自持有能力把毫無意義的東西變成爲有所意指的一種景觀。因此，流行看起來就像是意指作用的一般行爲的典型形式，重構文學的存在；它提供人們閱讀的，不是事物的意義，而是它們的意指作用。於是，它變成了『十足人類』的符號。它的這種基本地位，絕不是脫離現實的」（Ibid.）。

　　由此可見，要給流行文化下定義，並不是像自然科學的研究對象那樣，單純將流行文化當成一種像自然界物體那樣具有固定性質的「客體」，然後對它進行描述，進行遵循邏輯規則的演繹和歸納，最後可以抽象出一個符合流行文化的「本質」的定義性概念。像自然科學那樣爲流行文化下定義，就未免將流行文化簡單化，並將它當成同一般無生命的自然物體一樣的「客體」。現實的流行文化是極其複雜、靈

活、充滿生命力，具有相當大自律性和具有自我參照性質，並不斷發生變化的一種社會文化現象。而且，它還作爲一種特殊的人造精神創造物和文化產品，具有同精神生活、社會文化生活緊密相關的性質和複雜的表現形式。它永遠脫離不了社會文化生活，也自然地脫離不了人的創造活動。

從上述各種分析中，我們可以看出：要給流行文化下定義，不但要認清它的各種實際表現，把握它作爲一種實際存在的社會文化現象的基本結構，既深入細緻分析其內部構成因素及其相互關係，研究這些因素的相互轉化過程及其邏輯，而且，又要從中找出各種類型的流行文化的共同點，分析其產生的原因，探索其傳播的機制，而且還要理解它被社會大衆迅速接受、又同樣迅速被「玩膩」的社會歷史條件和心理基礎。所有這一切因素，都必須在給它下定義時同時地加以考慮、並予以細緻分析。總之，流行文化的定義，顯然涉及到一系列複雜現象，不只是要考慮到「它是什麼」，而且還要考慮到「它爲什麼以及它怎麼樣成爲如此這般的」。

流行文化及其各組成因素的產生、發展和轉變，既是連續的，又是共時的；既是單項逐漸擴展，又是成群地冒現出來；既是有各種理由和原因可尋，又是毫無明確的道理；既是理性的，又是非理性的；既是個人品味方面的因素，又是社會群體微妙的「羊群心理」所致；既是包含專業文化的特性，又大量地容納著社會大衆的實際生活智慧；它既是被動的，又是主動的；既是物質性的，又是精神性和象徵性的。總之，從初步得到的印象來看，流行文化是非常複雜的社會文化現象。因此，要對流行文化作最簡單而又具普遍有效性的全面定義，是非常困難的；如果將它當作同自然對象一樣的「客體」，就有可能導致對它的簡單化，甚至會歪曲它的實際性質。

第三節　廣義和狹義的流行文化

　　要對流行文化下定義，只能分作幾步走。首先，應該承認，流行文化可以從廣義和狹義兩方面來理解，也可以從總體和其具體部分的分析角度給它下定義。

　　從廣義來說，流行文化涉及到當代社會中許多社會文化現象，從服裝、音樂到各種商品化的流行產品。所以，在給流行文化下定義時，首先有必要將它加以簡單分類。它的表現形式非常多樣和複雜，但基本上可以把握其基本構成部分。這些構成部分，大致分為三大類：物質性、象徵性及思想精神性的因素。所謂物質性的因素，指的是那些以特定物質質料為基礎而成為流行文化的東西。它們都是以特定物質質料為基礎而製成的。所謂精神性因素，指的是創造那些流行文化產品的精神思想因素。這些精神性因素不一定直接採用物質質料作為其存在形式，而是以各種各樣的符號、象徵及其他精神性的無形原料來構成和傳播。

　　不同類型的流行文化顯然有不同的表現和存在的基本形式，因此也有它們的不同的基本結構。物質性流行文化都包括其物質性和符號象徵性的雙重層面。

　　最早的時候，流行本來只局限於服裝方面，所以，狹義的流行是指時裝。這是流行文化的最原初和最基本的形式。因此，可以以時裝作為典範進行分析，這將有助於揭示一般流行文化的基本結構和基本特徵。

　　但是，要對流行文化有全面的理解，還必須跳出服裝這個最基本的範圍，進一步從總體方面來考察，然後，再對流行文化的「流行」

意涵作更具體的分析性定義。在對流行文化進行多方面的分析和比較之後，最後，就可以再對流行文化本身作儘可能精確的定義。

第四節　作爲一般文化和特殊文化的流行文化

　　流行文化是一種很特殊的文化。它的特殊性，就在於它以其廣泛傳播性而成爲當代最普及和最有群衆基礎的文化；它跨越各個領域而成爲最大範圍內跨越各個學科的整合性文化；它史無前例地打破文化同經濟、日常生活的界限而成爲最引人矚目的當代社會現象，使文化同社會生活的聯繫達到了最緊密的程度。

　　但是，流行文化作爲一種特殊的文化形式，具有同一般文化類似的基本特點。正是由於流行文化具有最明顯的普遍性、跨越性、整合性、日常生活性和社會性，才使它最有資格成爲一般文化的典範。人的文化性和人的社會性本來是一致的；而流行文化恰好典型地表現了文化性和社會性的不可分割性和高度統一性。所以，作爲文化，流行文化也具有雙重身分：它既是一般文化的構成部分，又是與一般文化有所區別的特殊文化。我們不能因爲它具有特殊的商業性、消費性或其他特徵而否認它的文化性質。同時，我們只有首先認識它的一般文化性質，才能進一步更深入地瞭解它的特殊性。

　　首先，同一般文化一樣，作爲廣義的文化，指的是它畢竟還是人類精神創造出來的產品。它同其他文化作品，包括物質的和精神的各種產品，從社會制度、習俗、禮儀、道德到文學和藝術等，都屬於人類文化的範圍。英國人類學家泰勒（Sir Edward Burnett Tylor, 1832-1917）曾經試圖對這種最廣義的文化下定義。他說：「文化或文明，

以其廣泛的民族誌意義而言，就是一種複雜的整體，其中包括知識、信念、藝術、道德、法律、風俗以及作爲社會一個成員的人所獲得的其他一切才能和習慣」（Culture or Civilization, taken in its wide ethnographic sense, is that complex whole which includes knowledge, belief, art, morals, law, custom, and any other capabilities acquired by man as a member of society.）（Tylor, E. B. 1958[1871]: 1）。泰勒的上述文化定義在相當長的時間內幾乎成爲了「文化」的經典定義。按照這樣的定義，文化就是同人的社會性集體生活緊密相關的事物；用李維史陀的話來說，它甚至成爲了「人的一種特徵」。美國人類學家馬林諾夫斯基（Bronislaw Malinowski, 1884-1942）試圖強調文化的繼承性質，並從經驗主義的實證角度，將它明顯地分成物質性、制度性和價值性三大類型，更簡潔地指出：「文化是一套承繼而來的器物、財貨、技術程式、想法、習慣和價值」（Malinowski, B. 1922）。同馬林諾夫斯基相類似，美國文化人類學家克魯伯（Afred Louis Kroeber, 1876-1960）和克勒肯（Clyde Kay Maben Kluckhohn, 1905-1960）也特別強調文化的「可傳遞性」（transmissiblity）（Kroeber, A. L. / Kluckhohn, C. 1952）。而且，克魯伯還進一步區分了「主要」和「次要」兩種文化模式，認爲主要文化模式是延綿數千年較爲穩定的文化，它在人類社會發展中起著重要作用；次要文化模式則穩定性較差，易於變動。這樣一來，流行文化應該屬於次要文化模式。但所有的次要文化也往往滲透著主要文化模式的性質，使它在不穩定中又包含著穩定的一面。我們在分析流行文化時必須注意到這一點。

在李維史陀看來，作爲人類普遍特性的「文化」是與「自然」相對立的。所以，李維史陀對於文化的研究，從來都沒有脫離它同自然的相互關係。正是從文化與自然的對立的角度，李維史陀很重視構成文化的四大基本結構群：神話、音樂、語言和自然數。他認爲，語言是構成文化的最基本的因素，因爲它以聲音與意義的二元對立完整結

構，表現了人類文化的複雜的象徵性特徵，以與自然相對立和相區別。在文化與自然之間，神話是只有意義而沒有聲音，音樂則是只有聲音而沒有意義，自然數是既沒有聲音、也沒有意義。所以，後三者構成從自然向文化過渡的中間環節，也是人類創造文化過程中所採納的三大原始結構；而在文化建成之後，上述三大結構並沒有從文化中撤離，而是相反，它們同語言一起，作為某種中介因素，參與文化的各種象徵性結構，使人類文化得以複雜化和多元化。

韋伯（Max Weber, 1864-1920）從社會學家的角度給文化下了這樣的定義：文化首先是被傳遞的，它構成了一種遺產或一種社會傳統。其次，文化是經由學習而得來的，它並非是人類遺傳構造特殊內容的某種呈現；因此，它總是在人類歷史的發展中，世世代代不斷地被繼承和被創造。第三，它總是共存於人類特定共同體，它脫離不開人類社會的集體生活；文化既是人類社會互動系統的產物，也是這些互動系統的決定因素（Weber, M. 1913）。從符號論和詮釋學的角度，文化是以語言、符號及象徵所構成、並表現出來的。因此，葛茲（Clifford Geertz, 1926-　）強調文化基本上是一種以表達意義為目的的符號性概念。他相信韋伯所說的，「人是一種懸浮在自己所編織的意義網絡上的動物。我把文化視為那些網絡。因此，對文化的分析，也就不是像實驗性科學那樣是為尋求法則，而是要發現意義的一種詮釋性科學」（Geertz, C. 1973: 5）。既然文化是人類集體地創造出來的「意義網」，文化的再生產也就是意義結構的不斷更新和再生產；而意義結構的更新和再生產，就是意義結構的符號化的不斷區分化和層次化。最後，文化既然是人類精神創造的產物，它就隱含著其創造者（個人或群體）的思想、精神、心靈及風格等等；它是人的內在精神和心態的「外化」。正如美國人類學家博阿斯所說：「作為一個民族特徵的生活方式和生活風格，只能在他們所生產的各種文化產品的總體中表現出來」（Boas, F. 1887）。在他看來，在各種文化產品中，應該包含著各種決定

於不同社會條件所產生的價值和意義系統，同時也包含著各民族所採用的表達這種系統的不同方法和風格。

英國社會學家和文化學家雷蒙・威廉在研究大眾文化和流行文化時，爲了探討將它們同一般文化的關係，曾經概括地總結一般文化的三大特點。他認爲，「一般文化首先是指人類理智、精神和美學發展的一般過程（a general process of intellectual, spiritual and aesthetic development）」（Williams, R. 1983: 90）。第二，「文化是指一個民族、一個時代或一個群體的特殊生活方式（a particular way of life, whether of a people, a period or a group）」（Ibid.）。第三，文化是指「理智的、特別是藝術活動的作品與實踐（the works and practices of intellectual and especially artistic activity）」（Ibid.）。

總而言之，文化是流動的、變化的和承續的人類創作產物，它是不斷多元化、轉化並相互交織在一起的網絡（Johan Fornas, 1995, Cultural theory and late modernity: 1）。由於流行文化也是一種文化產品，所以，它也分享了上述一般文化的基本特徵。

同廣義的一般文化相對應，廣義的流行文化，就是指特定時期內，以一定週期和一定形式而廣泛傳播於社會中的各種文化。在這個意義下，流行文化就包括了該社會中所流行的一切文化形式，遠遠地超出了流行藝術的範圍。但考慮到社會上還有人也從狹義的角度而把文化僅僅歸結爲文學、藝術、教育、宗教和科學等屬於專業性文化及其相關的各種精神創造品，所以，我們也可以從狹義的一般文化的角度，把流行文學作品、流行音樂及其他流行藝術，看作是狹義的流行文化的範圍。

上述廣義的流行文化也很容易同一般所說的大眾文化相混淆。它們兩者中間究竟有沒有區別或聯繫？眾所周知，大眾文化也存在著許多不同的定義。我們在探索大眾文化的不同定義時，也許會有助於釐清對於流行文化的認識。實際上，大眾文化有不同的定義；最常見

的，是以下六種定義。首先，最普通的看法，就是認爲大衆文化就是廣泛傳播於人民大衆之中、並受他們歡迎的文化。其次，就是認爲大衆文化是區別於精緻文化的「次文化」，某種邊沿文化或粗俗文化。從這種觀點出發，就很容易導致將大衆文化理解爲一種專爲迎合大多數人需要、而經由商業推銷的複製文化。第三種定義就是認爲大衆文化是「群衆文化」。這種定義也幾乎同以上定義相類似，將所有廣泛傳播於群衆中的文化籠統地歸結爲大衆文化。第四種定義是將大衆文化理解爲「產生於人民之中的文化」，特別強調大衆文化是與人民大衆自己所創造的。但這個定義很容易與「民間文化」相雷同。第五個定義是從格蘭西的「文化霸權」觀點看待大衆文化的結果。最典型的，是英國文化研究專家伯納特。他說：「大衆文化的領域是統治階級爲了贏得文化霸權、而以對立的方式所建構起來的」（Bennett, T. 1994: 226）。按照這個定義，大衆文化是統治階級爲了他們的統治需要，依據統治階級意識形態的標準，強加於人民的一種文化。第七種定義是同最近以來發展起來的後現代主義思潮緊密相關。後現代主義者爲了對抗和「解構」傳統文化，有意識地使菁英文化同粗俗文化的區別和界限模糊化，他們強調文化本身的自由創造性質，反對對文化作出傳統的固定不變的定義。他們認爲，大衆文化正是人類文化的典範，因爲大衆文化是由人民自己所自由創造的。綜合以上對於大衆文化所作的不同定義，我們可以進一步看到同大衆文化有密切關係的流行文化的複雜性及其定義的靈活性。

儘管已經按廣義和狹義兩大類對流行文化進行分析和界定，但如同一般文化一樣，要進行極其精確的界定仍然是很困難的。衆所周知，自從泰勒對文化作出上述定義之後，由於文化本身的複雜性，人類學家和社會學家曾經爲文化的定義進行了長達一百年左右的爭論。美國人類學家克魯伯和克勒肯在五十年代總結了這場圍繞文化定義的爭論，列舉了一百六十五個不同的文化定義（Kroeber, A. L. /

Kluckholn, C. 1952）。

　　這就說明，流行文化包含非常複雜的因素；它包含了一般文化的一切複雜的基本特徵，也隱含著它自身的特有性質；所以，它包括了可見的和不可見的、隱蔽的和顯現的、現實的和可能的、出席的和缺席的等各種其他的因素（Storey, J. 1997: 1）。而且，它的各個組成因素也是非常活躍和非常變動的。流行文化在根本上是動態性的，同時它又是跨領域和跨學科的，是由多重成份交錯組成的。要給它一個精確的定義是不容易的。正因為如此，以下將首先分別地分析它的基本結構和基本特徵。在此基礎上，我們也許就有可能對它作出更詳盡和更精確的定義。

第五節　流行文化的總定義

　　流行文化是時裝、時尚、時髦、消費文化、休閒文化、奢侈文化、物質文化、流行生活方式、流行品味、都市文化、次文化、大眾文化以及群眾文化等概念所組成的一個內容豐富、成份複雜的總概念。這個總概念所表示的，是按一定節奏，以一定週期，在一定地區或全球範圍內，在不同層次、階層和階級的人口中廣泛傳播起來的文化。它是有節奏地、以限定時間，時起時伏而傳播於相當大範圍內的文化。在一定時間內出現的流行文化，經歷了一段傳播之後，就會作為「舊」的東西而逐漸消失；於是，「新」的流行文化便取而代之。但「新」的流行文化本身也不會永遠是「新」的；它的存在時間很快就會過去。如此一波又一波而傳播，就成為了流行文化的基本存在形式。

　　上述對於流行文化的總定義是很一般性的。這種定義在很大程度

上是從字面意義來理解的。

　　顯然，對於流行文化下定義時，我們不能單純從字面上去理解。不要以爲「凡是流行的東西，就是流行文化」。如果從字面上來理解，「流行」是指風行一時，廣泛傳播於社會大眾之中。這樣的「流行」事物，在任何時代的任何社會中都會存在。在文化史上，存在過對於歷史上各種流行文化的研究。這種研究往往是屬於文化史、日常生活史、文化人類學、民族誌以及社會民俗史等學科的工作。但我們現在所探討的流行文化，只是嚴格地限定在晚期資本主義社會階段的消費文化。這樣來理解，當會有助於我們更集中地將探討的焦點，對準當代資本主義社會的流行文化。

　　本來，流行文化源出於「時裝」、「時髦」或「時尙」（fashion; la mode）。它是在一定時期內，在民眾中普遍地傳播，並經由社會特定領域內某種力量的推動、而在有限週期內迅速起落的特種文化。在當代社會中，流行文化已經發展到非常多元化和非常普遍化的程度，以致它所涵蓋的內容及其形式，既可以囊括大眾文化，又可以容納上流社會中爲少數菁英分子所享用的精緻文化以及各種高級名牌產品；我們既不能簡單地將流行文化概括成大眾文化，又不能將它限制在菁英文化的範圍之內。因此，現在談到的流行文化，已經演變成非常含糊的地步。但從另一個角度來說，流行文化在當代的廣泛性和含糊性，又說明它在當代社會中所占據的重要地位；它至少從其現象的極度廣泛性，已經足夠表明流行文化在社會各個領域中的顯赫性和滲透性，同時，也顯示其與各種社會因素之間的緊密關係。流行文化的複雜性，要求我們從多學科整合的角度和方法進行研究。

　　因此，有必要對於流行文化再進行宏觀的總體性模糊分析，然後又要對於組成流行文化的各因素，進行分析性的經驗微觀考察。這就說明，在對流行文化作出定義以前，有必要指出其構成及其性質的複雜性。流行文化的多樣性和變動性，使它本身具有明顯的不確定性和

變動性。在這種情況下，正如英國研究流行文化的專家伯納特（Tony Bennett）所指出的，尋求流行文化的準確定義是毫無用處的，因為它總是導致一個非常含糊、甚至混亂的概念，以致有可能得出一個類似大雜拌的概念，引起更大的誤會（Bennett, T. 1980: 18）。

　　研究流行文化卓有成效的斯普洛勒斯（Sproles）以及克夫根（Kefgen）和圖西皮耶斯特（Touchie-Sprecht）等人，曾經對流行文化下不同的定義，對於我們深有啓發。斯普洛勒斯說，流行是某種包含新款式的創造、介紹給消費大眾以及廣受消費大眾歡迎的動態社會歷程（Sproles, 1979）。而克夫根和圖西皮耶斯特則認為流行文化是作為物品在特定時間內受廣大團體歡迎的某種款式（Kefgen / Touchi-Sprecht, 1986）。與他們有所不同，有的理論家是注重從社會心理從層面給流行文化下定義的。在這方面，維爾遜說，流行顯然切合深層情緒的潛意識來源，而且不管在任何情況下都大於它表面上的意義。事實上，流行和佛洛依德的潛意識心理並無二致。我們可以將西方世界的流行服飾，看成一種利用外觀將分裂的自我整合成一個完整身分的作法（Wilson, 1985: 11）。流行是一種用來回應矛盾情結的媒介。「流行是一種通往幻想的交通工具。……世間永遠存有幻想，以便表達未能實踐的潛意識。所有的藝術皆植根於潛意識的幻想；流行的表現是一條由內在世界通往外在世界的道路。因此，它的衝擊加上我們的矛盾情結以及廣泛的心理活動，共同完成一個社會的我，而服裝更是一個不可或缺的部分。……這種矛盾情結，就是烙印於人類心理動力之中那些相互衝突卻又無法隱藏的慾望。藉由特定的社會建構，個體得以消弭這種天性的長期發展。流行這種表達藝術，是專門為矛盾情結而設計的交通工具；流行的膽識表現了憂慮與慾念；在高雅的外表和魅力之下卻經常包含著創傷。……流行也反映出當前這種分崩離析的文化所具備的矛盾情結，恰如現代藝術正表現著這種具有缺陷的文化一樣。……和所有的藝術一樣，它和道德的關係不佳，而且總是招徠

幾乎被稱爲不道德的危機。同時也和所有的藝術一樣，在最接近現實的時候會變得最不道德」（Wilson, 1985: 246）。達維斯因此指出：「不管藉由哪一種手段，成功的流行會透過象徵性的方式，巧妙地反映出不斷變動且具有高度自我參照性的集體張力或情緒。實際上藉由這種方式所得到的，不僅是可以表達它們的機會，而且還更能對它們的形成與定義產生幫助」（Davis, F. 1985:25）。

　　有的社會學家也從流行文化同消費文化的密切關係對它下定義。英國社會學家謝利亞·魯利（Celia Lury）認爲，流行文化實際上是以物質文化的形式而流通的消費文化（Lury, C. 1996: 1-3）。她認爲，人與人之間的社會關係在很大程度上是通過物質形式和特定物體來建構的。也就是說，人與人之間的關係是通過人與物的關係的中介而實現的。在資本主義社會中，通過物的關係以及人與物的關係來建構人與人之間的關係是非常普遍的，因爲資本主義社會本身是推崇對於物的崇拜主義的意識形態的。

　　由於流行文化同特定歷史時代的社會文化因素有密切關係，因此，在探討各國流行文化的確切內容和具體性質時，還必須進一步對上述「社會特定領域內的某種力量」作儘可能詳盡的分析。不但在不同的國家和民族中，而且即使在同一國家和民族中，由於在不同時期內會有不同的社會文化結構、不同的傳統以及不同的群衆心理特徵，所以，流行文化的類型會表現出很不一樣的狀況。例如，中國和法國的流行文化，在不同的時期，都是很不一樣。而在法國的範圍內，中世紀時期流行文化的定義，是完全不同於目前的流行文化定義。所以，如果要對流行文化作出非常精確的定義，就必須結合不同時期的社會歷史文化條件，針對當時當地實際流行的具體狀況進行分析。本書所探討的流行文化，主要是指二十世紀西方社會中，特別是六十年代之後所出現的各種帶有明顯商業消費性的流行文化。當然，爲了更深入的探討的需要，本書也將結合歷史上所出現的各種傳統流行文化

進行分析。

　　由於當代流行文化是以各種時髦商品及其享用過程作為其基本內容，因此，我們不妨先從「時尚」的定義開始討論。「時尚」這個概念並非最近才出現的。不論在中國還是在外國，很早就通用「時尚」這個詞。在中文詞彙中，時尚所表示的，是在一定時期內為社會大多數人所確認，擁載，並享用的某種風格和風尚。「風」字帶有許多意含，最主要的是兩種：表示一股物體性質的「氣流」和表示某種精神性的「風氣」。作為物體性的「氣流」，就是物理學上所說的空氣流動；作為精神方面的「風氣」，就是風格、風尚或氣質之類的無形精神氣氛。但不管是前者還是後者，都強調其「流動」性，表示某種在運動中的、有時間性的「氣」。流行文化本身並不等於這些氣氛，但流行文化往往最敏感地隱含、運載、傳播和表達這些氣氛。所以，這些時代性的氣氛，再加上流行文化所採用的表現形式，就構成當時當地所流傳的那股文化。

　　在中國歷史上，流行文化始終隨各朝代的社會整體條件及其中傳播的民眾精神氣質而變化。在魏晉南北朝時代，南朝的貴族們生活糜爛腐化，在他們當中曾經流傳過某種類似於花天酒地的生活方式：他們以蠟燭煮飯作菜，吃了一頓飯後，設法刺激喉嚨，引起嘔吐，以便緊接著再吃，從而把吃飯當作遊戲行樂消遣。這種生活方式，有點像埃里亞斯在其《宮廷文化》中所描述的西歐中世紀王族貴族中流傳的生活方式。它儘管只流傳於上流社會，但畢竟是流行文化的一種；而且它還多多少少滲透著當時的時代精神。

　　時尚作為一種具有時代性或時段性的精神氣氛，可以同本雅明所說的「氛圍」（Aura）相比擬。氛圍這個詞帶有「吹拂來風」之意。本雅明在解釋它的意義時指出：它如同一股清風，不知來自何處，似乎既來自遙遠的地方，又來自身旁很切近的某處；徐徐吹來，給予人們不同的感受度，冷暖不一，輕重難分，然而又緩緩地內化成不同程度

的精神氣質，流動於身中，成爲人的心態的不可分割的一部分。因此，氛圍又意味著傳統，意味著某種無形、然而又時時影響著人們心態和行爲舉止一種文化氣韻或風韻（Benjamin, W. 1936）。時尚雖然不同於氛圍，但它們之間有許多類似之處。它們的共同點在於表達了流傳於社會多數人中的精神氣氛，一種同時內外化了的生活風格；同時又包含歷史的和現實的兩種時代精神。

本雅明對於氛圍的詮釋，使我們連想到《詩經》所收錄的中國上古時代流傳於各地的「國風」。「國風」就是民風，但它是以文學中的最高級的詩歌形式表達出來、因而已經文化加工錘鍊，並具有典型意義的國民精神風格。《詩經》中的國風，很形象地襯托出流傳於各地的民風：那是內化於廣大老百姓心中的生活風格和精神氣質，同時又流露於他們身體的一舉一動和言行舉止。這種風氣和精神氣質，絕不是一朝一夕可以形成，而是經歷漫長流傳、吸收、消化，並又反覆吐古納新，有保存、又有更新，成爲一種在不知不覺中習慣化的生活風格。

在西方文獻中，早在最古的歐印語言中，便已經出現「時尚」的詞根 muid。這個詞根在古希臘和拉丁語中，構成了十幾種不同意思的語詞：「時裝」、「模子」、「模態」、「模樣」、「現代」、「變更」、「適時」、「愼審」、「適中」、「細微」、「及時」以及「中介」等等。但是，經過一段相當長過程的演變之後，在現代法語中，mode 這個字既是陽性名詞，又是陰性名詞。作爲陽性名詞，它主要表示行動或行爲的方法或方式；作爲陰性名詞，它主要表示生活風格、方式和品味，同時又表示時裝和流行文化產品。所以，mode 這個詞基本上包含三層主要意思：風格（方式）、運動和時裝。當代的時尚或流行文化，基本上也以上述三層次意義爲主軸所構成的。

在西方文化史上，只是到了十七世紀末，「時尚」才主要地表示某種生活方式和風格，也指人的某種穿戴方式。從這個時候起，法語

的「時尚」一詞突顯了 manière 和 façon 的內涵 。有趣的是，也就在這個時候，英國人將法文的 manière 和 façon （方式、風格或格調）翻譯成英文 fashion。「時尚」一詞經過它在法英兩國文字間的一來一往的來回運動，其意含變成更加深刻和豐富，其中的「生活方式」、「風格」、「個性」或「言行舉止的樣態」等重點，被畫龍點睛，呼之欲出，而且，「流行」一詞也因而帶有隱喻的結構和功能，使它變得更加有修辭學的成份意義，更加耐人尋味。

綜合中外有關時尚的論述，可以體會到其中的共同點，就是一致強調它帶有明顯時代性和歷史週期性的大眾化風格。因而，在某一時期流行的文化，往往很快就「過時」，甚至不復存在而消失。

但是，很顯然，我們所重點研究的是當代時尚，而在西方，它是同高度現代化、科技化和全球化的現代資本主義文化緊密相關的。因此，我們所探討的流行文化，是指在文藝復興之後，也即在資本主義文化產生和蓬勃發展之後、才具有其現代基本涵義的那種文化。

第六節　流行文化的現代性定義

現代流行文化是同資本主義的發展緊密相關的社會文化現象。在某種意義上說，現代流行文化是資本主義發展的必然產物，也是它的文化的一個重要構成部分。著名年鑑學派歷史學家布勞岱（Fernand Braudel, 1902-1985）和德國社會學家埃里亞斯都很重視流行文化同資本主義發展的關係。前者在《十五至十八世紀的物質文化、經濟和資本主義》三卷本著作中指出：資本主義經濟和貿易的發展，促使日常生活的商品化；而日常生活商品化和流行化，又反過來刺激和推動資本主義經濟的進一步繁榮。所以，在他看來，日常生活的奢侈化、商

業貿易的發展以及人們世界觀的變化，從物質和精神兩方面，同時構成為當時資本主義發展的三大動力（Braudel, F. 1967-1979）。

埃里亞斯在《文明的進程》第一卷《生活方式和習俗的歷史》（Elias, N. 1978[1939]）和《宮廷社會》（Elias, N. 1983[1969]）兩本重要著作中，同樣強調了日常生活和習俗的變化同西方整體社會發展的密切關係。他認為，在日常生活中流行的事物，並不是偶然的或某種脫離整體社會運作邏輯的神秘而不可理解的現象。他特別細緻地分析了中世紀西方社會中，宮廷生活方式同整體社會生活方式、民衆習俗以及社會文明之間的相互關係。宮廷生活方式，作為占統治地位的上流社會人士的生活方式，對於整體社會起著示範和帶頭作用（Elias, N. 1939; 1969）。埃里亞斯認為，上述在宮廷社會中流行於統治階級中的奢侈生活方式，當西方社會轉化為資本主義社會時，成為了新興的資產階級效法的榜樣，以便他們顯示自己的特殊社會地位和身分，有利於在當時的社會鬥爭中，擴大資產階級本身在整個社會的影響。埃里亞斯在上述研究中，熟練地運用了主體間行為互動的分析方法，強調社會文化生活中，各個主體思想和行為之間複雜互動的關係網絡結構的重要意義。布勞岱和埃里亞斯對於流行文化的上述歷史分析，有助於更深入地瞭解現代流行文化同當代資本主義社會文化的複雜內在關係。

二十世紀西方文化的全球化、媒體化、科技化以及電腦資訊的網絡化和數位化（digitalized），一方面使世界各國流行文化原有的民族特色進一步淡化，另一方面又加強了各地區、各國和各民族流行文化的本土化和特殊化。西方文化的全球化，使當代流行文化的起源、種類和流行週期，在很大程度上都決定於西方國家，特別是決定於它們的全球性壟斷企業集團。而資訊電腦的網絡化和數位化又進一步加強了西方流行文化的全球壟斷和宰制地位。這也就是說，西方占優勢的商業和經濟勢力及其強大的競爭力，再加上它們在電腦資訊網路方面

的壟斷和統治，早已使流行文化超出國家和民族的範圍，成為二十世紀末和二十一世紀人類社會文化的一種特有的和重大的全球化現象。

　　二十世紀下半葉以來資本主義社會的新發展，使流行文化本身，不僅就其內容或性質，還是就其形式而言，都發生新的根本變化。當代流行文化的新特點是同當代社會基本結構和基本心態的變化緊密相關的。如前所述，自二十世紀六十年代以來的資本主義社會，已經進入以消費文化的生產為主的新時代。在這個時代中，流行文化具有以下新的特點。第一，流行文化更加縮短其生產和再生產的週期；第二，流行文化採取更多元的形式；第三，流行文化借助於現代科學技術的發展成果，更加技術化和技術複製化；第四，流行文化隨著電子化和技術化的發展，採取數位化和網絡化的途徑，越來越符號化和幻影化；第五，流行文化的內容和形式的相互關係發生了顛倒現象，即當代流行文化將其形式的變化列於比其內容更加優先的地位；第六，流行文化更多地採用神秘化的形式，離開理性主義的傳統文化形式越來越遠；正如艾柯所說：「古典理性主義將野蠻人等同於那些語言功能不發達的人（從辭源學上來說，野蠻人[barbaros]指的正是講話結巴的人）。而現在，事情卻顛倒起來：那些難懂的外國話或類似於外國話的異國情調、異國事物，變成了神聖的東西，充滿了禪意和天機。對於希臘理性主義而言，一個東西如果是可以理解的，它就是真理；而現在，真理卻主要是那些無法理解的東西」（Eco, U. et al., 1992）。所謂「神秘性」，作為流行文化的一個重要特徵，無非就是「不可理解性」，或者，甚至就是某種「不需要理解的東西」；第七，流行文化更多地同「性」和身體結合在一起，以至於可以說，當代流行文化幾乎等於性和身體的特殊文化；第八，流行文化更加消費化和商業化。

第三章

流行文化基本特徵及
其基本結構

第一節　流行文化的多重特徵及其結構

　　馬克思在分析商品這個資本主義社會中最普遍、最基本和最常見的社會現象時，首先分析了它的二重性，即揭示其使用價值和交換價值的二重性結構，然後一步一步地揭示其內在矛盾。作爲我們的主要分析對象的流行文化，並不是像商品那樣簡單地表現爲二重結構，而是具有複雜的多重結構，同時，這些多重結構也呈現爲相互交叉的盤根錯節狀態及多變的不穩定形式。在這個意義上說，分析當代的流行文化比商品更困難得多。而且，這也表示：流行文化作爲資本主義社會晚期階段的基本現象，比古典資本主義的一般商品更複雜得多。這就要求我們不能單純地採用單一的分析方法。同樣也不能試圖只是靠一次分析就可以把流行文化說明白。換句話說，分析流行文化不但不能單純執著於單一的分析方法，也不能滿足於一次分析，以爲靠一次分析就可以直接揭示它的本質。

　　爲了分析流行文化的複雜現象，必須分許多層次進行，並在完成了一次的分析流程之後，反覆地按照它的不同階段表現形式，再作具體深入的分析。流行文化作爲一般文化的一種特殊表現形態，作爲一種獨具特色的文化形式，也具有一般文化的基本特徵。首先，同任何文化一樣，流行文化是人在社會生活中所創造出來的。作爲人工產品，它不同於一般文化的地方，就在於它以流行的形式，在不同特定時期內，更緊密地和更實際地環繞著人們的社會生活。不僅如此，而且，它更多地體現爲各種各樣的「人工製品」（artefact）。它們的人工製品性質，使它們又不同於一般環繞著人的自然物。其次，流行文化也同其他文化一樣，是由一定的符號和象徵所組成的，而且這些符號

和象徵都代表著或意指一定的意義。羅蘭‧巴特（Roland Barthes, 1915-1980）曾經就時尚的符號與意義的特殊結構指出：「時裝是由兩個方面所組成的；它一方面是形式、材料和顏色，另一方面是社會情境、狀況、地位、心態和性情。簡單地說，它一方面是服裝，另一方面是世界。所以，時尚就是服裝同它在其中穿戴和被描述的那個社會相結合的產物」（Barthes, 1983, Système de la mode. Paris: Seuil: 31）。

流行文化的「人工製品」性質以及羅蘭‧巴特所說的上述流行文化的兩面性，實際上是流行文化所固有的雙重兩面性：第一層次的兩面性，是指它一方面具有實際物質質料因素，另一方面又具有特殊的表現形式、構造和存在方式；第二層次的兩面性，指的是，它一方面具有符號與意義的兩面性，另一方面，它的實際構成形式同現實世界的相應關係也呈現雙重面向。所以，流行文化所包含的形式、材料和顏色部分以及社會情境、狀況、地位、心態和心情部分，又可以更深一層地各自再劃分為兩種成份：其中的形式、材料和顏色，實際上就是形式和物質兩大成份；而社會情境、狀況、地位、心態和心情部分則可以分為社會環境和人的心態兩大成份。由此可見，羅蘭‧巴特所說的流行「雙重結構論」（或「二重說」），又可以被稱為「四重結構論」或「多重結構論」。

從符號與意義的關係而言，流行文化所採用的符號形式，不同於一般語言所表現的符號形式。這種區別，主要表現在兩個方面：第一是在其符號同意義的相互關係方面；第二是在符號形式本身。首先，一般語言的符號意義關係，用結構主義語言學家索緒爾的話來說，是作為「能指」的符號同作為「所指」的意義之間的二元對立統一關係。索緒爾認為，語言中的一種符號，總是意指一定的意義。但流行文化所表現的符號結構，並不一定只有一個特定的、與之相對應的意義，也不一定只是採取二元對立形式。其次，流行文化的符號，不同於一般文化，它們往往採取更加多樣的形式，具有更多的自律性，除

了在某些情況下採用一般語言符號的形式以外，還更多地採取極其靈活而又實際的形式，包括直接地採用人的身體（這一方面，本書將在有關身體與性的部分詳加論述）。因此，流行文化的語言符號有其獨特性質，本書將在本章的專門一節中論述流行文化的語言符號特徵。

流行文化具有什麼樣的基本特徵呢？第一，它是風格變化多而快的文化產品（Wilson, E. 1985）。第二，它是靠廣告和各種大眾媒體推波助瀾而持續發生週期性變化的文化產品。第三，它既有獨創性、創造性和主動選擇性的一面，又有受控制、被宰制和被人為推廣的另一面（Hebdige, D. 1979）。第四，它可以作為人民大眾進行物質和精神消費的手段，又可以作為他們表現其自身及其社會身分的象徵形式。第五，它既可以成為社會上層統治和菁英集團的品味、風格、身分的表現形式，並成為他們進一步宰制社會大眾的手段，又可以成為廣泛傳播於人民大眾的消費性產品。因此，第六，它進一步消除了傳統的菁英文化、精緻文化或高雅文化同大眾文化、群眾文化或大眾文化的區別或差異；當代流行文化的盛行和傳播，使以往關於菁英文化同流行文化、大眾文化的差異，成為了過時的現象。最後，流行文化的出現和氾濫，使文化本身的定義、內容及其運作原則，發生了根本的變化，使文化從此進一步同一般社會生活相互滲透和相互促進。在這個意義上說，流行文化的出現和氾濫，導致文化同社會大眾實際生活的進一步結合，使「文化生活化」和「生活文化化」能夠雙向共時地進行。

流行文化結構方面所呈現的雙重性以及這種雙重性本身的不斷自我雙重化，使它明顯地表現出多樣的「雙重特徵」。安‧瑪利‧謝勒貝爾格（Ann-Mari Sellerberg）曾經將之歸納成以下六方面：（1）流行既簡化社會複雜性，又同時增加社會複雜性。這是因為流行功能運作的特殊途徑，使它以越來越精細和模糊的差異性和區別性不斷地產生新的社會複雜性；（2）流行就其本身而言包含著非常細緻和嚴謹的規

則，但它在實際運作中卻又充滿著變數和不規則，它甚至在許多情況下是非常反叛，非常抗拒常規的；（3）流行一方面同物質性的和實際活動的事物無關，但另一方面它又要仰賴具體和實際的環境，需要這些具體因素向它提供養料和動力；（4）當代社會人們對於流行的態度一方面涉及到許多因素，另一方面又表現出不偏不倚的超然形式；（5）流行既涉及到責任感，又需要脫離責任感的無限自由；（6）流行既是可隨從的，又是不可企及的；它既是參與隨和的，又是可望卻不可及的神秘事物。

實際上，安‧瑪利‧謝勒貝爾格所歸納的上述雙重特徵，並沒有窮盡流行文化在這方面的實際狀況，因為，正如我們一再指出的，流行文化的複雜性質及結構，使它的結構和表現形態等方面的種種特徵，難以使用歸納或化約的方法進行描述和說明。上述安‧瑪利‧謝勒貝爾格的分析只是作為一個範例供人們進一步分析和探討的參考。

流行文化的形式本身也不同於一般文化的形式。一般文化的形式，基本上是決定於其內容；也就是說，一般文化的形式，相對於其內容而言，是第二位的。一般文化將其內容列為首位，它是內容高於形式。但是，同一般文化相比，流行文化更多地將形式放在首位，甚至在很大程度上只是玩弄形式，不但以形式的多變取勝，而且還不顧內容的高低或精劣，不顧其形式是否具有明確的指涉意義，同樣也不顧其形式所指涉的意義是否被公眾承認或接受，它反覆地和重點地在形式的更新方面下功夫。這種情況是因為當代社會已經進入資訊和數位時代，完全以製造資訊的媒體為主導，而當代媒體所推廣的資訊和符碼，都是任意地以科學技術能力和商業的需要設計出來的。本身以媒體的宰制和傳播為其生命線的當代流行文化，當然要任憑媒體資訊的狀況去創造其形式。流行文化既然已將其本身的「意義」拋棄不顧，就只有靠其形式的轉變來維持其生命。在這一點上，保羅‧李文森說得好：重點不在內容，而在規格和形式（Levinson, P. 1999）。也就

是說，在當代流行文化橫行的新時代，一切文化的競爭，其勝負主要決定於形式和規格的轉換是否切合社會大眾的心理要求，決定於規格是否有利於其生存和發展。形式和規格高於內容。這種狀況也切合波德里亞所說的「無指涉」或「無意義」的符號的特點。在當前的消費社會中，文化的消費化和消費的文化化，使文化再生產和更新的規律發生了根本變化；它不同於二十世紀上半葉以前的資本主義社會的地方，就在於整個文化及文化再生產本身的性質及其社會功能都發生了變化。文化與文化再生產同整個社會、同社會政治、同社會經濟的關係，已經不再像過去那樣。也就是說，文化和文化再生產不再是作為整個社會或社會政治和社會經濟的附屬品，而是成為社會本身的關鍵事物，成為滲透於社會整體結構、滲透於社會政治和社會經濟的主要因素。文化與文化再生產不只是具有文化生活的意義，而且成為整個社會的主要支柱和桿槓；同時，由於社會經濟生產的過剩和物質產品的過度豐富，更由於當代科學技術的高度創造能力，文化與文化再生產成為經濟生產和再生產的主要表現形式，出現了上述「文化消費化」和「消費文化化」的新現象。文化與文化再生產就把形式和規格的改變列為首位，而文化與文化再生產的內容和意義就不再是重要的事情。就是在這種情況下，以形式多變為其主要存在形式的流行文化，就成為了社會文化和文化再生產的最具效力的文化形式。

流行文化的雙重結構，還可以從它同它所處的現實世界的相互關係來分析。一定的流行，表現出它所處的社會的基本精神。所以，一種流行，可以代表一種世界。一種流行文化總是一種世界的凝縮反映；有什麼樣的世界，就有什麼樣的流行。流行的變化性和多樣性，在一定程度上表現了該社會的生命力和創造力，表現了該社會尋求未來可能性的傾向及其努力程度。同時，流行文化的狀況，也表現了該民族文化的內在精神，同時地表現出該文化中所隱含的危機及其可能採取的克服方案。反過來，流行的變化又可以在很大程度上影響社會

的變化，決定其變化方向。這是因為流行文化的生產與再生產，已經成為整個晚期資本主義社會的重要現象，而文化因素在整個社會結構動力學中占據了舉足輕重的地位。

流行文化的雙重結構還可以從另一角度去說明，這就是從構成它的物資成份和它的精神因素兩方面去說明。近來有許多社會學家把時裝、流行鞋及其他流行商品稱為一種特殊的「物質文化」（material culture），因為它們不是如其他普通的物質性商品那樣，它們具有明顯的文化性質（Dant, T. 1999: 11）。物質文化這個稱呼表明流行文化既有物質結構，又有文化性質；它的物質屬性並不像傳統商品那樣，可以決定它的使用價值；它的物質性，是從屬於它的文化性。也就是說，作為物質文化的流行文化，其物質性是作為工具和手段表現出來的，而其文化性質則更顯示它的象徵價值。

但流行文化的文化性不同於一般文化的地方，主要還在於它同商業之間的特殊關係；這就是它的銷售性和消費性。流行文化中的相當大部分都是以銷售作為其目的的商品。服裝和其他流行商品的共同特點，就是為了推銷的目的而被生產和推廣起來。因此，社會學家又把流行文化這種物質文化，稱之為「消費文化」（Brydon, A. / Niessen, S. 1998; Lury, C. 1996）。

由上可知，顯然，羅蘭‧巴特是從符號論的角度，而社會學是從流行文化的社會關係和社會功能的角度進行分析。兩者所分析的流行文化結構，不僅觀察角度有所不同，而且，其方法也不相同。關於這一點，本書將在稍後關於方法論和研究方法的章節中，進一步詳盡論述。

根據流行文化在社會交流中的價值表現來看，它實際上包含了三重價值結構。首先，它作為消費文化產品，也和一般商品一樣具有使用價值；而這是同構成它的物質資料的性質相關的。第二，它也具有交換價值，並同一般商品一樣是由創造它的過程中所耗去的平均勞動

時間的多少來決定的。第三，它作爲當代消費文化產品，在其交換的過程中，還具有象徵性的意義和價值，而這是它在特定社會文化環境中所遇到的符號遊戲的結果；其內容是隨時變動和不確定的，並不是如交換價值那樣是穩定的。

按照另一部分社會學家的說法，流行文化的基本結構，實際上包含四重層面：（1）符號（sign; symbol）；（2）「意義」或「價值」（signification; value）；（3）作爲流行文化存在基礎的質料（material）；（4）流行文化的外觀（appearance）。上述符號與質料部分，實際上就是所謂載體（vehicle），它是用來負載其意義和價值的。它同其意義是不可分割的；所以，載體同其符號和意義也構成一個統一的結構。正因爲這樣，上述四重結構實際上就是三重結構。

但是，上述流行文化的三重結構，按照索洛金的說法，又包含在行動者（agent）及其環境（circumstance; situation）的包圍之中。所以，流行文化本身的三重結構，始終是存在於由流行文化、行動者以及其環境所組成的更大的三重結構之中。流行文化本身的三重結構，不能脫離其所屬的大三重結構。小三重同大三重的緊密關係，使流行文化的運作及其轉化，變得更加複雜。索洛金的文化動力學，就是針對流行文化的上述複雜三重結構而創立的。

由此可見，關於流行文化的基本結構的理論，按其分析和觀察的不同角度，可以分爲二重結構論、三重結構論、四重結構論以及多重結構論。

第二節　流行文化的語言符號特徵

流行文化具有顯著的獨特語言符號系統，同時這些語言符號也以

特殊邏輯而運作。在這個意義上說，流行文化的語言符號結構及其性質具有雙重性：它一方面共有一般語言符號的特性，另一方面又顯示出其特殊的語言符號的特性，而且，對於研究流行文化來說，分析和研究其特殊的語言符號結構更具有重要意義。流行文化的語言符號學，是一種特殊的語言符號學。它所研究的，是流行文化所採取的特殊語言的符號結構及其運作規律。羅蘭‧巴特在談到流行文化的符號結構時強調：它的特殊語言符號結構及其運作邏輯，對於揭示它的神秘性具有特別意義；我們絕不能停留在一般語言符號分析的層面，而是要深入發現它的特殊符號運作邏輯。爲此，羅蘭‧巴特以書寫服裝爲例，細緻地分析流行服裝特殊符號的運作邏輯。因此，有必要深入研究流行文化的特殊語言符號結構及其運作邏輯。

嚴格地說，所有的流行文化無不是由其特殊的語言符號系統所構成。流行文化之所以能在當今的世界上橫行無阻，它之所以成爲一種「無國界」的消費文化，能在如此不同語言和文化傳統的國家內廣泛地被流傳和被接受，就是因爲它本身就是一種「超語言的特殊語言」，它所使用的語言符號是無國界約束的。羅蘭‧巴特指出，作爲一種論述的流行的描述，之所以具有其自身的特殊語言，是因爲對於任何流行服飾的描述，都是爲了達到一個目的：表達，或更確切地說，傳遞流行（Barthes, R. 1994: 153）。流行之所以流行，正是表明它是可以越出任何界限；反過來，如果有一天它受到了某一界限的限制，它就成爲「不流行」或「非流行」，從而失去了「流行」的性質。

羅蘭‧巴特指出，任何一種流行的表述，至少都包含兩個資訊系統（un énoncé de la Mode implique au moins deux systèmes d'informations）：其中一個是嚴格意義的語言系統，它就是某個特定民族的語言（如法語），另一個是「服飾的」系統（un système vestimentaire），它或者是將服裝（例如印花服飾、服飾附件、百褶裙、露背背心等等）意指爲世界（例如大賽、春天、成熟時節），或者是流行。這兩個系統

不是截然分開的，服飾系統似乎已經被語言系統所主導（Barthes, R. 1994: 158）。

同一般以語言符號作爲基本結構的一般文化一樣，流行文化的特殊語言也具有羅蘭・巴特所說的那種「法西斯性質」。羅蘭・巴特曾說：語言無所謂革命或反革命，因爲它原本就是法西斯的。這意思是說，流行文化的特殊符號如同語言一樣，是具強迫性的，是專制不講道理的。流行文化的符號比一般語言更具有法西斯性質，因爲它是什麼，就是什麼。在這方面，它是毫無道理的，也是不容討論或商議的。換句話說，流行永遠都是自以爲是，它橫行霸道，不講道理，它要成爲什麼，就是什麼；它要表示什麼，就是指向什麼。流行之成爲流行就在於它的任性和霸道。當然，它之所以任性和霸道，是因爲它本身包含了社會文化的神秘力量。

第三節　流行文化的時間性及其時間結構的特殊性

流行文化或「時裝」、「時尚」以及「時髦」的首要特點就是同「時」有密切關係。「時」，也就是「時間」。它在一定的時間週期內出現、擴散、發展並消失；又再以一定節奏、一定間隔內重生和復現。這也就是說，在某個時間所發生的一種「時」尚，總是在一定時間中，被人們追求、讚賞、推廣和促進，然後又在某一天變成爲一種「過時」的事物。正因爲這樣，流行文化的首要明顯特徵，就是它的時間變動性、運動性、週期性及其節奏性。換言之，流行文化是一種以不同週期和節奏而不斷變動著的社會文化現象，它有明顯的時間性和運動性。正如十七世紀法國思想家兼作家拉佈雷爾（Jean de La

Bruyère, 1645-1696）所指出的：「一種時尚剛剛取代另一種，又讓位給另一個隨它而來的新時尚，而這個新時尚也並非最後一種。這就是我們的生活的輕盈性（la legereté）」（La Bruyére, J. de. 1688: chapitre XIII）。

但是，流行文化的時間性，不是一般的時間性，而是一種具有特定結構和特定性質的時間性。

流行文化的時間結構採取特定的形式。首先，它一方面同前一流行文化保持一定的距離，具有一定的間隔，同時又在其本身流行期間，進一步分割成具有節奏性的不同階段，表現出它整體存在過程及其各個不同發展時段的時間存在特點。為此，在分析它的時間結構時，不能滿足於抽象地或籠統地討論層次，而是要區分兩個或兩個以上的流行之間的特殊的時間間隔的結構，接著還要分析一個特定的流行的整個流程中的不同階段的特殊結構，必須對它進行分層次地深入分析，逐一揭示其各個層次的時間微觀結構。其次，流行的時間結構又包含著與它相關聯的特定周在世界的時間結構。它的時間結構不能孤立於它所存在的那個特定社會文化脈絡的時間結構。例如，當我們分析法國在二十世紀八十年代的流行文化時，除了分析它本身各層次的時間結構外，還要分析當時法國社會文化脈絡的特定時間結構，以便分辨出它的具體社會歷史文化環境的時間結構。所以，流行文化的時間結構，類似於河流上飄浮著的物體的上下浮動節奏和頻率。它是在前進中的上下浮動，呈波浪式結構。既表現浮動物本身的上下漂流時間結構，也要呈現出它所漂流於其上的那段河流的流勢時間結構。只有具體揭示這種浮動性的來回上下運動形式的不同時間結構，才有助於把握其存在不同階段的時間表現形態。當然，流行文化的浮動性並不盡然是其時間性的表現，其中還包含時間以外更多的精神文化因素，所以，本書將在以下有關章節，從更廣的角度分析其浮動性的性質、結構和變動性。

流行文化的時間結構同其質料和形式方面的雙重結構緊密相交錯，因此，又必須結合其質料和形式方面的結構去分析它的時間結構。不然的話，對於流行文化時間結構的分析，就流於抽象的時間分析。所謂流行文化的質料和形式的具體結構，指的是它在生產和再生產過程中所經歷的具體製作時間流程的特徵。任何一個流行文化產品，其製作過程中所經歷的時間結構是不一樣的。在這一方面，流行文化如同一般商品一樣，是在特定的勞動製造時間中創造出來的。它的性質和價值，它的流行狀況，在很大程度上，決定於它在生產過程中所經歷的勞動製作時間結構的特點。馬克思曾經深刻分析勞動時間對於商品價值的決定性意義。經歷複雜的勞動時間過程的「複雜勞動」，比經歷簡單勞動時間的「簡單勞動」，更含有較多的交換價值。同樣的，一件普通流行時裝的製作時間流程，完全不同於同一時期內流行的某一件高級精緻時裝的製作時間流程。一件普通時裝只需花費短暫的設計和製作時間，就可以生產出來、並銷售和傳播出去。但一件高級精緻流行時裝，其設計和製作時間就很長，而且要花費很大的工夫，傾注相當大的精神創造活動，經歷更多的平均勞動時間，凝縮了許多看不見的文化投資時間。這就決定了後者時間結構的特點：它富有濃縮性、伸縮性和延伸性，經得起較長時間的鑑賞和消耗，並在其被鑑賞過程中，散發出更多的藝術氛圍，具有明顯的生命力，隱含更多的文化價值。

　　分析流行文化的時間結構，還要結合它的運動過程。流行文化的運動性集中表現在它的時間結構的複雜變化形式。表面看來，流行文化的運動性主要表現在它的外表形式方面，雖然它的運動性也表現在它的內容方面。這就是說，流行文化的時間運動性特點，首先表現在形式方面的週期性變動及其各種可能的循環變換形態，而它的形式方面的變動又進一步帶動其內容方面的變化。例如，流行皮鞋所使用的皮料是它的質料和內容，而皮鞋的形狀就是它的形式。一般說來，一

種類型的皮鞋，作為一種在特定時期內流行的時髦，主要是以其形狀的特徵來決定和取勝的。最近在日本和台灣西門町地區流行的所謂「哈日族」時髦鞋，首要特徵是其形狀：高高的鞋跟和鞋底，採用新潮的設計模樣，穿在歌星的腳上，就更顯得可愛和富有個性。它的質料方面雖然有所變化，但不很顯著，只是採用更多樣化的製鞋原料，與普通皮鞋的原料稍有不同罷了。又例如，1999年流行於巴黎春夏的女人時裝的基本特點是「單純自然」或某種「純真性」（la pureté）。這種單純自然主要表現在形狀方面：結構設計簡單，色調純潔，質地一目瞭然，省略了許多皺褶和重複性，使穿戴者顯得更加純樸自然，身體的性感發揮得淋漓盡致，猶如青春常在，充滿誘惑力。這種單純自然的形式變化，把不變的布料帶入新的境界，因而也賦予原有的質料一種新的生命。當然，質料的變化對於一些較為考究的時髦產品來說，又是也是很重要的。但相對於質料而言，形式的變化速度和節奏是優先於質料的。強調形式方面的變化優先性，並不意味著質料上的變化是無關緊要的。與形式變化的同時，時裝設計者往往巧妙地選用當時當地最恰如其分的布料加以配備，使形式的變化和創新得以突顯出來。這就意味著，時裝和其他流行文化的時間變化結構的特點，就是其形式變化帶動或優先於其內容的時間變化。

由於流行文化總是包含兩方面的組成因素，即它的形式和內容、表徵和意義。所以，對於它的分析，我們可以從它的形式的變化開始，然後再去分析它的意義方面的變化；但也可以先從內容方面進行分析，然後去解剖其形式結構。然而，不管是進行什麼樣的分析程式，流行文化的上述兩方面因素仍然是構成為不可分割的統一體；其中的任何一方都關聯到另一方的動向。因此，其時間特殊結構的分析，必須緊密結合其形式和內容的變化節奏和速度的具體狀況。

流行文化的時間特殊結構保證了它的生命週期性。流行文化的一個重要特點就是它的生命的週期性。這也是流行文化時間結構的一個

重要方面。流行文化的生命週期，包含兩方面的內容。第一方面是它在專業文化工作者圈子裡的生命週期；第二方面是指它在社會大眾中的循環週期。兩者的周轉和循環是相互交叉、並相互影響的。

　　先以專業時裝的生命週期爲例。一般地說，時裝這類流行文化的生命週期基本上都包含五大階段。第一階段是專業設計人員的創作期。這是時裝創造過程的最基本階段，它切斷了同以往陳舊了、過時了的前階段流行產品的關係，確定了新興流行的時間起點，同時又濃縮了它未來的時間結構的特徵，因此必須對這一階段的時間結構進行細緻的分析。時裝專業設計人員的技巧、藝術才能及其創作精力之付出程度，都體現在它的時間結構中。法國Yves Saint-Laurent名牌時裝公司製作各個不同時裝時，花費不同的設計和製作時間。例如，有的花費9,000工時，而另一個則花費5,000工時。不僅是總工時不一樣，而且，它們的平均勞動時間也不一樣。由此就決定了這兩種時裝時間結構的不同特點。設計和創造的時間流程，可以是漫長的曲折時間，也可以是短暫的突發性時間。屬於漫長的曲折時間結構，表現了精工細作和反覆思索過程，是任何考究的流行產品的設計過程所必需的。這種漫長的設計創造時間之所以必要，是因爲設計者對於以往的流行成果需要經歷較長的消化、吸收、比較和斟酌過程。但有時，設計和創造只需要一個短暫的突發事件的發生，馬上就引出創造意念，並引起引爆式的意外效果。這種設計時間決定於一種「可遇不可求」的突發事件。例如，突然遇到一位很有特殊愛好或癖好的歌星、特殊人物，某一種設計巧合他（她）的喜好。在法國流行時裝歷史上，曾出現過多次類似的突發性事件，使某一這設計，只要迎合這一突發事件，就馬上產生連鎖性反應。例如，法國國王路易十四的情婦封丹吉斯小姐，在出發待獵時，一陣狂風把她的講究梳理過的頭髮吹成披頭散髮的樣子。她只好信手胡亂撩理一下秀髮，立即引起在側觀察的路易十四的注意。路易十四突然地發現：這樣的髮型最能表現她的美貌和個

性，大加讚揚。於是，封丹吉斯小姐在刹那間不加思索所整理的髮型，就流行於宮廷，並迅速地傳播於法國社會之中。

第二階段是明星或模特兒表演示範期。這段時間是流行文化產品同社會大眾相接觸的具體時間結構。較有名望的時裝公司往往定期在年度的各個季節轉變時刻，舉行大規模的時裝表演。選擇什麼樣的時機，以多少長度的表演時間來進行，表演時間中舉辦什麼樣的記者、媒體和商業展覽會，以什麼樣名角或明星作為模特兒？諸如此類的問題，都關係到它的表演時間結構的特徵。寶礦力（Pocari）飲料是靠日本性感女明星不斷作廣告加以推廣的。1988年第一代「寶礦力女郎」是當時最紅的宮澤理惠，1992年第二代「寶礦力女郎」是一色紗英，1995年第三代是中山亞微梨，到了1999年則是由十五歲的後藤理沙作「寶礦力女郎」。由1988年宮澤理惠開始，「寶礦力女郎」一代傳一代，代表人物不斷更新，但都是選日本最年少的性感女明星。第四代的「寶礦力女郎」後藤理沙是剛剛從她的故鄉福岡來到東京讀書的中學生。1999年1月被東京街上到處搜索美女的「星探」看中，立即被派往美國拍攝處女廣告寶礦力，頓時轟動。寶礦力之所以注意選用其表演模特兒，正是因為它可以縮短表演時間，提高時間效率，達到最大的推銷效果。

第三階段是社會上層鑑賞期。任何流行文化產品，如果要真正在全社會範圍內得到推廣，必須不惜代價首先以高額資本，設法在社會上層少數「菁英」圈中推銷，並被他們所確認和採用。這是因為社會大眾評價流行文化產品的價值以及他們是否決定投注多少資本，主要決定於這些產品是否首先得到社會上層的「承認」或「審核」。一個流行文化產品越是得到社會上層，特別是得到社會大眾所追求的「偶像」的承認，就越會迅速地和大量地流行於社會之中。

第四階段是社會大眾推廣期。這是流行文化產品從社會上層少數分子擴大到更多人的傳播期。這一階段的時間結構對於不同的流行文

化產品是不一樣的。在少數人那裡流行的模式被社會大眾模仿。流行產品一方面傳播開來，另一方面也由於傳播而逐漸喪失其原初的創意性，它就在庸俗化和一般化的過程中，隱含著它的異化和它的存在的危機，預示它的「死亡期」的到來。法國著名的時裝設計家莒爾‧雷納（Jules Renard）很深刻地說：「如果說我有什麼才華的話，那是因為人們模仿我。正因為人們模仿我，我才成為流行。可是我一旦成為流行，就意味著我很快就會過時。所以，最好是我沒有才華」（Renard, J. En Verve. Paris: Gallimard）。

　　第五階段是流行收攤、並準備下一波新產品的時期。流行的最本質的特點，就是它永遠都要重新開始。正如法國人一般所說：「流行是某種永久性的『重新開始』」（la mode est un éternel recommencement）。沒有任何一種流行文化產品會「永遠」流行。如果真的「永遠」流行，就失去它作為流行文化的性質，它就不再是流行文化產品了。所以，流行文化產品一定有一個結束期限。這種特定結束期限對於它來說並非壞事。所謂「沒有舊，就沒有新」，「舊的不去，新的不來」。「舊去新來」乃是流行文化存在的固有時間結構；它就是靠這種特殊的時間結構才能不斷更新和充滿生命力。所以，聰明的流行文化產品製造者並不執意於儘可能延長其流行時間，而是相反，要設法使它以更快的速度和更短的節奏實現「舊去新來」。因此，他們總是千方百計地促使其流行文化產品以最快的速度和節奏更新，主動將舊產品縮短其流行時間，甚至提早結束某一流行產品的壽命，其目的正是在於推銷更多、更新的流行文化產品。

　　在當代社會中，流行文化的週期性也是同其資訊性有密切關係。當代資訊的重大特點就是它的不斷更新和形式多變性。由於流行文化的生命及其傳播都同資訊的更新和形式多變有密切關係，所以，流行文化的週期變化及其週期時間，也在很大程度上同傳播它的資訊的生命週期有密切關係。

由此可見，流行文化的時間結構明顯地體現在它的循環性、節奏性和週期性。在前週期和後週期之間，往往只有短短的間隔；在多數情況下，前後週期之間，其終點和起點往往是相銜接、甚至是重疊或交錯的。間隔時間的具體結構，決定於流行文化產品的製造者和推廣者所要達到的實際目的及其所要傳達的資訊。週期間隔不是越短越好，也不是越長越好；其長短結構，如前所述，決定於其投資者的意圖，也決定於其設計者和製造者的意念和推銷技巧策略，這是因為流行文化必須以其不間斷的循環和一定的節奏保持其生命力，週期時間結構將決定它的存在命運。

　　由於流行文化已經滲透到社會文化的各個領域，所以，它的時間特殊結構，又成為整個社會文化時間結構的一個重要模式，深刻地影響著整個社會時間結構的變化，也在很大程度上改變了當代整個社會生活的時間結構及其特徵。在某種意義上說，當代整個社會生活的時間運作，受到了流行文化時間運作的制約，並以流行文化的運作時間模式，作為社會生活運作的重要標準之一。反過來，流行文化的時間結構又是整個社會現代化和全球化進程的結果。現代社會在其發展過程中，時間結構一直在發生變化。早在現代性出現初期，對於時間具有敏感體驗的現代性詩人和作家們，就已經很深刻地體驗了現代性時間結構、性質和形式的根本變化。對於他們來說現代性時間就是意味著「碎化為一系列化為永恆的瞬間」。也就是說，時間對於他們來說就是跳出了傳統直線單向運動系列的連續總體的無數偶然性碎片。這樣的時間，並不一定要單向地連續運動下去，並不一定要從過去和現在而導向未來，也就是說，並不一定只有延續的一種可能性，更不一定採取先後連接出現的形式。

　　現代性發展的一個重要特點，就是科學技術扮演著越來越關鍵的角色，以致使人們可以毫不誇大地說，現代社會的一切重大問題，無一不是與現代科學技術的發明與創造緊密相關。現代科學技術可以創

造出自然界所沒有的東西。也就是說，科學技術將原來的「不可能性」變成為「可能性」。在現代科學技術面前一切都是「可能的」。在現代社會中，沒有不可能的事情。一切都是可能的，也就意味著「一切可能性都變成為不可能性」。換句話說，現代的一切可能性就是「不可能的可能性」。

在現代科學技術的干預下，原有的自然界中的可能性與不可能性的關係發生了根本的變化。

現代性越發展和越成熟，不但時間的濃縮性越高，而且它的維度也越多元化；換句話說，隨著現代性的發展，時間同時地在其質量和數量、內向和外向兩方面，發生結構上的根本變化，變得越來越複雜。這種複雜性不但表現在外延方面，也表現在內涵方面。在這個意義上說，時間隨現代性的發展變得越來越相對化。時間結構的複雜變化，導致時間架構中的社會活動和事件，也朝著不可預測、不可化約和不可確定的方向發展。這種由時代本身的結構所決定的流行時間結構，主要表現為流行節奏和週期的縮短、緊湊和相互交錯性。如果說十八世紀的法國社會中，總共只有大約十幾種流行時裝的話，那麼，到了二十世紀後期，流行的節奏和週期就不只是快和多到難以計算的程度，而且它們之間的間距也已經縮短成模糊化的程度，呈現為相互重疊和相互交錯的狀況。

被廣泛討論的全球化問題，在實際上就是一個時間問題。正如法國當代社會學家和哲學家托瑟爾（André Tosel）所說：「全球化的進程幾乎顛覆了我們的共同生活的模態（le processus de la mondialisation bouleverse la modalite de notre etre-en-commun）」（Tosel, A. 2000:1）。時間作為人類生存的基本條件，也隨著全球化的進程而改變了內容、性質與基本結構。

早在現代性出現初期，也就是十九世紀中葉時期，現代性的最早代表人物法國詩人博德萊就已經充分表現了他所體驗到新型時間概

念。他認爲,現代性的時間概念就是某種「碎化爲一系列永恆的當下片斷」。時間已經不是傳統的那種延續性運動過程的描述形態,不是以單向單維度延續的直線方式顯示出來。時間既然是碎片,是無法隨意把握的瞬間,它所呈現的是隨時可以出現、又隨時可以消失的片斷存在。它是無中心、無開端、無終結的點狀散亂偶然性結構。它的生存和活動方向,並不是單向一維的,而是無定向的任何可能性維度的網絡。這是跳出過去、現在、將來的傳統直線系列的雜亂模糊點陣。在這樣的無定向、多維度的瞬間點陣中生活的人們,其感情、思想和行動,也可以隨時發生變化,無定向發展,具有無限的潛在可能性。人們不再是傳統的各種道德和法規的奴隸,而是高度自由意志的個體,彼此間沒有約束,也沒有相互承諾。就個人本身,其身分和個性也是無定型和無定形的;每個人並沒有固定不變的個性和人格。在那裡,可以說,每個人都可以不對自己負責,因爲他們並沒有固定的、可以永遠遵守和服從的規則或規格。他們隨時都可以不成爲原來的自己;他們隨時可以變成爲另一種人。這是高度自由的社會生活,在其中,一切時間都碎化成互不聯繫的瞬間,而每個瞬間都因而成爲了永恆。時間的上述變化並不是偶然的。它既是社會本身變化的結果,也是社會變化的條件和基礎。社會和時間是同時地互爲條件和互向轉化的。現代性的發展使時間同社會的相互關係進一步密切起來。這樣的時間也就是無主體的時間,是擺脫了人的主體性約束的時間,是一種反人體中心主義的時間觀。由於時間徹底擺脫了人的主體性,時間成爲漂泊遊蕩的自由生存形式。流行文化獲得了這樣的時間,也就使流行文化本身變成爲高度靈活的、無拘無束的新型文化產品。流行文化的這種時間新結構使它可以隨時成爲夢幻中的影像表演。

第四節　流行文化的群衆性

　　流行文化的另一個重要特點，就是它的群衆性或者人民大衆性。流行文化總是爲社會中相當數量的人群所追求和推崇。所謂「流行」，本來就是「流傳通行」於社會群衆或人民大衆之中的意思。然而，流行的大衆性既是它的生命線，又是它的死亡和更新必然性的關鍵因素。流行靠其廣泛傳播而存在，並顯示其威力，同時，它又隨著流行的廣度而逐漸失去其流行生命力。

　　相對於其時間性而言，它的群衆性是第二位的性質，因爲幾乎所有的文化都有群衆性，而流行文化的群衆性本身也具有明顯的兩大特點：時間性和民衆親和性。也就是說，它的群衆性不是一般文化的群衆性，它是在一定時間裡，爲人民大衆所喜聞樂見、而廣泛通行於群衆中的文化；它在群衆中的流行是有時間性的特徵。同時，它是通過群衆的實際生活而同人民大衆相結合，它滲透於群衆的生活實踐中，爲廣大群衆所接受和喜愛，在他們的心目中產生相當大的影響，具有明顯的親和性。流行文化的這個特點，使社會統治者很重視它，並往往借助於流行文化的親和性而加深他們同人民群衆的關係。

　　如前所述，當代流行文化的大衆化是史無前例的。所以，當代流行文化的大衆化，不論從量還是從質的方面，都不同於歷史上的任何類型的大衆文化。它的這個特徵是有當代社會歷史的特殊條件作爲其實際基礎的。所以，流行文化的群衆性是同它的其他時代特徵有密切聯繫的。簡單地說，當代流行文化的大衆化的特殊歷史特徵，就在於：第一，它比歷史上任何類型的大衆文化都在量的方面更多地影響群衆生活；流行文化不論在產量、品種、類型、傳播地區、流傳時空

和受影響的人口數量方面，都創造了歷史紀錄。第二，它比歷史上任何大眾文化都在質的方面更處於較高文化水準，因為它是以人民群眾受到廣泛普及的教育為基礎的。現代資本主義社會比以往任何社會更注重社會化和普及化教育，使人民群眾的平均教育水準，遠遠超過歷史上任何時代。在這種較高教育和文化水準基礎上而廣泛傳播的流行文化，當然在質量上創建了群眾文化的最高水準。第三，正如前面已經指出的，當代資本主義的發展，導致了西方文化和生活方式的全球化，所以，當代流行文化的大眾化實際上就是文化全球化的一個重要方面。第四，當代科學技術和媒體傳播事業的突飛猛進，使當代流行文化的群眾性也緊密地同科學性、技術性和媒體化的特徵相聯繫。第五，當代社會前所未有的強大生產和消費能力，使當代流行文化的群眾性具有明顯的商業和消費性質。

由此可見，流行文化的大眾化，並不停留在量的方面，並不僅僅意味著其同最大量的民眾的結合，而且還意味著它在人民日常生活中的滲透，使之能在很大程度上，成為人民實際日常生活的一個不可分割的一部分。同時，流行文化的人民大眾性還體現在它同人民大眾思想情感之間的微妙關係。流行文化對於人民大眾來說，不只是構成其表面生活的組成部分，而且也同他們的思想情感緊密相滲透。令人驚訝的是，流行文化在很大程度上已經成為人民大眾精神狀態和心態的一個重要「晴雨錶」。人們追求什麼樣的流行？他們為什麼追求它們？對於這些問題的調查和分析，已經成為當代社會各種統治階級所關心的問題。因此，不理解人民大眾的心理情感的變化，幾乎無法理解流行文化的人民大眾性；反之亦然。美國迪士尼樂園董事長埃斯納（Michael Eisner）一直被公認為美國二十年來最傑出的企業經營者之一。他對於流行文化的群眾性的內在涵義深有體會。在1984年，他以年方四十的年紀接任迪士尼董事長職務之後，創下連續十四年的年平均20％利潤增長率的空前紀錄，並將迪士尼從經營主題樂園為主的公

司，成功地轉型成為國際娛樂知名公司。埃斯納在2000年第一期的《哈佛商業評論》中說，他作為一位領導者，主要扮演四大角色：第一，以身作則（be an exemple）；第二，身在現場（be there）；第三，持續關注（be a nudge）；第四，產生創意（bear idea generator），成為不斷創意的生產者和推動者。其中所說的「身在現場」，對於體會和把握流行文化的脈動是非常重要的。他說，凡是他所作過的錯誤決策，往往都是由於單憑在視訊會議上聽取彙報的結果。他認為，在那樣的會議上，他無法捕捉語言和信號以外的訊息，如群眾的表情、眼神和心態等。而這些因素正好是流行文化的脈動的主要表現形態。要把握群眾的心理和愛好，必須時時刻刻進入群眾生活的現場，同他們說話，交流情感，瞭解他們的喜好，瞭解他們在實際生活中的喜怒愛樂，與他們生活在一起。

另一方面，流行文化在某種意義上說，也就是人民大眾的一種特殊的藝術創作品。它在人民大眾之間的傳播和流行，顯示它構成了人民大眾的精神生活的一部分，也是大眾的日常生活的一部分。流行文化就是在人民大眾的流行中體現了它的源流方面的大眾性。美國社會學家霍瓦德‧貝克（Howard Saul Becker, 1928-　）在其作品《作為集體行動的藝術》（Becker, H. S. 1974, *Art as Collective Action*）和《藝術世界》（Becker, H. S. 1982, *Art World*）中指出：任何藝術都不可避免地帶動起一定數量的人民群眾的參與（art entails the joint activity of a number of people），而藝術作品就是這種群眾的合作性創作活動的特定「信號」（art work always shows signs of that cooperation）（Becker, H. S. 1974）。因此，所謂「藝術世界」（Art Worlds） 就是所有那些參與具有特定性質的藝術創作的人們所構成的；這些藝術世界也就決定了該藝術的特點（Becker, H. S. 1982）。根據這種理論，流行文化既然是由一群人民大眾所擁戴，又是由他們參與創作和生產，它就構成了他們的藝術世界；反過來，這個藝術世界又體現了這群人民大眾的心理和

品味特點。

　　流行文化同人民大衆之間的上述緊密關係，也使它被許多人稱爲「大衆文化」（popular culture）。在這以前，也有人稱之爲「群衆文化」（Mass Culture）。但也許是因爲「群衆」帶有貶抑之意，從六十年代之後都普遍使用「大衆文化」。本書在以上有關流行文化的定義的討論中，已經對流行文化天大衆文化中間的關係作了必要的分析。

　　流行文化的大衆化，不同於一般文化的群衆性。從總的看來，任何文化都免不了具有專業性和群衆性兩個面向的特徵。也就是說，任何文化的生產和發展、普及及提高的過程，總是經歷從少數文化專業人士逐漸擴大到較多群衆接受的過程。這就是所謂「文化的普及和提高的相互關係」。從古以來，文化都是少數文化專業人士，在總結以往文化傳統和成果的基礎上，首先創造、鑽研、研究和發明，然後，經歷社會教育過程，逐漸擴散到社會較多群衆中去。經歷一段社會普及之後，文化專業人士又再根據一定文化研究成果，根據社會發展的需要，再創造出新的文化產品。人類文化基本上是如此循環往復地，不斷重演「提高──普及──提高」的「螺旋式上升」的發展圖式。所以，一般文化的群衆性，是永遠同它的專業性相並行和相互轉化的。一般文化的群衆性，並不減弱其文化專業性和專門性，反之亦然。但是，當代流行文化的上述群衆性完全不同於一般文化的群衆性。這是因爲一般文化所處的歷史和社會條件同當代流行文化完全不一樣。一般文化不管怎樣在人民大衆中傳播，始終未能脫離其少數專業文化人士的小圈子，始終都由少數文化菁英分子所控制和掌握。正如英國較早研究流行文化的評論家李威斯（F. R. Leavis）所說，「文化始終都是爲少數人所掌握」（Leavis, F. R. 1977: 3）。

　　但是，我們說流行文化具有群衆性，並不意味著它同專業文化工作者和專門的藝術家的「菁英文化」或「高級文化」存在著絕對的隔絕。在當代流行文化的傳播過程中，它一方面爲大多數群衆所接受，

另一方面又同時地將專業文化工作者和專門的藝術家們所創造的精緻文化帶到群衆中去。反過來，流行文化在流傳過程中，也同時進行了「反方向」的傳播，即它把群衆的文學藝術創造及其精神，擴散到原來較爲閉塞的專業文化工作者那裡，促使他們在不同程度上，也接受了群衆文化的影響。這對推動整個社會文化的發展是有利的。而且，這種現象也有助於消除原來較爲明顯的文化差別，使整個文化創造同整個社會生活相協調。因此，爲了更確切地把握流行文化的真正意義，有必要進一步分析「大衆文化」的具體內容。

嚴格地說，「大衆文化」並非最近才出現的。自從人類創造文化以來，始終都存在著大衆文化，而且它也始終成爲各個社會不同歷史發展階段的文化的基礎。任何文化的產生和發展，都離不開其所處的社會的群衆基礎。文化從根本上說，都是廣大人民群衆長期從事實踐活動的豐富經驗的總結。從這個意義上說，社會大衆的實踐經驗是一切文化的最原始的原料。但是，從實際經驗提升到文化和科學知識的水平，必須經過具有系統思考能力和受專門訓練的專業人士以及知識分子的提煉加工功夫。沒有文化專業人士和知識分子的理性邏輯加工以及精煉的總結和系統化，各個社會的文化便不能鞏固和提升，更談不上進一步的發展。文化專業人士和知識分子在文化製作、加工、精煉化、系統化和制度化方面的關鍵地位，在人類社會長期的發展過程中，由於占統治地位的權力集團的有意識的干預和操縱，進一步擴大成爲文化和知識的專業壟斷，將廣大人民群衆逐漸地被排除在文化和知識的圈子之外。

只是到了資本主義階段，專業文化人士和知識分子之間的關係才隨著一種新型的大衆文化的出現而發生根本的變化。這種變化是同資本主義社會的政治經濟社會制度的特點密切相關的。政治上的民主化，經濟上的商品自由競爭制度，以及社會生活的自由平等制度，都使大衆文化同新型的流行文化發生一種特殊的關係。關於這一點，本

書將在第四章有關奢侈的章節中作進一步的詳盡論述。

　　資本主義雖然創造了新的、甚至可以說好的條件，促使大眾文化經過流行文化的方式而改變了歷史地位，但實際上，在資本主義社會中，那些擁護流行文化的人群，也往往大致又可以分成「上層」（或「上流」）及「下層」兩大部分。也就是說，流行文化在資本主義社會中的大眾化，並不意味著該社會中不再存在文化領域的階層化結構，更不意味著資本主義社會實現了文化上的平等。所以，流行文化也因此又分為「上流社會的流行文化」和「一般民眾的流行文化」。

　　但不管怎樣，到了資本主義社會，流行文化往往很容易在街頭巷尾為人民大眾所追隨和接受，使它迅速地在民眾中傳播起來。法國著名劇作家莫里哀（Molière, Jean Baptiste Poquelin, dit, 1622-1673）說：「每個人都有自己的方法；女人也好，所有的人也好，每個人都說，我要跟隨時尚」（Molière, 1662, acte I, scène 1）。追隨時髦成為每個人都可以享有的平等權力。這種狀況使流行文化在資本主義社會中可以比其他社會更廣泛地被人民大眾所接受和享用。

　　由於資本主義社會流行文化的表面大眾化結構有可能隱含、並因而掩蓋著社會真正不平等的事實，所以，法蘭克福學派的社會批判理論家，諸如霍克海默和阿多諾以及馬庫色（Herbert Marcuse, 1898-1979）等人，寧願採用「文化工業」、「異化文化」或「單一化文化」的概念，而拒絕使用「大眾文化」或「群眾文化」的概念（Horkheimer, M. 1947; Horkheimer, M. / Adorno, W. 1947; Adorno, W. 1989a ; Marcuse, H. 1964; 1989）。

　　不管流行文化的大眾化具有什麼樣的性質，也不管理論家們採取什麼樣的理論觀點和方法，當代流行文化的群眾性的特點是不可否認的。

第五節　流行文化的日常生活性

　　流行已經緊緊地同當代人的日常生活結合在一起，以致使流行已經成爲當代人的一種生活方式。只要認眞地分析和研究，就可以發現：流行並不只是人們在社會生活和交換中的一種普通消費行爲，而且也是一種生活態度和生活風格，表現出人們的生活需求、愛好以及對待生命的終極關懷，它甚至也是最貼近心靈層次的一種思想方式。

　　流行的日常生活性表明它已經深深地滲透到當代人的生活流程中，並在實際生活中同人們的心態、風格以及愛好結合在一起。流行的日常生活性使它不只是表現了人們的表面生活形態，而且也體現了人們在生活中的各種內在心理因素及最高級的思想情感狀況。

　　流行的日常生活性使它成爲了一種特殊的習俗，一種特殊的社會生活方式和社會風氣。正如原籍德國的美國人類學家和語言學家薩比爾（Edward Sapir, 1884-1939）所說，流行是一種以偏離習俗的形式而表現出來的習俗本身。習俗的特徵，就在於它往往以禮節或共同行爲模式的形態，成爲社會上大多數人日常生活行爲的普遍形式。它的普遍性，使習俗更多地表現出行爲模式的社會性和大衆性。在流行文化中，作爲構成流行核心的那些個人化的因素及其個人特色，都在流行的運作中轉化成爲超個人化（super-personalized）的東西（Sapir, 1931）。另一位美國女作家波斯特（Emily Post, 1872-1960）早在她的著作《社交界、商界、政界及家庭禮節》（*Etiquette in Society, in Business, in Politics and at Home,* 1922）（後來改名爲《禮節：社交慣例藍皮書》）中就指出：流行所表現的，是人們的社會生活禮儀以及人們之間的溝通模式，它是不斷變化的；而流行的重要意義，就在於它

以最敏感、最生動活潑、最易於為廣大老百姓所接受和最迅速的方式，表現這些社會禮儀和溝通模式的變化狀況（Post, E. 1922）。

流行既深入生活，又超越生活，因為當它成為社會生活的一個組成部分時，它同時也引導大眾走出生活慣例，引起他們之間的競爭，加速他們之間的個人化進程，促使人們盡可能地超脫凡俗化和一般化的模式。

流行就是這樣深入生活而又超出生活，既使社會生活規格化和一般化，又使它顯示出個人的個性；它把日常生活變得更加有趣味和有節奏，使原來由於日常生活的重複性而日益庸俗化、平淡化和疲倦化的流程，變成活躍起來，變成獨一無二，並因此而不斷更新和充滿著創造的生命力。

流行文化的日常生活性表明當代社會中的意識形態生產及其傳播已經改變了形式。由於流行文化本身就是一種消費文化，所以，它在日常生活中的滲透使流行文化中所隱藏的各種意識形態，特別是生產流行文化的權力機構所主張的那種意識形態，得以在流行文化的傳播中，不知不覺地滲透到日常生活中去。這也表明了當代社會中的意識形態生產及傳播是緊密地同商業、政治、經濟相結合，使意識形態不只是採取純粹思想形式，而是混雜在商業、經濟及政治之中，甚至更可能採取所謂「中立」或「非意識形態」的形式，在宣稱「意識形態已死」的口號下，在社會大眾的日常生活中橫行無阻。

日常生活的重要表現就是它的日復一日的重複性。這決定了人們對它的習慣性。變成了人的固定習慣的日常生活，又進一步促進了人們對它的忽略。習慣產生了惰性，產生了無意識性。日常生活本身的惰性和無意識性同人們對於日常生活的惰性和無意識性，又在日常生活的流程中相互影響，進行惡性循環，導致日常生活的盲目性和社會學家對它的忽略性。

日常生活的日復一日的重複性，顯示了日常生活的節奏性。節奏

性可以產生固定的生活方式、生活模式和生活態度，也可以決定不同的人和群體的行為方式。節奏性也可以通過內在化而影響人的精神生活方式，影響著人的性情、愛好和各種情感，甚至影響著人的思維方式和思想模式。節奏性使得日常生活本身帶有反思的性質。節奏性給予日常生活一種優越的地位，使它同人的別類生活方式相比，自然地成為了人生的基本成分。節奏性占據了人生時間結構中的絕大部分，只是採取了過於單調的形式和重複的特點。當然，單調性和重複性一方面掩蓋了日常生活的重要性；另一方面，又使日常生活自然地和不知不覺地消耗了人生的大部分。

日常生活是由每個人的每一個平常日子所組成的。平常日子的活動當然首先是滿足人生的基本生存需求。在這一點上，不分階級、地位和角色，人人都迴避不了。滿足人生的基本生存需求的日常生活活動，對於所有的人來說，幾乎都是相類似的。例如，吃飯、睡覺和工作等等，所有的人都是一樣的。日常生活活動的上述普遍意義，進一步顯示了日常生活研究的重要性。往往是在滿足人生基本需求的日常生活中，可以最直接的顯示出各種不同的人生態度，顯示出不同的人對於社會的不同觀點。由於日常生活的自然性，使得日常生活中的表現更帶有直接性、原始性和真實性。如同原始社會的原始文化更直接的表現人性一樣，日常生活的表現也在某種意義上說，更直接的表現了不同的人生態度。

由於日常生活同人的生存的基本需求有密切的關聯，日常生活領域也就成了極其複雜而尖銳的社會鬥爭的一個重要場所，成為了顯示社會結構基本特徵的重要場域。

日常生活的節奏性，在很大程度上決定了日常生活的共時性結構。日常生活的共時性結構，使它成為了累積和凝結不同歷史結構中不同因素的最有利場所。因此，日常生活也成為了檢驗和分析歷史經驗的最好基地。日常生活中的各種習慣，在這個意義上說，表現了歷

經長年累月累積和發展的文化傳統和各種文化特徵。所以，對日常生活的研究，也是深入揭示各民族、各社會文化結構的鑰匙。

研究日常生活還意味著深入探討日復一日的日常生活結構同歷史劇變、同各種偶發事件的衝突，並由此深入研究人類社會發展中複雜而曲折的過程，深入研究社會複雜結構中的複雜的人類社會行動。日常生活並不是可以永遠長期的脫離歷史劇變和社會事件而存在，也不能完全置社會結構於不顧，而麻木地進行。因此，研究日常生活同社會制度、社會組織和各種社會行動的複雜交叉和互動，是有重要的意義的。

日常生活儘管是帶有直接性、單調性和節奏性，但是它同樣也易於異化。日常生活的異化，可以表現爲人們對於日常生活的麻木不仁或盲目重複，或者也可以表現爲對於日常生活的過分沈落和陶醉。日常生活的異化造成了對於日常生活研究的障礙，爲研究日常生活矇上了一層紗幕。

由於當代社會結構的變化，一方面社會財富的遽增造成了日常生活的多樣化及其內容的不斷豐富；另一方面，社會自由的發展所造成的個人自律的增強，使日常生活的問題成爲了重要的社會問題。當代社會學家越來越多的人注意到了日常生活問題。　　　　　·

對於日常生活問題的研究的最重要表現，就是當代社會理論中「生活世界」、「俗民語言」和「生活愛好」等新概念的普遍提出。

日常生活的結構及其意義，隨著社會的發展而不斷發生變化。在不同的社會中，日常生活的結構及其意義有所不同。這就是說，社會的狀況與日常生活的結構及其意義之間是有互動的關係。日常生活的結構及其意義在很大的程度上決定於、也表現了社會的基本結構。但是，反過來，日常生活的結構及其意義又在一定程度上影響著社會的結構本身。

近代社會的形成，特別是現代性和後現代性結構的產生，爲日常

生活結構的劇烈轉變及其多元化開闢了新的歷史前景（Lefebvre, H. 1971）。近代社會的發展，推動了文化生活的複雜化及其在整個社會生活中的優先地位的產生。近代社會和現代性加速了日常生活的都市化過程，越來越多的平民集中到由現代文化控制的大都市中生活，使越來越多的人的日常生活在大都市結構中度過。近代社會的都市化，從根本上改變了人的日常生活方式及其意義。

實際上，西方社會近代化的過程是緊密地同日常生活的進程相適應的。年鑑學派的史學家布勞岱以大量的歷史事實，證實了資本主義的進程是同日常生活方式的改變有密切關係的（Braudel, F. 1981: 31-32）。

當代社會理論對於私人生活領域同公共領域的相互關係的研究，同樣也表現了當代社會中日常生活結構的新變化。也許是由於當代社會消費活動的擴大，文化生活的多樣化，個人自由的程度的不斷擴大，逐漸地表現出私人生活同公共生活的尖銳矛盾。例如，在傳統社會中被看作是例行的「女大當嫁」和「男大當婚」的習俗，作為傳統社會日常生活的一個基本結構，在現代社會中逐漸地被越來越多的平民老百姓所懷疑。新一代的青年男女把這種傳統的習俗看成是干預私人生活領域的作法。這樣一來，長期被制度化、規範化和被法治嚴格監督的一系列舊的生活習俗，在現代社會中已經逐漸地被摒棄在公共領域的範圍之外。也就是說，相關的制度、規範和法律，在約束私人生活領域方面，已經越來越削弱其效力。

有關的道德意識觀念及其有效影響，在傳統社會中是同公共領域的範圍相重合的。但在現代社會中，越來越多的道德意識觀念受到了懷疑，也被拒絕貫徹於私人生活領域。

凡此種種，使日常生活中的私人領域逐漸擴大，而私人領域和公共領域之間的關係也成為了社會理論家值得深入研究的重大問題。哈伯瑪斯曾在《公眾領域的結構變化》（*Strukturwanded der Öffen-*

lichkeit, 1990[1962]）一書中，系統地探討了資產階級市民社會公共領域的變遷及其歷史意義。這本出版於1962年、再版於1990年的重要著作，首先分析了早期資產階級市民社會的公眾領域的社會結構。在這方面，他分別描述和分析公眾領域的制度、資產階級家庭同公眾領域建構的關係，以及當時的文學和政治方面公眾領域的相互關係。接著，哈伯瑪斯還分析了公眾領域的政治功能。在他看來，資產階級的市民社會是私人領域不斷自律的結果。但同時他也指出了資本主義社會法治化和制度化同私人生活領域的矛盾。哈伯瑪斯用相當大的篇幅分析了公眾意見、溝通媒體和意識形態在市民社會中的不同功能（Habermas, J. 1990[1962]）。

在哈伯瑪斯之後，越來越多的社會理論家研究了日常生活中的公眾領域和私人領域，也研究了市民社會的不同歷史階段的結構，研究當代社會中所出現的民間社會、民間團體和社團，以及各種同私人生活密切相關的新型民眾生活共同體。研究這些問題，固然有益於深入瞭解當代社會的日常生活新結構，同時也有利於研究當代社會的政治和社會制度同私人生活的關係。

日常生活固然常因其反覆性而表現為盲目性和異化，但又同時具有反思性。在多數的情況下，人們總是在日常生活的行為中進行或多或少的「考量」或「估計」活動。所以日常生活行為往往是一種「反思性的實踐」。

這種反思性的實踐具有明顯的無意識性。俗民方法論在分析日常生活的估量性的時候，強調指出不斷重複的日常生活活動關係到活動者最直接和最切身的利益的性質。日常生活對於活動者的利益的直接關係，更由於日常生活的反覆性及其在生活實踐中所占據的重要地位而顯得更加突出。但是，反覆性本身又導致其無意識性。這種無意識性並不能說明日常生活的不重要性。相反的，無意識性正是說明日常生活的例行化已經把日常生活的重要性內在化，並把日常生活的重要

性植入到人的無意識的底層。

　　但是，日常生活的反思性還遠遠超出俗民方法論的上述理解；它具有為人的行為提供源源不斷的經驗智慧的意義。換句話說，日常生活例行化所總結的經驗，表面看來，都是人在生老病死過程中最普通的事情，但是，其中卻隱含著人生在世所必須的各種智慧和經驗。日常生活經驗的珍貴性，就在於它以重複的形態濃縮著人生在世的本質結構，集中了生活中最穩定和最內在的方面，為人生在世積累最基本的生活本領和經驗，也累積了應付各種複雜環境所必須的反應能力。日常生活的這種反思性，使人生過程中的任何時刻，當人面臨各種複雜環境而需要作出決定性的反應時，它能為人的行為提供必要的啟示和各種可能的解決方案和方法。在這個意義上說，日常生活的反思性使日常生活本身成為了人的社會行為和社會結構不斷更新和不斷重建的最大能源儲備所和最豐富的土壤。

　　日常生活的反思性也決定了日常生活結構及其意義結構的象徵性。這主要是指日常生活結構及其意義結構的不斷複雜化和層次化，同時也是指其語言化和符號化。當代社會理論深入研究了日常生活經驗同日常生活語言的相互關係，並同時研究兩者在長期重複過程中的互動和再生產的過程。

　　流行文化的日常生活性是從它的最初產生時期就已經明顯地表現出來的。在十六世紀資本主義社會產生初期，商業的發展就緊密同日常生活結構的變化緊密相關。早期資本主義經濟，特別是它的商業活動，在很大程度上依賴於人民大眾日常生活的商品需求；而資本主義商業也有意地以其商品品種的變換刺激人民大眾日常生活的變化。

　　年鑑學派思想家布勞岱在分析早期資本主義形成和發展機制時，非常重視商業同流行文化以及同日常生活的緊密關係。同布勞岱一樣，埃里亞斯、宋巴特和維伯倫等人，也同樣重視資本主義商業同流行文化和日常生活的互動關係。

流行文化的生命力及其持久性，在很大程度上，決定於它同人民大眾日常生活之間的緊密關係。隨著人類社會歷史的發展，流行文化同人民日常生活的關係越來越緊密，以致可以說，當代流行文化不只使人民大眾日常生活實現了前所未有的「文化化」，而且使日常生活更加情趣化；不僅改變了生活本身的形式，也改變了生活的情調和風格。

流行文化同日常生活的緊密結合，具有負面和正面的雙重意義：其負面意義在於加強了商業和整體社會統治集團對於大眾生活的宰制；其正面意義在於直接提升了人民的生活品質，使長期被排除在文化生活圈之外的人民大眾，終於有可能透過流行文化的享用而進入文化生活領域之中，並甚至有可能直接參與流行文化的創造。這就為長期脫離社會大眾實際生活的文學和藝術，在人類歷史上第一次，有可能徹底地從少數專業文化人的壟斷中解脫出來。在流行文化衝擊下，當代文學和藝術更加朝著反傳統的方向發展，使藝術本身也在其同流行文化的結合中找到了自我解放的基礎。

流行文化的日常生活性，使它帶有生活的氣息，同時又為生活本身帶來某種樂趣；它的這一特性，又意味著它在一定程度上充滿著人性味！當一個人的生活陷入單調無聊時，追隨時髦，享用一下自己喜愛的流行文化產品，就好像改變了生活的情趣一樣，生活頓時便生氣勃勃起來。

流行文化的日常生活性一方面使日常生活受到流行文化的節奏、形式和變遷而發生變化，另一方面流行文化本身也同樣從日常生活中吸取發展的動力，致使兩者在共同發展中相互影響。

就流行文化對日常生活的影響來看，最重要的是導致日常生活節奏的變化以及由此導致日常生活時間和空間結構的深刻轉變。從表面現象來看，似乎流行文化的速變導致日常生活時間紊亂，失去其原有的節奏感和從容不迫性，變成為脫序的樣態。但仔細觀察和分析，便

可看出：流行文化促使日常生活加速在重複中更新，又在更新中使日常生活的重複性成為流行文化重複性的正當化基礎。

流行文化促使日常生活中的時間概念發生微妙的變化。日常生活時間概念的變化，又體現了整個社會對於個人生活、尤其是個人身體生命的加強控制過程。

流行文化的明顯群眾性和日常生活性，使它不同於一般文化，特別是傳統專業文化，顯示出它通過同廣大人民群眾實際生活的密切聯繫而具有強烈的實踐性。作為一種廣泛流行於社會上下各階層的生活方式，它既表現了他們的現實生活狀況，又顯示其行為方式；既體現其社會地位，表現其政治、經濟和文化的水平，又顯示其思想精神氣質，表現其追求的品味及其實際的品嚐能力。作為一種生活方式的流行文化，不同於一般文化那樣抽象或脫離實際，活生生地顯示出一種正在行動中的文化，某種具有生命力的文化。這是一種實踐的文化，不同於概念中的文化，使文化從少數知識分子和專業文化人所壟斷的小範圍內解放出來，成為社會各階層都可以依據其能力而平等參與享用的事業。

流行文化的實踐性不但使文化實現真正的大眾化和社會化，而且也使文化進一步在實際生活的熔爐中發生了質變，使文化成為多變的、多元的、多學科的、靈活的、廣泛的和充滿生命力的社會性事業。

第六節　流行文化的技術複製性

由於當代流行文化是在科學技術高度發達的當代社會中膨脹起來的，它的性質和社會功能也伴隨著科學技術的發展而發生很大的變

化。正如本雅明在〈技術複製時代的藝術作品〉（*Das Kunstwerk im Zeitalter seiner technischen Reproduzierbarkeit*）一文中所說：「這是一種在科學技術高度發達的社會階段中產生的特殊文化」（Benjamin, W. 1968[1935]）。在這本作品中，本雅明開宗明義地揭示了時代轉變的重要標誌：技術對於藝術和文化的介入。資本主義的技術是隨著現代生產力和知識的發展而產生出來的理性力量，但它已經變成爲工具化和功利化的理性。當資本主義文化還停留在以發展生產力爲中心的古典資本主義經濟發展階段，當知識還仍然用來單純地征服自然的時候，也就是說，當資本主義尚未進入晚期階段時，藝術可以作爲一種獨立的創作力量而避免經濟和科學知識的干預，還保持其相當大的自律性。在這種情況下，在生產力發展和知識進步過程中所表現的理性工具化，仍然還沒有入侵藝術領域，還沒有破壞藝術創作本身的自律。工具化的理性只是在征服自然的社會運作中發揮其異化的力量。也正因爲這樣，工具化理性的異化還主要限於控制自然的經濟活動和各種社會功利活動中，對於人性的扭曲以及對於藝術創作的控制還在很大程度上只停留在狹小的範圍內。到了晚期資本主義階段，當技術惡性膨脹而把生產力和知識的工具理性推動到登峰造極的時候，技術就不只是成爲征服自然的主要工具，而且也成爲征服人本身，特別是征服人的精神活動和創造精神的主要力量。因此，隨著時代的轉變而出現的技術對於藝術活動的干預，就成爲了藝術本身發生危機以及人性本身遭到徹底摧殘的信號。

　　本雅明的這篇論文就是對於破壞藝術和破壞文化的技術力量的宣戰，因而也是對於發生扭曲的社會力量的宣戰。他認爲，技術對於藝術和文化的摧殘如同法西斯政治力量對於整個社會的迫害一樣，他把這種歷史的轉折稱爲法西斯時代「政治的美學化」。

　　本雅明認爲，隨著技術的介入，現代美學和藝術中的創作、天才、永恆、風格、形式和內容的基本概念，統統都發生了根本的變

化。由於技術力量的發展，依靠技術大量地和迅速地複製藝術作品的可能性和限制性空前地增長。這些現象意味著原來統治著現代藝術領域的「眞實性」、「原作者」以及特定作品的特有傳統的概念，都已經失效。

首先，它在很大程度上是靠複製它的技術手段所決定。以什麼樣的技術複製，便產生什麼樣的流行文化。就其性質、內容和形式而言，流行文化實際上已經打上了許多技術的烙印，技術的性質也在很大程度上破壞了它的文化性質。因此，它在某種意義上說，只是一種技術產品，而不是嚴格意義的文化產品。第二，它的技術性，決定了它的單一性和僵化性。以往靠創作者富有個性的反思性靈感以及藝人或工匠的特殊手工技藝而精雕細刻地所表達出來的文化氣質和意蘊，在技術複製的過程中幾乎被磨平埋沒，其中的「氛圍」也煙消雲散悄然遠去，使文化產品原有的生命力化爲死板的物質「器具」，除了外表相類似以外，剩下的只是創造物的空殼。如果說原有文化產品，不論是其內容或形式方面，個個都具有其不可替代的個別特色的話，那麼，靠技術複製出來的流行文化產品，就千篇一律地重複同一形式。每個文化產品的獨一無二性被淡化，只顯示出它作爲商品或消費品所表現的那種「標準化」特色。第三，它的技術性使它成爲「速食」般產品，以高速效率製成爲數以萬計的同類產品，消除了它在創造和製作過程中的各種精神沈澱，使它化解爲格式化的物品。

爲了分析技術力量的干預所引起的藝術創作環境的變化，本雅明進一步發展他在1931年《攝影簡史》（*Kleine Geschichte der Photographie,* 1931）一書中所提出過的「氛圍」概念。

氛圍是本雅明美學理論中的一個重要概念，用來表示一種既遙遠、又切近的某種獨一無二的精神氣氛。氛圍源自拉丁文aura，表示一種氣氛，雖然看不見和無形，但實際地對於具有精神生命的人發生影響。氛圍隱含著「吹拂」的意思，表示某種隱而不現、卻柔而有力

的周在氣氛。當本雅明將它移用到美學領域時，他特別使氛圍的原有意蘊變得更濃厚，以便隱喻著藝術創作中的某種氣韻、格調、氣質和靈氣。這是有別於物體實在的精神狀態，而且它的存在及其創作效果，只有在創作者和鑑賞者充分意識到其所在的位置同傳統、同人類文化整個歷史保持著特定距離的時候，才能作為一種具有對比性的力量而呈現出來。要充分理解到氛圍的意義及其對藝術創作和鑑賞的作用，按照本雅明的觀點，必須對歷史和文化有一種特殊而深刻的洞察力。因此，氛圍的概念雖然是屬於本雅明美學的重要範疇，但它是立足於一種歷史哲學和文化哲學。

但本雅明在批判流行文化的技術複製性時，儘可能避免片面化和簡單化，曾經也試圖對流行文化的技術複製性進行正面的分析。他不像其他法蘭克福學派理論家那樣，只是簡單地將它比喻成為「文化工業」產品，似乎它的技術性完全將流行文化變成為工業化的犧牲品。所以，本雅明在批判了流行文化的技術複製性之後，還進一步分析這種技術複製性的正面性質。他認為，技術複製性由於它的高速、高效率製作過程，為更多的社會大眾帶來了更多的學習、掌握和分享文化產品的機會。如果說過去只是少數社會上層或專業人才才能掌握文化產品的話，那麼，恰恰是技術複製性的「速食」性，才使廣大社會大眾有機會進入文化圈，享受過去從未有過的文化娛樂。儘管速食性消磨了文化產品的氛圍，但同過去群眾根本接觸不到文化產品相比，它畢竟更有助於文化的普及和推廣。而且，既使群眾通過流行文化總是只能首先享受它的複製性，但長此以往、反覆地持之以恆的結果，就會有助於他們在反覆享受中逐步提升他們自己的文化鑑賞水準。本雅明並不排除：群眾是會在他們的鑑賞實踐中，實現自我學習，進行反思和提高。

第七節　流行文化的浮動性

　　其實，在以上第三節和第五節所分別論述的流行文化特殊時間結構及其生命週期性問題，已經在一定程度上顯示了流行文化的浮動性特徵。其時間結構的階段性、重複性及其生命週期性，實際上都顯示流行文化的特殊存在方式以及它在歷史運動過程中的演變形式。但在上兩節所表現的，更多是它在時間方面的浮動性，忽略了它在時間以外的其他方面的普遍浮動特點。本節所要分析的，是流行文化在時間、空間及其一般存在形式上的浮動性。這一分析將進一步揭示流行文化不同於一般文化的特殊性質。而且，對於流行文化浮動性的研究，將具有特殊的社會學意義，因為它為社會學深入研究流行文化提供了最有效和切實可行的方法。

　　流行文化永遠是在浮動著的。它時時飄流，上下不定，前後流動，無時不在變動和流變。

　　對於社會文化現象進行動力學分析而卓有成效的美國社會學家索洛金，曾經在他的兩本著作《社會文化動力學》（Sorokin, *Social and Cultural dynamics,* 1937-1941）和《社會文化的因果性、時間與空間》（Sorokin, *Sociocultural Causality, Time and Space,* 1943）中，為社會文化現象的動力學，總結出一個系統的原則。他第一個深刻地指出了文化的浮動性（floating character）（Sorokin, P. A. 1937）。如果說一般文化都具有浮動性的話，那麼，流行文化更顯示出它在這一方面的典型特徵。所以，以索洛金的文化動力學考察流行文化，就會進一步在其動態中，在其發生和運動中，探索出它在社會中運動和發展的動力性質及其根源。流行文化究竟是靠其自身內部因素的力量，還是靠外部

因素的干預或宰制而運動起來的？流行文化的內在因素及其外在因素的相互關係是怎樣的？索洛金的文化動力學原則，在相當長的時間裡，一直被學術界公認為一種「典範」，對於我們研究流行文化是有重要參考價值的。

　　而在當代思想家中，波德里亞對於流行文化的浮動性也有深刻的分析。他說：「對於流行的符號來說，再也不存在內在的決定因素，因此，它變成無限地交流變動和相互交換的運動。這種史無前例的徹底解放的結果，使這些符號都邏輯地只服從一種瘋狂而精緻地受操縱的永遠覆返的運動」（Baudrillard, J. 1976:131）。

　　流行文化的浮動性，指的是它在文化加工方面的膚淺性和輕飄性。由於它具有群眾性，並始終追求迅速傳播的目的，使它自然地只能採取飄浮的形式。它的飄浮性明顯地表現出它在製作和加工方面的簡略性質，顯示出它的內容和形式兩方面的表面性。在這方面，再一次地呈現出流行文化不同於一般專業文化的特點。

　　強調流行文化的漂浮性，並不等於說它的製造過程是絕對的簡單或粗糙。對於流行文化中的上等品而言，其製造過程是極其精緻的，是非常考究和精雕細刻的。甚至流行文化中的低級產品，也是因包含操縱的意圖而經歷幕後的一定程度的策劃程式。

第八節　流行文化的非理性成份

　　流行文化的傳播、興盛、消失及其被取代，不是單靠理性和邏輯分析可以說清楚的。由於它的高度複雜性，又由於它同整體社會文化結構的緊密關係，使它在一定週期內的產生、傳播、起落、興盛、衰落以及消失過程，除了存在著某些可以分析和條理化的部分以外，還

必然地同時摻雜著相當成份的非理性因素，甚至帶有一定程度的神秘性質。

　　流行文化確實包含非理性成份，其中，首先包括人的主觀情感、慾望和衝動。人之好動、好奇、好思、好名、好利、好戲、好美，以及人之自我超越性和人的自我裝飾傾向，都是促成流行文化生生不息地產生和更新的精神動力；而其中就包含許多非理性的成份。德國社會學家魯曼曾經詳細分析流行中的各種情緒化和非理性成份。他在《作爲激情的愛》（Luhmann, N. *Love as Passion*. Cambridge: Harvard University Press, 1986）一書中指出：愛和慾望是相互交錯的；愛是同理性相對立的，儘管愛中也包含著某種詮釋的過程（Luhmann, N. 1986）。對於流行文化的追求、甚至是崇拜，使群衆心理同時地隱含著對於它的「愛」和「慾望」；而兩者的結合，使追求它的群衆，每當他們陷入激情漩渦時，無法擺脫發自內心的「潛意識」的本能驅動。其次，作爲一種群衆性的社會文化現象，它還包括社會環境中那些難於一下子把握清楚的客觀多重交錯因素，例如某種被稱爲「羊群心理」的奇怪現象，是包含許多非理性成份的社會心理現象。再次，由於它是多種因素的綜合產物，它本身摻雜著許多相互牽制和相互影響的因素，不是單向、單線或單純雙向的互動關係就可以清理出來的；它實際上包括許多偶然和不可預測的因素和力量。在流行文化中所包含的上述主觀因素以外，還包含著大量的來自自然界和社會方面的外在性客觀因素和力量。如果以魯曼的社會系統理論的概念來表達的話，可以用得上他的「極端複雜性」和「雙重偶然性」概念。所謂「極度複雜性」和「雙重偶然性」，指的是流行文化中的構成因素及其相互之間的錯綜複雜關係網絡以及其間所呈現的高度偶然性。所以，單純採用量化的數學統計分析方法，或者採用自然科學的歸納、推理和論證方法，都無濟於事，也無法眞正揭示其實際運作奧秘。

　　以流行服裝爲例，嚴格地說，很難預測究竟爲什麼這個時期或那

個時期人們喜歡這樣或那樣的顏色和式樣？這不是自然科學研究所能肯定回答的「科學」問題。在服裝表演中，有時設計師可以預測、並以這種預測設計出一定的顏色和式樣。但在許多時候，設計師往往憑主觀觀察，以相當大的「直覺」感，推出某種產品。在許多時候，甚至會「爆冷門」、「出現黑馬」的偶然方式，推出「新」式樣。也許在經歷了一段時期之後，人們厭倦於常規生活或一般性標準，於是，就會在某一刻，突然成群的人們對於「異常」感到興趣。在時裝表演中，經常出現「出乎意外」的事件。有時，一位原本不被看好的模特兒，突然走紅，引起社會大眾的膜拜和追求。也許，原本被人們當成「醜小鴨」的某位模特兒，在正式表演中成為了「黑馬」，大爆冷門。很難對於這種現象進行理性主義的分析。這就是人群心理中的非理性部分。設計師也好，社會大眾也好，都說不清楚他們膜拜某一模特兒的真正原因。同樣地，對於某些歌曲或電影故事情節，人們也很難預測究竟什麼樣的版本可能是走紅的。

　　歸根結柢，流行的非理性性質，還應該從人本身的非理性方面尋找其原因。同自然界各種事物相比，人也許是最不理性的動物。不要以為人是最道德、最有頭腦和最科學的生物，實際上，自然界的任何生物和存在物，都是比人類更老老實實地聽從自然界的客觀規律，因而，在這一點上，它們是比人類更有「理性」。人的內在生活和精神世界，比自然界的任何事物都更複雜，更有創造性和主動性，往往不願意順從自然界和客觀世界的安排。所以，人類在社會生活中總是要以其主觀需求和理念，追求某些並不存在的東西。這就導致流行文化中一切非理性因素的擴展和漫延。正如尼采早已指出的，人的本質方面，與其是理性，不如說是非理性。人是以酒神為榜樣的生物。人的理性生活和行動，實際上只是為了應付社會生活的約束，歸根結柢這也是為了實現其本身的主觀要求和慾望的。人了的主觀要求和慾望是無止盡的，也是無法估量的，更是無法預測。這就是為什麼流行文化

必然地具有非理性的成份。

　　流行文化的非理性性質還決定於整個現代社會的遊戲性生活方式的出現。遊戲本身就是包含許多非理性的因素；遊戲是不可預測的，也是帶很大冒險性。遊戲一旦被理性所控制，它就不再是遊戲了。而現代社會本身造就了人們的遊戲性生活方式。法國社會學家和人類學家保爾‧約納（Paul Yonnet, 1948-　）指出：從第二次世界大戰結束以來，法國人越來越醉心於賭注性的遊戲活動。他認為，這反映了法國人的一般心態，一種建立在不確定性基礎上的賭注冒險心理（Yonnet, P. 1985）。

　　保爾‧約納列舉了流行於法國社會的各種冒險性賭注遊戲活動，並把這些活動同第二次世界大戰後西方社會的現代性的變遷聯繫在一起加以分析。他認為，任何一種冒險性賭注遊戲活動，已經不是同傳統社會中早就存在的那些賭注性遊戲活動相類似，也不是它們的自然延續。在當代的每一種賭注性遊戲活動中，不僅隱含著參與這些活動的人們的各種新的神秘心態，而且也隱含著同當代社會變遷緊密相關的社會歷史因素，甚至包含除文化以外的政治、經濟和軍事等各種因素。這就是說，當代西方社會中各種賭注性遊戲活動，已經不是傳統意義的純粹遊戲，而是同時隱含參與者複雜心態和整個社會環境複雜因素的某種複合體，某種帶有更多象徵性質和象徵結構的新因素。例如，保爾‧約納指出，越來越多的人的晨跑活動，實際上就是對於處在危機中的身體的一種回應；搖滾音樂無非是全球範圍內心神不定、而無方向地尋求出路的年輕一代的創造發明；風靡一時地養寵物活動，正是表現後現代人走盡人間生活邊緣時對於原始自然生活的留戀；充斥社會各角落的汽車，是動盪中的社會試圖在流動中實現不流動的幻想；瞬時即變的時裝表演，是在後現代緊湊生活節奏中疲勞的人們，幻想進入一種新的生活邏輯的表現；……如此等等。所有這一切，不只是遊戲活動形式的轉變，而是生活方式、社會結構和人的心

態整體發生變化、並同時整體地走向不確定的表現。

在這種冒險賭注心理的指導下，基於對社會不確定性的估計，西方人越來越傾向於過著某種遊戲式的生活。根據最近二十年西方各國對於民眾生活方式和風氣的多次調查統計，幾乎所有先進的西方國家，電視節目中屬於休閒遊戲的一類，特別是附有中獎機會的休閒遊戲綜藝活動，成為最受歡迎的節目。調查還顯示，觀看和參與這些節目的民眾，其動機主要有三：第一，純粹為了尋找快樂；第二，為了消磨時間；第三，為了獲取中獎機會。上述三個動機的產生都同當代社會結構的變化以及當代西方人的心態特徵有密切關係。

把尋找快樂當成生活的一個主要目標，是因為一方面社會生活，特別是緊張的職業活動和各種令人窒息的社會動盪以及日益隔離化的異化狀態，使民眾爭先恐後和千方百計地在大眾媒介和電視節目中尋找歡樂的機會，另一方面，後現代社會和文化的多樣化以及後現代消費生活的提升。上述原因，再加上當代社會日益嚴重的失業現象，使越來越多的成年人在失業無望的情況下，難以度日，也進一步加強了民眾觀看這些節目的傾向。流行於後現代社會的功利主義和實用主義道德風氣，也促使民眾抱著投機和營利的心態，積極參與有獲獎機會的各種綜藝節目。在法國、德國、英國和美國以及義大利，電視中有中獎機會的綜藝節目和休閒遊戲活動，多數是安排在中午休息時刻和晚飯前後，主要是吸引大量的失業者和遊手好閒的家庭婦女。大量的調查材料顯示，民眾甚至把一天中的相當多時間消耗在欣賞和參與這些節目的活動中，而他們自己也往往為參與活動而津津樂道。為了迎合這些民眾的興趣，節目主持者和策劃者投入越來越大的獎勵基金，使中獎獲利的數額提升到越來越高的程度，甚至達到中獎一次便可取得相當於一到數月薪資的程度。

生產急速發展的結果，高效率地提升了經濟生產能力，單位時間裡所生產出來的豐富社會財富，不但有可能大大縮減整個社會的生產

活動的時間，為生產以外的各種活動提供更大得多的時間空間，而且也為在經濟範圍之外解決再生產的開發和危機創造了新的可能性。就是在這樣的社會歷史條件下，要求打破生產在整個社會活動中的中心地位，打破傳統舊有的「以生產為中心」的社會活動模式，要求把消費問題放在經濟範圍之外，也就是放在整個社會系統中，使消費不再成為單純的經濟活動的附屬因素，使消費進一步同經濟以外的政治和文化因素關聯起來。通過消費在社會中的滲透和擴大，而使整個社會的各個領域和各個層面，包括原屬於私人領域和個人精神生活領域的層面，都成為消融經濟因素的汪洋大海，從而使人從原有的勞動主體的中心地位改變成為社會多元化活動的主角，成為新型的以消費休閒為主的遊戲文化活動的主體。

當消費遠遠超出經濟範圍而成為社會和文化問題的時候，消費這種行為就涵蓋越來越多的社會和文化的性質。因此，後現代社會的一個重要特徵，就在於：消費不只是經濟行為，而且也是社會行為和文化行為。新的消費行為改變了原有的消費概念，使社會中出現的一系列由消費活動所開創的新領域，這些新領域幾乎橫跨了社會的各個部門，例如觀光、旅遊和休閒問題，除了屬於經濟以外，還包括文化的各種複雜因素，成為經濟、政治和文化相交叉的問題，也成為當代社會的一個重要問題。只有在經濟和文化高度發展，同時社會中除了少數大量集中財富的富豪以外，又出現比例越來越大的中產階級的時候，也就是說，只有在社會各階層結構發生根本變化的時候，才有可能使觀光、旅遊和休閒變成為社會的一個新的基本問題。觀光、旅遊和休閒事業不斷發展的結果，不但反過來帶動經濟生產和交通運輸的發展，改變了社會的城鄉結構，也加速了經濟與科學和文化間的相互滲透，同時也在很大程度上改變了人們的生活方式和生活風格，深深地影響著人們的日常生活方式和心理結構。

現代社會和文化的資訊化及其商業化、壟斷化和全球化，又促使

了休閒文化活動的膨脹，特別是導致休閒文化活動的進一步功利化和實用化。各種文化休閒活動越來越沾染上冒險賭注的遊戲性質。同時，在文化休閒領域中日益氾濫的冒險賭注的遊戲活動，共時地促成了日益眾多的民眾養成遊戲的生活方式和風氣，形成在生活中遊戲或在遊戲中生活的心態。現代社會的遊戲式生活方式，在一定程度上，重演了最初人類社會的生活狀況。在最初的原始社會中，人們以遊戲的方式度日，以遊戲的描述處理人與人之間的關係。荷蘭人類學家胡依金克（Johan Huizinga, 1872-1945）在其《遊戲的人》（*Homo ludens,* 1938）一書中曾深刻指出：進入遊戲、並被遊戲所包圍的原始人，其意識狀態是幻覺叢生，無以自主，猶如酒醉狀態。他越是陷於幻覺，越投入遊戲；越投入遊戲，就越陷於幻覺；如此無限往復循環，終於會把人帶入真正自由的境界。在遊戲中的遊戲者，就其嚴肅地投入遊戲活動而言，他具有嚴肅的認真精神，全力以赴地陷入遊戲活動之中，把遊戲當作自身的最高樂趣，並以自身融化在遊戲之中而快樂；但就遊戲者被捲入遊戲之中而言，遊戲者完全聽任遊戲活動的擺佈，陷入一種陶醉的無意識狀態，由於不計較運動中的各種明確界線而達到儘可能符合遊戲規則的程度。

當分析當代消費社會的遊戲狀態時，布爾迪厄又把「幻覺」（illusion）概念同「利益」（interest）加以比較，並明確地指出：「實際上，『利益』這個詞，就其第一層涵義來說，恰正意味著『幻覺』概念所表達的那些精神，也就是造成同某種重要的社會遊戲相協調的狀況；而這些遊戲對於那些參與其中的行動者來說，是非常重要的。所以，利益，就是陷入遊戲中，參與對於遊戲者來說是值得去遊戲的那種遊戲；而且，利益還意味著：通過遊戲和在遊戲活動所生成的遊戲策略，都是值得繼續進行下去。也就是說，利益就是對於遊戲和在遊戲中的賭注性計謀的確認」（Bourdieu, P. 1994: 151）。

在布爾迪厄看來，所有現代社會的社會場域，不管是科學場域、

藝術場域、官僚場域或政治場域等等，都具有這樣一種特性和力量，它能使參與到場域中去的所有的行動者，都不得不同場域本身保持某種「幻覺」的狀態（Bourdieu, P. 1992a）。這樣一來，所有的場域都表現出某種力的關係網絡，而這些關係網絡又具有某種客觀的強制性的吸引力和擺佈能力，不但迫使與之相關的行動者抱著「幻覺」的態度而陷入其中，而且也能使這些行動者在其中不斷地將其自身的資本投資出去，並在場域的運作中，一方面使資本不斷被消耗，另一方面又在消耗中不斷更新。當然，陷入遊戲的行動者，在各個場域中，也可以具有改造原有場域力量結構和力量相互關係網絡的能力和可能性，但是，他們的這種能力和可能性本身也不能逃脫整個場域的力量對立關係的牽制。在這裡，我們可以看出，陷入各個場域的遊戲者和行動者，他們一方面有主動性，並且往往依據其本身的資本而發揮不同程度的主動性，可以在改變場域的力量結構中起著各種不同的積極作用，但是，另一方面，他們的任何一種主動行為又必須以承認或默認場域的客觀遊戲規則作為前提。

流行文化的遊戲式生活方式，表現出以下幾個重要特點：

第一，不再遵守傳統道德和規範所規定的協調祥和的生活，寧願在不斷突破傳統規定的叛逆性生活方式中嘗試各種新的生活的可能性。他們把遵守傳統道德和規範看作是刻板僵化的生活模式，並把這個模式當作人生煩惱的主要來源。後現代所追求的這種生活方式，就是使生活避開規律性和規範性的約束，在不停的變動中使一生充滿多元而豐富的內容。後現代主義者不喜歡安定和秩序，也不喜歡重複單調的生活，他們把固定不變的生活比做「一潭死水」。在他們看來，由不變的安定所提供的「安逸」並不是真正的幸福生活；它不但消磨人的生活和創造的意志，而且也在實際上維護傳統的規則。真正的快樂是不斷重新找到以往從未有過的新事物；這儘管是一種冒險，但冒險本身所提供的快樂正是進行新的創造的精神動力。

第二，充分利用當代消費社會所提供的休閒生活條件，寧願過著以消費旅遊爲基本生活方式的新「遊牧式」生活。法國著名後現代思想家德里達說過：「我是一位到處流浪的哲學家」（Je suis un philosophe errant）。德里達的話體現了古希臘早期以「無爲」爲樂的樂觀主義哲學家們的生活理想。到處流浪的人之所以到處流浪，不是因爲沒有希望；恰恰相反，而是因爲他們把希望寄託於未來，未來的希望只有在到處搜索中才能找到。他們之流浪，是抱著希望的念頭不斷地向前走。流浪的人是「旅人」（Homo viator），是開天闢地時期人類的最早原型，是最原始的人面對周遭世界尋找出路、並抱有成爲「人」的希望的人。只要是在旅遊中遊蕩，就意味著存有生活的希望。法國思想家吉爾·德勒茲曾經意味深長地將德國哲學家萊布尼茲的「單子」哲學（the Philosophy of Monad）改裝成「遊牧人的哲學」（the Philosophy of Nomad）。他認爲，「遊牧人」才是眞正的人。遊牧中的「目標」本身的具體性並不重要，因爲目標越是具體，繼續走下去的希望就越小和越有限。因此，後現代的人寧願在旅遊中無始無終的遊蕩，尋求非具體的目標，以便達到永遠尋求目標、永遠抱有希望的目的。德國哲學家海德格深刻地以「林中路」作爲象徵性的比喻，以森林中無定向的路，表示人的無目的的思考所應達到的理想境界。在本質上是自由的思考，本來毋需任何預定的目標，也毋需遵循固定的路線。爲其如此，自由的思考才有可能眞正自由地展開，才有可能達到自由思考所追求的眞理。林中路，就是沒有方向和無目的的路。人的一生，就是在類似於「林中路」的人生道路上進行自由的探索。

　　第三，通過遊戲，將生活藝術化和美學化，不但使生活充滿著藝術的氣息，而且使生活本身也成爲藝術。這就是說，不是把藝術當作生活的附屬品，當作生活的手段和工具；而是把藝術當作生活的本體，當作生命本身。在當代消費社會中的消費者看來，藝術的本質就是遊戲。因此，藝術就是生活的原本，就是生活的典範，也是生活的

真正理想場域。這樣一來，消費流行文化的生活方式，就是玩生活，或者，就是在玩中生活，在玩中尋求新的自由，在玩中不斷創新。

　　總之，流行的非理性性質，表明流行的遊戲性和自由本質。現代消費社會中追求遊牧、遊戲和自然的生活方式的風氣，把現代人帶入失去理性的漩渦之中。消費生活的旋律越快，陷入追求流行的遊戲式活動越瘋狂，人們離開理性越遠。相對於追求理性的古典的資本主義社會來說，現代消費社會似乎面臨「異常」的危機邊沿；但就現代消費者自由自在地將其自身投入消費文化的遊戲之中而言，這一狀態又似乎表明現代社會正重演原始社會的自由自在的遊戲生活方式。這種重演，對於舒展人的自由，擴展人的自由天地而言，並不是完全沒有意義。流行文化的非理性性質，在一定程度上體現了人類歷史的無止盡的「回歸」的旋律，體現人類社會的無可阻擋的自由發展趨向。

　　從另一方面講，流行的非理性本質，又使它具有法西斯的特性。這意思是說，流行既然是包含強烈的非理性充分，它就是不講任何道理。對它來說，它就是一切。你接受也罷，不接受也罷，反正它作為流行是注定的，是改變不了的事實。所以，羅蘭・巴特也說：流行的主導原則，不是冷靜狀態中的人的精神形態，它是陷入瘋狂中的人的所固有的情感、心態和反意識的表演。要真正體會到這種精神狀態，最好的辦法，就是設想一下陷入戰爭、遊戲和瘋狂中的人的精神狀態。「在流行中司空見慣呈現出來的強制性的未來，統治著整個流行的符號遊戲過程；它將其變化規律轉化成為事實本身；也就是說，凡是流行所決定、所強加於人的，終將以必然性和以純粹而簡單的事實的中性形式呈現於世」（Barthes, R. 1994, II, 352）。以時裝設計而言，設計師決定將一種絲原料改裝成一種時裝，它這樣決定以後，他以他所任意拼湊起來的「論述」作為「理由」推銷出去。時裝雜誌為之宣傳，但採取沈默式的文字表現手法，這些文字，就是「命令」、「律令」，以一種無可爭議的必然性，一瞬間，在不聲不響的運作過程中，

「將眞絲改裝成半現實、半規範的服裝，也就是說，注定如此」
（Ibid.）。羅蘭‧巴特將流行時裝的這種強制性和必然性，稱爲「命中
注定」或「命定如此」（fatal），以表示它的無可抗拒性質。

　　當然，流行文化包含非理性成份，並不意味著它是絕對不可知，
更不意味著它屬於神秘事物。但是，無論如何，流行文化確實是包含
相當的神秘性和非理性的成份。當我們分析流行文化的性質的時候，
不能把它當成像自然科學對象那樣的自然物體。

第九節　流行文化的可能性本質

　　從本質上說，流行文化就是可能性在現實生活中的表現形式。任
何一種流行，看起來都是一種難以歸類的「另類選擇」，因爲它們始終
都在正常的規律的邊沿內外運作，是所謂「正常」和「異常」的高度
結合。

　　正如羅蘭‧巴特所指出的，「流行的智慧，就是在過去和未來之
間、在業已決定和即將發生之間，做出大膽的混淆」（Barthes, R. 1994,
II, 353）。是的，任何流行實際上都是某種可能：它是脫離現實的一種
可能，但它又要頑強地在現實中呈現出來，並以積極生動的形式介入
生活，使它以變換不定的時空結構來往於現實和可能之間。 所以，
「流行位於偶然與神聖教律的交叉口上：它的決定立即成爲明顯的事
實」（Ibid., 352）。

　　反過來說，任何事物也都可能成爲一種流行。因此，流行之所以
存在，就在於它本身也是一種事物。流行本身作爲一種事物，在人的
創作智慧的干預下，使它專門在現實與可能之間流動，永遠處在變化
中；而這樣一來，變化也就成爲它存在的一個不可缺少的條件，成爲

它之爲存在的一個本質性特徵。

　　但是，在現實中流行的那種流行文化，在實際生活中已經呈現出來的那種流行，往往是可能實現的各種可能性中的一種。換句話說，它只是多種可能性中的一個「另類選擇」罷了。變化使流行獲得可能性，獲得它轉變成任何事物的可能性。一種「另類」只有在現實中存在時，才顯示出其另類性；因爲只有它的成爲事實，才排除了其他可能性之成爲實際「另類」的機會。正因爲流行文化是可能性，它才具有無限更新的潛在性。所以，流行文化之可能性本質，給予它在未來時段中無限變幻的可能。

　　流行文化的可能性，使它自然地同人的無止境追求可能性的本性相符合。早在古希臘時期，亞里斯多德就指出了人的「好奇」本性。所謂好奇，其實就是不斷地尋求各種可能性。流行文化的可能性使它成爲好奇的人追求的目標。

　　但是，流行之爲可能性，確切地說，乃是朝向完美（perfection）的可能性。完美永遠是一種理念，因爲世界上絕不可能存在某種絕對的完美。既然任何時候都達不到絕對的完美，完美只能在變化中實現，只能在其自我實現的過程中變成爲現實。絕對的完美本身就是一種可能性。任何一種現實的流行，永遠只能是朝向完美的一種可能性。一位法國著名的時裝設計師說：他的設計理念是永無止盡的，因爲它們本身是存在於可能的世界中；既然是可能的，它們就是永遠存在的。眞正的時裝設計師是不怕沒有設計理念，因爲他們看透了時裝的可能性本質。

　　由於可能性，流行獲得了一種永不枯竭的生命力。流行在可能性中不斷變化，也在可能性中不斷創新，不斷地自我生產和自我更新。我們所能看到的任何一種流行，實際上就是可能的完美的一種表現。所以，在任何一種現實的流行的背後，永遠都隱藏著另一種可能的流行，正如這個可能的流行背後也存在著另一種新的可能性一樣。流行

所表現的是一種無限廣闊的可能性的世界，而這個世界所遵循的，只有一個不變的規則，那就是對於完滿性的永恆的愛。

第四章

流行服裝和飲食

如前所述，流行文化已經滲透到社會文化的各個方面。人們的衣，食，住，行各個領域內，無不充斥著流行文化。在文化領域中，以流行音樂為主導，原有的文學藝術幾乎已經全部在流行文化中被改造；甚至在某種意義上說，當代文化的發展，幾乎已經以流行文化的變化作為其主要的推動力。而在生活領域中，除了傳統的服飾業中，飲食業也因以麥當勞和可口可樂為代表的流行飲食的氾濫而實現了真正的流行化。最近，在台灣，飲咖啡和葡萄酒也隨著飲茶而流行起來。住的方面，近來，家具的設置和寵物的飼養，也同樣講究並邁開其流行的步伐。行的方面，早已出現的流行汽車和摩托車的生產和推銷，近幾十年來，其流行趨勢越演越烈，哪怕它已造成環境污染惡果以及對人類生命的危害和威脅，但仍然絲毫都未能阻止或減緩其流行化的惡性膨脹趨勢。與此同時，作為流行通訊設備的「大哥大」，也迅速地在社會生活中流傳起來，使「大哥大」遠遠超出其通訊功能的範圍，成為除了通訊以外影響社會生活最大的一種流行文化產品，簡直已經無空不入地在社會生活中到處滲透，影響到人們的生活氣氛。

　　當代社會各種各樣流行文化的氾濫，使其種類多到難以估計的程度。因此，要對它進行準確分類是很困難的。由於流行文化的多元化及其廣泛滲透，為了更深入瞭解它的性質及其特點，對於它的分析，就不得不首先集中到那些最流行和最典型的產品方面，以便借助於對於它們的「典範」分析，更深刻地揭示它們的一般性質及其社會意義。

　　在當代流行文化產品中，一般說來，它的最主要構成和影響最大的部分是時裝、流行飲食和音樂等；人們一談到流行文化，便自然地連想到流行時裝、飲食和流行音樂。因此，本書將在以下幾個章節，以相當大的篇幅論述流行時裝、飲食和音樂。

第一節　時裝在流行文化中的關鍵地位

　　時裝是流行文化中最早出現的部分，也是其基礎和核心部分。如前所述，「流行」的最早稱語就是「時裝」（la mode; Fashion）。因此，在相當長的時間內，「流行」和「時裝」幾乎就是同一詞。在相當長的時間內，時裝的狀況始終奠定整體流行文化的基調。

　　時裝之所以最早成為流行的典型代表，是因為從最早的時候起，時裝就在社會生活中起著非常重要的作用。首先，人的肉體生命是以皮膚作為其第一外圍的；皮膚成為了人的肉體所占之實際空間的有形界限。在這個意義上說，身體皮膚所占空間就是人的生命活動的「第一空間」。生命活動始終都必須以特定空間作為其存在基本條件。而時裝的重要性，就在於它實際上代表著人的肉體生命的「第二外圍」，是皮膚之外最重要的人體生活的外圍標誌，是緊貼著人體生命第一空間的「第一人造空間」。服裝因此成為了人的生命活動所必須的最低限度的空間占有標誌。其次，人作為人，永遠離不開服裝，這是人不同於動物的地方。服裝成為人的社會生活中顯示道德和文明發展程度的基本標誌。它一方面是道德生活所要求的，另一方面也是人尋求美感的情感的流露。服裝不只是為了使身體適應自然溫度，不只是為了遮掩身體中「不得暴露」的部分，也是為了修飾身體，以「美」的姿態生活於社會之中。不管是道德方面，還是美感方面，都是人類生活於社會中所面臨的首要問題。人是避免不了處理人與人之間的相互關係的。道德和美感都是人類社會生活中為了處理人與人之間相互關係而產生的。因此，服裝成為了人類文化的首要標誌。從人類誕生的時候起，服裝就一直伴隨著人類社會的發展，緊緊地伴隨著人的生

活本身。人走到哪裡，他的服裝也跟到哪裡；人在哪裡活動，哪裡也就出現人的服裝。人同其服裝之間的如此密切的關係，使服裝在人的肉體生活和精神生活中，永遠起著其不可取代的作用。

　　服裝不只是「為了」某種生活目的而被創造出來，而且也是顯示了人類社會發展的程度，表現了處在特定歷史時期的人所具備的社會生活實際能力。所謂社會生活實際能力，指的是人的社會生活中面對自然和社會兩大類型對象時的應變能力以及超越能力。面對自然，人和一切動物一樣，時時遭受自然環境的威脅，首先是自然氣候冷熱變化對於身體的威脅。服裝在這一方面成為了人類不同於動物而有能力主動應付自然威脅的重要標誌。隨著人的社會生產能力的提升，不同社會的服裝製造和生產狀況也不一樣。同時，人的社會能力的提升，也體現在他們的服裝設計和製造方面。面對社會生活，人們也需要靠服裝的設計和製造處理人與人之間的相互關係。時裝逐漸成為人與人之間表現各種社會禮節的重要標誌。在社會發展和分化的過程中，服裝也同樣成為社會分化程度的標誌：什麼樣的社會階級和社會階層，就穿什麼樣的服裝；從事什麼樣的職業，就著什麼樣的服裝；……服裝永遠伴隨整個社會進化的步伐，成為各個社會歷史階段文化、生產能力以及生活方式的最敏感的表現形式。

　　而且，時裝的變化也始終帶領著整個流行文化的發展方向。時裝的發展首先帶動與它相關的周邊事物，諸如鞋類、化妝品、家具以及各種生活用品等。所以，整體說來，時裝及其周邊事物的運作，敲響和奠定各個社會流行文化發展的主旋律。

　　在各個國家和各個民族的歷史中，時裝始終構成社會和文化生活的最重要部分。時裝的發展往往標誌著一個民族的文化狀況。時裝同社會文化整體的相互關係是整體流行文化同社會相互關係的典範：一方面時裝的狀況表現了該社會的經濟文化發展水平，另一方面時裝的形式和模樣又以象徵性密碼形式而曲折地表現了該社會人民的心態、

道德狀況、習俗、禮節、生活方式及其社會文化的一般狀態。美國著名休閒小說家、專欄作家艾米莉‧波斯特（Emily Post, 1872-1960）曾在她的1922年出版的《社交界、商界、政界及家庭禮節》（後來改名為《禮節：社交慣例藍皮書》）一書中，生動地描述了資本主義社會中商人、官員及社會名流的各種禮節、生活方式及他們的服裝、穿著和裝飾品的密切關係。服裝是當代社會生活中最引人矚目的裝飾品。服裝的重要性以及艾米莉‧波斯特本人的寫作技巧使這本書頃刻間轟動美國社會，在短短時間內連出十版，印刷達九十多次！

時裝從三個方面典型地表現整體流行文化的特點：第一，關於時裝設計師的魔術般創作精神的奧秘；第二，關於時裝的美所隱含的魅力及其在社會中的誘惑力的奧秘；第三，關於時裝的社會功能的奧秘。只要我們深入地分析時裝的上述奧秘，就不難理解整體流行文化的運作邏輯。

時裝在流行文化中的關鍵地位，不是偶然的。如前所述，時裝是人體的「第二皮膚」，也是人在社會生活中進行自我表現的最初流露。如果說人的生命是以其肉體的運動及其表現為基礎，而肉體又以時裝的表現作為其存在的基本條件的話，那麼，時裝就自然地成為了人的生命活動及其社會存在的一個重要形式。中國人把衣服放在「衣食住行」人生四大要素的首位，不是沒有道理的。人類就是從學會穿衣服的時候起而同動物相區分，也從學會穿衣服的時候起開始創造自己的文化。衣服和道德緊密相關。如果說人類邁向文化生活的關鍵是創造出自己的道德的話，那麼，穿衣服就是人類生活道德化的第一結果。在吃的方面，人和動物之間的差別，只是吃什麼和怎樣吃的問題，而不是吃不吃的問題。但在穿的方面，就不僅穿什麼和怎樣穿，而且是穿不穿衣的根本問題。如前所述，人類不同於動物的地方就在於人永遠都要不斷自我超越。穿衣服是人類進行自我超越的最首要一步：為了超越自己，人類首先超越動物界；為此，人類才穿上衣服。從此以

後，人類很注意自己外表上的自我超越，因而也很注意自己的穿著，並把自己的穿著狀況，一方面當成自身在道德、精神氣質和社會文化地位的重要標誌，另一方面也當成自身日常生活文化儀式化的重要表現。所以，時裝不只是流行文化的，而且也是整個人類文化的首要因素。

第二節　時裝的流行動力學

　　時裝的流動性及其動力學是現代社會的最主要社會文化現象。研究現代社會性質的德國社會學家齊默爾和現代性作家博德萊，都認為時裝流動性、生動性、活躍性及其動力學，對於理解現代社會性質具有決定性意義。正是通過時裝的流動性、活躍性、生動性、時時變動性及其動力學，我們可以典型地看到現代社會的基本特點：普遍的偶然性及瞬時激變性。齊默爾在其論時裝流行的著作中指出：流行時裝

2001年法國巴黎米蘭時裝秀Valentino春裝表演中的一位模特兒。她以仙女般的透明朦朧裝飾顯示女性身體美的曲線，對於推銷該系列春裝產生引誘的含蓄作用。

（圖片來源：come.to/fashionpic）

爲當代社會的區分化和整合化過程提供了最有力的動力基礎。在金錢到處發生作用的現代社會中，時裝的流行爲個人提供了跳脫出金錢流動所造成的緊張局勢的渠道，同時，它也有助於個人間實現的平等化和差異化的要求（Simmel, G. 1904）。長期以來，西方社會中的時裝流行現象一直促進著消費社會的誕生和成長，有助於加速社會發展的進程。時裝流行的無止盡重複及更新，構成爲西方社會發展的基本動力，而這個動力學原則的奧秘，恰巧就在於：它是靠其自身內部諸因素間的緊張關係及其更新作爲動力基礎的。在這個意義上說，時裝流行的動力學基本原則就是它的自我發動、自我推動和自我更新的原則。

時裝流行動力學的這種自我推動性，早在十八世紀時就已經被德國偉大哲學家康德所注意、並給予深刻分析。他在他的《實用觀點的人類學》（*Anthropolegie in pragmatischer Hinsicht*）中說：時裝流行的內在動力來自人們本能地需求新事物。人們總是試圖體驗追求和獲得新事物的那種新鮮感，而時裝流行正是最能夠滿足人們的這種新鮮感（Kant, I. 1980[1798]）。所以，在康德之後一百多年，法國時裝社會學家羅蘭‧巴特再次指出：人們對於時裝流行的追求正是體現了現代人的「追新狂」（novelty mania）（Barthes, R. 1983）。人們可以從時裝流行中看到：對於「新鮮事物」的需求是無止盡的，也是永遠不斷重複的。時裝以重複翻新的手法和形式，使人們所追求的「新鮮事物」，得以在舊有的形式中找到出路，從而也使重複翻新的可能性永無止盡。所以，正是時裝本身的流行邏輯，正好滿足了這種無止盡的追新狂的要求，因爲流行時裝無非就是靠它的不斷重複和翻新其舊有的模特兒和風格來維持其自身的流行生命的。比喻地說，時裝是一個永動機，而它的動力來源，就是它自身內部諸零件之間的永無止盡地重複翻新的相互組合。

從1999年7月17日起於花都巴黎舉行的爲期一週的「二十世紀末時

二十世紀末巴黎時裝春季表演展吸引了全世界各國時裝界巨商、重要媒體代表以及文學藝術界明星數千人之多。表演展歷時兩週，並在巴黎內外各著名時裝中心及名勝古蹟同時舉行。其中以在凡爾賽宮路易十四舉辦過節日宴會場所的時裝表演最引人注目。（圖片來源：come.to/fashionpic）

裝表演博覽會」上，上述時裝「永動」的流行邏輯，很形象而生動地表現出來。來自全世界好幾百位時裝設計師、愛好者及媒體記者很好奇地觀看、並評論了這場舉世矚目的時裝表演博覽會。首先使人們感興趣的問題是：世紀末的到來是否意味著時裝流行接近了它的「末日」？這個問題實際上就是懷疑時裝流行的「永動性」。設計師和流行時裝商對於這個問題的回答是有有趣、並很意味深長。戈狄埃（Gaultier）時裝公司的著名時裝設計師說：他以獨特有效的方式來詮釋、並翻轉了「豪華」這個概念，設計出一件「非常聖奧諾雷風格」的皮草時裝。「聖奧諾雷」（Saint-Honoré）是巴黎著名的流行時裝大街，集中了許多著名的時裝公司。他以十九世紀式樣的皮裘為原型，綜合使用狐狸皮、水貂皮和紫貂皮，設計出一件以豎直的鱷魚為模型的新式皮裘。當模特兒穿著這件皮裘時，觀眾似乎看到了一隻美人魚式的被馴服的鱷魚來到了面前，引起觀看者的無限想像，並把觀看者帶領到海闊天空中，同海神仙女們翩翩起舞，神昏顛倒地進入魅力無窮的夢境。一件皮裘可以引起人們如此豐富的遐想，使他的「新」皮裘得到了顧客的熱情回響。其實，這位設計師所採納的，也不過是舊有的、十九世紀皮裘的模樣，而且，所使用的皮料，也是大家都早已熟習的狐狸皮、貂皮和鱷魚皮之類的獸皮毛，只是將它們稍微「翻新」一下，原來的「舊」卻被消除得一乾二淨，給人的實際印象卻是「全

新」的款式！在同一天的時裝表演會上，還舉行了維爾沙奇（Versage）的模特兒表演活動。來自義大利的維爾沙奇時裝公司老闆、時裝設計師多納泰拉‧維爾沙奇（Donatella Versage），親自來到現場督導模特兒表演。歌壇明星瑪丹娜、電影導演斯匹貝格、電影製片人喬治盧卡斯等許多著名歌星和影星，都來捧場觀看。多納泰拉‧維爾沙奇為得天獨厚擁有美腿的少女們設計了金光閃閃、性感十足的露背上衣和多開衩短裙。多納泰拉‧維爾沙奇的設計理念實際上也是舊有的超短群和雙背帶式的上衣的「翻新」。她所作的「新創意」，無非是以變換的色調襯托出喜好自然純樸的時代輕鬆氣息。同樣地，著名的吉文奇（Givenchy）時裝設計公司在布洛涅電影製片廠所舉行的時裝表演會上，模特兒所展現的，不是完全與舊式樣無關的新時裝，而是一大堆舊式的國王、公主和貴族夫人們早在幾百年前穿過的服裝。所不同的，只是這一次，模特兒不是美女，而是四個一組，連續出現的玻璃人模特兒。每四個一組的玻璃模特兒，一組接一組地由地下緩緩升起，如同潘多拉的魔合子突然打開，給人感覺到天外來神，「星外人」一組一組地冒出來，他們所穿戴的服飾，不過是人間歷史上舊國王貴族們穿過的裝束，而人們所看到的，卻是一個令人無限回味的歷史回憶的自白，是重生的歷史的幻影！到場的千多位來賓為之喝采傾倒。與吉文奇同一風格、卻另有創意的迪奧時裝公司（Christian Dior），也在歷史氣息濃厚的凡爾賽宮橘園舉行它的時裝表演會。主設計師約翰‧加里亞諾將這次表演會的重點放在「現實與可能之間的矛盾」這個主題上。這位設計師將所有男士的雨衣、摩托車服、獵裝、釣魚服、騎馬服，甚至跳傘服，都一起拿來「重新打亂」，加以舖平，然後重新組裝，重構成女性化的時裝，設計出陰陽怪氣、有點瘋狂、又有點浪漫的新風格。他將獵神狄安娜的服裝，稍稍加以改裝，頭上戴著狐狸皮和野雞毛製成的帽子，穿著螢光閃閃的、淡紫色和玫瑰色相混合的裙子，使人想起蘇格蘭貴族們在十六世紀世紀時打獵時的情況。

約翰‧加里亞諾設計師意味深長地說：在設計時裝的世界中，一切都是可能的，而這種可能性主要是受惠於舊裝翻新的無限重複。這一切，說明時裝流行的內在動力學基礎，就是時裝自身各種組成部分之間，存在著如同無數因素無限地排列組合那樣廣闊無邊的可能性。

　　除此之外，更重要的，是時裝流行的推動和發展，在西方現代社會中，還在它的社會環境中找到同樣活躍和永無止盡的動力來源，這就是布勞岱所說的資本主義社會的「日常生活方式」（la vie quotidienne; ordinary everyday life）和「商業」（le commerce; commerce）這兩部機器。這兩部環繞著時裝流行的更大的社會機器，和時裝流行本身一樣，也是永動機，因為按照布勞岱的說法，它們是永無止盡地自我翻新和自我推動：在日常生活領域中，人們以個人主義和享樂主義的原則，永無止盡地以奢侈生活方式為榜樣追求「新鮮的快樂」；他們絕不滿足於達到一時的快樂，也不滿足於舊有的快樂形式，而是不斷地提出「新而又新」的尋樂要求，使日常生活方式的變遷直接成為社會大變遷的動力之一，而且也成為追求更新時髦流行的動力來源。在被布勞岱稱為「永遠旋轉的巨大車輪」的商業領域，商人永無止盡地尋求利潤，使他們想方設法地刺激、引誘和蠱惑社會大眾的不斷翻新的消費要求，同樣也在時裝流行中找到最好的出路（Braudel, F. 1981[1979]; 1982）。

二十世紀末巴黎時裝春季表演展吸引了全世界各國時裝界巨商、重要媒體代表以及文學藝術界明星數千人之多。表演展歷時兩週，並在巴黎內外各著名時裝中心及名勝古蹟同時舉行。其中以在凡爾賽宮路易十四舉辦過節日宴會場所的時裝表演最引人注目。（圖片來源：come.to/fashionpic）

所以，宏觀地說，當代社會中時裝流行的主要動力來源是資本主義社會的日常生活和商業這兩部永動機；微觀地說，時裝流行的動力來源是時裝本身的永無止盡的翻新。社會的大機器系統同時裝本身的機械小系統的相互推動，它們之中各個零件和齒輪之間共時雙向地相互摩擦、攪動和旋轉，形成時裝流行的永久動力來源；而正是兩者的結合和交叉，造成了當代消費社會時裝流行永遠活躍、令人興嘆之奇觀。

　　時裝是為了傳播而被設計和生產出來的。因此，研究時裝的流行規律，還必須探討它是靠什麼載體和通道而傳播開來。一般地說，時裝的流行和傳播的基本動力，首先是它的形象、外觀和樣態的影響力。換句話說，時裝流行和傳播的奧秘，在於它能夠創造出某種形象和外觀，以其吸引力影響社會。整個流行的變換過程，就是人們的外觀（自我的外觀和他人的外觀）的不斷的運動，它是創作精神的直接表現。一種時裝能否傳播開來，關鍵在於它能否以其外觀形象征服社會各界人士，使他們著迷於時裝所提供的那種外觀形象。所以，在時裝的傳播和流行中，最關鍵的，是要設法通過對於時裝外觀形象的宣

二十世紀末流行於法國巴黎的主要時裝的部分圖樣。其特徵是懷舊和創新相結合，自然純樸和精緻加工相配合，傳統與叛逆交錯展現，形式多樣，風格不一，展現出走向新世紀流行文化的新趨勢。

（圖片來源：come.to/fashionpic）

傳，達到征服人心的目的。

　　宣傳時裝外觀形象，需要特定有效的載體（Vehicle; véhicule），還需要有運載整個載體的通道（Canal; canal）。所謂「時裝流行，運載其外觀形象的載體先行」，指的就是這個意思；而要使載體順利先行，就必須要有暢通的通道。

　　時裝外觀形象的載體是多種多樣的，但最重要的，是模特兒及時裝報刊雜誌的時裝文字和圖形宣傳以及商店櫥窗展覽等。同時，我們還不能忽略那些實際的流行文化的追求者和崇拜者，他們在街上、集體生活場合和公共場所的穿戴，實際上，就是最生動和最有效的時裝表演，他們就是最接近社會大眾的時裝載體。人們常說：流行來自大街，來自商店，來自生活本身。所以，大街，特別是大都會的大街，商店的櫥窗和都市的生活，就是傳播和運載流行的通道和媒介。

　　正如我們在引述索洛金的文化理論時所指出的，任何文化的發展，都需要一定的載體作為其意義和價值的物質承擔者。時裝設計師在他的時裝設計中所表達的創新觀念，在沒有具體的載體負載、並加以形象表達之前，是很抽象的。而且，這些設計創意在未通過有效的宣傳而通達給消費者之前，消費者也是毫無所知。所以，載體和及其運載和傳達的通道是非常重要的。

二十世紀末巴黎流行時裝之二。
（圖片來源：come.to/fashionpic）

載體及其通道可以是刻意選擇和建構的結果，也可以由某些偶然的和無意識的因素來充任。有時候，某一時裝的傳播，可以通過一些非常偶然的因素，例如通過一些個人的無意識的表演或動作，通過某些偶然的物體的運作，而達到非常有效的展現目的。在充滿複雜而曲折的中介管道的當代社會中，時裝設計者、生產者和推銷者往往善於利用各種因素，使這些本來與時裝本身無關的因素，在宣傳過程中，扮演各種角色，達到時裝外觀形象宣傳的目的。這就是當代商業經營管理技巧和市場推銷策略中的關鍵技術問題。

為了探索這個問題，我們以銷售全世界達數千萬之多的Barbie牌或Cindy牌玩具娃娃為例。玩具娃娃從古代以來就已經存在。最早的時候，由陶土、骨頭、木頭、象牙或紙張做成的玩具娃娃是沒穿衣服的。在西方，是從文藝復興開始，玩具娃娃穿上了各種裝飾性衣服，以多彩多姿的服飾把它們裝扮起來。在法國，是從十八世紀開始，時裝的設計者和生產者有意地採用玩具娃娃作為宣傳時裝創意的載體。在這種情況下，玩具娃娃扮演了時裝「模特兒」的角色。但隨著西方社會和文化環境的變換，玩具娃娃的時裝模特兒角色，逐漸被其他時裝載體所替代。印刷業的發達以及其他各種人造載體的多元化，使玩具娃娃慢慢地只成為小女孩手中的玩具而已。但既是這樣，玩具娃娃仍然穿戴著多彩多姿的服裝，在一定程度上仍然表現了一定時期的時裝設計樣態。

1946年，對於歷史的記憶和設計師的創意偶然地巧合在一起，使法國高級時裝商業公會決定重新採用玩具娃娃作為宣傳時裝創意的載體。據報導，1946年，面對著法國時裝業在第二次大戰期間的損失，為了重新征服世界，使世界各國再次確認法國時裝業在國際上的領先地位，法國高級時裝商業公會挑選、並邀集五十二個法國最著名的時裝設計者和生產者，以他們所設計出來的時裝，裝飾著各種各樣的玩具娃娃，然後，他們「任命」這些穿戴著最新法國時裝模態的玩具娃

二十世紀末巴黎流行時裝之三。
（圖片來源：come.to/fashionpic）

娃成為法國時裝業的「大使」，把它們「派往」（輸出）世界各國
（Pochna, M.-F. 1994: 530）。

在當代社會中，時裝傳播載體主要靠印刷業所提供的各種時裝文
字和圖形宣傳。報刊雜誌，特別是通過時裝評論雜誌、女性雜誌以及
廣告圖形，成為了時裝的最主要的載體和通道。這些報刊雜誌、廣告
同電視傳播媒體的結合，更使時裝的載體和通道無限量地擴大了。與
此同時，許多其他各種印刷、攝影和廣告，實際上也無意地和偶然地
成為了時裝的載體和通道。這些所謂「無意的載體」，指的是被一般報
導、攝影和宣傳的各種新聞人物和傳奇人物的穿戴、舉止及風格。他
們在社會大眾面前的出現和表演，有意無意地充當了各種時裝的載體
和宣傳通道。所以，嚴格地說，幾乎各種在書本、電視、繪畫、電影
和小說的有關人物和事件的文字和圖形，只要它們能夠顯示出時裝的
樣式，都可以間接地成為時裝宣傳的載體。

時裝的推銷始終伴隨著一系列周邊流行文化的滋生和發展：鞋
襪、化妝品和各種各樣用於從頭到腳全身各部位的大大小小裝飾品。
成功的時裝設計和推銷，往往伴隨著時裝周邊附屬品的設計和生產。
例如，鞋襪的式樣及其流行週期，往往與同一時期同一類型的時裝相
對應。嚴格地說，鞋襪本來是時裝的一部分，是附屬於時裝，並且是

為了配合時裝的穿戴的。法國及其他西方國家的最強大的時裝設計和製造商，都在設計時裝的同時，設計一系列相搭配的周邊附屬流行品：皮包、皮帶、絲巾、圍巾、絲襪、鞋、領帶、手錶、耳墜、項鍊、戒指、打火機、鋼筆等等。

第三節　流行飲食的一般社會意義

　　麥當勞現象或麥當勞化（McDonaldization）集中地表現了當代西方文化和生活方式全球化的某些特徵：世界性跨國商業集團為了達到快速而又龐大的利潤，為了壟斷和控制世界市場，不惜採用當代最先進的科學技術和管理方法，創造出一種前所未有的「速食文化」。麥當勞是資本主義現代化條件下所產生的最典型的「工業化食品」和速食文化。在它的帶動下，世界上還接二連三地產生多種多樣新的「速食」商品：速食麵、速食「比薩」等等。以麥當勞（MacDonald）和可樂（Coca Cola）為代表的流行飲食的推銷和普及化，不僅直接影響了現代人身心健康的狀況，改變了現代人的飲食生活習慣和生活方式，而

二十世紀末巴黎流行時裝之四。
（圖片來源：come.to/fashionpic）

且也已經引起整體當代社會文化結構的重大變化（Ritzer, G. 1996）。

麥當勞現象的一個重要特徵就是它的「速」。「速」字隱藏著麥當勞經營的重要奧秘：越推銷速食，人們吃得越快；而人們吃得越快，麥當勞就越成功。社會大眾吃速食的範圍和速度，是同麥當勞的成功率成正比同步發展的。這是麥當勞賺錢多的奧秘。當然，麥當勞越推銷速食，人們也同樣賺錢越多；因為當代社會工作效率高，生活節奏越來越快，在這種情況下，生活節奏越快的人，其賺錢的效率也高。正是在這個意義上說，麥當勞速食的推銷和成功，對於麥當勞老闆和對於消費大眾兩者來說，都達到了「雙贏」的目的。所以，速食不論對於推銷者還是對於消費者來說，都是為了賺取更多的錢。

流行食品的當代社會的產生和發展，不僅緊密地同一般流行文化的產生和發展相關聯，而且，也反映了當代社會社會生活的美學化和藝術化，表現了「性」和身體的因素已經滲透到社會生活的各個方面。所以，在流行飲食方面，最近越來越多地將流行飲食同瘦身和美化身體緊密地聯繫起來。關於這一方面，本書將在專門論述性和身體的章節中有進一步深入的分析。

健美食品在當代社會中的流行是有它的社會條件和基礎的。總的來說，要從兩方面加以考量。第一方面是物質條件的因素，第二方面是精神文化條件。兩者又是相互交叉和相互影響。

近年來，台灣素食人口逐漸增加，保守估計約有兩百萬左右。因為除了宗教的因素之外，也有愈來愈多的人基於健康的理由而吃素，尤其提倡環保與回歸自然，許多人在嚐遍了大魚大肉之後，想改換一下口味，使得吃素也成為一股流行趨勢。隨著素食人口日益增加，素食者的年齡層逐漸年輕化，選擇吃素的動機越來越多，而素食業也呈現出更寬廣的發展空間。中華民國素食發展協會理事長許文龍表示，宗教色彩仍然是台灣素食文化的主導因素，但外貌已經慢慢轉為活潑、方便、普遍化，形成了一股清新的飲食潮流，也間接帶動整個社

會飲食習慣的改善,並有利於民衆的健康。

　　總的來說,台灣素食文化的流行,大概有以下幾個原因:(1)宗教上的原因;(2)西方化的結果;(3)追求健美的原因;(4)個人品味的原因;(5)受到商業推銷的影響;(6)受到媒體宣傳的感染;(7)受到周圍親朋好友的影響。

　　儒齊食品公司企劃部姚佩表示,在國外,所謂的素食,也就是健康食或素菜食,實際上就是有機食物(organic alimentation)或生機食物(biologic alimentation)。大部分的歐美國家,如英、德、加、美、法等地,健康食的調理,是以避妨化學肥料生產品爲主,同時控制部分的脂肪、調味料與鹽分的用量爲主,而蔬菜食並不避諱蔥、蒜的使用,但不加蛋、奶類食品。這一點,與中國和亞洲各國的素食觀念有所不同。另一方面,隨著外來文化的衝擊,台灣素食文化也有部分西化的趨勢。無論是素食西餐、歐式自助餐或有機健康素食,在強調健康美容、自然營養之外,也都朝口味獨特、衛生、經濟方便的方向發展,才能持續吸引消費者的青睞。在經濟發達帶動各行各業的發展之下,素食產業也不例外。現今在傳統素食材料,如豆皮、豆包、醃漬醬瓜、香菇之外,也出現添加如蒟蒻、大豆纖維分離蛋白等,更易由人體吸收養分的新食材加入,使素食食品在口味或營養成份方面更趨向多元化,促使更多渴望身體健康的人加入健康素食的行列。

　　在上述對於麥當勞現象和健康食品的流行的分析的基礎上,以下將針對台灣各地,特別是台北地區咖啡飲食的流行化進行重點的分析。

　　咖啡是伴隨資本主義商業發展而產生並在全球範圍內迅速氾濫的現代飲料之一。它同可口可樂不同的地方,僅僅在於前者尚屬於自然食品,後者則屬於商業人工化食品。

　　隨著台灣社會經濟的繁榮,台灣人心態和品味的轉變,以及台灣整體文化的「後現代化」過程,飲用和品嚐咖啡,儼然也同飲茶一

樣，成爲了近幾年最流行的一種社會風氣；咖啡店如雨後春筍般出現於台北的街頭小巷。與此同時，飲葡萄酒的風氣也流行起來。顯然，上述三種飲食有非常不同的性質。首先，「麥當勞化」同飲葡萄酒以及飲咖啡有相當大的差別，前者是最大衆化的消費行動，而後者則有更多的顯示某種特定品味的意含，因而有顯示特殊身分和地位的功效。其次，飲咖啡和飲葡萄酒也不同與飲茶，因爲前者是西方飲料，後者屬於東方傳統飲料。飲用葡萄酒的風氣的擴散，也表示了台灣人的飲食傳統正受到西方現代化進程的衝擊而發生改變。最後，爲了瘦身飲料的逐步多元化和擴大化，也表明流行飲食的發展是同台灣人生活和健康水準的提升有密切關係。

當代的流行飲食實際上並不只是飲食問題，而且也是現代人生活方式和心態狀況變化的問題。如前所述，它同整體社會文化的結構性質有密切關係。因此，深入研究當代流行文化的傳佈及其同整體社會文化結構性質的相互關係，是社會理論研究的一個非常重要的問題。

第四節　台北咖啡文化的流行及其意義

一、咖啡文化是自然、社會和文化互動的人本象徵產物

咖啡文化的發展與再生產過程，生動地顯示了文化再生產的複雜性促使整個社會場域的結構進一步複雜起來的過程。

咖啡這種飲料，由於包含著相當大成份的咖啡因，具有刺激人的精神的功能，又含有可滿足人類複雜口味的特定的氣味，才在九世紀

被波斯人發現用來治療精神上的某些疾病。然後是在十二和十三世紀才在阿拉伯和中東以及北非的伊斯蘭教徒和各個民族中，變成爲一種飲料。所以，人類是首先發現了咖啡的刺激精神的成份，首先用於治療，然後才加工成爲供刺激精神和滿足特定口味的一種新飲料。咖啡的這種特點，在人類學研究中，往往被歸入到酒類、茶葉、大麻、鴉片以及煙草等具有麻醉精神作用的一類食品中。咖啡等刺激性和麻醉性飲食品的特點就在於：最初之作爲供刺激精神和滿足特定口味的性質，一旦被社會中一部分人，諸如商人或各種文化人，出於其特殊利益的需要（例如商人爲了贏取利潤，各種文化人追求各種品味的美學目的等等），而把咖啡加以人爲地推廣以後，便迅速地改變了其原有的自然性質，成爲了一種具有特殊社會和文化意義的物品。

因此，咖啡自成爲人類的飲料，主要並不是人的肉體生命的基本需要，而是人的精神生命在社會和文化生活發展進一步複雜化以後所提出的需求。關於人類精神生命所需要的各種刺激性和麻醉性的飲食品，從人類開始出現就從客觀的自然界找到了適當的自然物品。迄今爲止所發現的全球五大洲各個地區和各個時代的原始民族的神話中，都多多少少記述著原始人在同自然相處並互動的過程中，在不斷的改進方法和手段以製造和選擇物質生活和肉體生命所必須的自然食品以外，也從自然界逐步地發現了各種能夠不同程度地滿足精神刺激的需要的飲食品。原始人在神話中把各種刺激性的自然食品看作是神的禮物。關於原始人最早發明和飲用對精神帶刺激性和麻醉性的飲食品的確鑿資料，也可以靠考古學家所挖掘出來的古代飲食品的文物作爲證據。例如，考古學家在美索不達米亞地區發現了西元前三千五百年的啤酒和葡萄酒儲存的遺跡，這就表明人類釀造酒類幾乎同農業生產一起開始。

所以，人類飲用咖啡，從一開始，就同人的社會文化歷史條件密切相關。人類是在特定的社會文化條件下，發現和飲用咖啡；同時，

人類也是在其社會文化生活發展的需要的促進下，才進一步發展咖啡的生產和消費。咖啡一旦被人類飲用，便使咖啡從原有的自然物質而變成人類飲食文化的一個不可分割的組成部分，咖啡也因而滲入人類社會和文化生活之中，在同人的社會和文化的各種因素相互滲透和相互交錯的過程中而獲得了其自然狀態中所沒有的、新的生命。咖啡由此而轉化成「咖啡文化」，也由此而加入了整個文化的複雜的再生產過程。

　　人類不同於動物的地方，從一開始，便可以在其食品的選擇和飲食方式上明顯地表現出來。人的肉體和精神的複雜結構，決定了人類的生命結構的雙重性：肉體生命和精神生命。又由於人類雙重生命之間不是相互割裂、而是相互影響和相互滲透，使得人類維持其生命存在和發展所必須的營養飲食品，不可能侷限於單純滿足肉體生命生理運作的基本需要，而是要同時地攝取爲滿足精神生命需要的另一種類飲食品。

　　人類的雙重生命及其相互之間的複雜交錯關係，使人類選擇的飲食品、製作方式及其再生產，採取了複雜和不斷複雜化的形式。精神生命的存在及其永無止境的不斷超越的需求，精神生命的這種特徵對於肉體生命的發展的影響，不但使精神生命所需求的飲食品不斷地更新，使這種飲食品本身轉化爲各種文化、並與各種以往和現有的文化相互交錯、相互滲透而再生產出新的文化，而且，也使肉體生命所必須的飲食品也同樣不斷地再生產，不斷地在自然的物質世界之內和之外尋求和開闢新的可能性。人類飲食品的生產與再生產，也就因此具有濃厚的文化性質，也同時同文化的再生產的整個過程交錯在一起。

　　而從自然界本身的客觀條件來看，從人類產生的第一天起，作爲人類生活環境和基本條件的自然界，也爲人類生存所必須的多種多樣的飲食品提供了足夠的原始物質資源和最基本的自然條件。在這方面，自然界對待人類和對待動物是完全平等的。自然界不僅爲原始人

提供了肉體生命所必須的原始自然物品，而且也由於自然界本身的複雜的物理、化學和生物學方面的機制的運作，為人類的精神生命也提供了最原始的、具有刺激精神作用的自然飲食品，其中主要是由自然界的物理化學自然反應和動物的自然生化加工所創造出來的各種發酵品、含醣物質以及其他具有治療功能的自然藥物。這些對於人的精神具有刺激作用的自然飲食品中，包含著通過自然的發酵作用所產生的碳氫化合物C2H5OH（乙醇）、咖啡因和嗎啡等，對於人的精神生命的運作和昇華尤其重要。

從人類學的角度，飲用咖啡是同各個民族所居住的自然環境及其社會文化發展條件相關聯的。人類學家所關心的是第一批飲用咖啡的中東和北非各族人民的生活習俗和其他社會文化條件的狀況。研究這方面的問題，有助於進一步瞭解這些地區的民族文化的特性及其歷史。同樣地也有助於瞭解生活於這個地區的各個民族是如何將飲用咖啡的各種方式納入到他們的整個文化體系中。其次，由於咖啡在西方航海業發展之後被迅速的擴展到中、南美洲以及遠東的熱帶國家，人類學家和社會學家有必要進一步探索咖啡在世界各地的傳播的社會文化意義。

由飲用咖啡所產生的一系列社會文化現象，構成為人類學家和社會學家所要研究的「咖啡文化」的基本內涵。對咖啡文化的研究，包括多層次的內容。著名的文化社會學家索洛金曾經深刻地指出：社會文化因素的變化過程，包含著非常複雜多變的各種「向量」（vector）。在咖啡文化中，這些不同的「向量」，包括咖啡本身的天然原料之文化製作過程中的各種因素以及伴隨咖啡消費過程的各種因素的複雜變化過程。這就包括了所有與此有關的外在的物質因素和內在的精神因素。這些各種文化現象的運動，由於包含著意義的結構，往往包含作為運動主體的「統一體」或「基本單位」（unit）、其時間關係、其空間關係及其運動的方向。這種複雜性還集中地體現在運動過程的方向的

高度複雜性。索洛金曾經將社會文化現象運動過程的方向的複雜性，歸結為其中的四大因素的關係的複雜性。這四大因素就是：時間上的方向、空間方面的方向、數量上的方向以及質的方面的動向（Sorokin, P. A., 1937. vol. I.: 154-157）。為了簡單地分析在咖啡文化的發展和再生產中所呈現的社會場域的分化及其不斷地再重合過程，下面只就咖啡文化在人類歷史上的總體運動過程，大致進行以下四大層次的分析：

第一層次是關於咖啡這種飲料在人類生活史上的出現的自然原因和社會文化原因。這不僅關係到飲用咖啡時的人類各種自然地理條件，而且也關係到咖啡本身的自然生物性質以及將咖啡從自然植物改造成為農作物的一切社會文化條件。第二層次是最初被飲用所引起的社會文化效果。在這裡，要探索咖啡的最初飲用同當時人類的其他飲食品的關係，並探索當時人類飲用咖啡所賦予的意義以及由此產生的各種社會習俗和禮儀。第三層次是在從原始文化過渡到現代文明，即資本主義文明以後，咖啡的飲用意義隨著社會文化結構的改變而進一步複雜化，其中特別包含著由於社會分化而引起的有關政治、經濟和各種文化因素的介入，使咖啡的飲用轉變成為具有複雜結構的現代象徵文化體系。第四層次關係到飲用咖啡所引起的各種複雜的精神生活運作過程，特別是在人類文化發生多層次複雜化的當代社會中，飲用咖啡同各種高級的和精細的文化美學活動相關聯，因而也同當代音樂、美術、廣告藝術、裝飾藝術、各種流行生活方式以及人們的各種口味的因素相關聯。總之，從第一層次到第四層次的咖啡文化分析，包含了人類文化形成和演進過程中，歷史的和當代的、物質的和心理的、自然的和社會的以及心態的和美學的各種因素。因而，這一分析，不僅是一種一般性的社會人類學的研究，也是專門化的文化人類學、文化社會學、飲食人類學、休閒社會學、日常生活社會學以及品味社會學的研究。因此，對咖啡文化的研究，不只是一種新型的飲食文化社會學和品味社會學的對象，而且也是多學科的整合研究的複雜

領域。而對於咖啡文化的研究的方法，也隨著其內容的複雜性呈現爲多元化的形式，其中包括傳統的經驗實證的統計方法和歸納法，也包括兼顧宏觀和微觀、動態與靜態兩方面的因素的象徵論分析方法。

　　自從西方各國進入消費社會以來，對咖啡文化的研究，也隨同對其他各種休閒文化、消費性文化以及文學藝術等文化的研究，更廣泛而深入地展開起來。對咖啡文化的研究不但可以專門以咖啡爲中心進行局部性的微觀分析，而且也可以從咖啡同其他文化活動的關係、同社會其他領域的關係的宏觀角度，進行綜合性的消費文化和休閒文化的研究。

　　咖啡，同其他的飲食一樣，有一定的口味。同樣的，咖啡的這種口味，同人類其他飲食品的各種口味一樣，一方面可以隨同飲用時的社會文化條件的變化而使口味本身發生社會性變遷，另一方面也可以隨同飲用者的各種發自內部心態的特殊需求而發生文化性的演變。但是，咖啡這種飲料的口味，又具有不同於一般飲食品的口味的性質和結構。這首先是由咖啡本身的自然屬性所決定的。其次，由於人類對於不同飲食品的品味具有明顯的歷史性和社會性，所以，基於咖啡自然屬性所產生的各種咖啡本身的自然口味，也可以隨著不同歷史時期的不同社會的品味標準的變化而產生不同的文化意義。同時，由咖啡的人爲的文化加工過程以及飲用者的精神心態的動向，也使咖啡的口味的變化具有比一般飲食品更有可能產生美學的效果。這就是說，由於咖啡的特殊氣味和芳香，同它本身的麻醉性和刺激性相結合，又使咖啡的特殊口味有可能在具有自律性質的高度文化氣氛的影響下，而轉化成爲更微妙的刺激精神的神祕性質。在此情況下，研究咖啡文化的特殊的文化社會學，將可以爲創建一種新型的品味社會學作出貢獻。

　　在當代社會學中，「口味」是什麼？首先，口味不只是人的生理方面的一種功能的顯現。口味成爲了講究飲食及其美學效果的現代人

的各種心態的表現。在這方面，對各種口味的追求，重要的不在於表現被追求的飲食品本身的口味的狀況，而是在於被追求的口味同當時社會流行的整個生活方式和社會風氣的關係，同時，更重要的還在於：它表現出現代人的追求時髦的複雜心態的變化歷程。因此，對口味的研究，實際上就是對於當代消費社會的現代人的需求、品味和愉悅心態的複雜關係的探索。這一研究自然涉及到消費者及其文化的各種歷史和現狀，涉及到由這些因素所構成的關係綱及其背後所隱藏的各種「意義」的象徵性結構。

　　對於咖啡的消費，也同對於其他被流行化的商品的消費一樣，品味的變化是一個核心的問題。西方社會進入消費的年代以後，對於一切消費商品的研究，不能像古代社會或二十世紀以前的古典資本主義社會的消費行為研究那樣，只滿足於有形的和物質的經濟關係。消費社會從根本上改變了社會關係和文化網絡，使之帶有層層複雜化的符號紗幕。而且，這些符號紗幕把它所掩蓋的實物和文化產品退縮到越來越遠的領域。尤其值得注意是，由於當代的消費活動越來越具有遊戲的性質，那些被退往越來越遠的領域的實際物品和文化產品，也成為越來越同消費者，也即是遊戲者的實際消費利益無關的因素，成為越來越模糊的某種符號的犧牲品。與此相反，代表著這些物品的象徵性符號，則顯示到前臺上表演，成為了活躍於當代社會文化生活中的重要因素。符號的這種自我顯示作用，又反過來一方面吸引著社會上越來越多的消費者，另一方面又控制和操縱著這些消費者的文化活動。在符號同這些消費者的文化活動之間，最關鍵的是符號同消費者的心態的關係。

　　這就是說，研究咖啡文化，同研究消費社會中各種流行文化的起落一樣，最主要的是要探索被符號化和象徵化的文化物品同人們的心態之間的關係。更確切地說，研究咖啡文化的中心點，是研究咖啡文化的興起和發展同消費者心態的關係，而這種關係的奧祕的揭示，又

有賴於對咖啡的「品味」的形成和傳播的研究。因此，對於咖啡文化的研究，實際上是以新型的品味社會學為中心的、多學科的社會學和人類學的文化研究。

由此看來，對於咖啡文化的研究，從宏觀上來看，首先是對於咖啡的需求、口味和愉悅心態的社會文化的一般條件的研究。這一層面的研究會廣泛地聯繫到咖啡文化活動的政治、經濟和文化條件的相互關係。

在宏觀的觀察之後，必須對咖啡文化所處的社會的現有流行結構及其社會廣度和深度進行研究。把咖啡文化放置在社會流行的總潮流結構及其運作之中，以便發現作為一種特殊的流行，咖啡文化是如何在這個社會中作為一種新型的文化現象而被創建和推展開來。

接著，在進行了宏觀的觀察之後，還要對咖啡口味的各種變化及其在社會各階層中的消費者傳播狀況進行研究，以便進一步探索咖啡口味的區分化同社會區分化的內在關係。

關於咖啡文化的品味社會學，自然地要集中研究咖啡品味的「內在化」過程，同時，也研究內在化同社會化的關係，以便深入瞭解在內在化和社會化的關係網絡中，個人的「生存心態」同社會文化條件、同社會政治經濟力量所決定的「社會場域」之間的關係。

最後，對咖啡文化的品味社會學研究，將進一步探討咖啡文化浪潮中的品味的變化同社會流行整體結構的關係。在這一層次中，將深入研究作為特殊化的社會流行的咖啡品味同一般的社會流行結構的關係，研究特殊的和一般的流行的動力學原則及其自我參照、自我調節的功能。由於流行具有著自身動力學的性質，作為一種社會文化過程，它自身各組成因素之間，是如何通過人的具有創造性的心態因素的介入而自行運作起來，它又如何同社會上成群成群的消費者的選擇動機和行動方向相關聯。所有這些都是很複雜的品味社會學所要探討的問題。本文將在第四節，以「裝模作樣」這一關鍵的動力學機制為

中心，深入說明咖啡文化運作中各種口味的追求同社會時髦的關係。

二、咖啡業的資本主義化及其文化意義

　　翻開人類飲用咖啡和發展咖啡業以及大規模消費咖啡的歷史，就可以知道：近代咖啡業和大規模消費咖啡的人類飲食行為，是同資本主義社會及其文化的崛起、發展和全球化的命運連結在一起。布勞岱爾在描述十五至十八世紀西方資本主義的興起和發展的時候，特別重視西方社會日常生活消費的增長和發展的重要意義。他在《十五至十八世紀文明與資本主義》一書第一卷分析日常生活的結構的時候，特別注意到包括咖啡在內的各種帶刺激性的奢侈飲料及其消費的擴大，對於刺激資本主義生產所起的重要作用。在他看來，西方人飲用咖啡、茶葉、巧克力、葡萄酒、啤酒和蘋果酒等刺激性飲料的生活習慣，是隨著文藝復興後商業和世界航海業的發展，隨著地中海及北海等有利於通航的沿海地區的商業都市的發展而逐漸形成的。反過來，商業和整個經濟的發展，又促進了和咖啡和其他奢侈飲料的消費活動；而日常生活的需要和奢侈品的消費的增加，又刺激了商業和生產的發展。正是在這樣的日常生活需要、奢侈品消費和商業以及整個經濟發展和近代都市發展之間的循環之中，咖啡也構成了一項重要的中介性因素。

　　布勞岱爾指出：「我們可以冒險地如此概括：直到十五或十六世紀以前，西方的飲食習慣實際上並不存在奢侈化或特別講究。在這方面西方人落後於其他古老的文明。」（Braudel, F. 1981[1979]:Vol. I, 187）顯然，只是到了十五世紀以後，由於西方資本主義商業和生產的發展，由於近代航海業和各種交通運輸業的發展，由於與之伴隨的近代資本主義文明的形成和發展，其中包括近代資本主義生活方式的發

展，才使得西方的飲食習慣發生了很大的變化。這種變化的重要特點，就在於把生活方式擴大成為整個社會的經濟、政治和文化發展總脈絡的一個重要環節，使飲食行為從原來維持人類生存的基本需求變成為一種綜合性的社會文化活動，變成為具有複雜的象徵意義結構的社會行為，因而也使之同社會的政治和經濟活動密切相關，同人們的社會生活風氣、時髦和各種愛好的趨勢相關聯。布勞岱爾指出：「同發現酒精幾乎同一個時代，歐洲作為世界各種發明的中心，發現了三種刺激性的和振奮精神新飲料：咖啡、茶和巧克力。……在那個時候，去喝巧克力意味著達到王子消費的水準，意味著進入到他的消費世界中。」（Ibid.: 249）根據布勞岱爾的查證，咖啡是在大約1615年從東方和從北非被運到威尼斯的。接著大約在1643年，咖啡出現在巴黎，然後在1651年到了英國的倫敦。

有趣的是，咖啡這種源自非洲和東方的原始自然飲料，到了巴黎以後，就同法國資本主義生產和生活方式的發展連結在一起。研究咖啡的種植和傳播歷史的專家學者們，同研究西方資本主義文化的興起和發展的社會學家和社會人類學家，幾乎都一致承認：咖啡在十五和十六世紀被引入歐洲以前，一直是在土耳其、衣索匹亞和其他阿拉伯國家被當成刺激性的飲料而存在（Franklin, A. 1893; Galland, A. 1699; Leclant, J. 1951; Massia, P. & Rombouts, H. 1995; Thorn, J. 1996）。但是，當時的咖啡始終沒有能夠發展成為社會性的奢侈飲料。也就是說，咖啡在東方非資本主義國家中，從來都是保持其樸素的自然地位，而且其中所包含的社會文化意義，也只限於由咖啡的刺激精神因素所產生的各種內容的範圍之內。在這方面，前資本主義社會中對於咖啡的飲用的社會意義，仍然停留在李維史陀所描述的原始人飲用自產酒、蜂蜜以及吸食煙捲的文化意義的程度之內。在李維史陀等人看來，原始人和農業社會的社會成員只是把飲酒、食用蜂蜜和飲用咖啡等飲食活動，看作是有精神活動的人進行精神自我麻醉的一種需求的

結果，也是原始人和農業社會的人藉此從事最原始的精神活動的一種表現。但是，只有到了資本主義階段，飲用咖啡和其他一系列消費帶刺激性的飲料的行為，才被捲入到追求利潤和剩餘價值，追求和擴大權力的世界性政治經濟活動總體之中，因而也成為了資本主義文化控制世界範圍的人類物質和精神活動的一個組成部分。正如布勞岱爾所指出的，西方人進行咖啡買賣，不只是為了本國的消費，而且更重要的是為了擴大和控制他們的世界市場。「某種積極的資本家集團，從一開始就在咖啡的生產、分配和成功之中懷有一種財經利益。咖啡成為了所有追求和創造時髦以及靠休閒過日子的人們獲利的重要手段」（Braudel, F. 1981: 260）。

　　隨著資本主義社會和文化的發展，咖啡和其他消費商品一樣，更複雜地社同會生活和文化生活相互滲透和相互影響，使咖啡具有越來越濃厚的社會文化意義。以法國咖啡業的發展歷史為例。巴黎的咖啡也的發展不只是同經濟和商業的發展密切相關聯，而且也同廣大平民的社會生活和文化生活相互影響。咖啡業的發展，不只是法國經濟發展的重要指標，而且也是法國人的社會生活和日常生活方式發生轉變的重要標誌。

　　法國咖啡業的發展，甚至可以成為西方各國文化生活變化的一個敏感表現領域。

　　巴黎的最早最出名的咖啡店普羅柯普（Le Procope）成立於1686年。當時法國社會正處於革命鉅變的前夕，這家咖啡店很快就成為了法國大革命時期重要思想家和文人集聚的場所。哲學家和思想家達蘭貝爾、伏爾泰、盧梭和迪德羅等人，經常在普羅柯普咖啡店邊喝咖啡邊討論正事。從那以後，法國著名的作家喬治·桑、牟瑟、巴爾札克和高記耶等人也經常來到這家咖啡店，討論社會政治和文學創作的問題。普羅柯普咖啡店幾乎同它的對面的法蘭西喜劇院同時建立。據說，1689年，當法蘭西喜劇院第一場演出散場以後，觀眾如潮水般地

湧入了普羅柯普咖啡店。從此以後，幾乎每晚喜劇院節目前後，總是有成群的文人和喜劇愛好者在這裡縱談喜劇和文學。十八世紀的那些哲學家，也經常在這裡邊喝咖啡邊下棋，同時也討論各種艱深的哲學道理。他們為了討論一個論題，可以在咖啡店裡連續幾個月陸陸續續地對談。而在法國大革命期間，當時的著名政治家羅布斯比爾、丹東和瑪拉等人也到這裡商談國事。有一天清晨，丹東正在這裡玩紙牌。突然闖進三位公民，頭戴紅帽並向丹東喊道：「你看這紅帽怎樣？」丹東點頭說：「就是這樣。」從此，紅帽子成為法蘭西共和國的革命標誌。後來，因為普羅柯普也成為許多作家，包括十九世紀的波德萊、奧斯卡瓦爾德以及左拉等人討論文學和藝術的地方，所以，很快就在這裡籌備創立了著名的文學刊物《普羅柯普》。

比普羅柯普咖啡店晚建近兩百年的「花神咖啡店」，座落在聖日爾曼廣場的一個角落上。普羅柯普和花神咖啡店等都位於塞納河左岸，這一地區又屬於文人及知識分子密集來往的巴黎著名的「拉丁區」，所以，「左岸咖啡」從此也成為法國文化論壇的象徵。

三、台北咖啡文化的社會歷史特徵

如果說在典型的資本主義社會中，咖啡文化的再生產是緊密地同整個社會的發展和再生產相結合的話，那麼，在從傳統社會結構過渡到現代化過程中的台灣社會，也同樣可以看出上述特點。

進入九十年代以來，各種咖啡飲食店如雨後春筍出現於台北市各大街小巷中。咖啡店的佈局為台北都市結構增添了新的特徵，使台北因此成為世界上消費咖啡的大都市之一，也因此使她可以同其他著名的現代化咖啡都市並駕齊驅。西方和日本的現代化大都市，如巴黎、倫敦、紐約、東京、布魯塞爾和維也納等，自從進入近現代階段以

來，都佈滿了各種各樣的咖啡館。

　　台灣咖啡文化是在西方社會進入後現代的階段，也就是進入消費社會的階段以後，也就是在八十年代以後，大量而廣泛地傳播開來的。因此，新發展起來的台灣咖啡文化，帶有濃厚而強烈的西方後現代文化的某些特徵。但是，這些新近在台灣發展起來的咖啡文化，又脫離不開台灣社會和文化本身的歷史傳統的特點，也離不開台灣咖啡文化早期形成和發展的歷史特點。

　　所謂台灣社會和文化本身的歷史傳統的特點以及台灣咖啡文化早期形成和發展的歷史特點，特別是指上世紀末和本世紀初以來將近半個世紀的日據時代所造成的社會歷史和文化的影響。台灣的咖啡文化作為西方文化和生活方式在台灣的一種傳播形式，嚴格的說，是在日據時代近日本文化的引入而開始形成的。根據歷史記載，日據台灣以後不久，隨著日本人把西方文化傳入台灣，台灣台北市的幾個重要的商業街道，就陸陸續續創建了為數不多的咖啡館。台北市的咖啡館首先是在最早洋行集中的大稻埕沿河和貴德街和南京西路一帶。後來，日據時代日本人又在這裡以西方都市作為模式進行城市建設，將原有街道拓寬也開闢了新街道和新市場，皆是擴展到圓環一代，形成所謂日治建設區。第一批咖啡店就是在這裡開業。後來，雖然日本人以新建的城內取代大稻埕成為現代商業中心，但是大稻埕仍然是漢人群居的首善之區。值得注意的是，當時台灣知識分子中的菁英人才也喜歡在這裡聚集於咖啡店內，使這裡的咖啡店，也具有歐洲早期文化沙龍的特色。在這一帶，同咖啡店相鄰而建的有推動本圖民族文化自決的台灣文化協會、台灣民眾黨以及話劇、美術、音樂、文學、電影和歌謠的某些協會或團體。光復以後一直到民國七十年為止，台北市的咖啡店，在維持原有的老咖啡店的基礎上也零星的創建了為數不多的和及其分散的咖啡館。在這一時期，喝咖啡還沒有形成為一種社會風氣。同當時台灣人飲茶的普遍習慣和社會風氣相比，喝咖啡簡直是可

以忽略不計的少數人的飲食行為。

　　台灣咖啡文化的大規模興起，根據調查的歷史數據，應該是從民國七十年代算起。這一歷史分界線，表明飲咖啡的社會風尚確實是同台灣社會政治經濟和文化的總結構的轉變有密切關係，而且也是同台灣文化的現代化以及台灣民眾的心態結構的變化有密切關係。

　　首先，從大的、宏觀空間分佈方面，最新發展的台灣咖啡業網絡，同日據時代興起於大稻埕的咖啡業網絡，在地域配置方面，有共同的特點：選擇經濟繁榮、商業發達和文化活動頻繁的區域作為發展空間。

　　從台北市整體街道結構來看，咖啡店的宏觀佈局分為：（1）新北投公園周圍；（2）天母以美國學校和日僑學校為中心周圍地區；（3）士林光華戲院至陽明戲院一帶；（4）延平北路周圍；（5）中山北路國賓飯店周圍；（6）松江民權交叉區；（7）松江路與南京東路交叉區；（8）復興北路咖啡帶；（9）民生社區咖啡網；（10）南京東路四、五段；（11）聯合報大樓周圍；（12）國父紀念館周圍；（13）統領明曜商圈；（14）仁愛商圈；（15）太平洋崇光商圈；（16）通化夜市；（17）建國花市；（18）永康街坊；（19）師範大學；（20）台灣大學；（21）站前區；（22）中正紀念堂周圍；（23）西門町周圍；（24）內湖路周圍；（25）政治大學周圍；（26）興隆路一帶。由此看來，咖啡文化圈的空間佈局，基本上同日據時代的模式和特點相符合，也就是選擇經濟繁榮、商業發達和文化活動頻繁的區域作為發展空間。

　　為了進行深入的微觀分析，以下以大安區為標本，對咖啡店的空間佈局及其同社會的政治、經濟和文化生活網絡的關係進行初步考察。

　　從空間宏觀結構來看，大安區咖啡店的分布狀況可分為以下各區（見表4-1）：

表4-1　大安區咖啡店之分布狀況

A區　台灣大學

A1.台灣渥克咖啡劇場

　　1995年4月開業；咖啡煮法：虹吸式；常舉辦藝文活動，具文化取向。

A2.向日葵

　　1994年9月開業；咖啡煮法：虹吸式；純經濟取向。

A3.南疆天堂

　　咖啡煮法：虹吸式；純經濟取向。

A4.Peter's Cafe

　　1990~1991年間開業；咖啡煮法：虹吸式；純經濟取向。

A5.挪威森林

　　咖啡煮法：虹吸式；放置咖啡專業原文書供客人參閱，具文化取向。

A6.羅曼

　　1996年4月開業，咖啡煮法：虹吸式；純經濟取向。

A7.優哉悠哉

　　1995年7月開業；咖啡煮法：虹吸式；展示部落人雕像，具文化取向。

A8.女巫店

　　1996年3月開業；咖啡煮法：虹吸式；純經濟取向。

B區　師範大學

B1.畫布

　　1995年1月開業；咖啡煮法：虹吸式；純經濟取向。

B2.布拉格

　　1989年6月開業；咖啡煮法：過濾式；只放純古典音樂，具文化取向。

B3.佳及雅

　　1994年6月開業；咖啡煮法：咖啡機；純經濟取向。

B4.In Between Cafe

　　1993年11月開業；咖啡煮法：咖啡機；純經濟取向。

B5.雙魚坊

　　咖啡煮法：虹吸式；純經濟取向。

B6.薩丁尼亞

　　1989年5月開業；咖啡煮法：虹吸式；純經濟取向。

B7.向日葵

　　爲A2分店；咖啡煮法：虹吸式；純經濟取向。

C區　永康街坊

C1.卡斯比雅的盛宴

　　1993年7月開業；咖啡煮法：虹吸式；純經濟取向。

C2.水鯤

　　1990年2月開業；咖啡煮法：虹吸式；純經濟取向。

C3.Posy

　　1995年12月開業；咖啡煮法：虹吸式；純經濟取向。

C4.Cafe 2.31

　　1995年9月開業；咖啡煮法：虹吸式；純經濟取向。

D區　國父紀念館

D1.咖啡田

　　1996年9月開業；咖啡煮法：咖啡機；純經濟取向。

D2.麗坊

　　1996年6月開業；咖啡煮法：虹吸式；純經濟取向。

D3.裏朵

　　1996年10月開業；咖啡煮法：咖啡機；純經濟取向。

E區　統領明曜商圈

E1.蒙娜麗莎市集

　　1995年12月開業；咖啡煮法：咖啡機；純經濟取向。

E2.老媽咖啡

　　1995年11月開業；咖啡煮法：咖啡機；純經濟取向。

E3.Cafe Inn

　　咖啡煮法：虹吸式；純經濟取向。

E4.香草市場街

　　咖啡煮法：比利時壺；純經濟取向。

E5.普羅

　　1996年開業；咖啡煮法：虹吸式；純經濟取向。

（續）表4-1　大安區咖啡店之分布狀況

E6.魔力

　　1996年開業；咖啡煮法：咖啡機；純經濟取向。

E7.椰如

　　咖啡煮法：咖啡機；純經濟取向。

F區　太平洋崇光商圈

F1.溫莎小鎮

　　咖啡煮法：虹吸式；純經濟取向。

G區　仁愛圓環

G1.彩田

　　1993年1月開業；咖啡煮法：咖啡機；展示當代繪畫，具文化取向。

G2.In Between Cafe

　　1996年開業，爲B4分店；咖啡煮法：咖啡機；純經濟取向。

G3.路邊花

　　1996年9月開業；咖啡煮法：虹吸式；純經濟取向。

G4.叭布豆

　　咖啡煮法：咖啡機；純經濟取向。

G5.馬鈴薯共和國

　　1995年4月開業；咖啡煮法：虹吸式；純經濟取向。

H區　建國花市

H1.夏洛特

　　1996年1月開業；咖啡煮法：虹吸式；純經濟取向。

I區　通化夜市

I 1.加爾弟

　　1991年3月開業，第二家分店；咖啡煮法：虹吸式；純經濟取向。

I 2.眞鍋

　　連鎖店；咖啡煮法：咖啡機；純經濟取向。

I 3.力代

　　連鎖店；咖啡煮法：虹吸式；純經濟取向。

從上述空間佈局，可以大致顯示以下幾個特點：

（一）本區咖啡店集中分布在既有的九個商圈

大安區爲一結合「文教區」和「商業區」的行政區，境內有多所大學，同時各主要幹道旁商家林立。至於整個區域形成九個商圈的原因，大致上可分爲四類：（1）圍繞高等學府而興起的商圈，如【A區】台灣大學和【B區】師範大學，而位於此類商圈的咖啡店，其特殊客源爲學生；（2）以百貨公司爲基地的商圈，如【E區】統領明曜商圈和【F區】太平洋崇光商圈，而位於此類商圈的咖啡店，其特殊客源爲遊離人潮；（3）在觀光區內的商圈，如【C區】永康街坊、【D區】國父紀念館、【H區】建國花市和【I區】通化夜市，而位於此類商圈的咖啡店，其特殊客源亦爲游離人潮；（4）爲辦公大樓建築聚點的商圈，如【G區】仁愛圓環，而位於此類商圈的咖啡店，其特殊客源爲上班族。

上述關於商圈類型及其客源的區分，要說明的是，咖啡店在地理位置上是附屬於作爲經濟利得指標的商圈，正是因爲這樣，來往於既定商圈的人潮才會成爲咖啡店的特殊客源；此外，必須強調的是，咖啡店業者一般均認定社區居民和上班族才是他們的主力客源，因爲社區居民可成飲食文化（如下午茶）的拓展對象，而具有經濟基礎、同時有洽公或聯誼需求的上班族，亦是最被看好的消費者。因此，總體來說，一家咖啡店是在有能力吸納主力客源和特殊客源的情況下，才算穩定了營業生計。

（二）在台北市內本區咖啡店具有較濃的文化色彩

在本區三十九家的咖啡店裡，被認定爲具有獨特文化色彩的共有五家。關於此五家咖啡店的文化風格，具體描述如下：

■ A1.台灣渥克劇場

　　這家由劇團成員所開的店，每一季都有定期的戲劇公演，由於「台灣渥克」已是一個具知名度的專業劇團，所以店內空間藏置著特殊舞台、燈光和音效設計，同時，每逢公演前亦發放正式宣傳單。而本店的咖啡以虹吸式咖啡壺蒸煮，店面位於台灣大學商圈，營業時間4:00~12:00p.m.

■ A5.挪威森林

　　店主收藏許多咖啡專業西文原版書，並放置在店內，提供有興趣的客人借閱。而本店的咖啡以虹吸式咖啡壺蒸煮，店面位於台灣大學商圈，營業時間12:00~11:00p.m.。

■ A7.優哉遊哉

　　店內的洗手間旁，有一尊高達天花板的部落勇士人像，這尊配帶矛與盾的勇士，全身係以黑漆木雕刻而成，同時臉部戴著用枯樹作裝飾的面具，除以之外，店內還擺置幾尊佛像與佛手；同時，多處牆壁還留著手繪痕跡。我們在此店進行工作會議的那夜，突然停電，店主的孩子提供我們插著單支綠色蠟燭的燭台，店主則用各插滿七支蠟燭的兩個大型燭台，照亮著以客人所在位置為主的空間。而本店的咖啡以虹吸式咖啡壺蒸煮，店面位於台灣大學商圈，營業時間11:00a.m.~11:00p.m.。

■ B2.布拉格

　　壟罩全店的沈靜氛圍，是由室內設計、燈光、音樂和服務態度所構成。本店座位稀少、每桌均背向鄰座，並用一架造型典雅的鋼琴來區隔兩側座位，同時，桌椅為暗色紅檜復古式家具，配以同色系櫸木地板，屋外有一小方庭園，除了花草之外，還垂掛著三幅以本店為主

題的水彩畫；室內主要光源為低亮度的垂燈、以及透進屋簷裡的日光；音樂則是以提琴和鋼琴協奏曲為主的純古典樂；工作人員只有兩位，分別負責煮咖啡和外場服務工作，兩位小姐無論洗滌、煮咖啡、點單、送咖啡、買單等動作，都極其輕巧與悠雅。而本店的咖啡先以陶製漏斗過濾後，再用酒精燈蒸煮，以提煉純度，店面位於師範大學商圈，營業時間2:00~12:00p.m.。

■ G1.彩田

店主本著藝術生活化的理念，而將七成的空間用來展示當代畫作。而本店的咖啡由咖啡機沖製，店面位於仁愛圓環商圈，營業時間2:00~7:00p.m.。

在這裡，一家咖啡店之所以被認定為具有文化風格，端視店主是否具備經濟利得以外的文化理念，並在經營方式裡實現出來，同時，在其經營心態中不將理念的實現涵蓋在追求利潤的目的中。也就是說，咖啡店在塑立自己的文化風格時，會經歷兩個轉折點：第一，選擇以什麼樣的經營方式，實現特殊的文化理念；第二，無論有無預期到，文化理念實現方式對店內營運亦有幫助，店主仍舊在實現理念的行動中，堅持一種非經濟利得的意義。

（三）本區咖啡店在十分競爭的環境中興衰極快

由表4-2中，雖然只是從目前尚存咖啡店的開業年份，來回溯大安區咖啡店的興衰歷程，而沒有掌握到各個年份咖啡店倒閉狀況的資料，但是從新興咖啡店大多在1995~1996年開業的情況看來，此結論仍可成立。

（四）台北咖啡業同日本咖啡文化有密切關係

由於台灣的咖啡文化同日本的咖啡文化有密切的關係，近十多年

表4-2　台北市大安區咖啡店開業年份部分資料

開業年份	迄今成立年數	咖啡店	該年份開業店數小計
1989	8	B2. B6.	2
1990	7	A4. C2.	2
1991	6	I1.	1
1992	5	*	*
1993	4	B4. C1. G1.	3
1994	3	A2. B3.	2
1995	2	A1. A7. B1. C3. C4. E1. E2. G5.	8
1996	1	A6. A8. D1. D2. D3. E5. E6. G2. G3. H1.	10

註：本區三十九家咖啡店中，有十一家未知開業年數，因而無法納入統計。

來台灣咖啡文化的發展也具有「日本式」的西方化的特點。根據十年前進行大規模開設和經營咖啡店網絡的味全集團的附屬UCC機構透露，他們是依靠日本市場的調查研究的結果以及日本經營咖啡營業網絡的經驗而做出決定的。所以，UCC的最高層主管就是日本人，而其經營戰略和策略也完全是日本式的。就連他們所推銷的咖啡的品種及其口味方面，也是傾向於日本人所喜歡的藍山咖啡之類。這種在日本深受歡迎的藍山咖啡，口味柔順溫和，香味濃厚，醇度高，被推爲咖啡中的極品。當不加糖或奶精而直接飲用時，最能品嚐出它的特殊風味。但藍山咖啡只產於牙買加，產量極有限，種植和加工的技巧也特別講究，因此，其價格最爲昂貴。對於有長久飲用咖啡歷史和大量消費額的西方國家來說，他們所偏好的咖啡，只滿足於一般的阿拉比加（Arabica）品種。這同日本人所追求的藍山咖啡有很大的不同。台灣近幾年所消費的咖啡，居然也跟隨在日本人之後，特別鍾情於藍山。受訪問的UCC最高主管在談到歐洲人只滿足於一般的阿拉比加品種時，明顯地顯示出他們講究藍山咖啡的高傲態度。他們估計：受日本文化強烈影響的台灣人，會在這幾十年內繼續模仿日本人的各種生活方式

和品味氣質，繼續實現西方化，其中包括飲用咖啡的方式。他們的估計，被後來的實際進程得到局部的確證。

因此，興起的台灣咖啡消費機構，在模仿西方的過程中，多數都是以日本作爲自己的榜樣。

（五）台北咖啡業具有多重文化意含

台灣咖啡文化的發展，還不是單純地表現在咖啡業機構網絡的迅速擴大。實際上，在商業性咖啡消費店鋪的網絡之外，咖啡文化還直接滲透到工商業辦公機構、政府部門和文化教育機構之內。在講究高效率的大型企業或外商公司的辦公室，在陳水扁擔任台北市長任內所領導的市政辦公大樓內，在公私立醫院和大專學校的休息室內，咖啡已成爲休憩、聊天和討論問題時的重要飲料。越來越多的行政主管，喜歡在Coffee Break時，讓員工自行享用咖啡，藉以提振士氣，促進友誼，提高工作效率。咖啡之滲透於各種工商行政教育文化機構，成爲這些機構中工作和休息的重要調劑品，說明咖啡文化已經成爲台灣人職業生活的一個重要組成部分。

此外，台北咖啡業的發展，也同日本、法國等其他國家一樣，不同程度地同某些文化發展的需要相互促進。光復以後發展起來的最早咖啡店中，有一部分具有相當濃厚的文人氣息。座落於民生西路的波麗露咖啡店是其中之一。這座有五十多年的歷史的老店，先後接待了好幾代台灣文人。同時，波麗露也成爲了台灣某些文人雅士們爲自己的兒女相親的一個地方。同波麗露相類似，有在四十年代起就以文化氣息濃厚而著稱的田園咖啡店。據說，四十年代末，余光中、羅門、洛夫、楊牧、敻虹以及周夢蝶都曾經出入於田園咖啡店。位於萬華區西門町的天琴廳咖啡店是一些畫家聚集的場所，而天琴廳咖啡店的創建者是一位醉心於繪畫的醫生董世光。是他首先組織了「醫生畫社」、並設計建立咖啡店作爲創作和畫展的一個據點。董世光在接受訪問時

說：「創建這個咖啡店是爲了集音樂、文學、繪畫於一室，爲愛靜、愛沈思的人提供聊天和聚會的場所。」爲了使咖啡的口味滿足這些文人畫家的要求，天琴廳不但特別講究咖啡的品質，而且也講究煮咖啡的方式和技巧。所以，前述以大安區爲典型的台北咖啡店的佈局及其同文化的關係，顯示了台北咖啡店某種一般性的歷史文化特點。

四、咖啡文化活動中的社會區分化

把喝咖啡的行爲及其社會文化結果同社會區分化的問題連接起來，意味著更深入地返回到喝咖啡行動過程中所發生的一切，並以更謹慎的態度去分析由人的行爲和社會本身的複雜性所產生的各種問題。

社會的區分化是社會的生命本身的生動表現。只要社會存在一天，只要這個社會是還保存著其自身的生命力，它就會自然地發生分化。當然，社會的分化也可以因人爲的因素而發生變化。但不管怎樣，社會分化的基礎是存在於社會生活本身，尤其是存在於社會中的最普遍、最常見的日常生活本身的變動性。社會的分化本來並不神秘。如前所說，它是同社會的日常生活密切相關。因此，布勞岱爾在談到社會區分時，寧願採用「社會等級」（Social hierarchies）。他說：「不管社會等級這個詞是單數或者是複數的，在這裡是用來指社會的最普通的日常生活、然而是本質性的內容……我寧願談及等級而不談社會階層或所謂範疇、甚至是階級，儘管每個社會都會有它自身的階層範疇甚至喀斯特階級或一般階級」（Braudel, F., 1982: 461）。由此可見，對於像咖啡消費活動這樣一種極其普通的日常生活社會現象的研究，也會有助於我們對於社會區分化以及社會等級化問題的研究。

喝咖啡的行爲，作爲當代社會日常生活的一個組成部分，作爲有

生命的社會行為的一種表現，尤其是作為當代日益現代化和西方化的台灣社會文化生活的組成部分，明顯地顯示出其中不斷運作的社會區分化的過程。

　　社會的等級化，不管是通過經濟的、政治的和文化的運作過程，實際上是同社會本身之由許多複雜的構成因素系統及其相互複雜互動相聯繫的。社會的這些各個內在的組成部分，以多種多樣的相互關係網表現出來，也通過這些多元的相互關係網絡的生動活潑的相互轉化而構成了社會自身不斷的自我分化，並在這種分化中不斷變遷和發展。在這些多樣的相互關係網中，飲用咖啡的行為及其相關的網絡，同樣也可以透過它們同社會的政治、經濟和其他文化的因素的關聯所形成的網絡之間的互動，而介入到社會的區分化過程。在研究由喝咖啡行為所引起或相關聯的社會關係網的社會區分化作用的時候，大致可以分成四大層次去分析。第一個層次是在喝咖啡行為相關聯的關係網絡自身中各個因素之間的互動及其對社為區分化所起的作用。在這方面就包含著喝咖啡行為的各個主體本身內部諸因素的相互關係及其在區分化過程的作用。在這方面，首先關係到飲用咖啡的主體，不管是群體還是個體，其本身的社會身分和角色的分析，其中尤其要注意他們在政治和經濟上的地位。接著，還要深入地觀察和分析這些喝咖啡的主體的精神因素及其複雜的內在結構，然後進一步分析和研究這些主體的精神因素在區分化過程中的運動軌跡及其作用。第二個層次要注意到整個消費咖啡的網絡同社會的政治、經濟和文化活動總體之間的相互關聯，放置在社會總體內消費咖啡的網絡同這個網絡以外的社會主要生活領域之間的相互關係及其對區分化所起的作用。因此第二層次所注重的是咖啡消費行為同社會整體其他大領域之間的相互關係。第三個層次是要進一步分析由上述兩個層次的諸因素之間所產生的相互依賴的關係及其演化。因此第三層次的分析注重於前兩個層次諸因素間的相互依賴。最後，第四個層次是以上三個層次之間的相互

滲透和交錯及其內含的意義網絡的內容和變化。

由此可見，從表面看來最普通的咖非消費行為所引起的社會區分化過程及其分析，是一個充滿著多種因素的複雜的關係網，而且這個關係網本身所具有的多層次的系統的內在生命，又使得這種分析變得更加複雜化和多樣化。

從社會人類學和文化社會學以及休閒社會學的觀點看來，更加複雜的問題，是因為所有這些複雜的因素，都具有多層次的和變動著的意義結構。這些意義結構的象徵性又使得這種分析變得充滿著可能性的含糊領域。然而，象徵性結構的意義網絡所表現的含糊結構，其本身也不是神秘不可測的，更不是完全脫離咖啡消費過程的主客觀條件和實際的因素。

喝咖啡的行為中的社會區分化的過程是一種極為複雜的社會文化運動。首先，其中包含著整個社會在總體上的不斷自我區分化的過程，包含著這一總過程進行中的分化程式的各個因素，也包含著這一運動的結果及其各種沈澱物。從有限進行的台北咖啡飲食活動的調查資料顯示：飲用咖啡的行動及其社會文化功效，隱含著台灣社會近十幾年來的總變化的各種因素，也同樣包含著這種總變化的某些結果。在喝咖非的行為中所隱含的台灣社會近十幾年來的總變化的各種因素，包括了政治、經濟和社會總結構方面的狀況。

根據調查所得資料，從1987年開始，台灣的咖啡消費狀況發生了重大變化，而這種重大變化又同台灣社會變遷的總結構密切相關。在這方面，我們可以列出以下的資料和數字：

第一，就平均每人國民所得與平均每人國民生產毛額的數字變化來看，台灣從1987年到1995年，每年不斷以平均10%左右的速度增長。（如表4-3）

從表4-3中可以看出，國民財富的增長，構成了近十多年社會變遷總結構發生變化的經濟基礎之一，也自然地成為我們分析咖啡消費行

表4-3 台灣平均每人國民所得與平均每人國民生產毛額

單位：新台幣元

年別	按當年價格計算				按1991年固定價格計算 （已調整貿易條件變動損益）			
	平均每人 國民所得		平均每人 國民生產毛額		平均每人 國民所得		平均每人 國民生產毛額	
	金額	年增率 （%）	金額	年增率 （%）	金額	年增率 （%）	金額	年增率 （%）
1951年	1,407	……	1,493	……	19,114	……	19,921	……
1956年	3,296	10.27	3,502	10.75	24,588	1.42	25,545	1.27
1961年	5,666	8.77	6,078	8.52	29,023	3.68	30,475	3.62
1966年	8,848	9.10	9,480	9.00	40,500	6.24	42,618	6.27
1971年	16,407	13.80	17,730	14.06	59,779	10.04	63,804	10.35
1976年	39,559	17.00	43,033	17.44	81,557	12.03	87,523	12.37
1981年	89,868	15.85	98,179	16.33	108,237	2.29	117,417	3.30
1985年	119,272	4.15	131,430	4.73	135,331	3.95	148,869	4.55
1986年	137,992	15.70	151,148	15.00	154,846	14.42	169,219	13.67
1987年	154,229	11.77	168,832	11.70	173,038	11.75	188,823	11.58
1988年	166,758	8.12	182,511	8.10	185,092	6.97	201,790	6.87
1989年	184,267	10.50	201,402	10.35	198,468	7.23	216,189	7.14
1990年	199,340	8.18	218,092	8.29	206,854	4.23	225,718	4.41
1991年	219,637	10.18	240,909	10.46	219,637	6.18	240,909	6.73
1992年	239,934	9.24	263,420	9.34	233,942	6.51	255,676	6.13
1993年	260,512	8.58	286,385	8.72	244,692	4.60	268,778	5.12
1994年	279,574	7.32	306,846	7.14	254,462	3.99	280,363	4.31
1995年	298,703	6.84	328,367	7.01	262,481	3.15	293,756	4.78

資料來源：行政院主計處

為的社會意義的基礎之一。

值得注意的是，世界消費咖啡各主要大國，幾乎都是在平均每人
國民所得和國民生產毛額方面，居於世界前列地位。為了找出台灣近
二十年來飲用咖啡和其他消費文化的蓬勃發展同作為消費能力經濟基

礎的國民所得狀況的關聯，下面，比較一下中華民國同各大咖啡消費國美、日、德、法、英各國之平均每人國民生產毛額和國民所得之統計表。（如表4-4）

　　第二，在社會國民財富普遍增長的情況下，社會各等級間的差異的程度也發生了變化，其中尤其值得注意的是，社會中產階級和小資產階級的重要性的明顯提高。由於咖啡消費行為同其他文化休閒行為的發展，同社會的中產階級和小資產階級的行為方式和生活作風有密切關聯，因此，台灣社會各等級之間的差異及中產階級、小資產階級社會地位的加強，對於分析咖啡消費行為的社會性也具有特殊的意義。關於社會各等級間差異狀況以及中產階級和小資產階級近年來的社會變化，可參看表4-5可支配所得五等分位組之分配統計表。

　　上述表明：隨著台灣國民所得和文化教育事業的發展，中產階級

表4-4　世界各主要咖啡消費國平均每人國民生產毛額

單位：美元

年別	中華民國	美國	日本	德國	法國	英國
1983年	2,823	14,659	9,954	10,646	9,577	8,273
1984年	3,167	16,083	10,555	10,064	9,034	7,815
1985年	3,297	16,997	11,155	10,157	9,430	8,234
1986年	3,993	17,774	16,404	14,532	13,171	10,066
1987年	5,298	18,714	19,847	18,128	15,923	12,297
1988年	6,379	20,029	23,786	19,432	17,134	14,835
1989年	7,626	21,219	23,493	19,087	17,090	14,852
1990年	8,111	22,106	23,898	23,793	20,887	17,110
1991年	8,982	22,709	27,226	21,500	20,933	17,591
1992年	10,470	23,592	29,686	24,443	22,895	18,289
1993年	10,852	24,591	33,928	23,503	21,525	16,329
1994年	11,597	26,557	37,048	25,132	22,788	17,750
1995年	12,369	27,516	……	29,570	……	19,026

資料來源：行政院主計處

表4-5　可支配所得五等分位組之分配

單位：%

年別	戶數五等分位組						第五分位組
	總計	1（最低所得組）	2	3	4	5（最高所得組）	爲第一等分位組之倍數
1964年	100.00	7.71	12.57	16.62	22.03	410.7	5.33
1966年	100.00	7.90	12.45	16.19	22.01	41.45	5.25
1968年	100.00	7.84	12.22	16.25	20.32	41.37	5.28
1970年	100.00	8.44	13.27	17.09	22.51	38.69	4.58
1974年	100.00	8.84	13.49	16.99	22.05	38.63	4.37
1976年	100.00	8.91	13.64	17.48	22.71	37.26	4.18
1978年	100.00	8.89	13.71	17.53	22.70	37.17	4.18
1980年	100.00	8.82	13.90	17.70	22.78	36.80	4.17
1981年	100.00	8.80	13.76	17.62	20.78	37.04	4.21
1985年	100.00	8.37	13.59	17.52	22.88	37.64	4.50
1986年	100.00	8.30	13.51	17.38	22.65	38.16	4.60
1987年	100.00	8.11	13.50	17.53	22.82	38.04	4.69
1988年	100.00	7.89	13.43	17.55	22.88	38.25	4.85
1989年	100.00	7.70	13.50	17.72	23.07	38.01	4.94
1990年	100.00	7.45	13.22	17.51	23.22	38.60	5.18
1991年	100.00	7.76	13.25	17.42	22.97	38.60	4.97
1992年	100.00	7.37	13.24	17.52	23.21	38.66	5.24
1993年	100.00	7.13	13.12	17.65	23.44	38.66	5.42
1994年	100.00	7.28	12.97	17.41	23.18	38.16	5.38
1995年	100.00	7.30	12.96	17.37	23.38	38.99	5.34

資料來源：行政院主計處

和小資產階級的社會地位顯著加強，因此他們的文化生活需求、旨趣和心態的變化，對於台灣整個文化生態產生相當大的影響。近年來，台北咖啡業的新發展，不能不同這些因素的變化相關聯。

　　第三，作爲消費和文化休閒行爲，飲用咖啡的變化狀況直接地同台灣社會個人和群體的消費能力相關聯，同樣也同咖啡消費之外的其

他類型消費能力相關聯。因此，有必要把咖啡消費的變化同台灣民間消費形態的總變化加以比較。表4-6是台灣民間消費形態的近四十年來的變化統計表。

　　咖啡文化屬於一種消費形態。它的發展不但同以上民間消費形態總結構相關聯，而且，尤其同消費各種酒類等刺激性和麻醉性飲料的狀況及其消費能力相關聯。實際上，台灣民間消費咖啡的能力是同酒

表4-6　民間消費形態

單位：%

年別	食品費	飲料費	菸絲及捲菸費	衣著鞋襪及服飾用品費	燃料及燈光費	醫療及保健費	租金及水費	家庭器具及設備費	家庭管理費	娛樂消遣教育及文化服務費	運輸交通及通訊費	其他費用	總計
1951年	55.80	1.93	4.08	5.43	4.19	2.58				6.09	1.72	6.54	100.00
1956年	52.99	2.52	4.63	6.03	4.75	2.84				5.54	1.49	6.30	100.00
1961年	51.42	3.02	4.77	5.21	4.86	4.21	10.52	0.90	1.65	5.45	1.74	6.65	100.00
1966年	47.57	2.93	4.93	5.36	4.22	4.25	10.89	1.50	2.00	6.27	2.85	7.23	100.00
1971年	41.72	3.70	4.45	5.20	4.10	4.25	12.69	2.78	2.07	8.11	3.45	7.48	100.00
1976年	41.54	4.01	3.51	5.30	3.70	4.64	11.79	3.13	2.07	8.77	4.77	6.77	100.00
1981年	33.55	4.33	2.78	5.05	4.43	5.07	12.34	3.05	2.10	12.80	7.58	6.92	100.00
1985年	29.92	3.96	2.54	4.94	4.20	5.17	13.5	2.86	2.11	14.26	9.74	6.78	100.00
1986年	29.52	3.85	2.38	4.79	3.88	5.17	13.90	2.85	2.0	14.27	10.56	6.74	100.00
1987年	28.09	3.96	2.32	4.76	3.63	5.14	14.20	2.84	2.02	14.49	11.47	7.08	100.00
1988年	26.35	3.81	2.03	4.78	3.26	5.21	14.37	2.91	1.94	15.23	12.48	7.63	100.00
1989年	25.03	3.67	1.80	4.69	2.92	5.34	14.22	2.90	1.94	15.14	13.45	8.90	100.00
1990年	24.38	3.64	1.64	4.77	2.81	5.79	14.92	2.87	2.01	15.88	13.06	8.05	100.00
1991年	23.34	3.56	1.58	4.83	2.83	6.64	15.89	2.79	2.04	16.26	13.16	7.08	100.00
1992年	23.34	3.26	1.39	4.80	2.64	6.89	16.60	2.83	2.07	16.64	12.83	6.71	100.00
1993年	23.04	3.09	1.26	4.68	2.56	7.06	16.89	2.85	2.11	17.28	12.54	6.64	100.00
1994年	23.04	2.93	1.17	4.54	2.44	6.98	17.05	2.82	2.10	17.03	12.05	7.85	100.00
1985年	23.15	2.84	1.11	4.68	2.47	7.61	17.22	2.87	2.23	17.51	11.57	6.74	100.00

資料來源：行政院主計處

的消費能力相平行而增長的。以下可參看台灣1987年與1995年進口酒量的比較（表4-7）。

　　就咖啡本身的消費形態而言，台北咖啡文化活動顯示出明顯的等級化和區分化的過程。可以從許多不同的標準和「向量」，對這種等級化和區分化進行詳盡的分析。在此，只是簡單地按消費價格的差異，將台北咖啡消費分為五個等級：第一等級每杯咖啡消費價格台幣二百元以上。這一等級，已達到巴黎和東京第一流咖啡店的水準。例如巴黎最高的咖啡消費價格，是在最繁華的香榭里大街上的名牌咖啡店，每位收費六十法朗以上，比巴黎最普通的咖啡價格每杯高出六倍以

表4-7　台灣1987年與1995年進口酒量的比較

單位：容量／公升；重量／公斤

種類		1987年	1995年
啤酒，麥芽釀造	重量	28,089,671	179,912,749
	容量	26,621,029	161,956,561
鮮葡萄酒（包括香檳、紅葡萄酒及白葡萄酒等）	重量	3,221,318	4,530,699
	容量	2,328,881	3,673,527
其他釀造酒（如蘋果汁酒、梨汁酒、蜂蜜酒）	重量	225,077	396,192
	容量	154,090	305,491
白蘭地	重量	2,674,560	9,866,921
	容量	1,332,786	7,879,660
威士忌酒	重量	1,610,154	11,080,652
	容量	1,314,342	10,104,027
藍蘭姆酒及塔非亞酒	重量	*	122,844
	容量	*	111,171
琴酒及荷蘭杜松子酒	重量	*	119,533
	容量	*	103,893
威米酒（苦艾酒）	重量	*	47,151
	容量	*	46,773

資料來源：財政部關稅署統計資料

上。台北咖啡消費最低的第五等級，每杯咖啡消費價格台幣三十五元左右。在上述最高和最低之間，第二、第三和第四等級，分別是一百五十至一百六十元、一百一十至一百三十元和八十元。消費者選擇什麼等級，一方面實現了對於客觀存在的咖啡消費活動的區分化，另一方面也在實際上完成了對於消費者自身在消費咖啡過程中的自我區分化。

從全球的範圍來看，咖啡的世界市場的區分狀況，從一開始，就決定了包括台灣在內的各國國內的咖啡市場的區分狀況。而在咖啡市場的區分中，經濟資本的擁有狀況，在很大程度上，決定了各群體和個人在由喝咖啡的行爲所引起的社會區分化的地位和作用。

西方各經濟大國以其歷史上早已形成的經濟和文化優勢壟斷和瓜分了咖啡的世界市場。這是分析包括台灣在內的國內咖啡市場及其中的資本占有、市場控制及商業生意額的大前提。

據統計咖啡目前已經構成爲世界經濟生產體系中僅次於石油的最大商業產品。如果說在二十世紀初咖啡的年產量已達到九十萬噸的話，那麼，在1993年咖啡的世界總產量已達到六百零五萬二千噸，增長了近七倍。在世界性的商品貿易中，各咖啡生產國出售咖啡的年生意總額，達到了一千億法郎，而咖啡的世界性貿易又使得近一億人成爲了咖啡的生產勞動者，構成了當代社會中各種重要商品中最大的生產勞動者隊伍。在九十年代初，全世界平均每天消費十四億杯的咖啡，其中最富裕的各西方主要國家的消費量占最大的組成部分。

更重要的是，以上最富裕的各個西方國家，不只是最大的咖啡消費國，也是最大的咖啡生意的壟斷國家，法國的咖啡生意額每年平均爲八十億法郎；在比利時每年咖啡生意總額爲八十億比利時法郎。不論在法國、美國、英國還是義大利，鉅額的咖啡生意額還壟斷在黑社會的手中，構成爲黑社會對於世界性的毒品市場的壟斷的一個構成部分。當然，對咖啡和其他毒品市場的壟斷，又同對於關係到世界大多

數人口的日常生活需要的大米和糖的壟斷相聯繫。這樣一來，世界上任何國家的咖啡生產和消費，不管是商業性還是文化性或者休閒性，都直接或間接地同世界性的公開性或是地下的非法貿易網絡相關聯。

在這樣的世界咖啡生產和消費總背景下，台灣的咖啡消費活動也捲入了世界性的咖啡商業戰爭及其有關的整個世界經濟結構和社會結構之中。由此可見，最普通的飲用咖啡的行為，在高度現代化的當代世界性的人類生活網絡中，也難以避免地同整個資本主義世界的運作邏輯相互滲透。

經過初步的粗略調查，在目前台北咖啡業中占據相當大市場和咖啡生意額的機構，多數是有雄厚的經濟資本、社會資本和文化資本等單位。他們的雄厚實力又經歷過歷史的連續積累和加強。這些單位或者是同日本財團合資共同經營咖啡業，或者是國際性跨國公司的一個連鎖組成環境，或者是已在台灣經濟商業文化圈中占有優勢地位的單位。這些實力構成的網絡，決定了咖啡文化在台北的發展中的第一層次的區分化。沒有雄厚實力的新生力量，很難擠進台北咖啡網絡的上層結構。據說，一個新起的咖啡財團，試圖單靠其廣告上的投資，推銷其咖啡產品。其結果，耗盡了近二千萬廣告宣傳費後，便一無所得地敗陣下來。這就說明，沒有雄厚的實力，是難以在台灣咖啡消費業的戰爭漩渦中變成為有控制地位的角色。

五、咖啡文化活動中的品味區分化

喝咖啡的行為中的社會區分化的過程，作為一種文化活動，是喝咖啡者，個別性或群體性的行為主體，在這一文化行為中的物質性和精神性的綜合活動，因而也是他們的心態在這一社會文化行為中的共時雙向同質的外化和內化的過程。由於涉及到心態的雙向運動，喝咖

啡的過程中，不僅行爲者同社會和文化諸組成因素間，而且也同其本身的行爲前後的各種心理特質，同該行爲者主體之外的「他人」之間的相互關係，產生複雜的交互運動。

在內化時，往往經歷一定階段的「裝模作樣」或「裝腔作勢」（Kitsch）的過程。正如葛洛諾夫所引用的美國文化社會學家理查特（Richards, T）的話所說：「裝模作樣或裝腔作勢是教會、國家、帝國和王朝等大制度或大機構，爲了中產階級的國內實際利益而生產出來的精心設計的美學化的商品。裝模作樣或裝腔作勢是一種短程的克理斯瑪。」（Gronow, J. 1997: 42）。

人類文化是要靠學習才能獲得的象徵性符號體系。因此喝咖啡的行爲作爲一種文化活動也是要通過一段學習的過程。當然，這段學習的過程，不管是學習的內容、形式或經歷的時間以及學習的方式，都是依據喝咖啡的主體的原有文化狀態和心態，依據學習者所處的特定社會文化條件及其歷史環境，而有不同的表現。裝模作樣和裝腔作勢就是一種特殊的學習過程，特別是現代社會各種文化靠社會的時髦運動而傳播的情況下，也就是說，在當代文化傳播中，文化本身的發展往往靠文化體系中諸因素間的關係的複雜變化以及靠文化體系之外的非文化因素的直接干預，在這種情況下，當代各種新文化的傳播和發展，經常借助於裝模作樣和裝腔作勢的形式。

在當代社會中，裝模作樣的過程，一般地說，其時間的長短，有越來越短的趨勢。裝腔作勢時間的縮短，表現了當代文化傳播過程中三個方面的新特點。第一，當代文化的各種形式和傳播的過程，整個說來，越來越靠時尚和時髦的造勢，而這些時尚和時髦的變更率越來越大其流行的節奏越來越短，其循環的速度也越來越快，有越來越快更新的趨勢。這現象表明當代各種新文化越來越把「更新」當作其傳播的手段，而不是把更新當作文化自身在生產的自然過程，而且也表明，當代文化的快速節奏性的「更新」，越來越遠離文化自身的生命創

造過程，帶有明顯的文化體系外各種人為的非文化因素的干擾。第二，當代各種新文化的產生和傳播，對於接受這些文化的大多數社會大眾來說，越來越帶有強制性的力量，這就是說，傳統文化往往要靠其文化的吸收者和傳播者自身的內在需求和內在條件去傳播和更新，但是，當代各種變化多端的新文化，則更多地靠其創造者或傳播者的利益和力量在社會大眾圈子裡進行強制性的灌輸。具體地說，當代各種新文化，大多數是文化圈以外的諸如商人依據其經濟利益，或者政治家依據其維持和擴大權力的利益，而委託或雇用或間接操縱以及少數文化生產者，採取文化推廣和文化更新的手段在全社會範圍內，借用非文化圈在社會中占據或擁有的實際力量進行傳播。在這種情況下，社會大眾對於新出現的文化現象，越來越靠裝模作樣和裝腔作勢的過程去吸收和接納。第三，當代各種新文化，雖然花樣更新或形式多變，但只滿足於表面的符號結構的變化，往往缺乏文化本身的內涵和深度，也無須吸收者和接納者經歷全數認真的消化和吸收的過程。因此各種新文化的傳播過程中所發生的裝模作樣階段，越來越縮短。這也表明各種新文化，再也不像傳統文化那樣一方面要靠長時期的整個文化共同體的精心醞釀和生產以及不斷的完善化，另一方面也不需要社會大眾經歷艱苦和複雜的精神磨練和修養過程。這樣一來，當代文化的傳播作為越來越表面化的象徵符號體系的更替以及短暫的滿足人們好奇的心理需求的象徵結構，只好靠更新週期的加快和縮短，靠表面的裝腔作勢，而無虛經歷傳統的較長學習過程。

　　台北市喝咖啡的風氣，在我們所調查的有限範圍內，特別是在更多地充滿好奇心理的青年學生中間也可以發現一種裝模作樣和裝腔作勢的現象。在被調查的青年學生中，當問及「您去咖啡館通常是為了喝咖啡還是有其他的事情？」的問題時，調查結果如表4-8。

　　在表內數字中，為了喝咖啡而喝咖啡者占12.8%，絕大多數是帶有其他目的而喝咖啡。嚴格地說，只有為了喝咖啡而喝咖啡，才具有

表4-8　青年學生咖啡消費動機調查表

	次數	百分比	有效百分比	累加百分比
爲了喝咖啡	6	12.8%	12.8%	12.8%
爲了其他事情	23	48.9%	48.9%	61.7%
兩者皆有	18	38.3%	38.3%	100.0%
總數	47	100.0%	100.0%	*

喝咖啡的眞正美學意義。爲了喝咖啡而喝咖啡的人，才從心態和內心的氣質方面，表現出一種喝咖啡者所典型表現的品味結構。多數的喝咖啡者，爲了在心態上達到這種喝咖啡的品味結構，往往要經歷一段學習過程，其中也包括裝模作樣的過程，所以，在爲了喝咖啡而喝咖啡者之外，占三分之二的多數，是出於裝腔作勢和學習的階段。

在當代社會中，包括喝咖啡在內的各種靠社會時髦的力量或形式而傳播的各種新文化，上述裝模作樣的過程實際上是社會中占越來越多的比例的中小資產階級群衆追隨社會上層菁英分子的生活風氣的一種表現。文化人類學家諾羅正確地指出：當代的各種時尚或流行的時髦是在一個相對開放的階級社會中存在的一種階級區分的形式。在這種社會中，社會的上層菁英階級試圖用某些可以看得見的符號或信號象徵體系來進行自我區分，例如他們採取某些特殊的裝飾來自我區分。而社會的較低階層，則從他們自己那方面努力通過採用這些同樣的信號和象徵體系來實現自我認同。這就是當代社會中或快或慢地傳播時尚以及其時尚循環的基礎。（Noro, A. 1991: 66）而另一位文化社會學家霍洛維茲則進一步指出，各種時髦或時尚，是那些社會菁英爲了加強其差異性的地位而選擇的某些極爲有限的、又可以被他們所控制的產品。如果這些產品變成爲廣爲傳播的東西，其價值就會增加。但是，對於社會大衆而言，他們追求這些產品只是爲了把它們變成爲大衆化的消費，因此就表現爲一種形式上的符合的形式。所以，那些生活經驗不夠成熟的青年一代，往往成爲表面追隨菁英時髦的一群

人。（Horowitz, T. 1975: 289）由於當代社會，其中包括台灣社會在內，都普遍存在中小資產階層人數擴大的趨勢，因此，以這些社會中層、但又占社會多數的大眾所掀起的追隨時髦的運動，就越來越影響到整個社會的運作方式和生活風氣。裝腔作勢和裝模作樣，也成爲了這些中小資產階級社會大眾追隨時髦以便不斷的模仿上層菁英、並自我認同的重要手段。所以，哥羅諾夫也指出：「裝模作樣變成了社會菁英的時尚和民主社會大眾的時髦之間的一個中間階段。裝腔作勢是一種符號性的階層信號的運作，他本身也是一種社會階級的時髦符號，它所強調的是社會的等級，而通過這種等級化，裝模作樣是模仿社會高層價值體系的方式。」（Gronow, J. 1997: 48）

　　裝模作樣的過程，在台灣的喝咖啡社會風氣形成過程中，是一種普遍存在的現象。但要深入的分析這種裝模作樣的過程，必須把它當作是一種喝咖啡者的心態所完成的內化過程的一個階段。這個階段又包含著喝咖啡者主體的主觀自身和主體之外的其他人的裝模作樣的過程。這就是說，裝模作樣過程，即是一種發生在主觀之外的社會風氣的變更過程之中，發生在某些社會群體的社會性心態結構的變化過程中，同時，也發生在各個咖啡消費者的主觀心理的變化過程。上述兩種客觀的和主觀的心態變化過程，是同時進行並相互交錯，但又分別在主客體的不同體系中實現的。這就是布爾迪厄的文化區分理論中提出的「生存心態」（Bourdieu, P. 1979.）的一種變種，是值得深入加以分析和研究的。

　　有趣的是，在喝咖啡的社會風氣不斷形成和擴大的過程中，社會性的和主觀性的裝模作樣過程，都有其特殊的和微妙的發展和變化細節。在這裡，只能集中分析最爲社會性的裝模作樣過程中的他人的「裝腔作勢」，對於各個喝咖啡主體自身的「裝腔作勢」，在內化過程中，由於不同的社會歷史環境和喝咖啡者本人的不同心態結構，發生了不同的作用和意義。

當代社會文化更新和傳播所採用的行程越來越短的裝模作樣過程，也成為了少數社會菁英保持其特殊統治地位，並不斷擴大其權力體系的一種手段，成為了當代社會中社會菁英同社會大眾保持越來越大的差異性、維持菁英對大眾長期統治的穩定結構的一種手段。這是因為：菁英集團利用既有的權力和物質精神財富，有意識的使社會大眾喪失掉慢慢吸收和消化新文化的足夠時間，使他們來不及細嚼慢嚥各種新文化的實質內容，只疲於追求迅速更新的時髦。這樣一來，循環的越來越快的時髦，對於達不到其深含的文化實質的社會大眾來說，永遠停留在他們所要追求、但又達不到的彼岸世界中，永遠成為文化生產的控制者所壟斷的特殊領域；也就是成為與社會大眾相隔絕的一種虛幻的理想世界。這種運作的結果，儘管社會大眾永遠不斷的追求時髦，表現出當代社會在選擇生活方式和追求品味的過程中的高度民主狀態，但少數社會菁英同大眾的區分化結構卻始終不變，不僅保持其穩定性的結構，而且也不斷第一代又一代地再生產，也就是一代又一代地繼承和傳播下去。這是當代社會區分化的一種固定不變的邏輯。布爾迪厄在《國家菁英》一書中早已深刻的分析了當代社會區分化的穩定結構進行不斷在生產的奧秘，其中最重要的就是：少數菁英分子利用其文化優勢，通過他們所制定的社會制度和各種物質上以及精神上的財富力量，不斷地製造為他們優先所掌握、又在社會大眾中不斷傳播的新文化，並使這些文化在社會大眾面前只成為可望而又不可即的象徵符號體系。

六、咖啡文化再生產與文化再生產總體的關係

　　咖啡文化之所以在當代社會中成為了一種時髦，固然表現了當代消費社會的基本特徵，而且也顯示了達到新的文化高度的當代人類將

生活美學化和藝術化的傾向。人類的生活方式始終是同人類本身的生產和消費能力密切相關，同時，也同人類在不同歷史階段所獲得的文化成果以及人類本身的文化創造和鑑賞能力有密切的聯繫。當人類進入到二十世紀末及二十一世紀初，生產消費能力和文化創造鑑賞能力都已經達到空前未有的高度。台灣社會雖然尚未達到西方社會的同樣水準，但由於一方面西方生活方式的影響，另一方面台灣社會本身已具備相當足夠的豐厚條件和能力，也使台灣人的生活方式在近幾年來越來越顯示追求藝術化和美學化的傾向。台北咖啡文化的最新發展浪潮，也可以看作是台灣人追求生活藝術化和美學化的一種表現。在我們所調查的台北咖啡文化資料中，可以看到不同階層的台北人，以不同的文化基礎和文化品味，不同程度地試圖在咖啡文化活動中實現生活的藝術化和美學化。生活的藝術化和美學化本來就是人類特有的生活方式。它充分體現了人類的肉體生命和精神生命所追求的高尚的、美的理想目標。在當代的咖啡文化中，我們可以看到多種多樣的生活藝術化和美學化的自由方式，其中包括將喝咖啡的過程同音樂、詩歌、美術及環境美的鑑賞相結合，使喝咖啡的活動浸透著將生活音樂化、詩歌化、美術化以及幻想化的氣氛。在這種情況下，作為一種消費過程的咖啡文化活動，在實際上，已經不是為了消費而消費，而是通過消費的途徑，把文化的更多因素納入到生活的漩渦之中，通過消費的藝術化，使消費和鑑賞相結合，使消費在文化中昇華，同時，也使生活中的消費過程富有新的文化意義。

同任何文化活動不可免地將同社會中各種非文化的、甚至是反文化的因素相滲透一樣，咖啡文化在台北的發展中，一方面顯示了台北人生活藝術化的可喜傾向，另一方面卻處處顯示了社會上各種非文化因素、甚至是反文化的勢力對於咖啡文化的發展的干預和控制，其中最普遍的是經濟財團出於經濟和社會利益對咖啡文化進行控制。

第五章

流行文學和音樂

第一節　流行文學和藝術產生的社會歷史條件

文學和藝術的發展，在近一百年來，也難免受到強大的商業和技術力量的滲透和干預。文學藝術同商業和技術力量的緊密結合，可以說就是當代流行文化形成並日益興盛的外在條件。但是，文學藝術的流行化，仍然有它自身的內在因素：這就是文學藝術近一百年來不斷實現自我超越的結果之一。現在，我們分別集中分析導致文學和藝術流行化的上述內外兩種因素。

一、流行文學和流行藝術產生的客觀外在條件

流行文學和藝術的產生、膨脹及氾濫，不但要靠一種特殊的社會力量，還要靠一定的社會條件才能進行。在這方面，最主要的，是指生產和消費流行文化的社會階層以及當代消費社會中商業、媒體以及科技管理條件的變化。當代商業和科學技術的發展，不僅提供足夠的物質條件，而且也造就了有利於文學藝術流行化的良好社會結構，為文學藝術的流行化創造了客觀的社會基礎。首先，我們先從人力條件來探索。應該說，當代商業和科學技術的發展，直接地改變了當代社會的階級結構，同時也使商業和科學技術有能力和有條件進一步地滲透到文學和藝術領域之中，改變文學藝術的社會性質。

顯然，考察流行文學和藝術的產生的社會條件，涉及到一個漫長的歷史進程，因為上述導致文學藝術發生重大變化的社會條件，是同一種長時段的歷史過程相聯繫；而就在這個歷史長過程的社會變遷

中，同社會科學技術力量日益增強的同時，一系列日益多元化的符號生產、傳播及再生產領域的專家人數普遍地增長了，他們的新生和迅速增長，不但改變了當代社會的階級結構本身，而且也改變了這些新生和迅速增長的人們同社會原有其他階級的相互關係。這批人基本上是在第二次世界大戰之後出生和受到較高程度教育的。他們有自己的既定生活取向，養成了獨特的生活品味和強調自己的非同凡響的、隨時變化的個性，喜歡追求自由自在的舒適的生活方式，並以特別講究的審美態度，不斷探索自己的可能未來。不僅如此，他們還要在社會上鼓吹最大的個人自由，很看不慣身邊或周圍環境中其他人的平俗重複的生活樣態，總是千方百計教唆他人也跟他們一樣，追求品味，消除文學藝術同實際生活的傳統區分，使生活藝術化和美學化。當他人也跟隨他們追求同一方式時，他們又由於自己湧入了「芸芸眾生」而敏感地試圖超越出去。他們所喜歡的，是他人向他們挑戰，把他人對於他們的挑戰當成自己改變個性形象的動力。這些人是當代社會發生消費文化化和文化消費化的社會支柱。其實，現代消費商業的老闆們應該感謝他們的生長和不安現狀；沒有他們在生活方式方面的苛求和時時圖變，就不會有那麼熱鬧活躍的消費文化生產和推銷的場面。當代社會學家對於這一代人的社會影響進行了廣泛而深入的研究（Bourdieu, P. 1980; Baudrillard, J. 1969; 1970），有助於我們觀察當代流

上圖是2001年幾乎席捲整個台灣社會的哈日族文化的典型代表：「流星花園」電視連續劇的四大明星F4。該劇將著名的日本漫畫故事搬上螢幕，並以台灣社會為背景，卻以日本姓氏命名每個角色，通過符號遊戲的轉化，表現出非常離奇弔詭的劇情故事，震撼著台灣社會中被稱為e世代青少年。該劇竟獲2001年金鐘獎的最佳導演獎。
（照片來源：F4首張專輯「流星雨」之封面）

行文學藝術產生和傳播的社會基礎。

對於流行文化進行生產和消費的社會階層，並不是兩個相互對立或相互分離的傳統社會階級，而是由相互滲透和相互轉化的社會階層所組成的。也就是說，流行文化的生產者和消費者，並不是兩個獨立的社會階級。在許多情況下，流行文化的生產者又是其消費者。同以往傳統社會的社會階級結構不同，當代社會的社會階層之間，並不存在非常穩定的區隔結構；各個階級之間，除了存在著互相對立和相互區分的一面以外，還存在著相互轉化和相互滲透的另一面。所以，當代社會的各個階級和社會階層之間，相互區別的結構是很不穩定，而且，在階級和階層之間，也經常存在著混淆模糊的方面。這就使得當代社各個社會階級和社會階層的態度和利益，可以存在著許多相通和相互交流的方面。這個特點，使流行文化的生產和消費的主體，可以同時地在同一個階級或階層表現出來。也就是說，流行文化的生產主體和消費主體可以是交叉和重疊的，也是經常變換。造成這種現象的重要原因，是當代社會生產效率的高度提高以及教育和科學技術的普及，使得各個階級和階層之間的生存能力普遍地提升，其相互間的界限進一步模糊化。文化不再是社會上層或統治階層的所獨享的特權，而是越來越多的社會大眾可以享受或共同分享的精神財富。文化生產和文化消費之間的界限也就因此同時地被模糊化了。

再者，消費社會的商業是一種有別於傳統商業的商業網絡，在當代階段它更進入了全球化的新時期。商業並不只是停留在社會經濟領域，而是擴展到社會的各個領域，成為同其他領域相互滲透和相互轉化的重要通道和社會力量。借助於當代社會的科學技術力量，商業的上述性質得到了進一步膨脹和擴張的機會。

除了商業、生產能力以及科學技術的因素以外，當代社會媒體機構及脈絡的出現及其在整個社會中的滲透，也使社會文化生活的形式和內容發生了變化，也使文化生產和消費的主體結構發生了變化。有

關媒體的問題，本書將在專述媒體的章節中加以更詳細地論述，在這裡，首先要指出的是隨著當代媒體脈絡及其運作的產生，社會中也同時出現了一種前所未有的「媒體文化」（Media Culture）。這種媒體文化的產生，改變了傳統文學和藝術的性質，使流行文學和藝術的氾濫成為了可能。斯諾（R. P. Snow）認為，由於當代電視的盛行及氾濫，當代社會的文化已經變成為地地道道的「媒體文化」（Snow, R. P. 1983）。當代社會電視事業的興隆和盛行，以及電視在當代社會所發揮的重要作用，迫使社會學家從總體和技術的各個角度重新探討電視以及傳播的性質，特別是重新分析意識系統傳播的範圍、手段及其效果。凱爾納（Kellner）認為，不能再繼續使用傳統的傳播理論和基本觀點，因為傳統的傳播理論總是認為，傳播過程只是關係到一種傳播生產者同傳播接受者之間的單線單向因果關係。當代社會傳播媒體脈絡的出現及其特殊運作形式，使媒體既不再是如同傳統功能主義者所宣稱的那樣，是所謂「不偏不倚」的單純傳遞資訊和文化的「客觀中立」通道，也不再是像傳統馬克思主義者那樣，認為媒體是文化生產統治勢力所壟斷，並成為它們控制整個社會的單向統治手段；當代社會媒體脈絡及其運作原則的更新使媒體的性質及其效果，成為在媒體傳播中相互交流和相互滲透的傳播者及接受者之間進行雙向互動的通道。而且，由於深入分析了媒體向公眾傳播新聞和娛樂的具體過程，進一步揭示了媒體傳播過程中，傳播者和接受者雙方的互動及其相互滲透的狀況，由此發現了社會各個階層在其接受媒體傳播時的共同的和相異的特點。布爾迪厄還認為，由於媒體文化的主導地位，使當代文學藝術的性質發生很大變化，同時，在社會上成名的作家和文學家，已經不是那些傳統的專業作家，而是同媒體有緊密關係的流行文學家或藝術家。布爾迪厄指出：最近幾次獲得諾貝爾文學獎的人，往往是受到媒體歌頌和傳揚的文人；而那些精細耕耘、投注心血全力進行文學藝術創作的人，卻被冷落（Bourdieu, P. 1996）。

消費社會的商業性和科技管理能力，對於文化事業的發展具有多方面的複雜影響。值得肯定的是，消費社會的商業性和科技管理能力的提升，為文學的發展奠定了雄厚的經濟基礎，也為文學在社會大眾中的廣泛傳播提供了方便的有效手段。但是，與此同時，又促使文學藝術變成了商業和科技管理能力動力犧牲品。以英美當代最暢銷的文學作品《哈利波特：神秘的魔法石》（*Harry Potter and the Philosopher's Stone*）為例。這部作品從1997年寫作完成、1998年正式出版問世開始，就掀起了席捲全球的狂熱流行浪潮。它在全世界激盪起閱讀風潮，被稱為「文學的披頭四狂熱」。作者.羅琳（Joanne Kathleen Rowling, 1965-　）出生於英國西瞔·梭畢利（Chipping Sodbury），原是一位長期失業而貧窮的單親媽媽。據說是在她二十四歲的時候，她坐在前往倫敦的誤點火車上，靈感突然冒出，哈利波特的形象剎那間活躍在她的腦中。當她的這本原為青少年設想而創作的神奇小說於1997年6月首次在英國出版時，立即在社會中掀起搶購的狂風，它出乎意外地居然成為成年人出版物中的「暢銷書」。剎時間售出了二百萬冊。接著，美國出版界於1998年9月將該小說引入美國，也同樣產生了爆炸性的震撼社會大眾的效果，初版就售出五百萬冊。從它初版之日起，它連續三十八週在美國被列入暢銷書的榜首。1999年，該小說被翻譯成二十八種語言，2001年則被翻譯成二百多種語言，在全世界銷售量已達六千六百萬冊之多。與此同時，《哈利波特》被改編成電影劇本和電視劇本以及漫畫本。

　　這本小說的暢銷，在很大程度上是決定於出版商以及其他媒體的成功宣傳，決定於它們的市場推銷策略和科學管理網絡的高效率。《哈利波特》的英國出版商是伯魯姆斯畢利（Bloomsbury），而美國的出版商是經院出版社（Scholastic）。兩個出版社在為該書推銷和宣傳方面所作的努力，是不可低估的。同時，美國發行一千一百四十三億美元股票的可口可樂公司也決定以一億五千萬美元的價格，買下《哈利

波特與魔法師寶石》影片在全球的銷售權。據說這筆交易的全部成本相當於可口可樂公司對於奧運會的全部投資額。可口可樂公司也因此獲得在其可口可樂罐頭上引出哈利波特形象的權利。華納兄弟電影公司集團也不甘落後，試圖在哈利波特電影取得成功之後，再買下該系列另外三本的電影發行權。

在商業界和媒體的簇擁下，《哈利波特》的電影、遊戲軟體、漫畫和玩具，也陸續登場。據估計，以哈利波特為主題所發出的商業執照，其專利權包含了十億美元的商機。網路公司更是為哈利波特開路，征服了成千成萬的各國青少年和成年人。在網路上，哈利波特千變萬化，靈活地轉換成為各種各樣的動態卡通，還能顯示其魔法，自由自在地轉變角色。它還變成為電子明信片、書籤、插圖等等。為了保護合法網站的特權和專利，擁有哈利波特名稱代理權的美國線上時代華納公司（AOL Time Warner），不惜代價地到處追查盜版，向使用者討回相關的網功能變相名稱。例如，2000年，兩位十五歲少女，各自在新加坡和英國註冊的網站harrypotternet 和harrypotterguide ，竟然收到華納公司的律師信，被要求立即撤銷其網站功能，並停止運作，否則，將被華納起訴，追究法律責任。

全球最大的互動娛樂軟體公司電子藝術公司（Electroni Arts）也已經取得在全球獨家發行哈利波特電玩遊戲權。受到高額利潤的引誘，連美國軟體公司（Microsoft）也有意將哈利波特設計成軟體系列。為了趕在2001年感恩節上演哈利波特電影，一大群商業公司還試圖同時地發行和銷售各種玩偶、拼圖和商品（杯子、披肩、背包、日記本、筆記本、服裝和飾品等等）。美國著名的漫畫出版社Marvel Comics正洽談出版漫畫本。

通過以上實例，我們看到商業和媒體在流行文學傳播中所扮演的關鍵角色。這就是我們所說的流行文學形成和發展的社會條件。

二、促使流行文學和流行藝術產生的內在因素

　　除了社會條件以外，西方文學本身也經歷了一系列的轉變，使文學有可能超越其傳統的界限，成為適合於當代消費社會的流行文學。近代文學藝術近一百年來的自我超越，包括許多方面的內容，其中主要指它自身所進行的自我批判和自我突破。而在近代文學藝術的自我批判和自我突破中，對於它自身長期貴族化和菁英化傾向所作的反省，則構成為文學藝術近一百年來導致流行化的一個重要動力。文學和藝術的發展，長期以來，雖然由於社會分工的結果，一直是少數專業文化人和菁英分子所壟斷，但是，正如我們在前面已經說過的，文學和藝術作為文化的一個重要構成部分，免不了要走出少數人的圈子而同社會大眾相結合。這就是我們說過的有關文化在人類歷史上的「提高」和「普及」的辯證關係。在經歷長期的演變之後，文學和藝術不再能忍受在其自身範圍內的自我禁閉，總是試圖超越文學和藝術本身的界限，尤其是打破傳統原則，在一個從未涉獵過的領域內進行新的冒險，開闢新的創作場域。從十九世紀中葉起所發生的文學和藝術現代化過程，就是在這種情況下發起的。這是一種向傳統宣戰的冒險探索。正如迦達默所指出的：「從十九世紀的歷史束縛中大膽地自我解放出來的現代藝術，在二十世紀變成了一種真正敢於冒險的意識，使所有迄今為止的藝術，都被當成已經過時的東西」（Gadamer, G.-H. 1975: 6-7）。正是在文學和藝術進行超越傳統的冒險遊戲中，流行文學和流行藝術，作為現代文學和藝術的一個構成部分，也漸漸地初露頭角而顯示出它的生命力。

　　流行文學和流行藝術在當代社會中的發展，應該歸功於自現代派文人和藝術家以來的所有文學藝術改革運動。經歷兩千多年的曲折發展，到二十世紀末，西方文化已經達到很成熟的程度。這種成熟性主

要表現在西方文化的不斷自我反思和自我批判。人類文化只有達到自我批判和自我否定的意識，也就是說只有不斷清醒地意識到其自身的不足之處，意識到其自身的虛無本質，才眞正地把握了其自身生命的本質。生命之最本質，就在於不斷地自我創造和自我超越；一旦自我否定和自我超越之能力喪失掉，生命就枯謝而終止。然而，沒有缺欠，沒有虛無，就不會自我超越和自我否定。自滿自足的所謂眞理體系，一向成爲傳統文化追求的目標。殊不知，一旦形成爲這種體系，一切精神活動和文化產品就僵化了，也就是等於自殺。西方文化在發展過程中，能夠自我跳出對絕對眞理體系的追求的窠臼，是在現代文化發展到頂點之後，也就是在現代文化的優點和缺點同時暴露以後，才眞正地實現的。在現代主義的推動下而產生的後現代主義的整個基調，就是對於西方傳統文化的不斷批判和摧毀，其批判的徹底性，直指完全顚覆西方傳統文化的基礎和核心。後現代的這種精神，常被人們誤解成爲消極的虛無主義。人們看不到後現代主義的徹底否定精神，不僅指向傳統文化，也指向後現代主義本身。正是這種自我否定的徹底精神，顯示了後現代主義追求眞理的大無畏氣魄，也表現了其自身徹底跳出自身自我利益的最高原則。這一切，都可以在後現代藝術的旺盛生命力中顯示出來。無所畏懼和放棄自我，是後現代藝術創作生命的眞正基礎。有了這種精神，它才有勇氣去探索一切可能性，並且使這種探索不僅停留在理論上和言談上，而且也表現在冒險的實際行動中。

　　流行文學和流行藝術以及後現代主義的藝術，無疑是現代資本主義社會發展及其文化影響的產物。它們的成長和傳播，都是和現代資本主義社會及其文化的命運息息相關。但是，作爲一種藝術形式，作爲人的精神活動的積極產品，它們又是獨立於社會的發展，以其自律的創造活動形式，成爲資本主義發展中的一種特殊精神力量，不僅在批判資本主義及其文化中起著積極作用，而且也爲資本主義社會及其

文化的發展，開闢新的可能的前景。

　　流行文學和流行藝術不但發生於嚴格意義的現代文化的創作領域中，而且也發生於專業文化領域之外的社會大眾文化運動之中。現代資本主義的產生和發展，雖然造成握有財富和權力的資產階級對於社會大眾個人的控制局面，但同時也在客觀上推動和促進了處於社會中下層的人民大眾的個人自由的發展。在現代資本主義文化發展過程中，資產階級連同附屬於它的文化貴族集團，顯然從整體上控制和壟斷了文化的生產和再生產過程。其結果，一方面導致上層文化或所謂「高級文化」同中下層的「大眾文化」的分化和對立，另一方面卻為大眾文化的獨立發展和創造提供了一定的空間。在人民大眾個人自由發展的基礎上，大眾文化就有可能在「高級文化」的生產和再生產的循環過程之外，進行一種具有相對獨立性的創造運動。所以，隨著現代性標準化和專業化的高級文化發展的同時，在社會中下層也逐漸興起和發展大眾文化的創造和發展過程。

　　在典型的資本主義國家英國，上述同標準化和專業化文化相對抗的大眾文化，早從十六世紀就開始發展。如前所述，大眾文化發展過程，一方面是同現代性標準文化的發展相平行、而又相對抗，另一方面又是中下層社會人民大眾追求個人自由的一種特殊文化產物。所以，從文化的性質來分析，大眾文化是產生於人民大眾中的文化叛逆運動，也因此具有大眾批判高級文化的意含。在這種情況下，大眾文化的性質，從一開始就具有反對文化「標準化」的傾向，因而也具有一般性的「反文化」的傾向。顯然，為了對抗和批判傳統標準文化，大眾文化勢必採取與傳統標準文化相對立的各種創作原則，以其顛倒文化原有定義的姿態而出現。也就是說，凡是被傳統標準文化規定為創作規範的地方，大眾文化就要反其道而提出針鋒相對的原則。大眾文化就這樣以「反文化」的行事而在標準文化之外的廣大社會生活領域中生存下來並不斷發展。也正因為這樣，大眾文化也是最早實現

「文化生活化」和「文化遊戲化」的領域。

　　作爲社會中下層人民大衆尋求個人自由的大衆文化領域，同時也就成爲他們擺脫上層宰制的新天地，成爲同國家和公權力機構爭奪自由權的民間社會的文化基礎。人民大衆利用大衆文化的工具和成果，一方面同傳統上層標準文化相抗爭和爭奪文化生產的控制權，另一方面又同國家和公權力爭奪越來越多的個人自由權。

　　大衆文化在現代性文化之旁和在資本主義現代社會之中的生存和發展，只有到了晚期資本主義階段，在資本主義生產力、科學技術和管理能力高度發達的時代，才有可能不斷的進行和實現其正當化的程式。大衆文化在正當化過程中，免不了促進了一系列有關大衆文化反藝術和反文化創作原則的理論化過程。在這個意義上說，後現代主義的出現正是符合了大衆文化的正當化的需求。

　　大約是在現代性文化和藝術發生創作和生產危機的二十世紀初時期，從所謂標準和專業文化的危機中脫胎而來的各種具有後現代傾向的文學藝術創作，不約而同地同在社會中下層迅速發展起來的大衆文化創作運動相遭遇、甚至相匯合。

　　從此以後，大衆文化的創作和發展過程，同流行文學和流行藝術的發展，同後現代主義思潮的興起和醞釀過程息息相關。大衆文化的創作和實踐，爲後現代主義各種反傳統原則和策略的確立提供了豐富的歷史經驗；同時，大衆文化的發展及其正當化的過程，也爲六十年代後流行文學和流行藝術的整個歷史運動催生。

　　然而大衆文化的發展過程，又在客觀上爲其批判的資本主義現代性的進一步氾濫推波助瀾。如果說在大衆文化興起的早期階段，大衆文化是作爲資本主義標準專業文化的對立面而存在的話，那麼，在資本主義標準文化無法抑制大衆文化的發展的今天，上層社會連同它的高級文化，就巧妙地利用大衆文化的發展成果及其無可抗拒的社會功能，將大衆文化納入符合上層統治集團利益的方向發展，使大衆文化

的發展同受上層社會控制的商業化、技術化和全球化的進程相協調。大眾文化也在不知不覺的商業化、技術化和全球化的過程中，同整個社會的文化再生產活動相滲透，一方面形成爲後現代社會中高級文化和大眾文化之間區隔化界線的模糊，另一方面又爲大眾文化本身的更新和自由創造吸取更多的文化養料。後現代主義作爲大眾文化的一種意識形態，就是在這樣的充滿矛盾和模糊狀態中不斷地發展起來。

所以，近代文學和藝術，在自我批判和自我突破的過程中，也遭遇到大眾文學和藝術的挑戰。流行文學和藝術的產生和發展，在某種意義上說，也就是近代文學和藝術的自我批判力量同自發產生的大眾文學和藝術相結合的一個結果。因此，可以這樣說，當代流行文學和流行藝術的產生和發展，也是大眾文學和大眾藝術發展的結果。

在西方的文學藝術傳統中，曾經反覆出現過對於大眾文化的肯定和吸收過程。早在十八世紀末，反叛古典主義的浪漫主義運動，就已經在人民大眾的民俗和原始文化中發現豐富多彩以及形式獨特的題材。當時英國的華茲渥斯、德國的赫爾德和法國的盧梭等人，很注意傳播於底層人士的各種象徵主義表現手法。接著，在十九世紀三十年代以後興起的現代派，也極力主張吸收大眾文化中的各種表現形式，尤其是重視流傳於城鄉文化生活中的「狂歡」傳統，認爲這種「狂歡」有利於推動社會生活的藝術化過程，也有利於加強反叛傳統藝術形式。從二十世紀初開始，近現代文學和藝術的自我批判就更進一步嘗試走上同大眾文學和藝術相結合的道路。文學界的現實主義者和自然主義者，在表現和反映現實社會生活的過程中，逐步感受到大眾文學、民間文學或群眾文學的創作力量及其靈活生動的表現形式。法國的左拉（Emile Zola, 1840-1902）早在其早中期著作《德列斯‧拉金》（*Therese Raquin,* 1867）和《第二帝國時期一個家庭的自然和社會史》（*Histoire naturelle et sociale d'une famille sous le Second Empire,* 1871-1893）中，便以明顯的自然主義傾向，同情社會大眾的生活和歷史命

運。正如他在《實驗的小說》(*Le Roman experimentale,* 1880) 一書中所說,他的自然主義美學原則是為了素樸地表現社會大眾的實際生活,更直接地呈現民眾的思想感情。他以《娜娜》(*Nana,* 1880) 和《萌芽》(*Germinal,* 1885) 兩部著作,分別典型地表現貧困的農民和經不起殘酷壓迫而準備革命的礦工群眾的心情。同他一起實行自然主義原則的莫泊桑 (Guy de Maupassant, 1850-1893) 和烏義斯曼 (Georges Charles, dit Joris-Karl Hyuisman, 1848-1907),使法國的文學界到了二十世紀初產生了越來越強烈的現實主義創作隊伍。左拉的自然主義和現實主義創作路線,使他很自然地越來越同馬克思主義的社會主義現實主義相接近。他所寫的《夫人們的幸福》(*Au Bohneur des dames,* 1883) 和《四福音書》(*Les Quatres Evangiles,* 1899-1903),已經明顯的表現出他對於馬克思主義的同情和贊同。

流行文學的表現形式是多方面的。最值得注意的是暢銷小說、電視連續劇和偶像劇。暢銷小說、電視劇和偶像劇的產生和發展,同其前身電影劇本或電影小說一樣,是緊密地同現代科學技術和媒體的發展相關聯的。正如我們在上述《哈利波特》實例中所看到的,沒有現代商業、媒體和科學管理的配合,《哈利波特》的暢銷是難以設想的。電影在二十年代的發展是文學創作同現代科學技術相結合的最好典範。好萊塢西部片則是將民間文學或大眾文學搬上銀幕的最生動範例。但是,隨著電視和電子網路的迅速發展,任何流行文學和流行藝術的成功,都離不開媒體和電子網路。

第二節　文化工業與流行文化

同流行文學一樣,流行藝術是伴隨著現代商業的發展以及現代複

美國當代流行樂壇的天后Madonna
和天王Michael Jackson。
（圖片來源：上排左為Madonna同
名專輯封面，右為true blue專輯封
面；下排左為Michael Jackson專輯
「萬夫莫敵」（Invincible）封面，右
為專輯Bad封面）

製技術的精緻化而氾濫的。在歷史上，流行藝術本來就是類似於大眾
藝術。換句話說，作為大眾藝術的流行藝術，早已經在人類歷史和文
化史上存在過。所以，當代流行藝術無非就是大眾藝術的現代化；它
是在現代社會的條件下產生和發展起來的大眾藝術。根據狄馬爵對於
十九世紀美國波斯頓文化企業的調查研究成果，可以看出：早在十九
世紀早期，一向被看成為傳統藝術典範的交響樂，就已經吸收流行歌
曲，並與動物展覽同台演出，顯示大眾文化中的因素已同傳統文化結
合在一起，並影響傳統藝術本身的發展（DiMaggio, P. 1982）。

　　但我們現在所探討的流行藝術，主要是指當代高度商業化和技術
化之後的大眾藝術和工業技術複製藝術。此前大眾藝術同傳統專業藝
術的結合，只能說是當代流行藝術的前身或一種歷史準備形態。嚴格
地說，當代流行藝術最早是從「波普藝術」（Pop Art）的興起開始的。
波普藝術原是英語「大眾藝術」（Popular Art）的簡稱。1950年，英國
評論家勞倫斯·阿洛威（Lawrence Alloway）首次正式使用「波普藝術」
的概念。從此以後，波普藝術也就成為當代流行藝術的典型代表而廣
泛地傳播開來。但是，實際上，波普藝術之內涵只是涉及到藝術領域

中的繪畫類，它所指的是繪畫界中採納民間藝術創作傳統和手法的拼貼畫派，最早是在英國繪畫界中出現。一大批英國畫家，諸如理查·漢密爾頓（Richard Hamilton）、大維·霍克尼（David Hockney）和彼得·波來克（Peter Blake）等，以他們的作品闖出了繪畫藝術創作的新天地。接著一批美國畫家，諸如吉姆·戴恩（Jim Dine）、安狄·瓦霍爾（Andy Wahrol）和洛依·李斯登史坦（Roy Lichtenstein）等，都紛紛揀起這個標籤，顯示他們的藝術創造特色。但他們實際上是摹仿達達主義者，使用拼貼技巧（collage technique）和絹網印花法（silk-screen printing process），表達他們跨越傳統繪畫手法，同印刷、紡織工業的生產工藝相接合的多層次的新創作觀點。他們的作品明顯地顯示出繪畫界專業工作者試圖打破繪畫藝術的狹窄界限而同日常生活、同手工藝相結合的趨向。同時也顯示他們試圖批判傳統繪畫創作原則的所謂「後現代精神」。安狄·瓦霍爾的第一批後現代絹印作品，一反傳統肖像畫表現人物性格的一貫做法，採取模式化的形式。他突出運用的是濃厚的化妝手法；對於人物的內心世界不去刻意地分析，只淡淡地膚淺處理人物的表面器官，避開對個性的過細描述。安狄·瓦霍爾的上述模式化表現手法，立足於這樣的基本看法：不論是作者本人，還是作品中的人物，都不應是藝術的「主題」或「主體」。傳統藝術總是圍繞這樣或那樣的「主題」或「主體」而旋轉，使藝術為這些「主題」或「主體」服務。同時，傳統藝術也因此把這樣或那樣的「主題」或「主體」當作其「中心」，讓眞正的作者反過來為作品的「中心」服務。安狄·瓦霍爾等後現代主義者不喜歡用藝術作品去為某一「中心」服務。因此，他們以模式化的方式淡化「中心」，或以模式化達到「去中心主義」（Decentralization），達到「除去主題」和「除去主體」的目的。為此，安狄·瓦霍爾取材於不為人所注意、並被人們看作是「平凡而陳腐」的東西，即那些簡單而普通的小報廣告圖片。他熱衷於收集各種普通的小報，重複其中報導的名人新聞、醜聞及各種生活述

描。他試圖在這些新聞、廣告及報導圖片中，抓住美國社會的脈動。通過醜聞、名人玉照及廣告，他要把美國社會中的物資主義、消費主義及明牌崇拜主義暴露得淋漓盡致。因此，安狄‧瓦霍爾所作的，無非是重複這些客觀的原始材料，以模式化的藝術形式，不加入任何過多的主觀意見，把原被統治階級意識形態美化的「美國夢」（the American Dream）加以戲劇化，給予最大的嘲諷。1962年8月女明星瑪麗蓮‧夢露逝世後，安狄‧瓦霍爾購買一張1950年印製的瑪麗蓮‧夢露廣告肖像，不加任何修飾和改動，翻印成絹網畫，然後再將絹網印出的相片影印成肖像系列。然後，安狄‧瓦霍爾在七十年代末重新複製其早期的絹印作品，但賦予新的意義。最典型的是他在1979年發表的「反轉」（Reversals）和「回顧」（Retrospectives）系列。他的「反轉」系列重新使用瑪麗蓮‧夢露的畫像，也使用蒙娜麗莎等人的畫像。但在色調處理方面加以顛倒。原來較為明亮顯目的臉部，變成了陰暗模糊，而原來陰暗模糊的卻變成明亮起來，以致連觀眾都幾乎感覺到自己是在觀看攝影負片。從波普藝術的興起和演變，我們大致也可以看出流行藝術同周圍社會環境和社會生活的密切關係，同時也多多少少看出它同傳統藝術的關係。

當阿多諾在三十年代隨霍爾克海默之後移民到美國的時候，他所面對的，是高度發達的資本主義工業、商業和技術文明。美國的經濟

震撼美國五〇年代影壇、歌壇的巨星Marilyn Monroe。
（圖片來源：發行之海報）

及科學技術條件，使美國比歐洲各國更早和更全面地實現了文化生產的工業化、商業化和技術化。阿多諾等人在美國終於第一次典型地看到了先進的工業、商業和科學技術參與和干預文化生產的複雜後果。阿多諾先是在紐約，然後在加利福尼亞，系統地調查和研究這種資本主義文明的性質和特點。給予阿多諾深刻印象的，首先是紐約大都會百老匯鬧市區中爵士音樂和洛杉磯好萊塢電影以及遍佈美國各地的電視網絡。他從這些新型文化現象中所看到的，是資本主義工業、商業和科學技術對於文化生產的高效率組織、管理、監督和控制，同時也看到文化生產本身是如何遭受扭曲和異化。使阿多諾更為驚訝的，是進行文化生產的資本家和接受這些文化產品的廣大社會大眾的態度和反應。阿多諾特別注意到以下四個方面的問題：第一，文化生產過程本身的性質的變化；第二，文化生產操縱者在文化生產中的態度；第三，文化生產的社會效果；第四，廣大社會大眾接受這些文化產品時的態度。他對於這些問題的深入研究，使他同霍爾克海默一起得出了「文化工業」的理論（Adorno, W. / Horkheimer, M. 1947; Adorno, W. 1989a; 1989b）。

阿多諾說：「『文化工業』這個詞也許是在1947年我同霍爾克海默共同在阿姆斯特丹出版的《啟蒙的辯證法》一書中第一次被使用。在我們的草稿中我們曾經談到『群眾文化』（mass culture）。我們用『文化工業』替代它，是為了從一開始就排除作出令其辯護者高興的詮釋；似乎它是某種自發地產生於群眾自身的文化，是大眾文化的一種現代形式罷了。但實際上，文化工業應該完完全全同大眾文化區分開來。文化工業一切舊的和熟習的東西都溶化成一種新的事物。在它的所有的分支中，它的所有依據群眾消費需要而裁製、並在很大程度上決定了其消費性的產品，是或多或少依據計畫製造出來的。文化工業的各個分支在結構上是相類似的，或者，至少是相互類似的，以便使所有的產品都納入幾乎毫無差別的一個系統之中。依靠當代的技術和

經濟及管理的集中性，這樣做是完全可能的。文化工業有意地將它的消費者整合到上述系統之中」（Adorno, W. 1989a: 128）。

　　阿多諾還指出：「控制著工業的文化商品的，正如布萊斯特和汝爾甘波在三十年前所說的，是它的價值原則，而不是由其自身的特殊內容及其合諧形式所決定。文化工業的整個活動將獲利動機轉化到它的文化形式之中」（Ibid.: 129）。 .

　　阿多諾和霍爾克海默等人的文化工業理論，實際上是他們的社會批判理論的進一步發展結果，也是他們對於資本主義的普遍異化現象和工具理性的理論批判的繼續。霍克海默和阿多諾指出：「理性對於事物就好像獨裁者對於人民的態度那樣；它只是在能夠操縱其對象的範圍內，才承認它們」（Horkheimer, M. & Adorno, T. W. 1947: 27）。隨著人類社會的發展，人類理性從作為人的智慧和理智的標誌，慢慢地蛻變成一小部分統治者進行不合理統治的工具。因此，理性逐漸成為獨裁者的幫凶，打著「合理」的旗號，操縱著絕大多數被統治的人的命運。

　　在法蘭克福學派看來，理性本來是人類社會區別於自然界、又統治著自然界的一個重要標誌和根本原因。在人類社會的原始階段，勞動生產活動使人類從動物脫離開來，發展了自己的理性能力。隨著社會的發展，人類有增強了理性能力，因而也越來越遠地脫離自然界，並試圖慢慢地增強對於自然的統治的能力。理性的發展也加速了社會的發展，加速了社會同自然的對立，也加遽了社會中人與人之間的矛盾。從古希臘起，哲學家們就推崇理性，並奉理性為真理的標準。霍克海默在《理性的消蝕》一書中，用相當大的篇幅論述了理性從古代到現代的演變過程，並稱古代的理性為「客觀的理性」，以表明其保有衡量客觀真理性的作用。在這一時期，人們心目中所理解的理性，正如霍克海默所指出的，不只是存在於個人精神中的那種智力，而且也包括存在於客觀世界、社會、人與人之間的關係中的某種客觀力量。

這就是說，理性並非單純地是主觀的，而是一種客觀存在的合理力量和因素，它不以各人的好惡、意志和願望爲轉移。

但是，人類社會發展到近代，特別是西方的文藝復興時期之後，由於資本主義工商業的發展，個人的作用表現得越來越重要。啓蒙思想家們，爲了使個人從封建專制的社會中解脫出來，曾大聲疾呼爭取個人自由、「人性解放」的口號。理性也成爲了啓蒙運動以來最響亮的口號。理性再次被提高到眞理的標準的高度，但這一次，它是更加緊密地同「個人解放」聯繫在一起，理性的客觀性也隨著個人主義的發展和膨脹而逐漸消失。理性更加主觀化，並成爲個人功利的手段和工具。所以，霍克海默指出：「這種理性概念無可爭議地更加人性化，但同時又比宗教的眞理概念更加薄弱，更加適應於統治者的利益，更能爲現存的現實性所接受。因此，它從一開始，就包含著讓位於『反理性』的危險性」（Ibid.: 23）。

所以，到了十九世紀中葉完成工業革命之後，隨著資產階級反封建的意義的消失，隨著資本主義私有制的發展，理性和個人自由的口號就逐漸成爲了資本的不合理統治的工具。誰的資本越雄厚，理性就爲誰服務。理性從此墮落成爲工具化的理性。理性從此也喪失了其自身的獨立自主性，失去了客觀自律性，變成爲盲目的力量，成爲不合理統治的工具。然而，理性越盲目，越被人們所崇拜，越發揮其否定和反面的作用。進入到資本主義的壟斷階段後，理性更加爲少數統治者所壟斷，並直接成爲社會上各種權力鬥爭和霸權的工具和手段。

當霍爾克海默和阿多諾等人來到美國之後，法蘭克福學派對理性的批判，也就集中地轉移到對於「文化工業」的批判。在《啓蒙的辯證法》一書中，就已經對於文化工業展開了深入的批判。阿多諾於五十年代末返回西德後，再次總結他們的文化工業批判理論，他把對於資本主義文化的批判的精華部分集中在他的〈重估文化工業〉（*The Cuture Industry Reconsidered,* 1967）的論文中。法蘭克福學派的文化批

判的核心是對於文化作爲意識形態的批判，而它的基本範疇是從青年黑格爾學派那裡繼承下來的「異化」。如果說對於家庭、權威和社會心理的批判和考察，是法蘭克福學派對社會意識形態的總批判的開端的話，那麼，對於文化的總批判則是其批判活動的最高成果，而作爲上述兩種批判活動的中間環節和過渡形式，就是對於資本主義操縱的批判。早在三十年代時期，正當法蘭克福學派調查和研究社會心理問題時，就已經很明顯地把社會問題的癥結歸結到所謂「操縱」問題。但是，由於當時法蘭克福學派中最主要的心理分析學家佛洛姆（Erich Fromm, 1900-1979）沒能充分發揮其作用，這個理論問題也就未能得到深入的研究。三十年代末四十年代初移居美國後，美國的高度發展的壟斷資本主義文化，立即受到了霍克海默等人的注意。這種極其典型的壟斷資本主義的文明，雖然不具備德國壟斷資本主義文明的法西斯性質，但同樣表現爲對於廣大人民群衆的高度嚴密的控制作用。這個控制作用，不僅在物質上、而且在精神上使老百姓遭受最殘酷的剝削，處於被奴役的地位。在霍克海默看來，美國的文明最典型地表現了高度發達的資本主義國家的腐朽性。在這樣的社會裡，原有的家庭已不再作爲社會的基本細胞而存在和發生作用；相反的，他們觀察到傳統家庭的崩潰，也發現佛洛伊德關於自我和超我的概念的侷限性。他們所看到的，是一種在廣義上理解的所謂「文化工業」的作用。阿多諾在〈重估文化工業〉一文中說：「文化工業把舊的和熟悉的文化變質成爲新的文化。……本來，文化就其眞正意義來說，並不是完全適合於人的本性，它始終都是起源於人們對他們所生活於其中的僵化的關係的一種抗議。所以只要文化完全融化成或整合成這種僵化的關係之中，文化的人類本性就從根本上消失了。在文化工業中的文化，已經不再是單純的商品，而是徹底地商品化。這樣一種量的變化產生了一系列新的社會現象。文化工業並不單純追求利潤的利益，而是進一步將它們的利益客體化成爲意識形態」（Adorno, T. W. 1989a: 129）。

阿多諾所說的文化產品「商品化」，指的是它們完全受到商品市場供銷關係的操縱，成爲整個資本主義商品市場的一個重要組成部分。這意味著文化產品的製造和推銷是依據商品生產規律進行的：凡是市場需要的，就生產得越多；而所謂市場需要，在當代消費社會科學管理和技術能力高度發達的時代，又是可以憑藉市場推銷策略和廣告媒體的宣傳效果人爲地製造和渲染出來。就在文化產品生產和推銷過程中，隨著文化產品設計和製造過程中受雇的技術人員的喜好和品味，一種用技術加工的新型意識形態被偷偷地和不聲不響地製造出來，並同時被賦予「非意識形態」的形態。這種新型的意識形態，其不同於傳統的意識形態的地方，就在於它本身並非經過專業意識形態理論家的加工和製作，而是由一些貌似客觀中立的技術專家們所設計出來的。因此，他們可以標榜自己是傳統意識形態的反對者，又可以自稱爲科學的代言人，是不追求任何功利的專業人才。文化工業產品經過商業和工業加工製造之後，還同時遭受工業和商業技術的處置，使它們完全按照工業和商業要求的規格、形式和尺度進行大量的複製生產。憑著現代工業生產和技術能力，像貝多芬交響樂那樣的高難度文化產品，也可以在刹那間成千成萬地複製成符合同一規格的商品。這樣一來，文化工業產品被它的工業和商業過程改造成爲「標準化」、「單一化」、「規格化」和「形式化」的文化商品。借助於工業技術的加工，文化工業產品從此大規模地按照單一標準和模式被生產出來，並依據生產經營和管理規則，通過廣告和媒體的人爲強行推銷策略，被銷售到整個社會中去。文化工業產品就在這種情況下蛻變成爲商品化的消費品。文化的性質在整個過程中都始終受到工業和商業規則和模式的加工和扭曲。如果說被生產出來的產品還包含著文化的特點的話，那麼，這些文化特點也只是從屬於商業的利益和需要。當社會大衆接受這些文化工業產品的時候，他們的文化程度和鑑賞能力，使他們很自然地滿足於產品的外貌和形式，而對其中的內容和性質，他們

也只能憑其自身的程度來理解和接受。這樣一來，社會大眾所接受的文化工業產品就只能是停留在其外表和形式的層面上。

因此，在阿多諾看來，文化工業的發展，使啓蒙的辯證進入群眾受騙的階段，而理性的異化則達到空前未有的程度。在這過程中，爲壟斷資本所操縱的大眾傳播和媒介系統起著關鍵的作用。

社會批判理論關於理性批判和文化工業的理論，在六十年代後繼續對當代社會理論的發展發生影響。但是，由於法蘭克福學派的理論影響力的局限性，也由於第二次世界大戰後消費社會的出現和發展，再加上後來各種文化批判理論的不斷更新和重建，使他們的文化工業理論又經歷一番改造的過程，其中也不免被加入一些新的理論和方法的成份，並同其他相關理論和方法融合在一起。而且，原先一直沒有被重視的本雅明的文化批判理論，也在戰後逐漸被學術界發掘、並被引用到現實的文化批判工作中去。由於本雅明文化批判理論包含了比霍爾克海默和阿多諾等人的「文化工業」理論更全面和更靈活得多的觀點，使阿多諾等人的文化工業理論也相形之下減少影響力。

我們在前面已經說過，當代資本主義社會的文化工業主要包括三種類型，也就是電視、電影和流行音樂，而在此之外的出版業、電台、報刊雜誌和其他傳播媒體，則屬於上述三大類型文化工業的周邊附屬物。在二十世紀六十年代以前，也就是當阿多諾等人提出「文化工業」批判理論的時候，資本主義世界的文化工業不論就其市場範圍、生產組織、控制單位元以及它們的社會受眾的性質而言，都是處在一種開始的階段。但是，六十年代之後，西方的文化工業狀況，發生了很大的變化。總的來說，文化工業一般都是受到少數大型工商業壟斷集團的支配，它們幾乎控制了絕大部分的文化產品的製造過程及其市場。而文化工業的這種企業工業組織結構的性質，對於他們所傳播的文化產品的性質及其市場具有決定性的影響。最主要的是這些文化工業企業的壟斷性質，決定了它的文化產品具有追求利潤、控制消

費者心態和排除其他文化產品的特徵。也就是說，文化工業的壟斷寡頭的性質決定了其文化生產產品對於其消費者的強制性推銷性質。這種強制性的推銷，使文化產品的生產具有明顯的追求利潤的特點，同時其消費者也喪失了進行自由選擇的自由。文化工業產品的生產製造，是依據其壟斷生產者的利潤需要，依據他們的喜好和品味標準，依據他們進行生產競爭的策略，而不是依據文化本身的性質，也不是依據消費者的文化需求。隨著六十年代後壟斷工商業及其全球化擴張的發展，隨著被他們所雇用的科學技術專家隊伍的擴大及其專制制度的完善化，上述文化工業產品的強制性推銷性質已經進一步發展到全面控制消費者的需求的程度。

資本主義文化工業的發展是以早期電影業和流行音樂業的成果作為基礎和出發點的。電影和流行音樂的大規模工業生產大致經歷三個不同的歷史階段。這就是1900年到1948年所構成的第一階段，1949年到1970年則被稱為第二階段，而從1970年之後至今，就是它的第三階段。阿多諾等人的文化工業理論基本上是針對前面所說的第一和第二階段。1949年可以說是文化工業發展史上的一個轉折點。這一年電視業開始大量出現，並勢如破竹地全面取代了電影。而美國高等法院也在這一年作出反托拉斯的決定，迫使原有的文化工業企業進行全面調整。在調整的過程中，新的文化工業企業以其新型技術和科學管理能力，取代了舊有的企業，或者改造了它們的企業組織機構及其管理運作原則。但是，從七十年代開始，以更雄厚的經濟財務勢力和科學技術作為基礎的全球化的大型跨國聯合企業，逐漸接管了整個文化工業系統，並同時實行了以當代科學技術手段和管理方法為中心的全面控制。1970年，美國電影業壟斷的程度同1948年幾乎相同，最重要的十家電影發行公司獲取總收入的95%。但1970年之後，由於全球化壟斷和控制的加強，美國十二家媒體聯合大企業掌握了最大的三家電視網路（CBC，ABC，NBC），並控制了幾乎所有的唱片製造公司和銷售量

最大的出版公司。在電視出現之前，美國的90％電影是賺錢的；可是，在二十世紀八十年代，只有10％的美國電影贏利。電視的發展壓倒了電影的影響力，迫使當代電影業進行大規模的組織調整。1983年美國最重要的六家電影製造公司獲得了電影業總收入的89％。

八十年代末，電影業遭遇到越來越多的有線電視和錄影節目的嚴厲挑戰，曾一度使電影業面臨危機。但是，由於美國電影業在全世界的壟斷和控制地位，使美國電影業順利地度過難關。1952年，美國電影業從國外市場獲得的收入占它的總收入的42％，而在七十年代占50％到55％之間（Phillips, 1982: 332）。美國電影業對付美國國內電視、有線電視以及錄影片對於電影業的威脅的主要策略，是從國際電影壟斷市場的贏利中進行補貼的。美國電影業利用它們在全世界的強大的發行組織網絡，控制了占大部分的電影放映機構和場所，同時還操縱了與之相關的絕大部分電影廣告市場，迫使他國電影業不得不借用美國電影發行網絡。美國在全世界的電影發行組織機構系統，不但發行美國電影，也同時發行其他更加電影，使它們有可能利用它們的壟斷力量，主動調整美國與他國電影的放映比例，同時也控制了他國電影的放映機會。美國電影業還利用它們的巨額資本，不惜代價地拍攝巨大成本的電影片，以利於同他國競爭。資本的優勢使美國電影業將競爭的方向轉移到成本的競爭。從二十世紀七十年代到八十年代，美國電影業的影片製造並不是依據電影觀眾的喜好和品味的變化，而是應用「拼實力」的策略，將重點集中到拍攝耗資昂貴的影片上。它們之所以這樣做，是因為它們認為：對於大多數公眾來說，看對於並不是他們的固定習慣。只有當影片的場面足於使他們震撼，發現影片拍攝耗費了大量的資本時，他們才會對影片的發生興趣。為此，它們還將廣告費用提升到更高的程度，並配合電視和各種宣傳渠道，以便在廣大社會大眾中，塑造一種「耗費巨額資本」的特殊印象。在這種情況下，電影導演在執導時將其主要精力集中在如何達到吸引觀眾的效果。最

近十年的各種電影獎競爭中，獲獎的導演與其是靠他的藝術創新，不如說是由於票房高的緣故。在美國的真正的電影市場中，導演的創新是不受鼓勵的；而且，事實往往是：越是創新的導演，越會受到排擠和被冷漠。如何獲得高額利潤，才是最重要的影片製造秘訣。

美國最著名的唱片公司，例如RCA，屬於貝塔斯曼音樂集團的BMC，EMI唱片公司，寶麗金唱片公司，飛利浦唱片分公司，WEA唱片公司，屬於華納通訊公司的唱片子公司，CBS公司以及屬於新力（SONY）集團的唱片分公司等等，幾乎都是屬於更大的電子聯合企業或大型工商業財團的子公司或分公司。由此看來，唱片製造在七十年代之後已經不可能作為獨立的單位，而只能隸屬於更大的電視公司或大型電子工業集團。這表明二十世紀下半葉的文化工業基本上是以當代科學技術為實力基礎，而在電子技術橫行的當代數位時代，電視和電子網路系統就成為文化工業全面整合媒體和流行文化生產過程的基地。這就是說，在上述媒體壟斷化過程中，更加明顯的顯示出當代媒體企業組織的基本特點，這就是以電視工業為核心的新型電子資訊網絡系統的建構。例如屬於美國三大電視網絡之一的美國廣播公司（ABC）除了經營電視業務之外，還壟斷其他廣播業、唱片製作和發行、圖書雜誌出版、電影及各種戶外娛樂活動場所，形成了一個貫通全國各地各領域各角落的媒體廣播王國。以此相類似，哥倫比亞廣播公司（CBS）除了經營電視以外，還經營唱片、樂器設備、圖書出版、雜誌和商用機關機械設備等業務。而美國無線電公司（RCA）除了經營全國廣播公司（NBC）的電視業務以外，也經營了電子、唱片、出版、電台廣播、速凍食品以及地板材料等業務。

環繞著電視網絡的大型唱片公司也明顯的表現出壟斷傾向。美國主要的五家唱片公司都是大型的電子和通訊聯合大企業的子公司。他們不只是生產製造唱片，而且還生產和出售電子硬體和軟體，同時又出版圖書，製造電影以及各種錄影帶及其相應設備，有利於製作有效

的廣告，並傾銷他們的產品。

　　總之，西方國家文化工業的組織和性質，也隨著整個社會結構和其他整體因素的變化而變化。如何依據文化工業理論對西方流行文化進行分析，仍然需要依據實際狀況來決定。

　　在全球化趨勢日益增強的情況下，分析流行文化的文化工業性質，更必須結合全球化的特點。目前任何一種具有國際影響力的文化工業，都是屬於跨國壟斷公司。上述美國最大型電視、電影和唱片公司，都在全球範圍內占據優勢地位。而且，爲了更有效地推銷流行文化，美國、日本和歐洲各大國的文化工業集團，實際上已經結成各式各樣的聯盟，在全球範圍內稱霸。屬於局部地區的文化工業企業，如果要獲得巨額利潤，就必須加入全球性文化工業系統，在不同程度上附屬於西方最大的文化工業集團。

第三節　流行音樂

　　流行藝術中，流行音樂和流行舞蹈是最爲普遍的。在最近幾年出現的流行連環畫，則是流行文學和流行藝術相結合的典範。

　　流行音樂在流行文化中占據非常重要的地位。流行音樂不僅以其動聽悅耳的魅力而廣泛地傳播於廣大民眾之中，而且，它往往構成整個流行文化傳播和擴散的重要媒介和推動力量。近來興起的音響設備和卡拉OK（Karaoke）以及MTV，更爲流行音樂的氾濫推波助瀾。流行音樂同當代電子音響設備等科學技術發展的密切關係，也表明流行音樂脫離不開文化工業的發展。

　　其實，流行音樂的發展只是近一百年來的事情，這是因爲流行音樂的出現和發展，必須具備整體社會文化的充分條件，同時也需要等

待音樂本身的自我改革和自我超越達到一定的程度。本世紀初在美國紐約貧困的黑人住宅區產生和發展的爵士音樂（Jazz），可以看作是當代流行音樂的始祖。接著，「貓王」埃爾維斯·普列斯萊（Elvis Presley, 1935-1977）所開創的「搖滾樂」（Rock Music），將早在美國社會中形成的流行音樂推進到最高峰。這位轟動世界的「貓王」，原出身於美國農村鄉鎮杜貝洛（Tupelo）。他的發跡可以典型地顯露出流行文化的某些興盛秘訣。個人的才華固然重要，更關鍵的是社會機遇，其中最重要的是商業力量的支援和媒體的推廣。我們將在有關都市文化的章節中更深入說明「貓王」成功的社會條件。在這裡，我們主要將分析重點集中在貓王所締造的搖滾樂王國如何開闢了流行音樂的新天地。

一、爵士音樂

為了深入分析流行音樂的性質及其運作邏輯，我們先集中以爵士音樂為例進行探討。爵士音樂最早是出現在最下層社會階層中的一種「大眾文化」。當時主要的創作者及其演奏者是夜總會和酒吧間的近乎於流浪漂泊的貧窮音樂人士。但他們具有明顯的音樂家素質，因為他

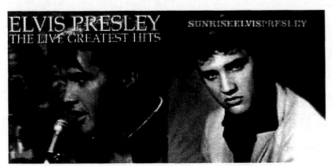

震撼美國五〇年代歌壇巨星Elvis Presley。
（圖片來源：左為專輯the live greatest hits封面，右為專輯sunrise封面）

們聲稱自己並不是單純爲了謀生或純粹爲了取悅聽衆而已，而是爲了表演而表演，顯示出他們將爵士音樂當成一種純粹音樂創造和演出的特殊品質。這正是爵士音樂繼承現代派音樂特徵的地方。除此之外，他們的另一個顯著特點是「即興表演」（Jam）。據研究爵士音樂的專家指出：即興演出被爵士音樂家稱爲即興創作（Rockwell, 1983: 166）。爵士音樂家很重視即興表演，把它看作是他們不同於其他純粹爲了賺錢的音樂表演的一個特色。他們很有自己的氣質和格調，很鄙視那些不會欣賞爵士音樂的聽衆，蔑視他們不具有音樂鑑賞能力，自以爲自己很有獨特的音樂美學品味。所以，爵士音樂不同於一般的大衆音樂，實際上是有其專門的創作群和收聽群，是在特定社會階層中傳播的專門音樂。但由於其產生條件和社會基礎，使它從一開始就被人們當成下層社會文化的表現形態。據利德報導，直到二十世紀六十年代，爵士音樂的社會中心還是以黑人爲主的酒吧間（Reed, 1979）。從1943年到1955年，美國堪薩斯州、亞特蘭大市和洛杉磯市的黑人酒吧間是按其爵士音樂演奏的難度而被劃分爲不同等級的。

　　爵士音樂的出現和在特定酒吧間的氾濫，曾經受到法蘭克福學派的阿多諾等人的批判。阿多諾在其論述爵士音樂的著作中，似乎只集中揭示它和資本主義社會畸形發展之間的關係，因此，他偏向於貶低或甚至否定爵士音樂的藝術性。他認爲爵士音樂的出現正是表明資本主義社會藝術創作生命的沒落和衰亡。阿多諾更多地注意到爵士音樂在酒吧間演出爲其中消費者服務的一面，同時也低估了黑人音樂家的創新能力，在某種程度上表現出阿多諾自己的知識分子清高、睥視大衆文化的立場。阿多諾儘管試圖揭露爵士音樂遠離古典音樂的方面，但他仍然過多地強調和維護音樂藝術的純潔性和崇高性，使他對於爵士音樂的批判在很大程度上脫離了爵士音樂本身的實際狀況。

　　在第二次大戰後初期，爵士音樂中出現了一個新的派別，這就是以紐約年輕的黑人音樂家爲中心所謂「博普爵士音樂」（Bop）。博普

爵士音樂的特點是強調節奏的多樣化、複雜化和變動性。這批音樂家有較爲廣闊的藝術背景和更深的藝術素質，他們往往和愛好相同的畫家、藝術家相互交流藝術心得，並試圖吸收音樂史上各種新音樂的創作成果，特別是對於音樂史上的現代派有濃厚的興趣，採納了他們的無調性和隨意性，強調音樂節奏和旋律的無定性。博普爵士音樂的主要成員都是受到過專業藝術和音樂訓練的中產階級分子，他們在生活方式和音樂創作上都有特殊的品味和癖好，不願意隨波逐流，以達到個人創作自由爲快樂。由於他們的特殊成份，他們的演出地點和場合也不同於早期的爵士音樂。他們走出酒吧間而到都市的音樂廳和劇場進行演出，在專業音樂界中受到越來越多的重視。這一派人後來日益發展成爲爵士音樂中的菁英集團，醉心於純藝術和純音樂的專研和創作，並只在少數理解他們的音樂圈中演出和發展。爵士音樂中的這一流派的出現和發展，又向我們提供了一個新的範例，表明流行音樂和大衆音樂、菁英音樂之間存在著非常複雜的關係，而它們之間本來並不存在絕對不可踰越的鴻溝，因此，不能將它們籠統地對立和區隔開來。

爵士樂儘管始終存在和發展著，但它的特殊性質使它至今仍然被人們稱爲流行文化中的「次文化」類型。它的進一步發展，要等到五、六十年代出現搖滾樂、並同時湧現新型文化工業技術的時候。從五、六十年代至今，爵士樂一方面堅持它原有的音樂創作傳統，另一方面又充分利用現代音樂廣播技術的成果，和搖滾樂等具有更大社會影響的樂派相互交流和相互滲透，更多地吸收大衆傳播的渠道，在社會中產生新的影響。由於爵士音樂的社會影響越來越大，使他們日益重視組織性，形成了爵士音樂中的許多新團體和組織，這也有利於他們的進一步發展，但同時也顯示出越來越濃厚的音樂幫派性。他們往往在他們所熟悉的小教堂、小劇場、藝術館和工廠等掛鉤，定期到那裡演出，形成自己特有的聽衆群和愛好者。

爵士樂的發展表明了流行音樂是一種非常複雜的藝術流派，它的出現和發展，一方面和大眾文化中的一部分因素相接合，另一方面又和資本主義社會的商業性和工業技術發展相關聯，而這兩方面的因素又相互交錯和相互影響，致使爵士音樂的發展成為一種非常複雜的社會文化現象，不能簡單地進行膚淺的分析。

二、搖滾樂

　　搖滾樂雖然比爵士音樂出現得晚得多，但它的流行速度和範圍遠遠地超出爵士音樂。搖滾樂的興盛首先應歸功於貓王埃爾維斯·普列斯萊。他成功地將民間歌曲、舞蹈及彈唱技巧結合在一起，形成獨特的演唱及表演風格，吸引了成千成萬的聽眾，而且，還將當代科學技術方面的成果，例如利用電子幻影及音響的綜合技術製造立體聲響的效果，也在演唱中應用的靈活機智，達到高度熟練的程度。貓王的成就從五、六十年代起極大地推動了搖滾樂的傳播和發展。

左圖是形成於五〇年代晚期並對整個六〇年代發生決定性影響的英國搖滾樂團披頭四（The Beatles）。（圖片來源：wih The Beatles專輯）
右圖是是當代流行搖滾雜誌*Bass Player*封面上的保羅·麥卡尼（Paul McCartney）的頭像，他是當年披頭四的重要成員之一。（圖片來源：*Bass Player*雜誌封面）

搖滾樂不同於爵士音樂的地方，也許首先就在於它的聽眾及演出技巧方面的差異。就其聽眾而言，搖滾樂起初是以城市中的下層工人大眾為主，再加上一些青少年群眾。後來，搖滾樂推廣到世界城鄉各地，其聽眾遠遠地超出原來的工人大眾，還包括了都市中的大多數青少年在內。要探索搖滾樂在世界的發展狀況，必須結合它的故鄉美國的社會狀況。搖滾樂之所以能夠在五、六十年代之後發展起來，主要是因為當時的美國開始出現了工人階級中白人與黑人之間的融合，特別是在文化方面的交流。所以，按照李普西茲的意見，當時原來在白人傳統中流行的鄉間音樂風格逐漸同黑人傳統中流行的「節奏普魯斯」派別結合在一起（Lipsitz, G. 1984）。二次大戰後白人與黑人工人文化的結合，主要集中在當時生產軍火的北方都市，所以，搖滾樂也是首先在美國北方都市中的工人階級圈子裡產生的。當時的美國北方都市中的中下層工人中所流行的街頭文化，基本上是以放蕩不羈的情感表達、縱慾和憎惡紀律為目標，因此，搖滾樂從一開始也同都市中的街頭塗鴉等所謂都市「次文化」結合在一起。這種狀況也說明了它為什麼很快就同都市的中下層青少年群眾的次文化相結合，並被這批青少年所接受，成為他們抗拒都市上層階級文化及抵制與中產階級「同流合污」的表現手段。這批人由於遭受都市資本家及嚴酷紀律的管制，往往形成一股反抗情緒，以追求個人享樂為主，他們所嚮往的生活方式是縱慾、我行我素、滿足個人快感、無所拘束地過遊戲式的生活。顯然，這是當時美國都市中貧困階層，特別是黑人等少數民族工人的實際生活及其生活環境的曲折反映。

　　但是，搖滾樂從一開始就顯示出它的音樂創作和表演方面的特殊風格及技巧。這方面的特徵使它們很快就被文化工業中的壟斷者所注意，並被他們收買、組織和控制。所以，搖滾樂的進一步發展和氾濫，更明顯地借助於當代社會文化工業的發展。沒有五、六十年代後晚期資本主義社會在經濟、科學技術以及整體社會結構和心態結構方

台灣目前流行搖滾樂的兩個具有代表性的團體，左圖為伍佰＆China Blue。（圖片來源：「浪人情歌」專輯封面）右圖為五月天。（圖片來源：第一張創作專輯封面）

面的急遽變化，就不會有搖滾樂的興盛。具體說來，五、六十年代後搖滾樂的氾濫，主要同以下幾個方面的因素密切相關：（1）晚期資本主義社會經濟的繁榮以及由此而導致的社會物質財富的膨脹；（2）消費文化的產生及漫延，導致商業及經濟同文化的進一步結合和相互滲透，從而爲搖滾樂的推展提供了廣闊的市場；（3）晚期資本主義社會階級和階層結構的變化，使原來受到排擠的中下層人士，得以在階級結構的模糊地帶和邊沿地區遊走，並以搖滾樂等新型藝術作爲其生存基本方式；（4）晚期資本主義社會科學技術的成就，有助於將搖滾樂的表演技巧現實化，也有助於其聽衆在社會的更大範圍內享受和聆聽；（5）當代社會發達的媒體系統將搖滾樂「媒體網絡化」，使之產生更廣的社會效果；（6）新型小資產階級以及所謂「媒體中介人」的興起及其在社會各個領域的影響力的擴展，也使搖滾樂成爲他們追求生活風格多樣化的一個選擇方式；（7）晚期資本主義社會大型壟斷企業對於消費文化的控制，使搖滾樂在無意識中找到了經濟、財力、組織和傳播的支柱；（8）與搖滾樂同時發展的消費文化、流行音樂等，成爲搖滾樂發展的周在力量；（9）與搖滾樂同時成長的青少年一代，由於他們形成了一種新的消費享樂心態，具備了鑑賞和享用搖滾樂等消費文化的能力，也使搖滾樂找到了重要的社會聽衆。

搖滾樂要求音樂家、製作者和音響師的高度配合，才能產生最大的藝術效果。因此，它在產生之後，很快就成為唱片錄音室中進行創作的一種音樂形式。如前所述，搖滾樂在利用當代科學技術成果方面，比其他流行音樂更快和更有效。所以，在六十年代後所產生的新型文化工業產品，諸如樂器的電子化、音響合成系統、複製技巧的精細化、錄音磁帶及光電技術的應用等等，迅速地被應用到搖滾樂的創作和製作中去。

有趣的是，搖滾樂的發展和演變，始終都同整個社會的環境因素的變化緊密相關，同時也同搖滾樂演出者的心態及其階級結構的變化而變化。

隨著消費社會的發展以及演出和唱錄技術的不斷改進，搖滾樂一方面在演唱和演出技巧領域不斷進行改革，產生了演唱和演出技巧上的各種派別，導引出各種多樣化的搖滾樂演出團體，使他們的隊伍成份也發生變化和複雜化。而且，由於搖滾樂演出團體的多樣化，他們同整個社會的關係也變化不定：有時，搖滾樂可以同社會上心懷不滿的群體息息相通；有時，他們又同新興的小資產階級、同有一定文化素養的階層相關聯；有時，又同文化工業集團發生這樣或那樣的關係。

隨著二十世紀晚期資本主義社會變遷速度的加快，搖滾樂的命運及其演唱風格也有許多創新，並與其他類型的音樂表演形式相結合或互相協調。在他們的聽眾中，越來越多的人並不滿足於單純聆聽或欣賞，而是進一步將他們對於搖滾樂的鑑賞態度同他們的情感薰陶相結合，使搖滾樂成為社會上某些人士體驗和磨練情感的藝術手段，從而使搖滾樂更加具有文化價值。還有一部分人將搖滾樂當成他們抒發對於社會不滿情緒的藝術表現，使搖滾樂也有可能同都市中的一些「次文化」團體相結合。在英國，搖滾樂同不滿社會的「朋克」樂團的關係就是這種類型的藝術整合的產物。

值得注意的是，晚期資本主義社會商業和消費文化的發展，使搖滾樂也同其他音樂流行派別一樣，免不了遭受同文化工業相結合的命運，使它們在發行唱片、演出和創作方面，都受到文化工業壟斷企業的一定程度的控制，並在其發行的實際唱片的內容和形式方面受到他們的改造。受到當代唱片工藝和工業製造的影響，搖滾樂的某些歌唱家，特別是其中的最受歡迎的名歌星和走紅的歌唱家，同商業企業和媒體組織建立了更緊密的關係。他們一方面建立了自己的演出單位，有自己志同道合的歌友和固定的受眾，並維持一定的演出風格，另一方面又時常保持同社會上有勢力的媒體系統的緊密關係，以便保障他們演出的成功。他們的這種雙重性格使他們的藝術才能和實際影響，都變成為越來越模糊的狀態。

　　同占統治地位的大型企業相關聯之外，他們還同社會上少數獨立自主的藝術單位或小型媒體組織發生一定的聯繫。在這方面，最值得注意的是近來猶如雨後春筍般出現的都市獨立電台及非營利基金會組織對於它們的支援。由於在固定的獨立電台中進行演唱，他們的聽眾也相對地穩定下來。據調查，都市小型電台的聽眾，往往是品味多樣而藝術要求相當高的小資產階級分子。他們把收聽特定的搖滾樂當成他們不願意與社會主流相結合的宣示。而少數私人電台對於固定搖滾樂的播放，又促使搖滾樂中的某些流派找到了創作個演出的基地，有利於他們向專門性的主題和特定風格著力發展，顯示其藝術才華的獨創性。

　　搖滾樂的發展成為了當代社會流行文化的一個重要現象。由於搖滾樂的演出和社會影響包含著相當複雜的因素，使它也成為最具有典型意義的流行文化現象之一。

三、流行歌曲

　　我們在上一節關於文化工業的探討中已經指出：流行音樂的發展在二十世紀經歷了三大階段：（1）從1900年到1948年；（2）再從1949年到七十年代；（3）從七十年代至今。這三個階段的劃分，基本上同當代社會工商業以及科學技術的發展進程相對應。流行歌曲的社會命運也必須放在這樣的時代變遷環境中去考察。流行歌曲的發展過程，更加明顯地突出了當代西方消費文化整體系統、文化工業、媒體系統以及社會受眾心態因素之間的相互滲透所扮演的重要角色。

　　我們將分析的重點集中轉向二十世紀七十年代後的流行歌曲。這一時期的特點是：（1）電子媒體進一步發展，造成流行歌曲創作、演出和傳播的最佳條件；（2）流行文化中的電影、電視、廣告等領域實現了空前未有的大交流和相互滲透，有利於流行歌曲綜合各個領域的因素，更廣地影響其社會受眾。凡是在電影、電視劇中走紅的歌曲，同時也就成為流行歌曲；凡是在電影和電視連續劇中取得成功的影星，迅速地也成為名歌星。反過來，凡是成為了流行歌曲明星的歌唱家，也同樣迅速成為電影和電視連續劇的明星；（3）唱片製造業與電視電影業同步發展，並面對類似市場結構；（4）歌曲表演與傳播形式隨著錄音、複製、佈景以及製作技術的迅速改進，採取越來越先進的科學技術手段，並與同期發展起來的各種民間表演技術結合起來，使流行歌曲的演出和傳播得以採取多樣化的活潑形式；（5）流行歌曲的演出和表演採取與聽眾心態結構相對應的方式，使流行歌曲的傳播成為這一時期社會大眾心態被動趨勢的一個晴雨錶。

　　幾乎在所有的先進國家中，流行歌曲的傳播和生產及推銷，都被這一時期迅速發展起來的大型電子及通訊聯合企業所控制。據美國唱片工業的調查統計，五家最大的唱片製作公司都隸屬於上述大型聯合

企業。在日本，最大的電子聯合企業SONY等，控制著全國大多數唱片製造工業公司。但是，唱片工業市場也存在某些複雜的局面。除了上述大型企業的控制以外，還存在著獨立經營的小型唱片公司，形成大小兩種類型企業共生和某種程度的相互依賴的有趣狀態：大公司把小型公司當成自己挑選名歌曲的試驗室，同時也適當挑選取得成功的小公司，將它們併入自己的聯合企業系統之中；而小型唱片公司又不斷發掘新歌手，以達到儘可能減低製作成本的目的，有利於繼續生存和發展。由於歌手的數量越來越多，小公司往往把注意力集中在發現新歌手上，因為一般說來，大型公司不會隨便接受新生或未知名的歌手。但對於小公司來說，在大量出生和新生的新歌手中選擇和發掘新手，比邀請已成名的歌星更省錢；而由於新手的數量越來越多，對於小公司來說，發現和發掘新手並不很困難。在新出生的大量青少年中，越來越多的人期盼自己成為歌星；「成為歌星」已經是二十世紀下半葉出生的青少年的一個普遍理想。因此，小公司不會為找不到新手而發愁。當然，大型聯合企業對於唱片製作的控制也不示弱。它們發揮其財務和媒體系統的優勢，儘可能控制理想歌曲的播放渠道，並利用它們所控制的廣告商，大肆為它們所生產的唱片進行宣傳和推銷。

流行歌曲的發展具有其自身的規律。這是一種沒有規律的規律：因為任何人都無法預測什麼樣的歌曲以及什麼樣的風格會被主要聽眾所讚賞。產生這一狀況的主要原因是流行歌曲的受眾基本上是青少年一代，而他們的興趣、愛好和品味是變動不定的，而且也是瞬時激變的。為此，這一時期成功的唱片公司，往往對於社會心態的轉變趨勢給予非常密切的注視。這些唱片公司很注意都市街頭的流行趨勢，同時對於都市中分佈的酒吧、MTV、電影放演場所、大型百貨公司以及其他青少年出入頻繁的公共場所進行密切的監視。很多唱片公司發現：只有依據這些成長中的青少年的心態變化狀況，才能較為成功地

發掘新流行歌曲的風格。一般說來，二十世紀下半葉出生和成長的青少年都趨向於享樂至上、我行我素、自由放蕩以及對於傳統的叛逆精神。而這些精神狀態促使各種各樣的都市青少年次文化叢生起來。流行歌曲的風格正是密切地同這些青少年次文化的風格相呼應。

　　由於流行歌曲主要是面對青少年一代，所以，它的基本內容和情調往往是以愛情、性、冒險、奇遇、浪漫情節、享樂經驗、偶然成功等等為主。

　　在現代消費社會中，成功的流行歌曲及其歌星的產生，在很大程度上是依賴於媒體傳播系統的捧場。個人的演唱素質及才華固然重要，但個人的氣質和性格特徵，也往往受到主控製作單位的重視。他們所選擇的「歌星胚子」，往往是能夠典型地表現這一代青少年反叛精神及其品味上的個性特質。就此而言，歌星在很大程度上是塑造出來的，也是靠他們所處的社會機遇而定。

第四節　從古典音樂到當代流行音樂的符號結構演變

　　從音樂學和音符學的角度來看，當代流行音樂的符號結構也完全不同於傳統音樂；流行音樂的符號結構是非常複雜和「脫離常規」的。這種符號結構的變化，不只是音樂符號本身的改革，而且也是同整個現代社會文化條件的變化有關。

　　在談到音樂的符號結構特徵時，法國結構主義人類學家李維史陀認為，音樂、神話和語言是人類創造文化過程中共時地所生產出來的三大成品；相對於具有完整的「聲音／意義」結構的語言來說，只有聲音而沒有意義的音樂，如同只有意義而沒有聲音的神話那樣，只能

作爲文化生產中的一種「副產品」而豐富和補充人類文化的寶庫。所以，音樂的符號結構類似於神話，是僅次於語言結構。但從人類文化的生產過程而言，音樂和神話都比語言更原始、更簡單和更靈活，構成爲人類文化的基礎。

作爲音樂的最基本構成因素，聲音在人從自然過渡到文化的過程中，是最原始、最自然和最易於被人接受的象徵性因素；但作爲一種基礎性的象徵，聲音又具有最普遍、最抽象、最易於變形和最大伸縮性的特質。聲音的這兩種相反相成的特點，使它在具有高度主動創造性和超驗性的人類精神面前，成爲了創造文化、抒發情感、表達意義和累積經驗的最重要手段，也就自然地成爲了語言和音樂這兩種最基本的文化形式的構成因素。所以，在人類史、文化史和社會史上，聲音最早和最普遍地成爲了人的文化創造所不可缺少的象徵體系。同時，聲音的高度複雜的兩面性，爲人的思想自由的不斷拓展和不斷發展提供了最靈活、最有伸縮性、最簡單而又最複雜的可能性。

以聲音爲基本結構的音樂，以其上述特點和優點，特別是以其珍貴的內在性和時間性，一方面可以毫無阻礙地同人的心靈運作發生共振，滲透到人類心靈深處而相互交感，滿足思想的無止境的自我超越。另一方面，它又可以同人類最複雜的情感起伏和內心慾望的暴發和圓寂相協調，既成爲情感和慾望的外化的最理想途徑，又成爲其收斂和能量重構的理想場所。因此，音樂成爲了直接與人的內在心靈同步運作的最理想的文化形式。正如波西厄斯（Anicius Manlius Severinus Boethius, 480-524）所說：「人性的音樂是只有那些進入其自身內部或滲透到其內心中的人們才能理解的東西」（Boethius, 1867[500]: 33; Combrieau, J. 1913: Vol. I: 221）。因此，音樂在任何歷史時代中都同時地構成了人類文化創造和建設的基地及重出發的理想據點。法國著名的思想家、前總統密特朗的學術顧問賈克・阿達利（Jacques Attali, 1943-　）深刻地指出：「音樂在本質上是無所不在、無

時不在的。凡在有人、有自然和有社會的時候和地方，就有音樂存在，而且，它還不斷發生作用。」「社會的一切現象，歸根結柢都是聲音及其結構的變型。構成爲社會的重要組成部分的政治經濟活動，其複雜的變動、鬥爭、競爭、危機、秩序和脫序等等，都是以聲音的基本結構作爲模式。因此，研究聲音和音樂也成爲研究社會和文化的必由之路」（Attali, J., 1976）。因此，阿達利在他的著作中，以自然的噪音（des bruits）爲模本，論述了一種「音樂的政治經濟學」。另一位法國人類學家保爾・波（Paul Beaud, 1942-　）指出：音樂同日常生活保持著極其密切的關係：它甚至滲透到日常生活中去，以致可以說，音樂的無所不在的特性，正是日常生活有節奏的發生一連串的喜怒哀樂交錯和重複過程的眞正內在基礎（Beaud, P., 1973）。

　　但是，音樂符號的性質及其運作原則，只有在深入探討它同語言結構、同一般文化的關係之後，才能有更全面的瞭解。在李維史陀看來，人的心靈和思想是主要是借助於語言結構來從事一切文化創造活動的。然而，結構式的人類心靈運作基本模式，在借助語言進行創造行爲時，又透過一系列複雜的中介因素和多層次的象徵分化形式，轉化成爲多樣系列的符號結構變型，才產生和不斷更新著人類文化的寶庫。

　　李維史陀爲了揭示隱藏著的心靈運作基本模式的中介化過程，爲了深入分析心靈運作模式在人類行爲中的經驗表現，曾經系統地調查和研究印第安人原始部落的各種神話、親屬關係、禁忌、禮儀、原始藝術、原始宗教、圖騰以及原始的社會關係。由於語言是人類文化的基礎和人類思想的基本手段，所以，原始人的上述各種神話、親屬關係、禁忌、禮儀、原始藝術、原始宗教、圖騰以及原始的社會關係，無非都是他們的語言結構所衍生出來的。在談到原始人的親屬關係時，李維史陀認爲它在本質上就是以語言溝通的基本結構爲模式所建構起來的兩性關係；在親屬關係中所表現出來的「性交換」基本結

構，就是以語言形式所進行的人與人之間的資訊交換基本模式的變型。正如任何語言資訊交換必須通過各種中介因素進行調整一樣，人的親屬關係中的性交換也必須靠一定的中介因素來協調。在人的性交換中的這個中介因素，最重要的就是「禁忌」。李維史陀指出：「如同語音，親屬稱謂語詞是含有意義的元素。也如同語音那樣，親屬稱謂語詞只有被整合成為體系，才獲得意義。親屬系統，如同語音系統，是在人的無意識層面上，由人的思想建構起來的。……儘管親屬關係隸屬於現實界的其他系列，但它們像語言現象一樣具有同樣類型的結構。」（Lévi-Strauss, C., 1977: 34）。

在談到語言與文化的關係時，李維史陀指出：「語言與文化的關係是極端複雜的。首先，語言可以說是文化的產物；由一群居民說出的語言是該群居民整個文化的表現。其次，人們也可以說語言是文化的一部分。語言是構成文化的多種事物中的一個因素——如果我們回憶泰勒關於文化的著名定義的話，文化就包括了許許多多的事物，諸如工具、制度、習慣、信念以及語言等等。從這個觀點來看，關於語言是文化的一部分的說法，完全不同於關於語言是文化的一種產物的說法。第三，我們也可以說語言是文化的一項條件。作為文化的一項條件，指的是語言以兩種不同的方式形成文化：一方面，語言是以一種連續歷時的方式（a diachronic way）成為文化的一項條件，因為在絕大多數情況下我們是通過語言來學習我們自己的文化；但另一方面，從更加理論的觀點看來，語言之所以成為文化的一項條件，是因為構成語言的元素和材料是構成整個文化的同樣元素和材料，諸如邏輯關係、對立項、相關項以及其他等等。從這個觀點來看，語言可以表現為更加複雜的結構的一種基礎，而這些複雜的結構正是相應於文化的不同方面和層面」（Lévi-Strauss, 1977: 68-69）。

關於語言和文化的上述相互依賴和相互滲透的關係，在結構主義看來，首先在於語言和文化始終都是同時相伴隨而同步生產和發展

的；因此，對於語言和文化的分析，不但必須同時相互關聯和相互滲透地進行；而且還必須將其中任何一項的性質看作是兩者相互影響的結果。其次，語言和文化之間相互緊密的關係，表明它們都是人的同一種思想活動裡不可缺少的手段和產物；因此，語言和文化也和人的思想以及其所指導的各種行為方式一樣具有相類似的結構。

如果說語言是由聲音和意義的錯綜複雜網絡而結合構成的話，那麼語言就是通過其聲音和意義的多種多層次的中介性變形而構築人類文化的。當語言的聲音和意義結構發生多種變形的時候，語言有可能朝聲音或意義的單一極端發生偏離性變化。當語言向聲音這個極端發生偏離時，便產生了各種音樂；而當語言向意義這個極端發生偏離時，便產生了各種神話。因此，音樂和神話都是語言的變形，也是語言衍生出各種燦爛文化的過程中的兩大類重要副產品；通過這兩大類重要副產品，人類又借助於思想和語言的進一步雙重化，而衍生出更複雜的文化產品（Lévi-Strauss, C., 1971: 577-579）。

這樣以來，第一，音樂是語言在生產和再生產多種文化過程中的一項重要副產品，它與另一類可能產生的副產品「神話」在一起，成為人類語言變化的基本形態，從而也成為語言進一步分化而導致文化複雜化的一種過渡性途徑。第二，音樂本身作為語言向聲音偏離的極端產物，具有純聲音結構的特點和優點，可以憑著聲音的無形性和波動性，構成一切其他有形的中介因素所不能構成的文化複合物。第三，純聲音的音樂集中地表現了聲音的特殊時間結構，即具有明顯的連續性和共時性的統一特質。聲音在時間結構上的優點，使音樂有可能成為人類思想和語言創造各種文化的最重要中間地帶，也使音樂成為心靈創作和自我昇華的最理想領域。早在古希臘時期，偉大的哲學家柏拉圖便把音樂看作是訓練和薰陶人類心靈的最佳教育手段（Plato, 1963, Republic. 3, 397-399）。第四，音樂，以其聲音結構的頻率、節奏、音色、幅度和持續等特性，具有把人同自然和社會文化有機地連

貫起來的特殊象徵性功能。作為最自然的現象，聲音本來是一種物理和生理的運動。但作為社會文化現象，聲音又成為最簡單和最抽象的象徵符號。在音樂創作中，從自然元素到社會文化象徵的過渡，人的心靈活動所包含的自然性和社會性，可以把聲音的自然性質和社會文化性質連貫起來、並巧奪天工地振盪成最豐富瑰麗的音樂作品，甚至將音樂作品再進一步提升為多種形式的文化產品，實現人在自然和社會雙重交叉關係中最自由的創造探尋和來回轉化。正如叔本華所說：「音樂作曲家向我們揭示了世界最內在的奧秘，作曲家實現了其最深刻的、智慧的和光芒的創造活動，並因而使音樂採用了連人類的最高理性都不能理解的一種特殊的語言形式。」（Schoppenhauer, A., 1942〔1818〕: 272）。黑格爾也說，音樂是一種浪漫的藝術，「它的基本因素是一種特殊的內在性（l'intériorité）；通過這種內在性，人的情感喪失了其自身的表現形式，使它並非在外在的現實性中，而是在一種瞬時的外在化（l'extériorisation instantannée）中體現出來」（Hegel, 1944〔1818-1830〕vol.3.: 20）。

　　音樂集中了、並純化了語言的聲音結構。由於人的思想和文化創造活動不可避免地要訴諸於意義結構，而意義結構的建造和分化又不可避免要訴諸於各種的象徵體系，因此，在人的思想運作和文化創造的過程中，音樂的聲音結構便成為了創造和更新意義結構的借鑑和中間環節。無意義的純聲音的音樂結構，正因為沒有意義，才使它成為多重意義結構的最大儲備所和冷凍庫，同時也成為了具多樣可能性的各種意義結構的基地和搖籃。總之，相對於語言，音樂雖然採取了純聲音的結構，但它同語言、並通過語言同整個人類文化保持了最密切和最神祕的連結關係；同時，通過語言，它又成為人類思想轉向其他文化領域、進行各種多樣的文化轉化和再創造的跳板和橋樑；最後，仍然通過語言，它又成為人類生活和思想創造的一切基本經驗的深不可測的歸宿。

上述關於語言、文化、思想以及人的行為之相互關聯的重要理論觀點，有助於我們從整體上把握不同因素的匯合效應，深入分析包括音樂在內的一切文化活動的創作邏輯及基本結構。透過大量的語言史、神話史、音樂史、一般藝術史、人類史、心理發展史以及社會史的大量調查和搜集的原始資料，可以得知：一方面音樂的產生、創作及其不斷發展的過程，幾乎同語言、思想、人的行為、文化和整個社會的形成和發展密不可分地同時同步進行；從這個觀點來看，研究音樂的任何一項重要問題，如果可以把音樂看作是人的社會性、文化性、歷史性以及精神性的最崇高和最抽象的綜合產物的話，就不能不把音樂放在語言、思想、人的行為、文化和整個社會的相關聯的總體複雜網絡中去考察。但另一方面，音樂作為「藝術皇冠頂上的寶石」，作為人的精神昇華和文化創造的最高級產品，它的形成和發展，具有比其他文化因素更複雜和更抽象的特殊形式和特殊性質，也保持著同人的精神活動更加曲折而緊密的關係。正如布爾迪厄所說：「音樂是一種最純粹的藝術，它沒有說出什麼，也沒有什麼東西可說」（Bourdieu, 1979: 17）。既然音樂沒有什麼可說，它就可以說出一切；只是它採取了純粹聲音符號的形式，去說出一切。既然音樂沒有東西可說，也就有各種可能性的東西可說出來。如果說，哲學家是以有意義的論述體系去揭示世界的無意義的本質，那麼，音樂家是以無意義的聲音表示生命的意義。音樂就是這樣：通過它的「無意義」說出一切有可能的「意義」。

　　音樂的這種特性和優點，使音樂得天獨厚地同人的最內在的心靈發生最直接的特殊關係——音樂在許多情況下直接成為人的心靈的窗戶，同時成為人的心靈的最敏感的接收器、振盪器和發射器。偉大的音樂家莫札特指出：「有人問我，我在創造和構思那些大量的和微妙的作品的時候，究竟採用了甚麼方法？其實，我除了說出以下的話以外，我說不出其他別的：我一點也不知道我自己；我也無法知道這一

切。當我處於非常好的情況下，例如當我坐在很得意的馬車上的時候，或者當我在吃過一頓好飯而去散步的時候，或者在睡不著的夜晚中，這時候成堆的思念突然湧上心頭，於是一切最美好的事情就由不得我一連串地發生。但究竟什麼時候和怎麼樣發生，我就一點也不知道，一點也無法瞭解。使我留在我的頭腦中、又使我不知不覺地哼哼出曲子來的那些東西，至少就是這樣告訴我的。」（Jahn,O.1856-1859, Vol.III.: 423-425）莫札特的上述體會生動地證實了音樂同心靈的特殊的微妙關係。

音樂的這種特性和優點，也使有的音樂可以為廣大無比的人群所接受和享受；而有的音樂又只能為極少數經過精緻地陶冶和培養的「精神貴族」所享用。音樂的這種極端矛盾的性質，使音樂作為與人類精神緊密相關聯的一種創造活動，同時又具有比其他文化形式更加自然、更加普遍和更加抽象的性質。在這個意義上說，音樂是人性的最樸素而又最複雜的文化表達形式。就此而言，在對音樂進行總體性考察的同時，又必須針對音樂本身的特殊性進行多方面深入的分析。這也就是說，我們要把音樂看作是同語言、文化、社會和人性緊密相關聯的文化活動產品，又要把音樂看作是一種遠離語言、社會和一般文化的極其特殊的高級文化活動產品，以便深入地揭示音樂同語言、文化、社會和人性的緊密關聯性的特殊產生過程和特殊表現形式。在這一點上，李維史陀所提出的一個重要觀點，就是把語言、神話和音樂看作是人類心靈運作的三項最基本的模式，也把三者及其相互關聯看作是整個人類文化不斷分化和發展的基礎。

音樂同語言、神話以及人類一般文化的上述複雜關係，使音樂本身的結構及其演變始終都同社會文化的總結構以及同人類思想模式的轉變密切相關。當代流行音樂的傳播，在很大程度上是社會文化條件以及人們思想模式轉變的一種曲折表現。但同時，它又表現出音樂本身結構，特別是符號結構方面的一場革命。

我們以當代流行的「機遇音樂」（Aleatory Music or Chance Music）為例。由美國後現代音樂家莊・凱茲（John Cage,1912-1992）所創立的「機遇音樂」（Aleatory Music），繼承了荀貝克（Arnold Schoenberg,1874-1951）的「無調性」（Atonality）音樂的創造精神，成爲了後現代音樂的一個典範。

莊・凱茲創造了一系列著名的「不確定樂曲」（Indeterminary）。他在1952年譜寫出一首題名爲《四分三十三秒》（4'33"）的鋼琴曲。這部作品在演奏時，是一位身穿禮服的鋼琴手走上台，安靜地坐在鋼琴前四分三十三秒，然後又一聲不響地走下台。在這段時間裡，沒有任何「正常」的樂聲發出。

莊・凱茲的《四分三十三秒》這部作品的創作和演奏，是後現代音樂以其自身的自我表演去實現它對傳統音樂的一種批判。

首先，它批判了傳統的「音樂」概念本身。在二十世紀以前，西方的音樂對聲音的探索，基本上建立在對於「有規則」振動的「樂音」（tone）和不規則振動的「噪音」（noise）之間的區別的基礎上。所謂音樂，就是依據有規則、有規律振動及其調和的原理，以樂音的高低、強弱、音色的「節奏」（rhythm）、「旋律」（melody）及「和聲」（harmony）合理配合而成的一種藝術。因此，傳統音樂把「節奏」、「旋律」及「和聲」當成三大基本因素。

莊・凱茲的《四分三十三秒》這部作品卻沒有出現任何樂音，更談不上其「節奏」、「旋律」及「和聲」。莊・凱茲的《四分三十三秒》這部作品所展現的，是一種非樂音的寂靜及其時空結構。聽眾以期待的心情所盼望聽到的「音樂」，不像傳統音樂演奏那樣出現。但正是在這種沈默期待過程中所經歷的特定時空結構，以及表演者和聽眾在其中共時地分別偶發出來的「驚異」心情，通過眾目睽睽和焦急期待的複雜心態的立體式交感，通過在各個不同聽眾與台上演奏者之間緊張而奇妙的互動關係網的持續，使《四分三十三秒》這部作品的演奏，

從原來似乎毫無內容的一片空虛，頓時自然地演變成台上台下各個不同心靈的無形神秘交感曲，不但時時包含著無限豐富的多元化的可能的創造內容，而且，也時時可能引爆出導向一切維度的創作方向和趨勢。也就是說，時時隱含著向新的創作轉化的最大限度的可能性，時時孕育著最多樣化的創作動力和能量，時時可能爆發出由不同心靈的激烈震撼所產生的奇特交響樂曲。因此，沈默的時空中的每一個片段，都是含苞待放的最美音樂花朵，是構成音樂創作的最豐富潛能的取之不盡、用之不竭的精神發源地。

由於《四分三十三秒》所開闢的「寂靜」時空提供了這樣一個自由想像的世界，使作者、演奏者和聽者三方，感受到在這個新的世界中「一切可能的事情都可以發生」。於是，這提供的「寂靜」時空，成為了最大音樂創作和欣賞的時機總匯。

同時，《四分三十三秒》的演奏，也成為了藝術家和鑑賞者通過藝術再次直接地面對世界和生活的一個珍貴時機。正如莊·凱茲所期望的，在《四分三十三秒》的寂靜中，藝術家和欣賞者開始聚精會神地注意到周在世界所發生的一切無目的的和偶發的聲音——不管是其中迸發出來的某種咳嗽聲、天花板被風吹產生的嘎嘎聲，還是哪位不耐煩的聽眾移動腳步的聲音，甚至是某位聽眾自己的耳鳴聲，這一切都深深地感染著那身臨其境的人們，使他們再一次親身經歷了真正的世界本身——不過，這是在一次預想不到的「音樂」演奏中所親身經歷的真正的世界。正如凱茲所說，他的作品無非是要人們去認識我們現實的生活，而且只是在藝術活動的本身範圍內猛然發現自身所處的生活世界吧了！

實際上，在藝術創造和鑑賞活動中，人陷入了高度自由的遊戲；人作為遊戲者，既不是主體，又不是遊戲的工具，而是「陷入被動的主動」。這不是不自由的被動，而是一種透過自由的被動、又終於獲得自由的主動；是在自由的被動中冒險、並靠自身的創造重獲自由的主

動。伽達默深刻地指出：「遊戲在從事遊戲活動的遊戲者面前的優先性，也將被遊戲者自身以一種獨特的方式感受到；這裡涉及到了採取遊戲態度的人類主體性的問題。……這樣我們對某人或許可以說，他是與可能性或計畫進行遊戲。我們以此所意指的東西是顯而易見的，即這個人還沒有被束縛在這樣一種可能性上，猶如束縛在嚴肅的目的性上。他還有這樣或那樣去擇取這一個或那個可能性的自由」（Gadamer, H.-G., 1986: I. 109）。正因為這樣，作為人的自由創造的藝術活動，其不可界定性正是體現了人的選擇的自由以及這種自由選擇的不可界定性。

如前所述，自由的本質，就是人的自在自為的自律，就是人為自身的存在所做的自我決定。後現代藝術所追求的創作自由，就是面對現實的世界的人，意識到尋求現實的自由的無奈，不得不通過藝術而為自身的存在所作的某種任意可能的自我決定。

語言在本質上就是思想者、說話者、聽話者和行動者同在思想、說話和行為過程中所關聯的聲音和意義的網絡之間的一種遊戲。因此，維根斯坦說：「指謂石頭和重複跟隨某人使用語詞的過程，也可以稱為語言遊戲。思考著大量遊戲中的語詞使用就好像小孩子的圈圈遊戲。我也把語言和交織於其中的行動所組成的總體稱為語言遊戲」（Wittgenstein, L. 1968: 5）。音樂在本質上就是音樂的創作者、表演者和鑑賞者之間，在創作、表演和鑑賞音樂的活動中的一場聲音遊戲。作為音樂的最原始材料，聲音本來是在自然界中普遍地存在的。自然界中的萬事萬物不斷地運動和發展，永遠伴隨著各種聲音。自然界的萬事萬物的運動及其運動中的聲音，就其自然的存在形式而言，是一種遊戲。萬事萬物的運動及其聲音的遊戲性，主要表現為不斷循環往復的無規則進行。然而，就在這種循環往復和不確定的活動中，包含著連續和中斷、重現和更新、週期性和直線性、歷時性和共時性、和諧和混亂以及確定和不確定性。運動和聲音的這種遊戲中的特徵是地

球上的生命產生和發展的動力基礎。當人從自然產生、並從自然分離的時候，就在自己的生命運動和不斷創造中分享了和參與了自然界中萬事萬物原有的運動和聲音的遊戲性。但是，由於人的區別於動物的肉體和心靈上的優點，令人有可能進一步把自然界的運動及其聲音的遊戲進一步重演、更新和昇華，並藉此創造了越來越複雜的文化。

人類的創造性的心靈活動是以自然物的自然運動為榜樣，將其運動和聲音的遊戲加以提煉和加工，才形成了最初的原始音樂和原始文化，並由此不斷發展出更高級的音樂和文化。反過來，音樂和文化的不斷發展和精緻化，又為人類心靈的昇華和文化的創造開拓了無限的新的可能性。自從地球上出現了生命以後，原初天然的萬物運動所產生的聲音遊戲，往往被生命體加工到更為精緻的高級形式（Daddesio, Th. C., 1995: 205-210）。各種不同種類和不同等級的生物，把享受和加工聲音遊戲相伴隨的各種活動，看作是維持生命和滿足生命運作要求的重要條件；與此同時，往往又藉由各種加了工的聲音遊戲進一步豐富生命的內容。根據達爾文在《人種起源》一書中說：「人和許多低於人的動物，對同樣的一些顏色、同樣美妙的一些形象和形態，同樣的一些聲音，都同樣地有愉快的感覺」（Darwin, Ch., 1871）。達爾文還指出：早在遠古時期，在人類發明有音節的語言之前，原始人就已經試圖用比自然界的天然聲音和動物發出的各種聲音較為悅耳的聲音，通過音調和節奏的精巧加工，發出男女兩性互相吸引的「情歌」（Darwin, Ch., 1871: 866）。

人類藉由聲音創造文化的最初一剎那，就逕直採用「情歌」這種與人的情感、慾望和思想相交錯的文化形式，正是表明人和動物不同的地方，就在於人的肉體和精神的自我滿足和自我昇華，一方面不會停留在對於簡單的聲音遊戲的享樂之中，而且另一方面也不滿足於單一的和同類型的聲音遊戲形式之中。人的肉體和精神總是要尋求多樣的和新的象徵手段，去享受文化創造中所經歷的自由的歡樂。社會人

類學家希諾德指出：「我們的身體和身體的各個部分都賦有文化象徵的涵義；這些文化象徵包括公眾的和私人的、正面的和否定的、政治的和經濟的、性的和道德的，以及其他甚至是相互矛盾的因素」（Synnott, A., 1993: 1）。因此，在人類文化史上，人類一方面繼續不斷擴大聲音遊戲的內容，使聲音遊戲更專門化和精緻化，另一方面又尋求聲音以外的各種遊戲，特別是超出對於自然象徵的遊戲活動，以人工創造的無數新的象徵遊戲，來滿足人類思想追求無止境的自由的欲望和理念。最近對於符號的科學研究成果表明：沿著象徵形式的多樣化的道路，採取自然象徵和人工象徵相結合的各種可能的途徑，使人類本身追求自由的理念和情慾，不斷地自我突破和自我發展。正是在這條象徵遊戲多樣化的道路上，符號遊戲開闢了比自然的生命遊戲更為廣闊的多的新的領域（Riggins, S. H., 1994; Sebeok, Th. A. / Umiker-Sebeok, J., 1994）。

　　當代社會流行文化的發展意味著人類文化的演變進程進入到了新的歷史階段。從自然出發又從自然分離的文化創造過程，對人類來說，走得越來越遠，越來越複雜，越來越朝著更高的層面。作為人類文化本身的人工創造的象徵，符號具有比聲音更靈活和更普遍的性質。符號可以依據人的自由的願望和目標而創造，又可以為人的自由創造提供比自然更廣闊的活動領域。人的精神的高度靈活性和複雜性，使得各種奇特的和新穎的符號遊戲，都有產生和發展的可能。人的思想的創造能力具有不斷的超越性，因此也使人的創造具有無限性；人的創造能力的無限性，又導致了人工符號遊戲的無限性。

　　在從聲音遊戲過渡到更為自由的符號遊戲的過程中，當代音樂一方面把聲音提升為一般的抽象符號，另一方面又將各種新的人為的非聲音符號納入到聲音遊戲的循環之中，創造出多元的、除了聲音以外的各種符號遊戲立體地相交錯的新局面。這樣一來，除了把聲音當作符號加以解剖和拆散以外，又可以無止境的使用顏色、形狀、各種姿

態和原本無聲音的事物，建構起重重複雜化的、可以隨時改變的符號遊戲。

　　李維史陀等結構主義者只滿足於對於語言、神話、音樂和文化的二元結構的分析，因此，他們使自己限制在傳統的人類文化的意義體系的框框之內。後結構主義試圖打破這個侷限性，不滿足於對於語言和文化的結構分析，而是要在徹底打破傳統語言和文化結構的基礎上，尋求無拘無束的自由創作活動。爲此目的，後結構主義者提出了解構（deconstruction）的原則。這樣一來，後結構主義就不再做形式主義的語言和文化的結構分析，而是轉向對於語言使用中的合理化和正當化程式的解剖，指出其中各種傳統的意義結構約束和扼殺人類說話、思想、行爲和創作的眞正自由的實質。

　　隨著西方社會進入到後現代的歷史時期的到來，以往建構在聲音的意義的語言二元結構基礎上所創造的文化，開始受到嚴厲的批判。由聲音和意義二元結構所創立的西方傳統文化，基本上是一種語音中心主義（phonocentrism）。語音中心主義所建構起來的西方語言系統，是整個西方邏輯中心主義（logoscentrism）文化的基礎。邏輯中心主義就是理性主義，它所追求的是和諧、秩序和圓滿。長期以來，由聲音和意義雙重結構爲基礎所發展出來的西方文化，包括文學、藝術在內，一直在語音中心主義和邏輯中心主義的基本原則指導下，以建構理性化和合理化體系爲目標。西方音樂在文藝復興之後，巴洛克派到古典樂派都爲理性化和理性化的音樂樹立了典範。按照這種典範，所謂音樂，就是依據有規則、有規律震動及其協調的原理，以樂音的高低、強弱，及音色的節奏、旋律及和聲等因素所合理配置而構成的一種藝術。這樣一來，傳統音樂在理性化的過程中便把節奏、旋律及和聲看作爲三大基本因素。傳統音樂的這種理性化的發展過程，把許多自然界和人類社會日常生活中天然地發出的各種聲音，加以人爲的理性主義的篩選和配置，因而也把大量的原始自然聲音和生活聲音排除

在音樂之外，使音樂越來越遠離生活世界本身，從而也喪失其尋求自由的本質。

西方音樂理性化的結果，固然創造出了大批美麗動人而悅耳的樂曲和各種音樂作品，豐富了人類文化的總寶庫，但也為音樂的自由進行不必要的限定，並使之嘗受在人為的邏輯理性原則範圍內自我扼殺的危險。

當代音樂從史特拉汶斯基和荀貝克以來的一系列創新活動（Bayer, F., 1981; Berio, L., 1974），是對於理性主義、邏輯中心主義和語音中心主義的傳統文化進行挑戰的表現，也是人類嘗試返回原始文化和原始音樂狀態，重溫原始遊戲狀態中通過最自然和最具體的聲音結構進行自由創造的樂趣，並從中試圖闖出一條改造現有音樂和全部文化的嶄新途徑（Chion, M. / Reibel, G., 1976; Schaeffer, P., 1952, 1966）。

流行音樂和後現代主義藝術，包括當代各種音樂的創作，其真正宗旨，正是為了追求無限制的自由本身。後現代主義者意識到：只有徹底打破傳統的語音中心主義和邏輯中心主義的理性化原則，才有可能為一種嶄新的無限制的自由開創出無限的可能天地。

在上述所提到的後現代的符號遊戲創作中，正是隱藏著實現人類·高度自律的新的可能性。阿多諾指出：「西方音樂是唯一達到高度自律的藝術。」（Adorno, Th.-W., 1984: 302）重要的問題不在於人為的符號遊戲究竟意味著什麼；因為提出「意味著什麼」本身，就是一種自我限定，當然也是一種對自由的限制。

為了尋求儘可能大的自由，後現代主義思想家和音樂家們一方面嘗試打破傳統文化的各種約束，對傳統文化和音樂進行「解構」，另一方面，在傳統語言和符號體系之外，靠自由的想像，創造一種又一種人為的或人工的符號關係網，利用人工符號在其自身關係網內所產生的某種自律的可能性，開闢越來越大的思想自由的新領域。早在本世紀五十年代，對於文化、語言、音樂和符號有深刻理解和獨創研究的

法國思想家羅蘭‧巴特（Roland Barthes, 1915-1980），就已經發現：人所創造的符號具有自身的生命；它們在保持同人的生活世界緊密相連的範圍內，可以自律地運作，並反過來控制人本身。羅蘭‧巴特曾經將語言符號（le signe linguistique）同符號論的信號（le signe sémiotique）加以區分，強調指出：前者只是能指和所指所構成的雙重結構，後者則是雙層次的雙重結構，也就是說，除了包含語言符號的上述雙重結構以外，還包括同其使用價值和功能相關聯的另一層雙重結構。他說：「符號論的信號同它的語言符號模式一樣，包含著一個能指和一個所指。但是，在實體的層次上，符號論的信號不同於語言符號。許多符號論體系（例如物體、知識和圖像）都具有一種表達的實體（substance），而這些實體並不一定存在於意義的範圍內。這些實體往往是屬於被使用的物體，從具有意義目的的社會偏離出去。例如，服裝來穿飾，食物用來餵食，但同樣它們也可以用來意指。因此，有人建議將這些來自使用和功能的符號論信號稱為『符號／功能』（fonctions／signes）。正是這種『符號／功能』，它成為了值得分析的一種雙重運動……。符號一旦構成，社會就會使它重新建構並以新的意義運作起來……。這種反覆循環的功能化過程，需要另一種第二層次的語言系統才能存在，因此，它們絕不是同第一層次的功能化過程相等同。在第二層次重功能化過程中，所運作的功能是再次被表現出來的，因此，它是相應於第二層次的語義學的體系，這是被掩飾的意義系統，它是屬於內涵層次的。所以，這種信號功能具有人類學的價值，因為它正是解決技術和能指的相互關係的統一基礎」（Barthes, R., 1993:1487-1488）。羅蘭‧巴特在這裡所說的符號論信號的雙層雙重結構是很重要的。羅蘭‧巴特在實際上更深入地分析了符號中的「能指／所指」的雙重結構中的第二層次的雙重結構，也就是同「形式／實體」（forme/substance）的雙重結構相對應的「表達／內容」（expression/contenue）的雙重結構。在「能指／所指」的雙重結構中，

每個方面都包含著「形式」和「實體」所構成的雙層次。這就表明，任何語言符號的雙重結構，不只是表現語言範圍內的能指與所指的關係，而且也必須在超語言的範圍之外，藉由形式和實體、表達和內容的雙重關係，加以全面分析。任何符號，本來是在社會中形成和運作。但是，任何符號的存在和運作也同樣可以造成一個新的社會事件。符號是人造出來的，但是，只要有人和符號存在，不僅人可以藉由符號意指事物和表達思想，而且符號本身也可以反過來作為一個自律的文化生命體而控制人本身，因為被造出來的符號和人相結合，可以不以人的主觀意志而運作，甚至創造出當初人所沒有想到過的新社會關係網，將人捲入到其中而被運作起來。

高度發達的現代資本主義文化，已經將歷代人們所創建的意義世界複雜地中介化和多層次化。因此，構成文化的符號結構，比以往任何社會錯綜複雜，使符號中的雙重結構不斷多層次化，也使人有可能透過複雜的符號雙重結構而更自由地進行想像遊戲。然而，反過來，當代社會複雜的符號雙重結構，又有可能以其自律而自由運作，將人拖進其運作網絡中，構成為人同符號遊戲和符號同人遊戲相交錯的新局面。當代音樂作為當代文化的一個重要組成部分，其創作和欣賞過程也變成了多層次的雙重結構的符號遊戲。在這種符號遊戲中，人的更大範圍的自由是以人本身被符號玩弄作為代價的。

所以，後現代的符號遊戲，用波德里亞的話來說，就只是一種擬像（simulacres）的遊戲（Baudrillard, J., 1976: 77-78）。擬像是純粹的人為符號創造，它不需要有什麼「原本」，它當然也不是什麼摹本或副本。既然沒有原本，就沒有標準，也沒有規則。它純粹是人的自由創造的產物。它的運作可以人為地納入人類文化生活的各個場域之中，讓那些無止境地尋求自我超越和尋求新的自由的人們，在這些擬像的不確定的遊戲之中，達到自我陶醉和昇華的目的。弔詭的是：人在現代音樂和藝術中所追求和所獲得的自由越大，人類自己被其所創造的

符號文化產品控制的程度也越大。因此，當代音樂和藝術所玩弄的符號遊戲導致越來越多的傳統價值和規範的破損，也導致人類以文化破壞文化的悲劇性結果。如果說，現代音樂和藝術所創造的符號作品，由於它們脫離事實和規範越遠，甚至出現不要原本和不要規範的程度，出現了某種比原本的美更美的擬像之美，那麼，陷入現代音樂和現代藝術的擬像遊戲中的人，就會隨著眞理和美的標準的消失，而面臨文化失落的徬徨之中。

　　流行音樂和後現代主義音樂創造，已經掀起層層洶湧的革命波濤，不僅推動了音樂的革新，也開闢了整個人類文化重建的可能性。重要的是：在這種後浪推前浪的文化漩渦中，要盡可能正確處理傳統與批判、繼承與解構的複雜關係，再次體現人類本身無愧是自由的王國的眞正合格的公民，是藝術的獨一無二的主人。

第五節　流行藝術與現代性

　　流行藝術的產生和漫延是緊密地同現代性基本精神聯繫在一起的。早在現代性處於萌芽狀態時，博德萊（Charles Baudelaire, 1821-1867）就強調了「現代性」的三種基本精神。第一，就是與傳統斷裂以及創新的情感。第二，這是一種將當下即是的瞬時事件加以「英雄化」的態度。第三，現代性並不只是一種對於現實和對於「瞬時出現」的一種關係，而是必須將這種關係具體地實現在其自身之中，使自身也在其實際生活的一切過程中，始終貫徹著對於「瞬時出現」密切相關的基本原則。

　　首先，所謂與傳統決裂以及敢於創新的情感，在博德萊看來，這是一種在激烈變動的時代中，同傳統決裂，並在決裂過程中呈現和保

持複雜的情感。它不但表現爲對於過去的一切產生出某種「不可忍受而精神失控、並處於酒醉昏迷狀態中」的特殊情感，而且，這又是一種不斷更新、並敢於創造空前未有新事物的冒險精神。它是這兩種精神的高度結合。博德萊自己曾經把這種「現代性的精神」稱爲「曇花一現性」、「瞬時即變性」和「偶然突發性」（le transitoire, le fugitif, le contingent）（Baudelaire, C. 1976: tome II, 695）。博德萊自己在其文學和藝術創作的實踐中，就爲當時的同時代人樹立了榜樣。他在創作《惡之花》一詩時，表現出同傳統決裂的徹底精神，不但敢於打破傳統詩歌創作的原則，而且，根本不拘束於傳統語言表達方式，也不顧傳統道德及社會規範，熱情謳歌那些被常人或統治者當成「瘋子」的叛逆者及其行爲。他所寫的《惡之花》很快被列爲「禁詩」。他在談到創作《惡之花》的心情時說，他寧願處於酒醉昏迷狀態，也不願意把自己強制性地裝成「正常」或「清醒」的「理性」模樣。同時，他直截了當地宣示一種大無畏的冒險精神，不怕被社會譴責或被孤立。他認爲，只有敢於冒險，才有可能摸索出創新的道路。創新是要付出代價的，即使犧牲自己也在所不惜。

博德萊對於瞬間的執著，表現了他對於藝術和人生的獨特看法。自古以來，哲學家和藝術家幾乎都把精力集中到對於「永恆」的追索。他們把「永恆」當成人生和藝術的最高意義和目標。這種態度實際上來自古代和中世紀，特別是基督教道德倫理思想，其中心在於強調某種建立在「過去」基礎上的「永恆」。這是一種保守的世界觀和歷史觀，其核心就是單向一線性「時間觀」，認爲時間和歷史是從原始點出發，經不同階段的發展和演化，逐步地從簡單和低級導向更複雜和高級方向，最後將導致最完美的最高目標。基督教把這一切加以神聖化和世俗化，反覆論述人類歷史起於上帝創世的那一刻，經人世間罪惡和拯救的連續不同階段之後，將會使人最終返回永恆的天國，達到最高境界，致使西方人從思想到日常行動都無時無刻嚮往著達到最高

目標，同「永恆」化爲一體。

　　博德萊一反傳統時間觀和歷史觀以及對於「永恆」的看法，強調一切基於瞬間，基於「當下即是」的那一刻；認爲出現在眼前的過渡性時刻是最珍貴和唯一的至寶。脫離開瞬間，一切永恆都是虛假和毫無意義的。反過來，只有把握瞬間，才達到永恆，因爲現時出現的瞬間才是人生同不可見的永恆相接觸的現實時間。瞬間的唯一性，使「永恆」現實地出現在人的生活之中。也正因爲這樣，瞬間同時也成爲未來的最可靠的歷史本身。現代性將時間凝縮的結果，使時間結構中的點點滴滴都成爲最珍貴和最豐富的時間單位。原來要在相當長時間流程內才能完成的事件，在現代社會中，只要短促的瞬間就可以實現；反過來，原來被看作破碎而難以實現完整行動的瞬間，卻可以在現代社會中同時進行無限多的事件。時間的瞬間化反映了現代社會一切工作和活動的高效率，也表現了現代社會在點滴時間單位中完成各種事務的可能性。同時，時間的瞬間化體現了現代社會的精神，這就是「爭朝夕」的精神，並把瞬間當成各種可能性出現的場域。現代社會的瞬間化，使現代人也將一切希望寄託在「瞬間」，把瞬間當成他們的生活觀和社會觀的根基。現代社會的流行文化所表現的瞬時即逝性的基本結構，表明流行文化的確成爲了現代社會精神的體現。

　　現代性的這種精神，實際上也是把眼光導向未來。永恆的意義就在於它囊括了一切可能的未來。如果說傳統時間觀所強調的是「過去」，那麼，現代性所集中寄望的是「未來」；但未來的一切，就決定於對於現在的把握。博德萊的這種現代性精神，還直接導致對於一切「流行」和「時尚」的追求風氣。衆所周知，流行和時尚的特點正是「瞬時即變」，並在無止盡的循環重複中發揚光大其生命的威力。後來，法蘭克福學派的本雅明發揮了博德萊的現代性精神，提出了「現時」（Jetztzeit）的重要美學、歷史學和哲學概念，強調只有在「現時」中才蘊含最完美的和「救世主」的時間。

在這裡，重要的還在於：作爲一個現代的人，不應該只是承認和接受這場正在進行著的激烈變動，而是對這場運動採取某種態度。這是一種發自內心的、自願的、然而又是非常困難的態度，其目的不是要在當下即是的瞬間之外或背後，而是在當下即是的瞬間中，去把握某種永恆的東西。這就意味著，要在創作者所處的現實結構中，及時把握在其中所發生的各種多方面的變化，並將這些變化的因素以共時結構突顯出其自身的特徵。但這還不夠。將瞬時即變的事物，以共時結構表達出來，其目的並不是使之固定下來，而是抓住其變動的特性，使之永遠保持活生生的生命結構，呈現其「曇花一現性」、「瞬時即變性」和「偶然突發性」。換句話說，現代性並不想要追隨時代的變動流程，也不是被動地置身於流動著的歷史性結構，而是把一個一個共時存在的創造精神，納入其自身當下即是的活生生場面中。

其次，將當下即是的瞬時事件加以「英雄化」的態度，就是現代性的精神表現。這種「英雄化」，既不同於古代和中世紀試圖將英雄永恆化和神聖化，也不同於啓蒙時代和浪漫主義時代試圖達到理念化的程度，而是某種帶諷刺性的態度。總之，「英雄化」，不是爲了維持它，也不是爲了永恆化；而是爲了使之永遠處於「流浪活動狀態」。這是一種閒逛遊蕩者的心態和態度，只滿足於睜開眼睛，對於回憶中的一切，給予注意，並加以蒐集和欣賞。博德萊本人曾說：「他走著，跑著，並到處搜索。這位富有想像活動能力的孤獨者，確確實實地，穿越人群的沙漠，永遠流浪；他心目中具有比任何一位純粹流浪者更高傲得多的目的。這種目的，並不是滿足對於周在世界的暫時歡樂，而是一種更加一般的目的。他所尋找的，就是我們可以稱之爲『現代性』的那種東西。對他來說，重要的是尋求、並超脫在歷史中包裝著詩歌的那種模式」（Baudelaire, C. 1976: tome II, 693-694）。所以，表面看來，一位流浪者，不過是各種各樣的好奇心的代表者；他到處尋找陽光和光明，欣賞各種詩歌，當普通人陷入對於某種奇特的美的欣賞

的時刻，他尋求那些能夠引起動物欲望旺盛的歡樂。

　　但是，在博德萊看來，一個真正的尋求現代性的流浪者，他所看到的是完全沈睡中的世界，而他自己卻面對這種世界，從事永遠不停息的創造活動。這種創造性活動，不是簡單地否定現實，而是在關於現實的真理和自由的運作之間進行一種高難度遊戲。在這種境界中，博德萊說，「自然的」事物變成爲「比自然更自然的」事物，「美的」事物轉變成爲「比美更美的」事物；而所有那些，賦有某種激情的生命的特殊事物，也就像作者的靈魂那樣，閃爍著創造的智慧光亮。因此，在米歇·福柯看來，「博德萊所理解的現代性，是一種實際的活動。在這種活動中，對於現實的極端的注意，實際上總是面臨著尋求某種自由的實際活動。這樣的實際活動，既尊重實際，又大膽地強姦它」（Foucault, M. 1994, Vol: IV: 570）。

　　第三，對於博德萊來說，現代性也不只是對於現實和對於「瞬時出現」的一種關係形式，而是必須在其自身中完成和實現的那種關係的一個模式。在這種情況下，對於現代性的發自內心的態度，實際上也同不可迴避的某種禁慾主義相聯繫。要成爲一個現代主義者，就不能滿足於將自身陷入正在進行中的時間流程，而是把自身當作進行某種複雜的和痛苦的創造過程的對象。所以，作爲一個現代主義者，並不是單純要發現他自己，揭開他自己的奧秘，或者揭示隱藏著的真理。他只不過是不斷地創造他自身。爲此目的，所謂現代性，並不是要把人從他自身中解脫出來，而是不斷地強制自己去完成創造自身的任務。

　　所有這一切，對於博德萊來說，都不可能在社會和政治制度現有條件的範圍內實現，而只能是在藝術領域中不斷地進行；在其中，對於現實的當下表現的諷刺性的英雄化過程，就是爲了改造現實而同現實進行遊戲，也是某種對於自身進行禁慾主義的改造的艱苦活動。

　　博德萊在探討現代性的過程中發現了絕對美和相對美之間的辯證

關係。他認為，美的成份包含兩種要素：一種是永恆的、不變的，但其多少很難確定；另一種是暫時的、瞬時即變的，猶如時代、風尚、道德、情慾等等。重要的是，沒有第二種因素，第一種因素就是抽象的和不可理解的，甚至也是難於被人所接受的。任何一種獨創的藝術作品，都難免受制於它發生的那一瞬間；正是通過這一瞬間，藝術品才不斷地滲透到現實性之中，使它永遠對於鑑賞它的人具有美感，滿足人們對於美的永無止盡的追求。

　　顯然，把現代性主要地當成一個從事創作的人面對「當下出現」的現實的態度，就意味著：善於對現實的「在場出現」進行反問，使之「成問題化」（problématiser）。換句話說，具有現代性的精神，就是使自身成為一個自律的主體，善於對「當下即是」的瞬時結構、對歷史的生存模式以及未來的存在方式，進行不斷的反問和重建。米歇‧福柯為此特別強調指出：要具備真正的現代性態度，並不在於使自身始終忠誠於啟蒙運動以來所奠定的各種基本原則，而是將自身面對上述原則的態度不斷地更新，並從中獲得再創造的動力。米歇‧福柯把這種態度簡單地歸結為「對於我們的歷史存在的永不平息的批評（critique permanente de notre être historique）」（Ibid.: 571）。

　　博德萊及其後的福柯所持的上述對待現代性的態度，實際上一直持續地影響著現代社會的發展，也同時影響著現代社會每個成員的精神面貌及其心態。當代社會的各種流行文化就是在上述精神狀態下持續發展和漫延的。人們所追求的是「當下即是」和「瞬間」的快樂。藝術所追求的永恆美也只有在瞬間中才存在，並體現出它的珍貴性。

　　我們在分析流行文化的特殊時間結構時曾經指出：它的特殊結構必須進一步同整個現代社會的時間結構聯繫起來進行分析。流行文化的時間結構不過是現代社會時間結構的一種集中表現罷了。

第六章

都市文化、奢侈生活方式
及流行文化

流行文化是非常複雜的。只有把流行文化放在社會文化和歷史脈絡中，才有可能對它的眞正性質有所瞭解。爲了深入分析的方便，可以從許多方面去分析流行文化。本書將從本章起，並在以下各章中，分別就流行文化同奢侈、都市文化、權力、商業、傳播與媒體、身體、性以及文學藝術的相互關係，進一步深入分析它的性質、功能及其運作規律。

　　不論是埃利亞斯和維伯倫，還是宋巴特或齊默爾以及布勞岱爾等，只要對流行文化的歷史有所研究，都一致認爲，流行文化的形成和發展，均同近代都市中的奢侈生活方式以及都市文化（Urban Culture）的興起密切相關（Elias, N. 1978[1939]; 1982[1939]; 1983[1969]; Sombart, W. 1900; 1902; 1967[1913]; Simmel, G. 1904; 1905; 1909b; Veblen, T. B. 1899; Braudel, F. 1967-1979; 1981[1979]）。當資本主義剛剛在中世紀社會內部初露其萌芽的時候，生活在大都市中的新興資產階級，爲了建立他們在社會中的顯赫地位，也是爲了同舊社會統治階級競爭，就已經開始模仿舊社會中的封建貴族和帝王將相們的奢侈生活方式。他們把舊社會宮廷社會的各種奢侈生活方式，當作他們顯示特殊社會身分的標誌，搬移到市民社會中，從而也擴大了這些奢侈生活方式的社會影響。由於當時新興的資產階級都集中在都市，所以，奢侈生活方式的擴大，往往是從都市到鄉村以及更遙遠的地方。奢侈生活方式也就這樣逐漸成爲社會中的流行文化。從此以後，奢侈生活方式往往先從都市中的資產階級開始興起和流傳，首先形成爲一種特殊的都市文化，然後，逐漸擴大到社會中的更多階層；隨著奢侈生活方式的一般化和普遍化，流行文化也就一波又一波地興起、衰落、再興起。這幾乎成爲了當代流行文化發展和傳播的一個特殊規律，值得我們深入研究。

　　正因爲這樣，流行文化隨著資本主義社會的鞏固和發展，隨著資本主義都市的建立，始終都是在最發達的都市中首先產生、傳播，然

後再逐步擴大到各個領域和各個地方。同時，流行文化的基本內容和形式，也在很大程度上是由都市流行文化的生產者和傳播者所決定的。

資本主義作為一種社會制度而建立的時候，擁有政治、經濟和文化各方面優勢力量的資產階級，建構起以都市為中心的民族國家和世界殖民地統治網。一切最先進和最有效率的政治、經濟和文化機構，都設置在都市之內。現代都市幾乎成為各個國家和世界各地的文化中心，不僅設有足夠的先進設備和機構，而且也集中了最有創造力的文化人和藝術家以及各種人才資源，同時壟斷了一切最重要和最新的資訊，有利於都市在文化生產方面，實現對於其他邊陲地區的控制。如果說，在中世紀時，奢侈生活方式作為流行文化的「模特兒」，是由當時統治階級集中生活的宮廷社會（The Court Society）中首先形成的話，那麼，到了資本主義社會階段，奢侈生活方式成為現代社會流行文化的模仿對象，就首先形成於資產階級集中的現代大都會。換句話說，中世紀的奢侈生活方式集中在宮廷社會，而資本主義的奢侈生活方式則集中在現代都市。資本主義現代化的進程和結果，從大都會出發，散發到世界各個地方。都市生活方式基本上是奢侈型的。這也就決定了當代流行文化是以奢侈生活方式作為它的重要動力之一。流行文化所固有的奢侈性質，又成為它同當代商業發展相互推動的一個重要原因。

第一節　作為一種都市文化的流行文化

都市文化並不能只從字面意義來理解，它並不是單純指都市中的文化或在都市中形成及存在的文化而已；而是指一整套制度、機構、

網絡、組織、人力資源、生活方式、都市精神及其他實際力量所組成的文化生命體。它具有廣泛多元的表現形式，以都市的時空結構為基本基地，建構起一種由特定時空、有形和物質硬體結構為其基本框架，同時又以其內在的無形軟體象徵性體系以及一整套由特殊生活方式所表現的氣氛環境，作為它的強有力的精神靈魂，從而形成為龐大而複雜的文化系統。現代都市文化是一種非常活躍、富有生命力並具有自我更新和自我擴大能力的文化力量。同時，它又兼有侵略性、滲透性、擴張性、誘惑性和伸縮性。然後，它又通過由都市發射出去的交通、媒體和資訊網絡，像章魚一樣，把它的觸角伸到一切可能的領域，並無止盡地延伸出去。而且，這並不是單向平面放射網，而是既有輸出、又有輸入；既有發出、又有回籠的無窮交錯循環網絡，使它自身既能控制和掌握整個世界，又能將世界各地的一切物質和精神營養，再集中回收、消化和加工，不斷吸取整個世界的物質和精神創造成果，使都市變成越來越雄厚、強大、壯盛和多智多藝的政治、經濟、文化和生活中心。這種在資本主義發展過程中形成和不斷鞏固下來的都市中心結構，會在資本主義擴大再生產中，繼續以惡性循環的流程發展下去，使整個世界變成為由紐約、東京、倫敦、羅馬、巴黎、法蘭克福等西方大都會為中心的全球化結構。

都市文化的內容、性質和特點，會隨著整個資本主義社會的發展狀況而發生變化。現代都市在近一百年來有很大的變化，主要是逐漸地遠離工業生產過程而轉向以消費文化為主的社會生活中心，使都市成為真正的享樂主義者的天堂，並因此交錯構成各種多元的共同體生活時空結構，匯聚和混雜著越來越多的不同溝通符碼，各種類型的文化，包括原有被區分為「高雅文化」和「低俗文化」的明顯階級結構型文化間隔，現在都在都市文化中融合在一起。這種融合雖然並不意味著它們之間原有差異的徹底消除，但至少為它們之間的溝通和流通，創造了新的條件，也為各種稀奇古怪的新興文化催生。現代都市

已經不是傳統的消費中心，而是以其文化創造為主軸旋轉著的文化生命體，人們在盡情消費的同時，又不時地玩弄記號遊戲，通行著各種追求超越個人主義的運動，強調情感與美的鑑賞，把悠閒自得地提升自身情趣，當成最高的享樂。當代流行文化就是在這樣的都市文化背景下，以都市為基地和主要發源地，又通過都市文化的管道、手段、威力和加工，而迅速傳播到世界各地。當然，都市文化也是在很大程度上按照其實際運作範圍，按照其所關係到的社會階層，區分為多種類型的文化。基本上，都市文化是按其主要社會基礎中的組成分子的成份，劃分為各種「文化世界」。在不同的文化世界中，具有類似文化愛好、品味和風格的人們，構成為相對固定的「社會圈子」；而這些不同類型的社會圈子又由於長期廝混和交流在一起，往往探討共同的文化題材，並共同關心其文化風格的提升。現代都市的特點是它的變動性、不穩定性、快速而多向發展性以及時空結構的多樣性。儘管都市文化中包含著許多不同的文化世界，但它們彼此之間既有區隔，又有交流和滲透，形成了當代都市文化的生動活潑的生命體。

一、都市建築文化

　　都市文化首先必須以都市建築文化作為其實際支柱和基礎。因此，都市文化的表現形態，首先呈現為都市的特殊建築空間架構，並由它作為硬體裝備，建構起遠遠超出硬體網絡結構的龐大都市文化系統。因此，建築文化是都市文化的基本骨架，它在都市空間中占據主導地位，為都市生活及其在整個世界中所發揮出來的實際力量，提供基本的實體空間和基地，體現出各個都市在物質經濟、科學技術、文化及生活氣質等方面的狀況。如前所述，在整個資本主義社會發展的過程中，現代都市始終都是政治、經濟和文化的中心。可以這樣說：

資本主義現代化的進程，就是使世界時空結構改變成以都市為中心的資本主義制度的過程。現代都市是資本主義制度的統治中心，一切最先進和最有效的技術力量及其成果，都集中在都市。因此，現代都市建築集中了最重要的政府行政管理中心、商業中心、工業生產中心、科學園區、文化和娛樂中心以及居民居住社區。它們是由呈現多元建築藝術的不同建築群所構成的。這些建築往往包括政府機構建築群、廣場、公園、經濟金融機構、商業建築、街道、橋樑、交通網、地上地下建築、娛樂場所及居住建築等。當然，現代都市已經不再是平面或一般的立體建築空間，而是現代和後現代夢幻式立體的多維度空間，表達出比現實空間豐富得多的虛擬而變幻的慾望世界；由此，都市建築並不只是幾何圖形式的傳統空間結構，而且還呈現多樣化色彩聲響及其他各種象徵性因素司組成的空間，綜合著過去、現在和未來的可能性奇幻生活圖景。對於這樣的都市文化景象和特殊結構，流行文化模糊美學的創立者博德萊和本雅明，早在他們的藝術評論和美學著作中，就已經進行形象的描述和深入的理論探討。

　　都市建築空間所表現的，是由空間形式及其相互關係的象徵意義。建築通過其形體表現而將其中所隱含的功能和技術轉化為一種建築藝術。都市建築隨著資本主義社會的發展，採取了越來越多的不同的和極不穩定的表現形式，也因其不同的文化背景而呈現多樣化，各自選用不同的表現方式和特殊的建築語言，因而形成了不同的風格。空間組合不只是現代高科技物質性建築材料的綜合表演及其經濟實力的體現，也是都市建築美學理念及其象徵性意義的流露。都市建築以現代和後現代超傳統建築要素和組件為構成手段，以其特殊的空間結構語言，表達出都市對於其居民及其周圍世界的統治意願和慾望。因此，都市建築並非單純是一種表達物質經濟實力、具有實用價值的技術產品，而且也是具有審美功能的造型藝術作品。都市建築所隱含的美學價值既來自它的實用的、可以看得見和可以感受到的社會內容，

而且也來自其造型的各種表現形態。都市建築美往往體現在三大層次上：環境美感、造型美感和象徵美感。環境美感是都市建築給人的第一個、也是最初的美學感受，它向人們提供整體性的非理性意蘊感受，通過環境設計所造成的氣氛，向身臨其境的人提供建築審美的最初層次，表達某種壯麗、雅致、飛動、博大、小巧或協合的感性印象。造型美感是建築美感的核心部分，它是由若干可以被人感知的建築形式、式樣及其邏輯內涵等因素所構成的。在建築造型中，形式美是最具有決定意義的。至於象徵美感是建築藝術所追求的深層境界，以便通過象徵所發揮出來的強大感染力，取得有形空間所不能完全表達出來的審美效應。

十九世紀俄國社會哲學家兼美學家赫爾岑（Aleksandr Herzen, 1812-1870）說：「沒有一種藝術比建築學更接近神秘主義的了：它是抽象的、幾何學的、無聲響的、非音樂的、冷靜的東西，它的生命就在於象徵、形象、含蓄和隱喻」（《赫爾岑全集》：回憶及沈思）。作為一種藝術的都市建築文化，以建築藝術的神秘力量，向整個資本主義世界生產、發射、傳播和集中最重要的資訊和資訊，實現這些現代都市對於各個地區和領域的統治和控制。其實，被都市建築藝術感染的人們，首當其衝的，不是遠離都市的邊陲地區居民，而是都會市民本身。這些生活在都市建築中的市民，不只是在他們進行職業活動、上班或執行公務時，而且也在他們返回家室、而同他們的家人共過家庭生活的時候，也跳不出都市建築的牢籠。都市建築如同如來佛魔掌一般，將都市市民全部限制在建築時空中。因此，都市建築所造成的各種氣氛和氣息，時時刻刻伴隨著都市市民的全部生活歷程。都市建築有時豐富了都市市民的生活，提升他們的生活情趣，同時，它卻壓壓抑了他們的生活需求，隔絕他們之間的聯繫，使他們之間成為各自孤立的「個體」。被都市建築所管轄、薰染和「異化」的都市市民，只有當假期和休閒時刻到來的時候，才有機會走出都市建築的有限空間。

這就造成了都市市民的休假和休閒狂。他們最理想的休閒去處，就是離開都市最遠的山區、鄉間和海岸。假期從都市衝出的市民度假潮，就是都市建築文化所造成的一個惡果。不僅如此。生活在都市建築「叢林」中的都市市民，為了避免都市建築的精神壓迫，也在都市內掀起抵抗都市建築的浪潮。他們把他們的汽車當成他們的第二居所，或甚至成為他們的個人人格的延伸。他們以步行、騎腳踏車以及廣泛種植樹木等行動，試圖抵制和抵銷都市建築所造成的「污染」氣氛。有的人，還寧願鑽進自己的汽車裡，在道路中狂跑或飆車，也使他們感到比關在都市建築中還舒服。所以，資本主義社會中流行起來的飆車、以車兜風的風氣，實際上就是都市建築文化的一個「副產品」。至於遠離都市建築的鄉間居民和邊陲住民，並不會因為他們之遠離都市而倖免都市建築文化所造成的精神傷害。

二、機構化和制度化的都市文化

資本主義社會的發展使整個社會成為越來越嚴謹和重疊的制度化體系。孕育、發展和膨脹於資本主義社會內部的流行文化，當然免不了受到資本主義社會整個制度化潮流的衝擊和影響，使流行文化的整個結構及其運作邏輯，打上了深深的資本主義制度化的烙印。在這個意義上說，流行文化就是資本主義制度化對於文化發展進行控制的一個結果，流行文化遂也成為資本主義制度化的犧牲品；流行文化中的「文化」因素，在資本主義制度化的過程中逐漸喪失其文化性質。但從另一個角度來說，制度化的結果又使流行文化成為人類歷史上最有組織性、系統性、規範性和管理性的文化。制度化有利於流行文化生產和再生產中的人力資源的調配、組織和管理，也有利於他們自己在其各自分工的職業領域內，發揮他們的才能，有利於提高文化的生產和

傳播效率；但同時，又使他們感受到整個社會和官僚機構對於他們的控制，感受到制度和規則對於他們的約束，使他們有時力不從心，無法發揮他們的眞正能力，甚至被制度本身的繁雜性所窒息。

資本主義制度化從一開始就隱含著官僚化的趨勢，所以，流行文化在其制度化的同時，又爲它自身的官僚化創造了條件。由於流行文化本身是在商業化的條件下發展起來的，爲了追求利潤，它在許多方面很可能形成同官僚機構相妥協的趨勢，所以，流行文化在其制度化的過程中，可能成爲資本主義社會整個文化系統中最易於官僚化的部分。流行文化的生產和傳播過程，本來就是最具有明顯的組織性和管理性，它是文化中含有較多非文化的「人爲因素」的部分，也是最靠近商業企業組織的部分，它必須接受商業企業組織的嚴格管理。它的商業管理性很容易同官僚組織系統的制度化相接合。

在都市文化中包含大量的機構化的文化組織，它們成爲了都市文化制度化和組織化的基本桿槓。都市文化中的文化機構，大致可以分爲兩大類型：公立和私立機構。公立機構是由各級公權力和政府部門所創立和管理的，包括博物館、美術館、展覽館、圖書館等等；私立機構是一系列基金會、私人畫廊、私人博物館、私人廣播電台、私人報刊雜誌、私人電視台、慈善機構、救濟組織、婦女組織、勞工組織、各專業的行會以及各種不定期的、臨時組織的座談會、「沙龍」和藝術團體等等。這些聚集在都市中的各種文化機構和組織，實行嚴格的理性管理原則，制定了一系列分等級、按專業的責任制度，同時進行嚴格的財務管理，貫徹執行明顯的盈虧計算制度，保證整個文化機構能夠有效地發揮效能，達到其各自設定的文化生產和傳播目標。

都市文化的制度化，借助於組織管理和機構運作的效率，有利於文化的推廣和普及。本來屬於少數專業或精英分子所壟斷的文化，特別是那些需要長期投資和訓練才能掌握的文化，通過都市文化的制度化和機構化的程式，爲廣大社會大衆提供了有利的機會，使他們通過

諸如博物館和美術館之類的文化機構，能夠較為系統地學習、欣賞和掌握這些文化成果。儘管在美術館和博物館之類的文化機構中所展示的文化成果，已經是經過刻板的制度和程式化的表面加工而喪失其原有的文化的價值和風格，但它畢竟將一系列長期被隔離和被封閉在特定範圍內的文化成品，展現在廣大社會大眾面前，並使他們在人類歷史上第一次直接接觸到和正面欣賞它們。對於這些社會大眾來說，能夠直接面對和欣賞這些文化成品，就是一個最寶貴的學習和訓練的機會，哪怕這種最初的學習和欣賞還只是停留在表面上。有了第一次，就會為他們的進一步學習和提升提供了基礎。在許多情況下，往往是最先開創的學習機會，比今後更深入和更高的學習和研究較為重要，因為對於長期被排除在文化圈之外的社會大眾來說，初次的展覽會或博物館參觀經驗，將會為他們帶來更多更好的學習機會。無可諱言，文化制度化的結果，會將文化中不可言傳和不可直接表達的部分受到扭曲；而且，文化中那些需要長期斟酌消化、並仔細體會反思的部分，也不可能經過一、兩次展覽或宣傳就可以被掌握。文化生產和再生產是不能以「速食」方法解決的。所以，針對都市機構化和制度化文化的普遍發展，我們不能滿足於停留在現有的階段，而是應將展覽會等手段同其他更耐心、更細緻和更長期的教育工作相結合，才能彌補制度化文化的弊病和缺失。但是，問題正是在於：流行文化一旦制度化，它就會受到官僚和管理制度的薰染，產生對於制度化和機構化的迷信，以為通過制度化和機構化，流行文化就可以順利地被推廣或被群眾所接受。如果認真加以分析，就可以看出：經過制度化和機構化的文化宣傳和推廣，其質量和效果是非常有限的。設想一下貝多芬的交響樂和梵谷的油畫，其內容和深層涵義不是所有的人都可以透徹理解，甚至也不是經過一次聆聽或觀賞，就可以真正掌握的。博物館或美術館式的文化教育，只能產生啟蒙的作用，並不能替代認真的藝術和文化訓練。何況博物館或美術館式的文化宣傳和教育，在某種情

況下，往往容易扭曲文化和藝術的眞正內涵，甚至誤導群衆的文化理解能力。博物館或美術館式的文化教育和鑑賞，總是在表面的格式化展覽方面，花費很大精力，使用各種技巧和技術，以爲通過這些簡略的概括化的手段，可以將文化產品和藝術品的眞諦表達出來。因此，都市文化中的制度化和機構化過程，必須伴隨一系列全面的文化教育。

　　文化的生產和再生產過程，本來具有明顯的自由自發原則，不需要過多的管理和約束。這是因爲文化生產和再生產是一種靠文化生產者的個人智慧和自由創造所進行的事業。文化生產和再生產需要儘可能多的創作自由，需要儘可能少的約束和管理，並不需要嚴格的規章制度來規定其生產過程。但是，隨著資本主義社會的發展，理性主義的盈虧計算原則越來越滲透到社會的各級部門，甚至影響到文化生產和再生產部門，試圖使文化生產和再生產也受到理性主義盈虧計算原則和組織效率原則的約束。同時，正如阿多諾所指出的：資本主義文化的制度化是資本主義社會文化異化的一個社會條件。阿多諾認爲，在資本主義社會晚期所出現的「文化工業」就是文化制度化的典型場所。而且，阿多諾還認爲，資本主義社會的發展還促使一部分中產階級以「半教育」（Halbbildung）的手段干預文化生產和再生產，一方面顯示他們對於文化的「關懷」，另一方面也掩飾他們在文化方面的「半桶水」窘境（Adorno, 1959; 1989）。

　　所以，針對都市文化的制度化，現在學術界存在著兩種不同的意見。一派是法蘭克福學派的社會批判理論，他們認爲都市文化的制度化是文化異化的象徵，是中產階級干預文化的表現，是官僚組織深入文化的產物。另一派是各種自由主義的文化理論，認爲都市文化的制度化有利於文化生產和再生產的有效管理，促進了文化生產和再生產的高效率，也有利於文化人才的管理和發揮他們的專業才能。

三、都市商業文化

　　現代都市以其強大的商業經濟力量，作為基本物質實力基礎，建構起以商業交易網絡為文化命脈的新型文化；這種文化實際上就是消費文化的主體。當代流行文化和消費文化無非是現代都市文化的直接表現。都市商業文化分為不同種類，但從它們同商業的關係而言，大致可以分為兩大類：（1）直接為商業部門、企業或公司所掌握和控制；（2）間接受商業控制的文化機構或團體以及個人。

　　直接為商業所控制的都市文化，就是直屬商業企業管轄、並直接為商業利益服務的文化。這就是我們在商業性企業、商店、大型百貨公司、超級市場以及那些受商業集團操控的文化機構，例如廣告公司、商店櫥窗展覽等地方所看到的文化。它們直接為賺取商業利潤而活動。這些商業企業不僅將大量文化產品商業化，直接將文化產品當成商品去販賣和推銷，將文化及其產品商品化；而且，以商業方式和企業管理方式製造文化商品，銷售和推銷文化，並輔之於文化形式進行行銷，將其商業實行過程裝扮成文化活動，採用諸如廣告、影視、文化裝飾等方式，使原本是純商品的東西文化化。

　　法蘭克福學派的阿多諾等人，早就將這些商業性文化冠之於「文化工業」的稱號。我們在許多地方都引述過他們的文化工業理論。阿多諾在四十年代批判美國文化工業和其他現代藝術的活動，表現出一種痛恨單調僵化的特質。他在文化工業的批判中，一再強調文學藝術創作的自由和多樣性，反對因商業和技術力量的干預而導致藝術的單一化和標準化。他認為，因襲陳規、崇拜權威和玩世不恭，都是具有反民主和反自由的性質。他在批判現代藝術的商品化和技術複製的同時，又堅定地捍衛音樂和藝術本身的自律性、複雜性、唯一性和精緻性，反對通過技術和媒體的傳播而簡單地使藝術實現大眾化，因為他

認爲任何眞正的藝術總是免不了曲折、甚至是神秘的創作過程。阿多諾等人在其文化工業理論中所批判的，雖然具有一定的理論深刻性，但仍然缺乏對於流行文化商業化的全面分析，沒有能夠對於資本主義商業介入文化的過程及其社會影響進行淸醒的估價。實際上，資本主義商業對於文化的發展，也作出了一定的歷史貢獻。除了爲文化發展提供足夠的財力資源以外，商業還提供了它在整個社會中的無所不在的組織性網絡，使這些商業網也成爲文化推廣的渠道。同時，資本主義商業在組織和管理方面的高效率，也有利於文化本身以更有效的方式普及開來。

「文化商品化」和「商品文化化」齊頭並進，雙管齊下，成爲現代都市商業文化的一個重要策略。大量的商業企業近來採取獎勵、抽獎、幸運獎、回饋獎等方式，發動消費者參與，形成都市中最受歡迎的文化活動之一。銀行部門也通過各種「獎勵文化」，發行信用卡和消費卡，並組織一系列文化活動，諸如邀請電影明星或歌星，發表得獎結果，掀起都市中消費者的購物狂熱。在商業活動的刺激下，那些最大、最繁華和最擁有財力資源的百貨公司等商業中心，成爲最活躍和最先進的都市文化和流行文化的生產、推銷和表演基地。在台北，忠孝東路、南京東路和敦化南路所形成的商業中心金三角，是全台北、以致全台灣流行文化的發源地和表演中心，由此決定整個台灣流行文化的模式、品牌和趨勢。

都市文化的商業性還表現在它同許多商業性監護人、資助人和捐助人之間的緊密關係。現代商業將其所賺取的部分利潤，再投資到文化事業中，形成爲當代都市文化對於商業的依賴性。都市文化網絡中存在著大量的捐助文化機構。這就是間接爲商業服務的文化活動，它們在當代都市中也方興未艾。這類文化主要以捐助人或監護人所支援的各種基金會活動爲主要表現形態。大量的都市文化的商業捐助人，一部分是那些在商業活動中取得重大成果的富豪，他們成爲這些間接

為商業服務的都市文化機構的監護人，另一部分是非商人出身的文化愛好者。捐助人（patronage）的原文來自拉丁文patronus，是從「父親」（père）變形而來，本來表示宗教洗禮禮式中有權賦予教名或進行命名的聖者。後來這個詞轉義為監護者、捐贈者或命名者，同時它又有救濟和教養之義。意味深長的是，自由主義意識形態越濃厚的國家，其中的商業監護性都市文化和非商業捐助性文化機構越多。例如，像美國、英國等傳統的自由主義國家，存在著大量的捐助性都市文化機構。而國家干預文化事業較多的國家，像法國等，這種捐助性商業文化機構就少得多。至於在國家控制文化事業的社會主義國家，更談不上商業性捐助的都市文化機構或組織。也就是說，單從商業性都市文化機構的狀況，似乎可以看到：商業對於文化事業的介入，並不是完全負面的，而是包含許多積極的意義。如前所述，文化的發展畢竟需要物質上和財力資源方面的支援。而當代商業性捐助機構，對於推動當代社會的文化發展仍然有積極意義。正如美國賓夕法尼亞大學社會學教授黛安娜·克蘭所說：「每一種捐助系統都使創作者具有不同程度的自由和限制，有不同的接受者群眾以及不同的藝術社會意義」（Crane, D. 1992: 148）。這種捐助制都市文化機構中的藝術家同其捐助者的關係也呈現不同的形態。有的捐助者並不直接干預或粗暴控制基金會的文化活動。

　　以美國為例。根據克蘭的調查和統計，儘管美國政府仍然是文化和藝術事業的最大捐助人，但就特定的文化活動而言，私人捐助者合起來的捐獻是政府捐贈的二、三倍。從六十年代以來，公司捐贈的藝術基金一直占36％左右，而其絕對數字則大幅度上升。據穀迪（Goody, K.）的估計，從1961年到1984年，私人公司對於文化藝術的捐贈數量增長了二十八倍（Goody, K. 1984）。當然，商人捐助的對像是有選擇的。一般地說，他們不太願意捐助個人藝術家，而更積極地捐助博物館、劇院、交響樂團和公共電視。據佑西姆（Useem, M.）的調

查，對當地社群的影響和地理位置是他們捐助時所考慮的兩大因素
（Useem, M. 1989）。佑西姆的調查還指出：公司捐助往往出於兩種目
的，一是把贊助當成負起它們的社會責任；另一種則是爲了創造良好
的公共關係。而在某種情況下，捐助還以間接銷售的形式來進行。因
此，這些捐助過多地強調文化和藝術等於商品。公司往往讓被捐助人
去做公司想做的事情，而不是首先考慮藝術家想做的事情。

公司捐助文化和藝術的目的，還包含試圖改善他們同中產階級的
關係，因爲他們發現中產階級比較重視文化和藝術。許多企業的老闆
意識到：中產階級及其代表人物，尤其是它們在媒體中的代言人，經
常以自由主義的身分發表批評商界的意見，對於商業活動給予評頭評
足，顯示他們對於文化的關懷。因此，公司企望通過它們的捐助，也
能夠減少中產階級自由主義者對於商界的約束。公司捐助文化事業的
結果，多多少少改變消費者對於公司的形象的看法，爲公司做了最好
的文化「潤色」或「化裝」。許多公司在捐助之後，總是不遺餘力地到
處宣傳，惟恐天下不知。例如埃克森和美孚石油公司特地在《紐約時
報》登大廣告，宣揚它們贊助的公共廣播頻道的節目。

文化的商業化也直接污染了文化工作者和藝術家的靈魂，使他們
中的一部分，在商業化的過程中，成爲過多追求利潤的人。例如商業
化的結果，都市中的藝術市場逐漸形成、並不斷擴大，其結果，使藝
術品變得更加有利可圖，藝術品甚至由此完全地成爲了商品本身。在
這種情況下，藝術品的商品價值遠遠地超出它的藝術價值和審美價
值。有些藝術家就把商業上獲取成功當成目標，當成他們創作的動
力。

在文化商業化的過程中，商人本身也直接參與對於文化成品和藝
術品的買賣交易活動。商人利用他們在財力上的優勢，往往壟斷、操
縱和「炒作」文化市場的文化產品價格。商人們也在必要時同少數藝
術家和文化工作者相互勾結，炒作、控制和任意提高文化產品和藝術

品的價格。在古董和藝術品市場上的拍賣會，就是這樣的生動例子。

　　本雅明曾經描畫了十九世紀以來法國巴黎及其他歐洲大都市中如雨後春筍般出現的大型綜合性百貨商店和商業廣場，把它們說成爲各種各樣的「夢幻世界」（Benjamin, W. 1968; 1989）。他認爲，這種靠商業利益爲基本動力的都市文化，試圖以光怪陸離和魔術般的商業櫥窗、展覽圖式和建築藝術，吸引廣大社會消費者的消費慾望，鼓動他們首先以自己的感官快樂、慾望滿足及虛幻式生活夢想作爲消費前提，試圖通過各式各樣商品陳列造成巨大的幻覺效應，並千方百計地使之轉化成爲實際的購物動機。

　　其實，一切文化的發展本來就需要一定的物質基礎，尤其是需要經濟財力的支援和支援。現代資本主義社會的社會性質，決定了社會中的文化必須靠最有經濟實力的商業集團的投資和資助。所以，除了商業機構和商業中心等直接進行商業活動的組織以外，都市文化還要靠商業利潤作爲自我養育的養料。在人類歷史上，資本主義社會第一次提供了最有利的機會，爲文化發展所需要的財力資源開闢出新的源泉。資本主義商業在爲其自身的利益干預和控制文化的同時，又向文化發展提供基金和財力資源。我們應該從兩個方面全面估計現代商業同都市文化的這種奇特關係。事實上，捐助文化機構大量的是屬於「非營利組織」。它們的成立和運轉是不考慮或很少考慮營利的。這是都市文化機構存在的一個積極方面。

四、都市媒體文化

　　由媒體機構網路系統及其活動所構成的媒體文化，是都市文化中最活躍和最有效率的部分。自從資本主義社會進入晚期階段之後，科學技術和商業在文化領域投資量的蓬勃發展，大大地促進了媒體事業

在整個社會中的滲透，使它成為資本主義文化整體的一個最重要的部分。如果說早期資本主義社會中的媒體文化基本上是報紙系統的話，那麼，現在的媒體基本上是以電視和電子網路為動力和通道的資訊製造和傳播系統。以報紙系統為核心的傳統印刷媒體，同以電視為核心的新興傳播媒體系統的相結合之後，不但改變了原來印刷媒體的功能、性質及其效果，而且也進一步加強了現代整個媒體系統及其文化的效果。與此同時，現代印刷媒體同傳播媒體的結合，也產生了遠遠超出媒體系統的影響，導致整個社會領域中的各個結構及其功能，都發生明顯的變化。正如克蘭所說，印刷媒體與傳播媒體的現代結合，使一向對社會生活發生重要影響的意識形態的生產與傳播，也發生根本的變化（Crane, D. 1992）。

二十世紀下半葉流行文化的興盛和氾濫，是同電話、電視、出版以及電腦網路等溝通傳播事業的爆炸性發展有密切關係的。據統計，1998年1月全世界使用電腦網路的總人口是九千萬，而到2000年年底就已經發展到十億以上。據美國報刊報導，美國1999年初大約已有69%的家庭擁有電腦，其中61%的家庭已上網路，而三分之一的家庭電腦安裝了「網上過濾器」，以防治其未成年子女亂上網路。青少年泡在網路世界的普遍現象，已經引起家長和社會的廣泛注意。特別是最近，美國從校園到超市，連連不斷發生令人震驚的槍殺事件，就更引起社會和政府的驚恐不安，因為這些殺手都是「電腦迷」。美國安伯格公共政策研究中心最近發表了該中心的一項調查報告，指出：大部分家長對於子女上網感到憂慮，認為電腦網路固然對於其子女來說確實是必不可少的教育工具，但它又帶來許多「不確實性」，其中還包含危險的「陷阱」。家長們對於網路的第一個感覺是「網上世界太大、太神秘」；第二個感覺是難於控制、監督和幫助自己的子女。美國聯邦傳播委員會主席肯納德先生說：「家長們對於網際網路的出現，一是高興，二是恐懼」。接著他說：「不用說，這是代溝，而且還是一個非常

大和非常深的鴻溝。我們的責任就是盡最大力量來彌補這個鴻溝。可以預測，用不了幾年的時間，幾乎所有的美國人都將生活在一個個人化、但又通過網際網路而世界化的新時代中；這將是由無數網頁和頻道構成的世界」。肯納德也談到最近出現的校園殺手。據悉，這些殺手每天都在網上花費許多時間。肯納德爲此要求家長「投入孩子的生活中」。據調查，在上網際網路的家庭中，76%接受調查的家長擔心子女會瀏覽色情網頁；77%的家長擔心子女會把個人的資料洩露出去；60%的家長擔心其子女因上網時間太長而患上「孤獨自閉症」；50%的家長承認一家人花在網上的時間越多，彼此之間交談的時間就越少。不過，同樣也有84%的家長認爲上網對於子女的功課有幫助，81%的家長宣稱他們的子女可以在網上「找到非常有用的資料」。因此，有70%的家長認爲在這樣的情況下，如果他們的子女不上網的話，「就吃虧了」。最近，針對網上新一代的這些問題美國副總統高爾建議美國各大網路公司應該達成協議，應該讓家長瞭解到子女上網的情況。高爾說，這樣做就可以防止青少年接觸暴力遊戲或不良少年組織的網頁。高爾副總統還建議網路公司應該設計、並供應可供家長控制的最新技術的電腦，或者設計建立新的網站，在新網站首頁加上通往其他網站的密碼，家長和子女只有通過這一密碼才能進入其他網站，這就給家長們監督子女的上網情況提供了有力的工具。美國一些社會學家已經注意到了網上新一代所帶來的問題，他們說，從現在起，就應該對新一代進行引導，否則的話，這「網站」以及由這些網站薰陶出來的網上新一代「既可以是你的朋友，也可能是你的敵人」。電子網站的發展還進一步促進了青少年對於色情文化的興趣。從日本開始掀起的網路「援交」方式，正在迅速地漫延開來，使成千成萬的青少年通過網路進行色情交易。

以電視和電子網路爲核心的都市媒體文化，包括電視、電台、報紙、書店、出版社、電影院等媒體網絡及其附屬周邊單位和機構系

統。這是非常龐大的以都市爲基地的媒體網絡系統，它的效率和實際影響卻遠遠超出都市的範圍，幾乎滲透到各個角落和領域，成爲無所不在的無形魔爪和溝通線路網。克蘭曾經在她的《文化生產：媒體與都市藝術》一書中，將都市媒體文化的網絡納入籠統的「文化組織」概念之中。她的「文化組織」分類表將電視、電影和重要報紙歸入「全國性核心媒體」，而把圖書、雜誌、其他報紙、廣播及錄影等歸入「邊沿媒體」另一類。這種分類的優點是凸顯了電視、電影和重要報紙的地位，強調這類媒體在整個文化組織中的領先地位，顯示了電視、電影和重要報紙對於全國輿論和公衆的決定性影響。但是，這種分類顯然只是反映了美國文化的特點，不但不能表現世界各國的文化組織一般特徵，就連歐洲國家的文化組織狀況，也沒有準確地被反映進去。應該說，普遍世界各國，幾乎都以電視和重要報紙爲核心，但電影的影響已經普遍降低，不如二十世紀中葉前後那樣強烈；現在的電影連線表演，只是整個媒體網絡的一個組成部分，它的效果和影響，取決於以電視爲首的電子資訊媒體系統的運作。因此不能將電影納入「核心媒體」之中。

現代都市報紙已經大大地不同於傳統報紙的性質和功能，因爲傳統報紙是以都市社區的社會網絡作爲基礎，而當代報紙媒體系統則不再爲社區服務，它們爲了生存，不得不爲整個社會含有複雜成份的廣大讀者服務，使報紙在社會整合方面不再發揮主要功能。它們所報導的新聞或陳述的事件，實際上並不鼓勵個人之間或社會群體之間的溝通和對話。正如克蘭所說，美國大衆媒體似乎沒有促進有關價值、規範和行爲的共識；社會連帶正在降低，而不是提高。這是因爲媒體所傳播的資訊，不管是虛構的，還是非虛構的，其資訊的廣度、多樣性及數量，都是很不穩定。

本書將在論述媒體與流行文化的專門章節，繼續深入分析現代媒體對於流行文化的意義，此處只是從都市文化的角度談論它。

現代都市媒體基本上受到三種社會勢力的滲透：第一種是政治勢力，第二種勢力是中產階級自由主義者、知識分子、文化工作者以及布爾迪厄所說的那種「媒體中介人」，第三種是商業部門。

　　政治勢力對於媒體的介入，主要表現在政府部門對於媒體的監督和控制。儘管現代媒體的是市民社會的公共領域的轉化物，但其中原來包含的自由論壇功能，經歷了近兩、三百年資本主義社會政治、經濟和社會制度的演變之後，已經越來越受到各種由政府所制定的制度和法規的限制，以致政府部門所實行的監督，通過制度和法規的管道，已經深深地影響了原有的自由論壇的性質，使這種體現在公共輿論的自由，受到政府掌控的程度越來越大。許多西方國家，往往拒絕政府權力對媒體系統的滲透，宣稱媒體的中立和客觀。媒體專業人士也往往注意政府對媒體的態度及其介入程度，反對權力機構對媒體的干預，以保持媒體的言論和表達自由。但是，在實際上，政府和權力機構以及各種政治勢力的介入是難免的。政府除了從政策、法規和制度方面給予管制以外，還從組織上，從各國所設立的「新聞局」之類權力機構的角度，採取各種方法和手段，對媒體的運作進行監督。表面上，政府似乎是從關心媒體社會功能的「正常」發揮的方面，對傳播媒體進行監督。因此，政府可以以「維護社會良好風化」的理由，控制和規定媒體節目和廣播內容和形式，使之不至於同社會道德規範相衝突，將傳播媒體節目及其廣播時間加以分類和安排。但在實際運作中，究竟如何貫徹這一原則？那些是政府有權干預的？道德規範同意識形態之間的界限何在？色情與真正的身體藝術之間的區分是什麼？……等等，都是有爭論、並難以用僵化的標準來衡量。這就要求媒體專業人士以及社會大眾密切注視政府同媒體的關係。

　　商業勢力的介入對於都是媒體文化的性質及其社會功能產生了決定性的影響。以吸引社會大眾最多的電視媒體系統為例。98%的美國家庭擁有電視。據1989年《世界年鑑》（*World Almanac*）的統計，各

國家庭每天平均打開電視七小時；而根據斯塔希的統計，普通成年女子每天看電視三到四小時；婦女看電視時間比男人長，老年人看電視時間比青年人長（Stacey, J. 1985）。商業部門根據這種狀況，決定它們對於電視廣告的投資比例，而電視媒體也根據商業廣告投資的比例制定節目的內容及其採取的形式。根據赫斯（Hirsch）的調查，美國三大電視網（美國廣播公司ABC、哥倫比亞廣播公司CBS及全國廣播公司NBC），都是依據它們的受眾的類別來界定其主要市場。「每個電視網絡首先關注的，是根據廣告商要求的人數來增加受眾的數量」（Hirsch, 1980: 77-78）。因此，商業競爭導致各個電視台激烈爭奪一個穩定市場上的市場份額；各個電視網絡的主要目標，是在特定時間的節目檔上爭取購買力最強的人口群體，即白天的中產階級婦女和夜間的中產階級男子。

都市電視網絡基本上是靠商業廣告的利潤來維持其運作。從這裡可以看出商業力量對於電視節目滲透和介入的程度。

五、都市市民文化

都市市民文化是一種多元、多質、多形態的文化活動總體，它的內容和形式，因參與其中活動的市民成份而有所不同。一般地說，它包括街道文化、社區文化、市民沙龍、都市各階層的「次文化」（例如青少年次文化、少數民族次文化、勞工次文化等等）、公園或公共場所集會、逛街、購物（shopping）、逛商店、看電視、看電影、閒談、欣賞音樂會、參觀博物館等等。因此，市民文化幾乎包括了許多互不相關的文化活動，其目的和方法也不盡相同。但它是都市文化的一個重要組成部分，同都市市民的實際生活有密切關係，也典型地體現了都市文化的某些重要特點。

早在資本主義社會形成時期，市民文化就成爲資本主義社會文化生活的一個重要組成部分，並以其獨特的性質而同中世紀封建專制的社會相區別，同時還以此顯示出資本主義社會本身優越於舊社會的特徵。中產階級是現代市民的前身，他們在建構現代社會的過程中曾經發揮過重要作用。他們從一開始所建構的特殊文化，對於後來整個資本主義社會的文化建設，產生了決定性的影響。所以，現代市民文化還帶有先前中產階級文化的某些特點。但畢竟時過境遷，現代都市市民文化即使包含了古典市民文化的某些特點，充其量也只是吸收了其中的個人自由因素，對於以往所強調的那些社會歷史訴求，早已經煙消雲散，取而代之的，是現代市民生活風格中的雜亂而混沌的因素，不再追求系統的論述或前後一貫的話語，到處呈現的，是難以撲捉的片段性短小事件及變化多端的非連續的影像和聲響以及各種各樣的信號、符號遊戲。這些現代市民文化構成了流行文化的最初源流，又表現了流行文化的生命脈動。

　　都市市民文化是以市民的類別而相互區分的。由於都市居民所處的社會地位和文化背景不同，所以，由不同的社會階層市民所參與的市民文化，也就很不相同。大致說來，可以按參與的社會地位兒劃分爲三種市民文化。第一種市民文化是都市的上層分子參與的文化。這種文化的決定性因素是他們所掌握的強大權力、雄厚財力、知識及其特殊愛好。在巴黎，每當全國性盛大節日到來的時候，政界、文化界和商界高層人士，舉辦豪華盛大的宴會，他們個個身穿最時髦和最貴重的時裝和珠飾品，談論最領先的新聞，並以各種最新話語或論述，創造時代的氣氛。這種場合只有少數上層分子才有資格和機會參與，使他們可以借助於新聞媒體的廣爲傳播而聲名遠揚。這類上層市民文化，以其在整個社會中的影響力，吸引整個社會的注意，也引誘社會大眾模仿其中的時裝和最新的流行文化產品。第二種是都市中的中產階級的文化。他們既不同於上層，也區別於一般下層市民的文化。當

代社會的中產階級已經不同於傳統資本主義社會的中產階級。這些中產階級市民文化主要是以都市中的專業知識分子為中堅,具有明顯的清高、幽雅和孤芳自賞以及刻意的裝模作樣的性質。由於他們的社會地位不如上層,他們往往對上層存有「不削」的態度,以顯示他們同上層之間的間隔,試圖借此向下層人士表示他們的清高,表現他們不願意與上層同流合污的精神;對於下層,他們則表達一種自以為是和高雅的姿態,試圖表示他們才是社會的前鋒,也是下層追隨的榜樣。布爾迪厄將這批人稱為「新興小資產階級」或「新知識分子」(包括教師、專業技術人士等)(Bourdieu, P. 1980),或者「高級服務階層」(包括雇主、經理及技術專業人士等)(Lash, S. / Urry, J. 1987)。這一層人士,以其刻意表現的獨特生活方式,傳達出一種不斷更新的風格化和表意化的生活形態,使人感到他們中的每一個,都擁有與眾不同的社會位置,別具一格的風格和氣質,並具有自身的屬於個人屬性的財富,特別是精神財富和文化愛好。他們善於創造模糊而多變的中介性記號和密碼,使他們的上述特徵也呈現出神秘的色彩,令其他人刮目相看。在流行文化的生產和傳播中,這層人士的市民文化具有特別重要的意義,因為它們成為了溝通上下層以及高級低級文化之間的中介。第三種是都市下層廣大居民的文化。都市中的青少年階層,雖然不能劃入嚴格意義的社會階層,但由於他們在經濟上未能獨立,在個人行動和思想表達方面都不得不受到上層的控制,使他們在實際上被歸入都市中的下層。但都市青少年又是一支不可忽視的社會力量,不論其人數,還是其社會影響,都對於整個都市文化的性質發生決定性影響。所以,在都市市民文化中,青少年的「次文化」也是很值得注意的。現代都市的青少年次文化的種類及其影響是很複雜。它還同都市流行文化有密切關係。

以上都市市民文化中的三種文化,雖然有所區別,但也在流行文化的生產和再生產過程中,相互流通和相互滲透,使三者在許多情況

下形成活潑的交流和相互影響，有利於產生新的文化，同時也改變著
它們之間的結構關係，特別是模糊了傳統高雅文化和低級文化的區
分。

六、都市流行文化

　　當代流行文化從資本主義社會開始，就是同資本主義都市及其特
殊文化的形成和發展緊密相關：都市不但是流行文化的製造和推銷中
心，而且也是控制和操縱它的神經中樞。流行文化構成為當代都市文
化的核心。都市借助於它在政治、經濟和文化的優勢，在把它的魔爪
伸到世界各個角落的時候，流行文化就是它的最得力的手段和途徑，
也是它的最有效的工具。

　　以世界流行文化最大的中心巴黎為例。法國的整個流行文化的式
樣、模特兒、氣質以及設計人才，都集中在巴黎。幾百年來，法國的
流行文化，特別是時裝，都是首先在巴黎設計、生產、表演、推銷和
更新的。通過巴黎的流行文化生產威力，法國的整個流行文化得以在
世界範圍內被人們所確認。從此以後，巴黎所生產出來的流行文化產
品，特別是時裝，成為全世界大都市模仿和注意的中心。從1947年
起，全世界時裝界更是以巴黎最繁華的香榭麗大街（les Champs-
Élysées）、蒙台涅大街（l'avenue Montaigne）和喬治五世大街（l'av-
enue Georges V）所構成的「當代時裝金三角」（le Triangle d'or de la
mode moderne）為中心，展開他們的時裝和流行文化的設計和生產活
動。據報導，自1975年以來，巴黎的五十多個最有名望的高級時裝製
造公司，每年要在巴黎以兩週的時間舉行盛大的時裝表演展覽活動，
展出平均四千六百種最新時裝（Deslandres, Y. 1992: 95）。正因為巴黎
已經毫無毫無疑義地成為了世界流行文化的中心，整個法國所生產出

來的一切流行文化產品，幾乎全部都標上巴黎的標記。「追上巴黎的最新式樣」成爲了全世界時裝界和流行文化領域的最時髦的口號。不但是那些最邊緣的城市，而且連倫敦、米蘭和東京等西方最大的都會，也都要追隨巴黎的時髦。作爲流行文化的世界中心，巴黎並不只是以生產和設計它的最時髦的時裝而著名，而且也以它的整個圍繞著流行文化而形成的媒體結構、時裝雜誌、女性文化雜誌、時裝和流行文化評論意見、設計師和模特兒的氣質以及時裝展覽表演會等一系列組織機構的強大吸引力而影響整個世界。甚至連巴黎的街道結構和市區網絡，也圍繞著時裝和流行文化的生產及其推銷而被設計出來。巴黎成爲了名副其實的世界時裝與流行文化的最大都會。每當巴黎舉行的時裝表演進行的時候，來自世界各地的成千名記者和流行文化評論家，集聚在巴黎。他們發出的報導文章、圖片、照片及電視節目迅速地發射和傳播到全球各地，在時裝換季季節或流行文化產品轉換品牌的時刻，這些新聞和圖片，甚至比當時的其他有關政治、經濟和社會的新聞都占據更重要的地位，被排列在最醒目的版面上。都市流行文化在整個世界生活中所顯示的主導地位，可見一斑。

我們可以注意到：流行文化的一切變化及其特徵，都是由都市首先創造發起、並受其指揮和決定的。每當社會進入新的歷史階段時，首先就在都市中形成和產生表明這個新階段特色的象徵或表徵。這些象徵和表徵，既是表現時代精神和文化氣氛，又是表達人們日常生活方式和思想模式以及心態氣質；既是西方中心都市指揮衛星式的鄉村、殖民地和附屬國的信號，又是表明都市權威、實力及其意欲控制整個世界的流露。反過來，被置於被控制和被操縱的外圍地區，爲了不至於落後於都市，爲了在其同整個世界的競爭中取得主動權，總是積極地追隨都市所發出的一切信號和象徵，試圖儘可能追上、並與之相符合，以便顯示這些外圍地區在整個世界力量對比中的地位和身分。富有諷刺意味的是，外圍地區心甘情願地主要也是靠都市媒體發

出的信號受取和學習都市文化的基本途徑，在它們看來：都市媒體所發出的一切，就是一切；跟著媒體的信號走，成為了它們的行動信條。這正是顯示了當代人心態和思考模式的一種「變態」：對於他們來說，「看到什麼，就是什麼」；「一看就懂，一看就學」（參見拙著《後現代論》，第一章，第五節。台北：五南出版社，1999: 69-75）。世界就是看到的一切。他們並不需要理性思考，並不以為自己所看到的，就會包含著某種虛假或欺騙。這種思考模式實際上也是流行文化薰染的結果，因為流行文化的基本精神，就是盲目追隨；追得越快，越像，就是勝利，就顯示自己的時髦和個性。流行文化所強調的「迅速趕上」，是最「省力」、最「經濟」和最「有效」的。理性思考模式早已過時，它是當代人所不恥的，也是他們所並願意為之付出的，因為它「太費力」、「太浪費時間」等等。都市媒體在其各種論述和圖像宣傳中，所強調的，也正是這一點。流行文化的這種「速食性」，是由都市媒體網絡定調、定格和定形的。

　　也有的流行文化並非由都市發起或創建，但這些由邊陲或都市外圍地區所興起的流行文化，如果最終得不到都市的「核准」或「認可」，就只能停留在該地區範圍內，它也就不可能推廣到全國或全球。因此，這種謹由邊陲或外圍地區創造和傳播的流行文化，在時間上總是「短命」的，在空間上則是只限定在較小範圍內，充其量也發揮不了整體性的作用。所以，由邊陲或外圍地區創造的流行文化大致分為兩類：一類是經都市文化加工和推廣，變成為全國或全球化；另一類是得不到都市的支援或認可，只能在小範圍傳播，影響較小，甚至在短期內消失。屬於第一類的，以美國普列斯萊搖滾樂最為典型。它原本是由住在小城鎮的鄉村歌手「貓王」埃爾維斯·普列斯萊所開創。埃爾維斯·普列斯萊兒時愛唱教堂歌曲，又受到黑人搖擺舞曲藍調的影響。他所創建的「搖滾樂」，在最初幾年內並沒有受到重視。1954年他第一次錄製的十五首歌曲，儘管表現出獨特的風格和一定的演唱天

份，但受到了冷遇。這就證明：即使表現出藝術才華，未經都市流行文化控制者的「許可」或「贊助」，未經都市文化的改造和加工，仍然「成不了氣候」。後來，是都市流行文化老闆發現埃爾維斯‧普列斯萊的特殊表演藝術及其魅力，並認為有利可圖，才被支援而迅速推廣開來。埃爾維斯‧普列斯萊的什麼樣表演藝術能被都市文化的老闆所看中？無疑是他在表演中拚命地搖晃臀部和顫抖大腿所呈現的「性感」、彈唱吉他的超凡魅力、鴨尾式髮型、幽默含蓄的嘲弄姿態以及他個人氣質所散發出來的獨特脆弱神情，正好符合了當時渴望這種特殊「氛圍」的需求。而且，老闆們意識到推廣這些特殊風格，會有利於進一步為當時正在探索刺激、並剛剛興起的搖滾狂熱推波助瀾，當然也有利於老闆們從中獲取他們所希望的物質上、經濟上和意識形態方面控制的利益。就是在這種情況下，時隔僅僅一年之久，埃爾維斯‧普列斯萊的「歌運」立即發生翻天覆地的變化。1956年由都市流行文化老闆所發行的《心碎旅社》，其銷售量竟突破百萬張大關。隨後，連續四十五張唱片的發行量都達百萬張以上，使他成為美國五十年代末最受歡迎和最受仰慕的流行歌星。在發唱片的同時，還演電影和上電視。他的第一部影片《溫柔地愛我吧》旋風般轟動了美國，帶動了整個西方世界的搖滾狂。與此同時，成千上萬的商品被標上埃爾維斯‧普列斯萊的畫像和名字，他儼然也成為了最流行商品的「最佳商標」。他在田納西州孟菲斯的格雷斯蘭興建華麗的豪宅，在他死後也成為了「埃爾維斯‧普列斯萊迷」朝聖的聖地。據說他死後五天內，其唱片銷售量達到八百萬張！而他在世時的唱片發行總量是五億張。

值得注意的是，都市文化對於整個外圍和邊陲世界的控制及其本身「中心」地位的維持，在現代社會中，是特別以媒體作為其基本手段的。在這個意義上說，當代都市文化的基本特徵，就是以發展媒體網絡作為基本導向。因此，在傳播流行文化過程中，都市主要靠媒體網絡發揮其操縱和支配功能。

流行文化同都市文化的密切關係，是由資本主義社會初期開始形成，然後，又隨著資本主義商業的發展，隨著資本主義都市在政治、經濟及文化對於全國和全球的壟斷地位的鞏固和擴大，進一步顯現出來。

在十九世紀中期，當資本主義生產和商業興隆和繁榮之後，上述狀況更加凸顯資本主義社會政治、經濟及文化之間交錯關係的性質。最早的現代派作家博德萊最先發現、並在他的作品中給予尖刻的敘述。

當二十世紀下半葉晚期資本主義社會到來時，社會整個結構及其變化的特徵，首先是以都市中出現的光怪陸離的影像作爲信號。空間上的奇特結構，尤其是凸顯具有壓迫感、恐懼感和離奇感的那些結構，只要能夠表現出反傳統的「協調」、「平衡」、「標準」和「正常」的一切怪樣子，都被當作最有力的花招表現出來。人們不只是以空間結構的反常形式，而且還配合最能刺激感官的色彩和聲音方面的奇特影像和聲響，頻頻造成精神緊張的氣氛，一方面引導人們抒發內心的悲觀、虛空、厭倦、傷感、煩悶、困擾和憂慮，另一方面又激發人們尋求另類的刺激、好奇和慾望，誘導他們向從未感受過的世界產生幻想。都市文化的這種特徵，旨在於製造混亂、假像、幻影，使現實儘可能象徵化和虛幻化，儘可能採取最曲折和最不可捉摸的形式，使它的實在性虛無化或遠離實際生活世界，達到將眞實的實在轉化爲各種影像的目的。這樣，處於焦慮和徬徨中的社會大眾，便可以輕而易舉地被引入社會占統治地位的人們所希望的方向。對此，法蘭克福學派的本雅明曾經給予深刻分析和批判。

受到本雅明等人的啓發，後現代主義者也就此進行分析和探討。美國的詹明信曾經在他的著作中描繪過晚期資本主義都市的時空奇特結構，並強調它在當代社會生活中的特別意義（Jameson, F. 1991[1984]）。

第二節　作爲「奢侈」生活方式的流行文化

一、奢侈的複雜性及其弔詭性

　　流行文化在某種意義上說也是一種奢侈（luxury; luxe）；而作爲奢侈的流行文化，已經不是傳統社會中的那種意含，主要應從資本主義社會的商業發展角度去理解它。在當代社會中，奢侈品的生產與銷售更緊密地同當代商業活動聯繫在一起，並在某種意義上說，奢侈品的生產和推銷已成爲當代商業活動的一個重要組成部分。通過奢侈品的製造和推銷，不但流行文化產品得以有條不紊地進行和發展下去，而且，商業本身也有可能超出商業的範圍，透過奢侈生產和使用過程中與其他複雜因素的交流，在文化的領域內，同各種其他因素相遭遇。當代流行文化同當代商業中的奢侈品生產和推銷的這種複雜關係，進一步表明：探討流行文化同奢侈的關係，將直接有助於深入瞭解當代一般文化的商業化趨勢。

　　「奢侈」原出自拉丁字 luxus，表示「富饒」和「豐裕」（abundance; abondance）以及「精緻」（refinement; raffinement）的意思。對於「富有」和「精緻」的無止盡的追求，乃是人的本性，也是進行無休止交換活動的人類社會的基本特徵。按照亞里斯多德的說法，人生來「好奇」。好奇表明人是不會滿足於現狀，不會停留在現實的、表面的、一般的層面上。人的思想性和社會性促使他無止盡地追求現實以外的東西，探索原來不存在或不知道的東西。對於富有和精緻的追

求，也是好奇和不滿足現狀的實際表現。當一個人得到了一個東西的時候，他會進一步希望得到比它更好和更精緻的東西。奢侈就是在這種無止盡追求的推動下產生的。當然，奢侈的產生還有其他更深刻的社會文化條件，其中包括社會競爭、擴大權力以及良好的生產和技術條件等等。任何一種奢侈品，起碼必須具備以下三項條件：（1）必須培養具有特殊製造技能的生產者，以便生產出不同於一般物品的精緻產品，滿足享受者個人的特別需要；（2）必須存在充分的技術條件，以便生產出高質量的奢侈品；（3）必須達到美學上的「美」的標準，為奢侈品接受者提供一種獨特的美的感受。顯然，生產這樣的奢侈品不是任何一種社會文化條件就可以實現的。

在西方社會的文化傳統中，最初，羅馬神話中曾經借助於亞奴斯（Janus）的故事，談到奢侈的問題。後來，是羅馬皇帝西塞羅（Marcus Tullius Cicero, 106-143）首先把它理解成「豪華」（splendour; faste），「過度」或「放蕩」（excess; exces），「花天酒地」或「濫用」（debauchery; debauche）。從此它變成只具有消極或反面意義的道德語詞，也因而成為被多數人貶低甚至譴責的生活方式。「奢侈」之所以能夠從原來很自然地同人的本性、日常生活以及社會生活相協調，轉變成為具有負面意義的事情，是有很複雜的原因；而其中，就包括「奢侈」這個語詞本身原有的複雜涵義，使人們很有可能只強調其中的某一面向。正如我們已經在前面說過的，「奢侈」一詞在古拉丁語中是指「富饒」、「豐裕」與「精緻」、「精雕細刻」的雙面意思。但是，在這個基本語義之外，實際上又包含更多的複雜涵義。在拉丁語中，「奢侈」的詞根包含「光」、「光線」、「愛好」、「品味」、「亮麗」、「絢麗」、「燦爛」、「講究」、「高雅」、「典雅」、「明晰」、「華麗」、「繁茂」、「歡樂」、「過度」、「極端」、「稀有」、「罕見」等等。人們只要看重上述多元涵義中的某一方面，就很容易將「奢侈」原來的豐富涵義轉變成為片面的內涵。

奢侈的上述豐富內涵，表明它在社會中的存在和發展，都是有複雜的社會基礎，並包含極為矛盾的性質和複雜的社會文化意義。為此，對於奢侈的分析和研究，必須結合特定社會文化條件，並深入探索它在特定社會中的具體表現。我們不能一談到奢侈，就不加分析地和簡單地否定它。我們不能抽象地和一般地研究和討論「奢侈」的問題，必須將它放置在人類社會文化的脈絡中進行具體分析，才能對它有較為客觀和深刻的認識。

二、奢侈的人性和社會基礎

　　奢侈同「富有」和「精緻」的關係，表明奢侈現象具有明顯的人性基礎和社會基礎，而且它也伴隨著商業的發展而同時遵循著某種經濟邏輯和精神活動的邏輯。研究流行文化同奢侈的關係，將更具體地揭示流行文化同人的本性，同社會交換活動以及同商業的內在關係。

　　從最早的時候起，奢侈就同人的本性密切相關。如前所述，人的思想性及其社會性，使他生來就有自我超越和進行交換的需求。對於奢侈的追求深深地內在於人的本性中。對於奢侈品的追求構成為推動社會和文化發展的重要動力之一，因為正是對於奢侈品的追求和苛求，才使社會處於向高級和更完滿的階段的發展進程中。人的思想性使人具有自我超越性，使他永遠產生好奇心，使他永遠不滿足於現狀，因而使人不會停留於對滿足現實需求的追求；而人的社會性又使他要同他人進行交換。奢侈品的生產與交換就是在這種情況下由人的思想性，社會性和超越性所決定而出現的。所以，在某種意義上說，奢侈也是一種消費，只是它不同於一般的消費，也即不同於那些只是滿足生活基本需要的消費，而是屬於超越出人的生活基本需求的消費。因此，奢侈是一種特殊的消費。由於人的超越本性，才使這種超

越生活基本需求的消費，成為一種必然的趨勢。

　　奢侈不僅同人的不斷超越本性相關，而且也是人類社會基本組織原則所決定的。首先，人類社會本身，其狀況及其組織原則，就需要具備奢侈的性質。人類社會所處的環境以及社會的組織性，從一開始就顯示它的奢侈性。人類社會生來就是奢侈的。也就是說，人類社會從創建的時候起，就顯示出它的豐富性、溢滿性。人類社會是在極端豐富的自然條件下形成的。水、火、樹林和土地等等，哪一種不是多到用不盡的程度？就奢侈是「富饒」和「豐裕」的意義而言，世界原本就是奢侈的。

　　人類社會不管在任何發展階段，都難免呈現不同的階層結構，因而產生不同程度的不平等性。像自然界任何事物一樣，人類社會中的每一個個體，不可能完全等同而毫無差別。法國思想家盧梭（Jean-Jacques Rousseau）早就在他的著名著作《論人類不平等的起源》一書中指出：不平等幾乎不可避免地成為一種普遍規律，因為既然自然界中不可能找到完全相同的樹葉和沙粒，人類社會中就更找不到完全相同的個人。所以，盧梭又在他的另一部著作《社會契約論》中，開宗名義就宣告：「人生來自由，卻處處發現自己是套在枷鎖之中」。人類社會的複雜性決定了它的階層性和差異性，這也就決定了：社會中的每個人將盡力以其個人的能力占據較高社會地位、並設法顯示其社會地位。奢侈就是在這種情況下成為了人們顯示社會地位的手段。為此，盧梭曾經嚴厲地批判伏爾泰的思想觀點，他不同意伏爾泰片面地否定奢侈的社會意義。

　　人類學家早就注意到奢侈的社會性質。在研究北美洲西北海岸原始民族印第安人習俗的時候，人類學家們發現一種透過禮物交換，藉以確立、並重新確定社會地位與榮譽的特殊習俗「誇富宴」或「散財宴」（Potlatch）。宴會主人以一定儀式邀請客人，發表演說，然後，按照被邀請者的身分和社會地位，慷慨地揮霍解囊，散發財物。每當發

生繼承關係，繼承人通過舉辦誇富宴，尋求社會共同體其他人對於他新獲得的社會地位的承認，完成「正當化」的程式。當其他重大事件，例如婚、喪、割禮、成年禮以及建立社會團體的時候，也採用誇富宴的方式，等於在特定共同體範圍內實現一種「社會告示」式的儀式，宣布或確認團體或群體內人們的不同社會地位。在研究南太平洋地區紐幾尼亞群島，特別是特洛伯里安群島（Des Ils Trobriand）原住民的文化時，英國人類學家馬林諾夫斯基（Bronislaw Kaspar Malinowski, 1884-1942）也發現，當地原住民實行一種類似於「誇富宴」的「庫拉環交換」（Kula Ring）儀式。庫拉環交換所實行的，是將項鍊和手鐲作為兩種禮物，按相反的流通方向，在部落中進行交換。通過這種特殊的交換活動，進行了社會區分和權力的再分配，使原始民族的社會群體得以穩定地維持下來。由於散財宴的主要目的不是儀式本身，而是宣示當事人社會地位的正當性，所以，在人類社會的發展中，各種類似於散財宴的儀式名目繁多，形式多樣，層出不窮，也可見以奢侈炫耀社會地位之一斑。

當社會生產力提升，社會區分化加速進行，權力競爭激烈化的時候，散財宴之類的儀式，往往可以五花八門，使人眼花撩亂，甚至導致擾亂社會秩序的結果。有的人為了抓緊時機，小題大作，借用散財宴形式，或者用來挽回面子，或者用來提高自己的地位和擴大社會影響。在台灣，連政治選舉活動也大肆應用散財宴的方式，各個政黨或競選人，不厭其煩地擺酒席，組織狂歡會等等，都是原始的散財宴的變種。由此可見，通過奢侈舉動達到確立社會地位和身分的現象是普遍存在於人類社會的各個階段的。

就文化本身的發展邏輯來說，一切文化都需要通過一段精密和細緻的選擇、排除的競爭、篩選過程，才能實現文化本身的提高。在選擇和競爭過程中獲勝而被社會肯定和確認的高質量產品，往往成為該類文化產品的標本或模範，成為其他同類產品進一步提升和改進的方

向。所以，這些在選擇和競爭中脫穎而出的產品，對於其他產品的發展方向具有「指導意義」。由於奢侈生活方式的實現和擴散，是非常講究、激烈而又不惜任何代價的競爭過程；而且，在奢侈生活方式展現和擴散時，那些社會上層分子，不惜揮霍他們的財物，培養、鼓勵和嘉獎最奢華的產品，有利於這些產品提升過程中積累必要的人力和財力資源，也有利於設計和製造這些產品時所必須的足夠時間。任何高級文化產品的提升，都需要相當的人才、財力、物質和時間方面的投資。社會上層分子為了顯示他們的地位和實力，寧願付出大量財力，投資於奢侈產品的製造和生產。所以，奢侈有利於文化產品的精粹化、名牌化的形成。各個社會上層分子，為了顯赫他們的經濟和文化實力，不惜一切代價，一再地要求奢侈品生產者將產品的品質提升，這就促進了「名牌貨」的形成和鞏固。「名牌貨」一旦出現，就逐漸成為其他同類流行文化產品的榜樣或樣板，提供它們今後進一步發展和提升的方向。這樣，在奢侈生活方式的鼓動下而出現的高級名牌貨，對於流行文化產品的提高來說，就具有「指導」意義。名牌貨成為「標準」以後，名牌貨本身也需要不斷改進和提升；而其提升過程往往要付出更多的代價，需要付出更多的創作和反思的時間，有利於文化產品整體的品質提升。其實，奢侈不但有利於推動整個文化生產和再生產導向更高層面，推動文化的進一步提升，而且還在許多情況下，有助於生產的發展和生活的改善，也有助於擴展人的想像力。

三、作為一種特殊消費方式的奢侈

作為奢侈生活方式的流行文化，實際上就是一種特殊的現代消費方式；它既是現代社會的一種炫耀式消費活動（conspicuous consumption），又是社會大眾相互交流、溝通、協調及互動的一種社會生活方

式。而被一些人稱爲「消費文化」的那些現象，實際上也是一種特殊類型的奢侈文化。

現代消費已經遠遠超出經濟範疇，包含更豐富和複雜的意含，並具有複雜的性質。本書在專門分析流行文化的商業性的章節中將更集中論述現代消費的複雜性質，在這裡，只是就它與奢侈的關係，探討它的有關特點。

作爲一種炫耀性的消費，奢侈具有何種性質和意義？美國社會學家韋伯倫曾在其專著《悠閒階級論》(*Theory of the Leisure Class,* 1899)一書中，對此作了深刻的分析。他首先對資本主義社會中最典型的國家美國進行研究，將焦點集中到資本主義社會的休閒生活以及這種社會生活的社會基礎。同時他也探索了現代社會休閒生活方式對於社會變遷所造成的深遠影響，探討了休閒生活在社會分化過程中的意義，特別指出了它對於社會階級和階層形成的直接影響。他將西方社會中的奢侈生活方式稱爲炫耀性消費，並認爲，這種炫耀性消費是資本主義社會制度及其商業性所決定的。這種生活方式的擴散導致流行文化的氾濫。

奢侈在現代社會的氾濫，當然顯示了資本主義社會階級的不平等結構及其在社會生活方式方面的直接表現。但同時它又爲資本主義社會的進一步發展提供一種動力，有助於社會本身在其內部結構的範圍內不斷進行自我調整，進行各種形式的競爭和較量。這是資本主義社會長期活躍、並永無止盡地實現循環螺旋式上升發展的原因。

當代消費活動作爲全社會性的行動，呈現出多種多樣的形式。消費可以是大多數人同步成比例地進行，也可以按先後、分等級甚至競爭式進行。現代社會消費活動的多樣性決定了奢侈生活方式的出現及其多樣化、大眾化和社會化。

作爲一種特殊的消費方式，奢侈往往與藝術、人的五官感官欲求、個人情感、自由的因素密切相關。

許多奢侈行為是同人們對美的追求相關的。美的事物必須具備某種完美性和稀有性。如前所述，人的本性就是要不斷地追求完美；而當具備一定的社會文化條件的時候，人們就會進一步提升其對於美的追求，並同時提升美的標準。任何奢侈品都內含著美的因素。奢侈品本身的出現就具有展現美的一種特殊社會功能。因此，奢侈作為人們追求美的活動的自然延伸，是合情合理的。奢侈品在其製作過程中，往往必須經歷長遠的時間投資，需要創作者付出更多、更複雜和更認真的勞動，投注創作者精神創造過程中所獨創的各種「密碼」，儘可能達到精雕細刻和精益求精的程度。所以，任何奢侈品的購入和欣賞，不但要付出經濟資本，還要付出文化資本和象徵資本，而且，所有這些資本的消耗又要經歷更長和更曲折的時間。因此，對於奢侈品的消費作為一種特殊的藝術美鑑賞活動，其本身也是一種藝術再創作。正因為這樣，作為藝術品的奢侈品並不是所有的人都可以買到、欣賞和消費。

　　同美的鑑賞相關的奢侈品，首先是因為它同人的五官感性要求有密切關係。任何奢侈品都是為滿足五官的感性要求。當奢侈品滿足五官的感性要求時，同時也向人們輸送和提供美的饗宴。約翰・帕斯金（John Perskin）在其著作《現代繪畫》中指出：人類靈魂面對世界時所表現的獨一無二的和最偉大的創造精神，就在於睜開眼睛靜觀對象。觀看確實是一首詩，同時又是預見和宗教性的超越活動。通過觀看，人們可以發現奢侈品中所包含的各種豐富的內涵；這些內涵，有的是可以一目瞭然的，有的則是需要經過一番透視、消化和反芻。當我們觀看奢侈品時，我們看到了什麼？第一，人們在奢侈品中看到了名勝古蹟、馳名地域、特殊位置、花園、居所、公館、建築和自然風景等等。第二，看到了位移和旅遊的工具和手段（例如法國LouisViton牌的各種講究而昂貴的皮包和行李、Mercedes-Benz和BMW高級汽車或各種遊艇等），各種接待遊客的豪華旅館。第三，看到各種裝飾、日常生

活中的化裝、家具、銀製品、珠飾品、繪畫以及其他藝術品等等。第四，看到各種高雅的、引誘人的化妝品：高級時裝、珠寶以及香水等等。

在觀看中，所有這些奢侈品或奢侈物向人們提供了最豐富的想像空間，也提供最舒適的感性刺激。由此出發，人們通過奢侈品可以得到許多美的感受和享樂。

同觀看一樣，奢侈品可以提供最美的聲音感覺。聲感是一種理智形態。正如羅蘭‧巴特在他同畢昂可狄（Hector Biancotti）的對話中所說：人們必須學習聆聽聲音的文本，學會辨別它的意義，發現其中所隱含的深遠內涵（Barthes, R. Le grain de la voix. Les fantômes de l'Opèra. Oeuvres complètes. Vol. I.）。羅蘭‧巴特還說：在聲音的構成顆粒中，包含著連接聲響和聆聽者之間的性慾關係。聲響並不只是靈魂的反響，而且也是生命中的第一因素，是連接生命同母親之間的第一信號。任何生命都有它的特殊聲音，靈魂靠它的特殊聲響從其最內在的世界中抒發出來，向它所生活的世界尋求對應的事物，並在同它們的對流中發展生命本身。沒有聲音就沒有生命。母親第一個敏感地聽到小生命的到來。嬰兒靠他的聲音宣布他的出世。聲音作為生命的資訊是偉大和珍貴的。聲響也是詩歌。聲響中隱含著豐富的資訊和密碼，有待聆聽者解讀和解碼，並通過一層一層的聆聽、理解和翻譯，深入到聲響的無底的最深淵之處。耳朵所聽到的，不只是聲響中所帶來的聲波物質結構，而且還帶來聲響和言語中隱含的溫柔、反思和象徵。許多哲學家深刻地揭示了人的五官感官對於人性純化和昇華的意義。法國思想家梅洛‧彭迪（Maurich Merleau-Ponty）和米歇‧謝爾（Michel Serres）都很重視五官感官的意義，強調當只有五官感官能夠通行無阻地為人提供不斷更新的感覺時，人的內在精神世界才能有所提升。

任何奢侈品的消費還體現消費者個人的個性及其獨特愛好。對於

奢侈品的消費實際上不只是展現個人的經濟或物質力量，而且更重要的是表現個人的氣質、品味、愛好和特殊情感。

最後，奢侈的生活方式本身也是自由生活方式的體現。只有在高度自由的國家和社會中，人們才有機會享受奢侈品，並把追求奢侈品的活動當成個人選擇自由生活方式的表現。

四、作為「名牌貨」和「精品」的奢侈品

如果說奢侈品是流行文化的一個組成部分的話，那麼，這一部分就是流行文化中的高層次或精品部分，由於它在經濟和文化層次上屬於更高的層面，它往往首先由社會上層或所謂「菁英分子」所壟斷或占有，隨後才逐漸依據流行品的商業、文化和社會運動及變遷規律而逐漸普及到社會大眾之中。所以，在一定意義上說，奢侈品是流行文化的菁華部分，也是在它的發展歷程中具有方向性的指導意義的部分。名牌貨和精品，幾乎就是奢侈品的同義語。所有的名牌貨都是奢侈品，都是要付出極高的代價才能獲得，才有機會和能力鑑賞它。作為名牌貨或精品的流行品，通過它同牌子的關聯，使它具有商業、文化、經濟、社會等多面向的深刻意義。名牌貨也同奢侈品一樣，包含著複雜的性質，需要仔細分析和辨別，才能對它有所認識和瞭解。分析名牌貨將有助於我們更深刻地理解流行品之所以能夠流行的某些奧秘。在這方面，主要可以發現流行品的內在意含、結構、質量、資訊、承諾、動力以及它同流行品生產者、推銷者、消費者之間的微妙關係。

名牌貨同名牌有關，而名牌又同一般的簡單的「標記」或「商標」（la marque; mark）有關。所以，分析名牌貨，要先從分析一般標記和商標開始。當我們對於商標有了更深的理解之後，我們才能理解為什

麼流行品會同其名牌發生密切的關係。

標記和商標的功能和特點是什麼？必須從人類文化史談起。翻開歷史，或簡單地參觀歷史或文化博物館，我們可以發現：哪怕是最初的人類生產品，都會有或多或少的標記。最早的時候，標記首先是為了辨識事物的特性，顯示事物的獨一無二的特點，也就是辨識它的「同一性」（identity; identité）。有了特殊的標記，人們就可以辨識它，認同它，並把它同其他生產品區分開來。在最早的時候，它是為了標識其生產地、生產者或生產單位，同時，也是為了標示該產品的性質、性能、特點或用途。由此可見，在最早的時候，都只是從「使用」或「實用」的角度而做出一定的標記。其次，標記是為了占有，為了獲取，為了標示一種特殊的占有關係，表明它的隸屬者的特點。這是在生產能力有了進一步發展而產生私有制的情況下發生的。一個標記就可以標示出它的占有者，就可以顯示出它的占有者的能力程度及其權力可達的範圍。因而，在最早的標記中，已經隱含著其中所要表達的權力及其影響程度。第三，標記是為了區分。在生產社會化的情況下，生產品的大量生產，要求將生產品加以區分，以便從許許多多的生產品中標示出具有特定意義的生產品。第四，標記是為了顯示特定的質量標準。一定的標記是同一定的質量聯繫在一起的。

隨著人類社會的發展，商業交換活動日益頻繁，生產品的最初標記便逐漸變成為「商標」。但是，在探討流行文化中的奢侈品或名牌貨的時候，我們所說的商標或名牌，已經不是傳統的古典意義的商標，而是指西方資本主義社會晚期階段出現消費社會以後的各種名牌。為此，有必要簡單回顧當代各種名牌產生的社會歷史背景。

當代各種名牌視同近現代資本主義社會的商標的性質密切相關，而近現代資本主義商標是產生於十九世紀上半葉工業革命之後。工業革命使商品生產及銷售的性質和方式發生了根本的變化。近代商標就是在這種變化中產生的，它具有以下五項重要特徵。第一，它是商品

大規模生產的產物。第二，它是工業標準化生產的結果。第三，它取代了傳統古典社會中個人間直接進行的商品交換的性質，使交換成爲普遍進行的匿名的和非個人間的間接交換，甚至成爲多媒介、多層次、多方向的間接交換。因而，也使生產品的交換成爲在社會中隨時隨地普遍發生的日常生活事件。這時，在廣闊市場中，商品不是靠以往那些少量固定的代理商，而是需要靠商品本身，讓商品自己向消費者「說話」和自我表達，直接向消費者進行「自我介紹」、「自我表現」。在這種情況下，商品的商標就成爲了與消費者對話的一方，而且是具有主動精神的一方。因此，它本身必須內含著豐富的意含，同時又具有內在的向外表達的意義動力結構。第四，它是應迎廣闊而複雜的推銷網絡的需要而出現的。當代消費社會的出現使商品的推銷面臨著非常複雜的環境：它已經超出傳統的商業市場的範圍，面對著整個社會、文化、政治和經濟相互交錯的場面，使商業的推銷工作本身變成爲經濟、社會、政治和文化的競爭。當代商標的意含由此發生了根本的變化。第五，它是商品內在品質的保障及其詮釋的標誌和象徵。由於大規模商品生產和消費生活的出現，商品內在品質已經超出傳統的使用價值和交換價值的範圍，包含著消費者在愛好、品味、美觀及許多「超商業」的性質。這就要求商品能以嶄新的商標顯示出它的內在豐富意含，並能夠在顯示的同時進行自我詮釋，展現出商品的商業、經濟、文化和社會的意含。

但是，上述近現代資本主義商標的性質和形態，在二十世紀初又發生了根本的轉折。隨著大規模壟斷企業的產生，隨著整個社會結構及人們心態結構的劇烈變化，也隨著整個資本主義社會個人生活方式的新變化，可口可樂（Coca Cola）、斯威普（Schweppes）、汽車膠輪米其林（Michelin）等世界範圍內銷售的商品，成批地出現。面對這種巨大變化，商標的問題，已經不是商業交換和推銷的問題，而是一個帶挑戰性的複雜理論問題。

當代流行品的品牌，是「產品」和「商標」、「產品」和「消費者」以及「商品」和「文化」三重交叉的二元對立結構體，流行品的品牌擔負著產品和商標的雙重內涵、質量、價值和意義的全部內容。在這方面，具有「產品」和「商標」的二元對立結構的流行品品牌，主要呈現出三個面向的深層結構：作為銷售和販賣手段的商業層面、作為標示創新發明的工業層面、作為附加性價值記號的財政層面。我們以馳名全球的默沙東（Merck Sharp & Dohme簡稱 MSD；在美國本土稱為Merck & Co., Inc.）的藥品為例。它以Merck為牌名，向消費者展示的，是它的銷售手段的特徵。默沙東的第二任總裁喬治·默克（George W. Merck）畫龍點睛地概括說出其銷售策略的重點：「我們絕對不要忘記，藥品是為了人類的福祉而發展出來，並非為了利潤；只要我們牢記這一點，利潤自然會伴隨而來……」。就銷售而言，在這句話中，告訴我們的是這樣的資訊：「凡是好產品，都是它自行銷售的」。在這個消費社會中，在充滿激烈競爭的商業戰場上，銷售的最好策略，就是無止盡地提升產品質量，並使消費者堅信他們所購買的商品的質量是以其品牌作為保障的。所以，默沙東的總裁瓦格洛（Dr. Roy Vagelos）一語道破該企業銷售策略的菁華：「公司的成功是因為它所提供的產品，不論對全人類或經濟，都擁有不斐的價值」。默沙東的上述銷售策略是由它對於創新發明的優先重視作為保障的。自成立以來，默沙東藉由不斷的研究、發展、製造以及廣泛行銷創新及高品質的藥品，設法增進人類福祉；同時也成為全球醫療人員所信賴的醫療資訊來源。默沙東致力於重要新藥的研發，並投入龐大的研發經費。1999年，默沙東的研發經費近達二十一億美元；2000年則將研發經費提高至二十四億美元，秉持對研發經費的一貫承諾。

　　無論世界各國健保制度如何的快速變化，默沙東持續標榜地以增進人類健康、延長生命與提高生活品質為己任。憑藉恆久以來對道德的堅持、技術的精進與環境的承諾，默沙東已連續十三年（1987-1999）

榮獲美國《財星》雜誌（*Fortune*）評選的「美國最受推崇的企業」，並第二度蟬連該雜誌所評選的「全球最受推崇的企業」之一。此外，它亦連續十五年爲《工作母親》婦女雜誌（*Working Mother*）評選成「百個最適合職業婦女工作之企業」之一。

由此可見，同當代流行文化精品相關的商標革命所要解決的，是以下五大問題：（1）創造發明的領先地位；（2）溝通的普遍性；（3）將消費者列爲首位；（4）企業文化的改革；（5）經濟理論進行革新的新挑戰。只有解決這些問題，流行品的品牌才能應迎消費社會的最新要求，成爲流行文化動力學的一個重要組成部分。經過了改革和演變的商標，從此成爲了流行文化傳播流程中的一個重要而活躍的「中介」（mediation）：它不是傳統的商標而已，它是社會文化生命、具有符號神秘結構的統一體，它承擔著連接「供」與「求」、生產與消費、經濟活動工作者與普通老百姓、理性與想像、現實與可能性之間的「大使級人物」。作爲流行品商標的品牌，就這樣，一方面越來越抽象化、凝縮化、結晶化和集中化，另一方面又越來越具體化、多樣化、層次化、中介化和複雜化。當代流行品品牌因而也具有它的特殊雙重結構。流行品的品牌是「產品」和「商標」的二元對立結構體，又是「產品」和「消費者」二元對立的統一結構體；還是「商品」和「文化」的二元對立統一體。流行品的品牌是產品與商標的交錯結構及其複雜功能的生動表現，也是商標的符號學的具體應用和展現。流行品品牌在社會消費生活中所扮演的，是它在市場、消費、社會和文化生活中作爲一種符號中介的角色。它的呈現，同時提出了消費者品味的差異問題，因而也呈現出消費者他其生活的社會的階級關係，是最生動的消費者階級關係網絡的袖珍型象徵記號。

當一種流行文化產品成爲奢侈品的時候，它的品牌就成爲它的演變歷史的記錄，是它的成長史、競爭史和經營管理史的縮影，又是它的創新發明的見證，因而也是它的內涵價值、潛在價值和積累價值的

結晶。羅蘭‧巴特在闡述他的商標符號論時，強調流行品品牌的記述功能、敘述功能、價值功能以及合同契約功能。他認為，任何名牌之成為名牌，就在於它經受了歷史的考驗，歷經重重曲折發展和競爭的歷程，它不只是一種「商標」和「記號」的統一體，而且更是「商標」和「意義」的統一體。當人們拿起曼秀雷敦（Mentholatum）藥品的時候，這個商標所要敘述的，是它的成長和發展「光榮」歷史：製造它的公司成立於1889年，致力於OTC藥品與保養品的研究製造與銷售，經久不變；它的產品暢銷世界一百五十多個國家。在經過長達九十九年的獨立經營之後，1988年，它被日本的經銷商併購成為日本知名企業樂敦株式會社（Rohto Pharmaceutical Co. Ltd.）。早期成立的曼秀雷敦公司生產的藥物為感冒糖漿，由具有舒緩鎮靜功效的樟腦與薄荷腦製造而成，於是開始對薄荷腦的舒緩功能產生興趣，並試圖研發出可以解除頭痛、喉嚨痛或感冒症狀的軟膏。將經過四年的研究，成功的推出溫和有效、風迷全球的家庭必備良藥──曼秀雷敦軟膏。 一百多年來，曼秀雷敦公司的三大經營理念，奠定了企業在藥品市場上屹立不搖的地位：第一，致力開發OTC產品，節省社會醫療成本。所謂的OTC產品，是不需要經過醫師開立處方籤，就能在一般的藥房，快速地找尋出可以解決身體不適，無副作用、溫和有效的良藥。以歐美先進國家來說，發展OTC產品不僅可以減少龐大醫療資源上的浪費，當然，也能讓真正需要醫療資源的大傷病者得到足夠且均衡的醫療服務。曼秀雷敦希望能扮演起「家庭小護士」的角色，滿足每個人解決病痛的貼心需求。不管是在軟膏、熱力鎮痛乳膏上，都可以看見曼秀雷敦的用心。第二，健康與美的結合（Health & Beauty），讓生命維持最佳狀態。曼秀雷敦試圖通過它的產品，要人們深信「Health & Beauty」兩者是密不可分的，因有了健康，自然而然的就能透露出美麗的體態，而美麗的背後，相對地，也就藏不住自然散發的健康與活力。因此，「維持生命的最佳狀態」，也是曼秀雷敦極力想為消費者做

的。讓每個人的身體能獲得最舒適的照護，可以活得更好、更愉快。第三，滿足分眾的市場需求，實現有品質的生活。曼秀雷敦不斷地找尋與傾聽消費者的聲音，以分眾市場的概念開發出屬於非大多數人都會出現的病痛藥用領域，希望能照顧、與更貼近特定消費群的需求，讓生活品質更好，也讓生命更有尊嚴。從曼秀雷敦產品系列安全的產品效果與專業形象中，就可以看出曼秀雷敦企業的經營哲學。

流行品的產品故事要靠它的品牌來陳述，這就要求品牌本身的符號結構能夠適應商品和意義之間的辯證法關係，不但表述產品本身的成長歷史，以此保障它的質量和品味的深奧性、高雅性，而且，還要體現出它的內在價值以及生產者的承諾及其可信性。

各國最有聲譽的名牌貨，Louis Vuitton, Cartier, Dunhill, Piaget, Montblanc, Pierre Cardin, Christian Dior, Kenzo, Moët Hennessy, Ebel, Céline, Givenchy, Guerlain, Gucci, Carven, Hermès, L'Oréal, Lanvin, Lancôme, Guy Laroche, Armani, Yves Saint Laurent, Nina Ricci, Yves Rocher, Cerruti, Valentino, Lagerfeld, Ferraud, Lacoste, Ralph Lauren 等成功的商標，不只是隱含著每個名牌企業發家、競爭、提升、冒險和創造的歷史，還往往能夠向消費者展示潛在的和可能的世界，向消費者宣示它所要傳達的資訊，成為生產者和消費者之間最好的溝通中介。

五、奢侈同資本主義的關係

從一般意義上說，奢侈品的生產和消費，不論在古代或在近代的資本主義社會，都具有重要的社會意義。但在資本主義社會中，由於商品生產的極端重要性，流行文化同奢侈品的生產及推銷進一步結合起來。如前所述，法國的布勞岱和德國的松巴特曾經深刻分析奢侈生活方式對資本主義經濟發展的重要意義。

在其著作《十五至十八世紀的文明》中，布勞岱詳盡地論述資本主義發展初期歐洲各國生活方式的轉變及其對當時經濟發展的積極意義。由於發現新大陸和殖民地的擴張以及商業貿易的發展，歐洲人取得了豐富的生產和生活資源。其中，有許多資源是歐洲人聞所未聞的新事物，諸如咖啡、蔗糖、絲綢、茶葉等。這些豐富的新生活資源的發現和輸入，大大改變了他們的生活方式；反過來，這些新生活方式的普及和推廣，又進一步推動商業貿易和整體經濟的發展。因此，在布勞岱看來，日常生活結構（la structure de vie quotidien）的改變和商業（le commerce）的發展，就如同「巨大的車輪」（wheel）那樣，推動著歐洲社會朝著資本主義的方向突飛猛進地發展（Braudel, F. 1981）。資本主義經濟的重要特點是商品生產的優先發展。商業的發展需要鼓勵消費。

宋巴特關於資本主義社會發展的著作《近代資本主義》（*Der moderne Kapitalismus*）、《資本主義的產生》（*Die Genesis des Kapitalismus*）、《奢侈與資本主義》（*Luxus und Kapitalismus*）、《戰爭與資本主義》（*Krieg und Kapitalismus*）及《猶太人與經濟生活》（*Die Juden und das Wirtshaftsleben*）等，都精闢地分析了奢侈生活方式的大眾化同資本主義發展的密切關係。首先，在宋巴特看來，資本主義社會的出現改變了人們的道德觀念，同樣也改變了對於奢侈生活方式的看法。韋伯所說的資本主義理性化以及節儉生活方式的提倡，一點也不防礙資產階級追求奢侈生活方式。從經濟學的觀點看來，唯有鼓勵社會大眾不斷改善自己的生活方式，擴大消費，才有可能擴大市場需求，並有助於推動經濟生產的發展。其次，宋巴特分析資本主義生產的發展同十六世紀資產階級模仿封建貴族奢侈的宮廷生活方式有關係。宋巴特說：「自十七世紀末以來，歐洲各民族向『富裕』的方向雄飛突進。這一點對於我們的考察具有最大的意義。歐洲社會決定性的轉變，恰恰在當時的奢侈生活方式總是傳播於更大的集團之中」

（Sombart, W. 1900）。從宮廷生活方式到中產階級生活方式，再到整個社會人民大眾生活方式的不斷推廣過程，這是資本主義發展的一個重要現象。同流行的模仿本性一樣，奢侈也是一種模仿行為。但奢侈生活方式的模仿及其在整個社會的擴展，有助於資本主義生產方式和消費方式的推廣。第三，宋巴特認為，奢侈的推廣也同資本主義社會城市和大都會的形成有密切關係。資本主義的城市推動了奢侈生活方式。城市往往成為全國和整個世界生活方式的榜樣。城市在全國和全世界的有利交通和經濟地位，使城市的任何一種奢侈生活方式，都能夠迅速地推廣出去。第四，透過資本主義市場交易和消費過程，加速了工業和農業、城市和農村的交流，也推動了奢侈在各個社會領域的發展。第五，宋巴特還強調了資本主義奢侈生活方式同女人、性和身體的商品化的密切關係。第六，奢侈的發展是同資本主義社會的自由化進程有密切關係。

綜上所述，奢侈生活方式的興盛及普及是資本主義社會的本質所決定的；而奢侈品的發展本身，也反過來極大地推動著資本主義社會的生產、經濟、文化和政治的改革，同時也改變著整個社會生活方式及人際關係。

第三節　奢侈的種類及其大眾化

資本主義社會的奢侈生活方式是多樣化、並時時刻刻地發生變化。它的活躍性又同時緊密地同奢侈生活方式本身的大眾化過程相關聯。

人們可以根據不同的標準對奢侈品進行分類。一般地說，奢侈品是根據它們所屬的領域給以分類如下：（1）文化藝術市場中的各種藝

術品，主要是指各種昂貴的藝術品；（2）屬於交通運輸工具的奢侈品，主要是指汽車、帆船、私人飛機等；（3）屬於個人裝備的奢侈品，主要是指高級時裝、服飾、香水、時裝周邊飾品、皮包、手袋、高級皮鞋、化妝品、鐘錶、珍寶、珠寶、項鍊等；（4）休閒旅遊方面，主要是指豪華郵輪海上巡遊、奢侈體育運動用品、高級旅館、城堡等；（5）居住方面，包括豪華室內外裝飾及各種昂貴居屋配備用品；（6）奢侈飲食，包括各種稀有昂貴的酒類、調味品及高級餐廳消費等。

僅僅對奢侈品進行上述分類，顯然是不夠的，因為奢侈品本身並不是如同分類學所呈現的結構那樣固定。實際的奢侈品及其社會運用是非常活躍和靈活的，而且，這些奢侈品之間也是相互滲透和相互影響。因此，人們有時只依據奢侈品的實際銷路及其社會影響進行分類。法國奢侈品生產和銷售全國管理委員會就是依據實際的奢侈品銷售量將它們分級管理。根據該委員會的統計和分類，法國奢侈品的狀況如下：首先，法國奢侈品的生意額是驚人的，它的數量甚至可以同法國著名的航太工業的生意額相匹敵。1991年，法國奢侈品生意以為八百億法郎，其中出口額達三百億法郎；而1994年，法國奢侈品的生意額為三百五十億法郎，而其中出口額為二百一十億法郎。但是，上述生意額並不包括年生意額達九十億法郎的著名的「卡迪亞」（Cartier）企業和年生意額達五十億法郎的依夫·聖勞倫斯（Yves Saint Laurent）公司，因為這兩大企業並不屬於上述委員會管轄。同時，還有其他奢侈品生產和推銷企業也沒有加入上述委員會。所以，法國奢侈品生產和銷售總量遠遠超出上述統計數字。為了更精確地統計法國奢侈品的生產和生意額，上述委員會在1995年規定：只是按照奢侈品生產的嚴格標準的四百一十二家企業，才有資格列入全國奢侈品統計範圍。而在這一年，對四百一十二家法國奢侈品企業統計的結果，年生意總額為一千零六十億法郎；這些企業所僱用的職工達十九萬二千人。這也

就是說，法國奢侈品企業的生意額及其職工人數竟與法國航太工業相等。

就是在上述情況下，法國奢侈品按等級被分類如下：第一等級是香水及化妝品類，它們所創造的價值占總價值的36%。第二類是酒類（葡萄酒、香檳及各種飯前飯後酒），占23%。第三類是汽車，占12%。時裝及皮製品被同列為第四類，因為它們各自獲得8%的同等生意額。除此之外，皮鞋、鋼筆、鐘錶、珠寶、瓷器、水晶、台燈及眼鏡等，都因生意額未達5%而被列入「其他雜類」。

除了以上兩種分類方法以外，還可以有第三種分類，這就是按照奢侈品的價格及其在社會上的實際傳播程度加以分類。第一類是只有少數人才能購買和占有的奢侈品，這是屬於極昂貴價格的最高檔商品，例如最高級的時裝、珠寶、高級鐘錶、藝術品、銀器、海灘、遊艇、帆船、高級汽車等。第二類是有相當社會和經濟價值的奢侈品，有相當一部分人可以買到和占有。例如，中等水準的時裝、鐘錶、化妝品、旅遊裝備等。第三類是屬於滿足個人或他人快感或愛好的奢侈品，例如香水、旅遊用品、體育用品、絲巾等等。這些奢侈品主要是滿足個人五感官的快感，或者能夠引起個人或他人心情愉快。因此，這類奢侈品或者是個人享用，或者是作為禮物用來送給友人。上述分類的好處，還在於它可以顯示出這些不同類型奢侈品的特定功能：第一類是用來顯示占有者的財產能力、金錢地位，第二類是用以顯示享用者的個人形象、身分及氣質，第三類是更多地同奢侈品的質量及使用者的舒適性相聯繫。

奢侈的流行化和它的大眾化是分不開的。如果認為奢侈只是為上層或上流社會所壟斷，那是不對的，也是不符合事實。奢侈不是富人的專利。第一，如前所述，奢侈是同人的本性有密切關係。所以，早在古代，人的社會生活中就已經普遍地存在奢侈的現象。只是在古代，奢侈的普遍化和大眾化的程度還受到當時生產和文化水平的限

制。第二，奢侈普遍化和大眾化的程度也在某種意義上說同社會制度有密切關係。在資本主義社會中，由於資本主義社會的自由民主制度及其個人競爭原則，使奢侈不但成為社會任何一個成員平等享有的權利，而且也成為人們在權力、商業經濟及其他領域中進行競爭時所不可避免要採用的手段。在資本主義社會中，如同社會各種權利不可能為社會某一個階級所壟斷一樣，奢侈也為社會各階級成員大開門扇，提供一切可能的機會。第三，資本主義社會階段的奢侈生活方式，是緊密地同消費生活方式的形成和發展有關係。這是資本主義的自由民主性質及其商業性所決定的。資本主義商業的生存和發展，是決定於這種商業的消費廣度及其顧客的數量。資本主義商業的發展要求使奢侈的生活方式進一步大眾化和普及化，而且，奢侈生活方式受到資本主義制度的鼓勵和促進。在這個意義上說，流行文化和奢侈生活方式的傳播是同現代消費社會的形成以及消費生活方式的發展和膨脹同步進行的。第四，奢侈的大眾化是同社會經濟發展以及人民大眾消費能力的提升密切相關。第五，奢侈的大眾化還決定於文化教育的普及程度。顯然，只有在人民大眾文化教育程度提升的情況下，人民大眾才有可能以更高的品味和精神需求擴展自己的生活需求。根據布爾迪厄等人的說法，奢侈實際上是以某種「高雅」心態結構為基礎。所以，奢侈生活方式的擴大和推廣，有利於訓練和培養社會大眾「高雅」生活方式和精緻鑑賞能力，對於整個社會文化心態的提升是有正面意義的。第六，奢侈生活方式的擴展還同傳播媒體的發展有關係。第七，奢侈的大眾化，奢侈生活方式在整個社會的逐步推廣和普及，也有利於現代社會階級和階層結構的更新和調整。

第七章

作為象徵性權力的流行文化

第一節　流行文化與權力的複雜關係

　　權力是在社會中產生和運作的；而社會本身又是靠權力的運作來維持和發展。因此，沒有社會，就沒有權力，反過來，沒有權力，也不存在社會。權力同社會之間的相互緊密關聯，不但使兩者共生和共存，而且，也使它們在不斷的運動中相互推動和相互促進，並由此而導致兩者在互動中的進一步複雜化。這種複雜化的趨勢，一方面促使權力向社會各個領域的滲透，使社會各個領域的任何運作，都無法脫離權力的因素及其宰制，另一方面也使權力本身更緊密地同社會文化的各個因素連接在一起，使權力的任何運作，都同樣離不開社會文化因素的參與。在當代社會文化迅速發展的情況下，文化對於社會各個領域、包括權力場域的滲透，使整個社會以及權力場域的結構、性質及其運作邏輯，都因文化的介入而變得更加象徵化和中介化；權力原來給人的那種「暴力」、「強制」和「壓制」的印象，逐漸地被帶有濃厚文化性質的各種新權力現象所取代。權力在同當代文化的緊密交錯之後，成為了更有掩飾性和欺騙性的力量。權力性質及其特點的這種變化，更加有利於統治者和社會上層勢力，更有利於他們對於社會權力網絡的掌控。現在，社會上實際上已經不可能存在某種獨立於各種社會文化因素的純粹權力系統，權力的運作本身也越來越呈現出多面向性、曲折性和象徵性。但是，權力的上述複雜性質以及當代社會的快速分化，也使權力有可能進一步自律化，使它具有自我生產和自我參照的能力。所以，隨著社會文化的發展，權力也變得日益神秘化（包括符號化、象徵化和異化）和模糊化。這就說明：當我們觀察權力的時候，固然必須看到它的宰制性社會力量的性質；但同時，還必須

看到權力的社會性、文化性、普及性、語言性、內在性和公眾性的特性。當代流行文化的發展，將原本已經複雜化的權力現象，更多地附加上曲折的文化特性，從而進一步增加了它的神秘性。由於流行文化的出現和氾濫，使當代權力現象同文化現象相結合、或相混淆；在許多情況下，當代權力甚至是以文化的形式出現，容易給人錯覺，把實質上是權力的現象，誤認為文化現象。由此可見，權力不是抽象的理論概念，它也不可能孤立地存在和運作。權力是一個關係到整體社會文化現象的重要問題，必須將權力放在社會文化和實際生活的脈絡中進行分析。

權力作為無所不在的社會力量，滲透於社會生活的各個方面，表現出作為社會力量關係網絡的權力，不但可以成為統治的力量，可以成為鎮壓、控制和宰制的力量，也同樣可以成為社會大眾之間進行相互協調和相互制衡的力量，甚至也可以成為社會大眾反過來抗拒和對抗統治階級的社會力量；換句話說，權力不但可以成為消極性的破壞力量，又可以成為積極的生產性和創造性力量；它可以被少數統治者或社會上層所控制，也可以成為社會大眾手中的武器。同時，權力既要靠各種中介因素而發揮其作用，但其自身又常常成為社會和文化等各種複雜因素的中介。也就是說，權力既在「中介化」中發生作用，又在他物的複雜運作中「被中介化」。在這裡，權力同語言、同文化的複雜關係是非常重要的。因此，權力的社會功能及其社會意義，必須針對其在社會生活中的地位及其同社會力量的關係來判斷和給予評價。

當我們探討流行文化時，我們已經看到流行文化在當代社會中的無所不在性及其滲透性。在這方面，流行文化並不亞於權力。兩者的無所不在性、滲透性及其在當代社會中的決定性地位，要求我們在考察流行文化的時候，不能忽視權力同流行文化的密切關係。

流行文化作為一種具有動力學和互動意義的社會文化現象，同權

力保持著複雜的關係。流行文化本身不僅滲透著權力的因素，而且，它在實際生活中也常常作為權力的象徵而表現出來。顯然，在當代社會中，只要有兩個人以上發生財物或思想觀念的交換關係或發生相互協調的活動，就一定會產生權力關係，也一定伴隨著流行文化的各種因素。

對於流行文化同權力的相互關係，可以從不同的角度和取向進行探討。為什麼流行文化涉及到權力及其運作過程？流行文化究竟為什麼具有權力運作和權力再分配的性質呢？時裝或各種流行文化在這種權力關係中究竟起著什麼作用？流行之成為流行，是否同它與權力的奧妙關係相關？流行之流行於大眾，是否僅僅由於大眾對它的鍾愛？在它同社會大眾日常生活之間的緊密關係中，我們可以看到什麼樣的權力問題？在它同大眾之間的表面關係背後，是否還存在上層力量的運作或宰制？上層力量又如何施展其對流行文化的控制？所有這些問題，都是有待進一步深入探討和討論的。

首先，我們可以從流行文化的生產、製作及其推銷過程，來分析它本身所隱含的權力因素及其性質。顯然，流行文化的製作和推銷是在一種很特殊的權力勢力的操作下進行的。流行文化的生產和製作，首先必須以雄厚的財力、經濟實力和文化資本作為後盾。誰掌握了雄厚的財力、經濟實力和文化資本，誰就在流行文化的生產和推銷中占據優勢的權力，誰就因此可以操縱整個流行文化的生產和推銷流程。接著，在這個問題上，如果從流行文化的生產者和推銷者的角度來看，就涉及到流行文化的生產、製作和推銷過程中的各種權力介入和運作的程式、方法和策略。有了財力、經濟實力和文化資本，還是不夠的；因為只有將這些資本總和轉化為實際力量，才能在流行文化的生產和推銷中掌握實權。而從資本總和到實際控制的實現，其關鍵是制定一系列運用資本的策略和技巧。這就是流行文化生產中的權術和權力策略問題，它是同流行文化生產中的管理及推銷的實際政策和策

略緊密相關。第三，就流行文化同社會媒體、傳播系統的關係而言，也可以深入揭示它的權力性質。第四，從廣大人民大眾作為流行文化的消費者和鑑賞者的角度來看，也就是就流行文化滲透到人民大眾的日常生活結構而言，有必要深入研究近現代資本主義社會的權力網絡是如何滲透到人民大眾的生命和生活活動中去。第五，就流行文化作為社會的一種象徵性權力形式而言，在探討時裝或時髦同權力的相互關係時，應該集中研究：流行文化的象徵性權力結構的特點是什麼？流行文化是怎樣以象徵的形式行使它的權力功能？時裝和流行文化，作為象徵性的文化結構，究竟是如何發揮其象徵性權力的運作？而且，具有象徵性結構的流行文化，當它作為象徵性權力而運作時，又如何同社會上其他的象徵力量和非象徵性力量相結合而進行權力的再分配？為什麼社會大眾也會很自然地將流行文化本身當成權力的象徵性表現？

所以，關於流行文化的象徵性權力性質，實際上包含著兩方面的問題：第一方面是就流行文化的象徵性結構而發問的，第二是就其象徵性運作邏輯而發問的。分別進行上述分析之後，還可以進一步將兩方面的問題綜合起來，再同其他更複雜的因素結合起來研究。在探討這些問題時，在方法上，也有不同的選擇可能性。所有這些，使流行文化的權力性質及其同社會權力的相互關係的研究，成為非常複雜的問題。

第二節　流行文化與生物權力

隨著西方社會文化的發展，權力的運作形式及策略也不斷發生變化。如果說，早期的西方社會中只重視主權統治形式的權力運作的

話，那麼，到了資本主義社會階段，隨著科學技術的發展，隨著現代知識在社會生活中支配地位的擴展，隨著民主制社會制度的不斷完善化，權力的運作也逐步採取「理性化」、「人性化」和「科學化」的形式。權力在其理性化、科學化和人性化的過程中，更深入地控制、操縱和干預人們的實際生活和生命活動。實際生活和生命活動也就成為了權力運作的一個新的重要領域。

當代流行文化的一個重要特點，就是它在社會大眾實際生活中的滲透性以及它同人的身體和生命活動的緊密關係。在現代人的生活和生命活動同流行文化之間，在現代人的身體與流行文化之間，究竟是生活和生命活動決定和支配著流行文化，還是相反，流行文化產品決定生活和生命？是身體選擇流行文化，還是流行文化引誘、操縱和控制身體？雙方和兩者的關係實際上是權力運作問題的一種表現。在現代社會中，沒有一項社會的實際活動能夠離得開身體的參與。但現代人身體的各個部位及其實際活動，由於流行文化的無所不在性，無不貫穿著或籠罩在流行文化的遊戲網絡；每個人的身體都在使用流行文化產品的同時，不知不覺地成為了流行文化的表演「模特兒」或「工具」，致使人們的日常生活的各個領域，幾乎已經淪為流行文化的「殖民地」。身體及其活動，以及生命的每時每刻的維持及表演，都緊密地隨著流行文化的生產及其推銷的步伐和頻率而變化。這一切，不得不令人深思：流行文化本身所隱含的權力因素及其運作，是否也已經伴隨著流行文化對於身體和生命的介入、而將身體和生命都納入權力運作的網絡中去？流行文化的權力運作同人的身體及生命活動的緊密關係，是否意味著當代權力運作形式及其策略已經發生根本變化？

根據法國當代思想家福柯的研究和觀察，當代權力運作已經滲透到全民身體和生活的各個部分，導致一種他稱之為「生物權力」（Bio-Power）和「解剖政治學」（Anatomo-Politics）的新型權力網絡的產生、增殖和氾濫。

福柯明確地指出：「從十八世紀開始，生活變成了權力的一個對象。也就是說，生命和身體，都成了權力的對象。在過去，只有那些臣民，也就是那些法律上的臣民，才能夠從他們身上抽取出財富，也抽引出生命。但現在，只有身體和居民成爲了權力的狩獵對象。政權變成爲唯物主義的。政權不再是以法政系統爲主。它應該去處理像身體和生活那樣的非常現實的事物。生活進入到政權領域，這無疑是人類歷史上一個最重要的變動。而更加明顯的是，從十八世紀開始，『性』變成爲一個非常重要的因素，因爲從根本上說，『性』正好成爲了對於個人身體的規訓和對於整個居民的控制的關鍵點。這也就是爲什麼，從十八世紀開始，在中學和大學，『性』成爲了對於個人的監視和控制的中心問題，而青少年的『性』的問題也成爲了一個重要的醫學問題，成爲了一個首要的道德問題，甚至成爲了一個重要的政治問題，因爲正是通過對『性』的控制，通過『性』的問題，並以此爲藉口，政府才有可能在青少年的整個生活中，時時刻刻地，甚至在他們睡眠的時候，對他們進行控制。因此，『性』就成爲了規訓化的一個工具，成爲了我所說的那種『解剖政治學』（anatomo-politique）的一個主要因素。但是，另一方面，也正是通過『性』，才保障了居民的不斷再生產；而且，通過一種『性』的政策，才能夠改變出生率和死亡率的關係。總而言之，到十九世紀的時候，關於『性』的政策變得非常重要，它構成爲所有有關生活的政策的重要組成部分。『性』成爲了解剖政治學和生物政治學的交接點，也成爲了規訓和法規的銜接點。也因此在十九世紀末的時候，它成爲了使社會變成爲一部生產的機器的最重要的政策」（Foucault, M. 1994, Vol. III.: 194）。

　　從上面的論述中，我們可以看到，福柯在集中全力分析批判當代社會的權力系統的政治結構及其運作的同時，也不放過對於當代社會中政治領域以外的廣大現實生活中的權力運作的解析。流行文化同當代社會絕大多數人實際生活及實際活動的交錯結合，正好爲福柯所說

的「生物權力」對於當代人身體及其生命活動的控制提供了充分的條件。

福柯在《性史》第一卷中指出，「象徵性地表現在主權那裡的對於死的決定權，現在，通過對於身體的管理和對於生活的精細週到的關照，而被細膩地加以掩飾。在古典時代，各種各樣的規訓迅速地發展，其中包括學校、學院、拘留所和工場。因此，在政治實踐和經濟觀察的領域中，也出現了出生、延壽、公共衛生、居住條件和移民的問題。所以，多種多樣的統治技術，爆炸性地增加起來，以便達到對於身體的控制和對於居民人口的宰制。這樣一來，就開創了『生物權力的時代』（L'ère d'un bio-pouvoir）」（Foucault, M. 1976: 184）。福柯又說：「過去君主專制絕對的、戲劇性的、陰暗的權力，能夠置人於死地，而現在，由於針對人口，針對活著的人的生命權力，由於這個權力的新技術，出現了一種連續的、有學問的權力，它是『使人活』的權力。君主專制使人死，讓人活；而現在出現了我所說的進行調節的權力，它同君主權力相反，是使人活，讓人死。……現在，權力越來越沒有權力使人死，而為了使人活，就越來越有權利干預生活的方式，干預『怎樣』生活，權力特別是在這個層面上進行干預。為了提高生命的價值，為了控制事故、偶然、缺陷，從這時起，死亡作為生命的結束，明顯是權力的結束、界限和終止。死亡處於權力的外部，它落入權力的範圍之外，對於死亡，只能普遍地從總體上、統計上進行控制。權力控制的不是死亡，而是死亡率。在這個意義上，死亡現在落入私人的以及更加私人的一邊是正常的。因此，在君主制中，死亡是君主絕對權力，它以一種明顯的方式放出光芒的點；現在相反，死亡是個人擺脫所有權力、重新回到自身，可以說退到最私人的部分。權力不再知道死亡。在嚴格意義上，權力任死亡落下」（Foucault, M. 1997: 233-234）。

隨著社會的發展和文明的提升，權力的觸角延伸到社會各個部門

和生活的所有領域，擴展到人的肉體，特別是人的性生活領域，滲透到每個人的生命歷程中去。也正因爲如此，當代社會權力對於社會和對於個人的控制，已經遠遠地超出古代社會和中世紀社會，因爲在古代社會和中世紀社會中，帝王和社會上層勢力對於整個社會的統治，主要是借助於他們的國家主權和其他政治權力手段，主要是要求被統治者能夠在法律上承認自己的「臣民」身分；他們對於社會大衆的實際生活領域，在原則上是根本不予顧及；他們的權力勢力範圍尚未擴充到人們的實際生活領域。用福柯的話來說，古代和中世紀統治者對於老百姓的權力統治所實行的權力運作原則策略，就是「使人死，讓人活」；而現代社會統治者的權力策略，是「使人活，讓人死」。也就是說，古代和中世紀權力統治主要掌握著對於人民的生殺權，至於他們在實際生活中怎樣生活以及以什麼方式生活，對於統治者來說，是次要的問題。現代社會權力運作的基本策略，則是首先以各種豐富的物質和文化產品提供給被統治的老百姓的生活需要，由此統治者可以榨取盡可能多的利潤。使老百姓活下來，甚至使他們感覺到生活得很「快活」，很「自由」，很「浪漫」，有利於統治者在老百姓生存和活著的過程中，進行延續的盤剝，進行無限循環的剝削、再剝削，直至老百姓的生命過程中的一切都被不知不覺地耗盡和消費完爲止。當代社會的統治者並不急於殺死老百姓，如同古代和中世紀社會的統治者那樣。當代流行文化的氾濫實際上就是社會權力結構網絡的重建及其對於人民大衆生活領域的擴展。

毫無疑問，當代社會權力的無所不在和全面操縱，主要是借助於文化手段和各種知識體系和科學技術。同樣地，也是靠當代社會政治法律制度的民主化和自由化，依據政治法律制度的不斷合理化，才使社會權力的運作及其宰制效率發揮到空前未有的程度。

近代社會上述權力觀念和社會觀念的轉變，一方面使統治者不再滿足於對於其統治領地純空間方面的都市化設計和建構，也不滿足於

在領地內警察系統的空間上的監視，而是遠遠超出都市系統的空間範圍和可以感知的警察系統，把權力的控制範圍擴展到更抽象的生命時間結構中去。從十八世紀後有關身體和性的方面的政策和道德原則的重建，正是在這樣的背景下加強了對於個人生活及其生命歷程的控制。表面上，個人自由生活的空間範圍不受限制了，但個人所受到的控制和監視反而比以往更加不可承受，以至於社會越開放，人們的生命權力越受到控制，人的生活越不自由，社會的自殺率不斷提高。從這裡也可以看出，雖然，在古代和中世紀社會中，社會的統治權力可以任意地主宰人的生命，有決定個人生死的權力，但是，到了近代社會，統治者並沒有任意主宰人的生命的權力，統治者不需要動用像中世紀的警察那樣的暴力手段，而是靠更加複雜的、無形的、甚至在表面上是更自由的宰制管道，使被統治者的生命所承受的宰制壓力空前地加重。

同以上生命權力產生的同時，從十八世紀開始，西方國家建立了兩種權力技術，而且它們是相互重疊的，也都是圍繞著生命權力的實際運作而設計出來的：其中一個是圍繞懲戒的技術，它主要是針對肉體，是為了集中地控制和支配個人的肉體，因此，它產生個人化的結果，有利於控制每個人的生命活動，將每個人的生命牽引到統治者所需要的方向；它將肉體當作權力運作的焦點來操縱，它必須使肉體這個力量變得既有用、又很順從；另一個則是作用於生命，不是圍繞肉體，而是集中圍繞人口，試圖產生控制大眾的效果，控制可能活著的大眾中產生的一系列偶然事件，控制人口的生死率、結婚率、離婚率及遷徙動向等因素的機率。

所以，上述第一種權力技術是針對個人，特別是個人的肉體，以便於嚴謹地控制每個人的生命活動，使每個人的生命中的任何一個因素，都變成為有利於統治者整體利益的環節。一旦個人生命活動不利於社會整體，統治者就可以懲戒其肉體，直至每個人的肉體都變成為

統治者的順從工具為止。上述第二種權力技術則是針對社會整體的人口結構，它的目標不是對於個人的規訓，而是通過對於社會總體人口的平衡，達到有利於鞏固社會統治的某種生理常數的穩定化；這是考慮到「相對於內在危險的整體安全」而設計出來的（Foucault, M. 1997: 234-235）。這樣一來，生命權力的運作包含了兩方面的目標：懲戒技術是為了規訓個人肉體，調節技術是為了控制整體人口的生命運轉。前一目標要求建立一整套的懲治機構，而後一目標要求建構進行人口調整的生物學過程和國家系統，其中包括了現代的警察系統。懲戒和調整的兩大系統雖然是不同的，但又是相互連接的。

值得我們注意的是，流行文化的象徵性權力結構及其權力運作效果，正是有利於上述兩種權力技術的協調運作，有利於生物權力通過最有效的流行文化手段去控制人民大眾的實際生活及其整個生命活動。

正如福柯所指出的，把現代生命權力的上述兩大機制連接起來的，是對於「性」的問題的管制和調節。福柯說：「如果說『性』是重要的，這有許多原因，但最主要的是：一方面它作為完全肉體的行為，揭示了經常性監視式的個人化懲戒控制……；另一方面，透過生殖效果，性進入大生物學過程、並產生後果，這個生物學過程不再與個人的肉體有關，而是與構成人口的這個複雜的要素和整體有關。性，正好處於肉體和人口的十字路口。因此，它揭示了懲戒，也揭示了調節」（Foucault, M. 1997: 236-237）。

生物權力是資本主義發展所不可或缺的因素。它不僅表現在生產過程中的機器對於身體的宰制，也表現在經濟發展過程中對於居民人口的控制和調整。而且，這種生物權力還促使人口增長，在加強和提高人口的可利用性的同時，也增強他們的馴服性。不僅要增強生產力，提高他們的才能，延長他們的生命，而且也要有利於統治他們。所以，從十八世紀開始，除了加強作為政權制度的國家機器以外，還

要發展解剖政治學和生物政治，把它們當作政權的技巧，以便控制社會體的各個層面，並有利於多種多樣的制度的運作。在這種情況下，各種制度也隨時成爲了控制的組織力量。家庭就像軍隊一樣，學校就像警察一樣，而醫療網則成爲了對於個體和群體的生命和健康進行監督的機構。同樣地，這些解剖政治學和生物政治也在經濟生產的過程中，在其運作中起作用，成爲了經濟過程啓動和維持的重要力量。這些解剖政治學和生物政治同樣也成爲了社會階層化和分層化的重要因素，作爲各個階層和層級調整個人間關係的力量，以便保證統治的關係及其霸權的效果。解剖政治學和生物政治也促使人力資源的積累隸屬於資本，成爲促使生產力的擴展以及促使利潤的分層分配的重要力量。對於活的、有生命的身體的投資，促使這種生命的不斷增值以及對於其力量的分配性的管理，就成爲了權力運作的不可缺少的重要步驟。當代流行文化的產生和發展過程，正好同上述資本主義社會的生物權力運作相配合。

所以，在人類歷史上，關於人的身體的科學、生物學，只有到了資本主義社會階段，才第一次應用到政治中去，運用到權力運作過程中去。在資本主義社會中，關於生命和生活的問題，已經不是在偶然出現死亡或出生的時候，才成爲政府管理的事情。相反地，整個社會的所有人，只要是在主權管轄的領域之內，從出生到死亡，整個生命歷程中的空間和時間，全部都掌握在權力的控制之下。

另一方面，資本主義社會中，這種生物權力發展的另一個結果，就是隨著法制的體系化，出現了玩弄規範的各種新的制度化的社會遊戲。法制和規範的多樣化和專業化，一方面使生命權力合理化和規範化，另一方面又更嚴謹地控制和監視所有人的生命。如前所述，生物權力的不斷發展又是以關於「性」的問題的政治遊戲爲中心來展開。

就是這樣，福柯將對於近代社會權力結構、性質及其運作邏輯的分析，從國家政權的組織系統擴展到社會生活的所有領域，擴展到每

個公民的個人生命自始至終的成長過程，深入到權力本身活生生的運作過程，深入到推動這個運作過程的具體政策、策略和程式中去。他將長期以來被傳統理論限定在政治領域的權力問題，同社會生活、同文化活動以及同個人的身體問題，連接在一起加以考察。

當我們考察流行文化的權力性質時，福柯的上述生物權力概念，有助於探討流行文化中的權力性質及其對於社會大眾的權力控制效果。

第三節　流行文化的象徵性權力性質

流行文化研究專家瓦爾德（A. Warde）指出，當代社會理論的主要代表人物，特別是貝克（Ulrich Beck）、季登斯（Anthony Giddens）和鮑曼（Zygmunt Bauman）等人，都強調：現代社會的一個重要特點，就是人們往往以他們通過物體之中介向他人所傳送的資訊，通過他們的實際表現，來界定他們自身的身分，表現他們的社會地位（Warde, A. 1994: 878）。現代人就是通過玩弄和操作他們的外表型態，通過他們製造和傳送的資訊和符號，建構其自身的身分和獨特性，維持其「自我同一性」（Self-Identity）。流行文化的氾濫，當代消費物質的充裕和豐滿，使人們更有可能通過這些物質性的中介因素，表達他們的能力、權勢就地位。

流行文化產品都具有象徵性權力的性質。它的象徵性權力主要是指兩方面的內容：它首先是由各種象徵、符號、密碼和信號所構成；各種物質性的流行文化產品，它的價值，並不在於它作為一般商品所固有的交換價值和使用價值，而是它的「身分價值」（identity-value）。所以，流行文化產品是以各種表示不同意義的象徵、符號和信號所組

成的。流行文化產品的權力性質，並不是赤裸裸地以傳統的具強制性的力量，而是以象徵、符號和資訊的形式，通過消費性物質作爲中介而體現出來。其次，它在其運作中扮演了象徵性權力的意義。許多流行文化都是由一定物質資料所構成，但這些物質資料並不是僅僅作爲物質因素而被人們所使用；它們在流行文化的運作中，還具有一定「意義」，表示使用者的意圖、心態、風格和氣質等，也標示著一定的社會關係和社會地位，顯示人們的財產、能力、愛好、品味、文化資本以及聲譽等。而作爲一種特殊的文化產品，所有的流行文化產品都在其物質結構之外還包含著象徵性結構，象徵著特定的社會意含和意義。所有這些，在其運作過程中，都以不同的方式和程度，顯示使用者及其社會關係的權力掌握和運用程度。所以，流行文化產品在社會的權力分配和再分配的運動中，發揮了區隔化（distantiation）、優異化（distinction）、區分化（differentiation）、引誘（seduction）、統治（domination）、宰制和控制的功能。

為了具體瞭解流行文化的象徵性權力性質，我們首先從它的具體構成因素的分析開始。

只要我們深入分析時裝或時尚的各個組成部分及其要素，我們就可以很容易地發現：在時裝或時尚的各個組成部分及其要素中，沒有一項因素是中立的或毫無意義的。時裝的各個組成因素，從它的最原始的布料起，它的顏色、形狀、裝飾及其他等等，都隱含著一定的象徵性意義，都具有多面向的入和多層次的象徵性的權力標示性質。

先從布料談起。任何衣服都是由布料所製成的。眾所周知，選擇什麼樣的布料，首先關係到選擇者有沒有能力償付足夠的錢來購買它。所以，時裝的原料或布料的價格貴賤，已經標示了一種權力等級，依據購買者和使用者在經濟和財務方面的權力範圍，來決定他們所穿戴的時裝布料或原料的類別。只有那些在購買能力方面沒有限制的社會強權階級或階層人士，才有資格選用最昂貴的時裝布料或原

料；而且，他們在選用時也考慮的特別講究，用更多的休閒時間去反覆選擇、比較和分析布料和原料性質。由此可見，構成時裝組成要素的布料和原料，在時裝中已經不是單純的物質材料，而是具有表示權力等級的象徵性意義。

除了價格貴賤以外，原料和布料在其製作過程中的粗細程度（加工的精密度和製作程式的曲折性），在社會上的普及程度（過量或稀少），生產地的遠近（進口貨還是本地貨、來自邊遠地區還是交通便利地區），等等，都在在顯示其價值，並由此象徵性地標示其使用者的階級地位，因而也具有明顯的權力象徵性意義。簡單地說，只有足夠財富的持有者才能有充分的選擇時間和實際能力購買和使用最昂貴的布料。例如，在考慮以動物皮毛製造時裝時，一位貴婦人往往有充分時間反覆思考或斟酌到底使用熊皮還是使用銀狐皮？她所使用的皮襖的原料就足夠顯示她的社會地位。窮人沒有時間去過多考慮以什麼樣布料裝飾自己，也沒有能力去選擇自己所喜歡的布料，更沒有興趣有意地以其布料顯示其權力。

時裝的顏色也同樣具有權力的象徵性意義。各個民族的特殊社會文化歷史中，往往對各種顏色賦予特殊的意義，並將這些意義同權力結構相聯繫加以詮釋。在西方各國，特別是從羅馬帝國時期以來，紅色表示莊重和尊貴。因此，皇帝或教皇都穿戴紅色服裝。黑色曾經成爲拿破崙三世時期的最高貴的顏色。當時的上層資產階級都喜歡以黑色服裝表示他們的特權，標示他們高出一般老百姓的社會地位。所以，在晚宴場合，人們往往以黑色晚禮服表示自己的出類拔萃，顯示與衆不同的個性。

至於時裝的形狀、形式或外形，也同樣包含各種象徵性的權力意義和性質。婦女時裝形式的多樣化，正是爲了以多種形式表達權力的象徵性意義。與時裝緊密相配合的身體各部位的裝飾品，也包含非常多的象徵性權力意義。這些不同的意義表現著不同程度的權力，表現

著其擁有者或穿戴者在社會上的一定地位。

　　但是，流行文化產品並不是如同普通商品那樣只具有使用價值和交換價值，而且，還具有符號和象徵性的價值。正如我們在談到流行文化產品的基本結構時所指出的，它的複雜的三重和四重結構，使它作為一種消費文化產品在社會中出現，因而它在實際交換中，還可以呈現特殊的象徵性價值，這就是它的特殊的權力意義。當人們在市場上購買以及在使用它們時，首先不是考慮它的一般商品性質，也就是說，人們首先並不是重視它作為一般商品所固有的使用價值和交換價值，而是重視它在符號遊戲中所占有的象徵性權力的份量。一種衣料的價值，並不是單純決定於它的交換價值和使用價值，而是決定於它在特定社會文化脈絡下所取得的象徵性權力價值。所以，同一種麻製品，在不同的符號遊戲中所獲得的象徵性權力價值是不一樣的。

　　總之，我們明顯地看到：穿什麼樣的時裝，就表示其社會地位和身分，就顯示其權力擁有的程度。不僅如此，而且，更重要的，是時裝穿戴的方式、風格和姿勢等等，往往比時裝本身，更能顯示穿著者的身分和個性。同樣的時裝，並不一定顯示同樣的社會地位和身分。問題的關鍵，還在於人們是如何穿戴它們的。同一位青年，上午穿著牛仔衣時鈕扣整齊嚴緊，下午以同一件牛仔衣出現時，卻不扣鈕扣，有意顯露或甚至敞開胸膛。兩種時裝風格表現了同一位青年在兩個不同時刻的兩種性格和兩種身分：前者是一般現代都市青年的形象，後者是帶有更多叛逆性格的青年形象。在現代都會中，許多青年分屬於不同的群體、幫派，他們尤其以其服裝的穿著方式、風格和特徵來相互辨認。

　　所以，時裝和其他流行文化產品及其穿戴方式，首先表示其使用者所屬的社會階級或社會階層，表示人們究竟隸屬於哪些社會群體。其次，時裝和流行文化產品表示其使用者在時裝和流行文化產品的運動中所處的地位，表示他們在時裝流動中所扮演的角色。第三，時裝

和流行文化產品表示其使用者的心理形態、種類和趨勢。穿戴什麼樣的時裝，使用什麼樣的流行文化產品，顯示出人們的心理結構、狀態和類型：是屬於叛逆型，還是順從型？是靦腆型、膽怯型，還是膽大勇敢型？是創造、冒尖、不安現狀型，還是墨守成規、忍讓型？所有這些，都同人們的心理形態有關。時裝和流行文化產品很形象地表示人們的性格、精神狀態和心態。一個穿牛仔衣褲的人的性格，顯然不同於穿傳統保守服裝的人。一位敢於在大庭廣眾中顯露胸部、腰背和大腿的人，同於穿著拘謹的人相比，其心理狀態當然有很大的不同。第四，時裝和流行文化產品在一定程度上表示人們屬於創作者還是追隨者？是流行的領導者、前衛者，還是模仿者、散佈者、傳播者和崇拜者？

　　流行文化的象徵性結構及其運作機制，使它在社會生活中扮演了十分重要的區分化功能。社會大眾在使用流行文化產品時，實際上不知不覺地將它們當成自己個人身分、性格和氣質的標誌，是他們的社會地位的延伸表現。在每個人身上所穿戴的流行文化產品，形象地和象徵性地表現出其使用者的階級身分。所以，一些學者很重視流行文

左列各圖均為各著名時尚雜誌登載之流行時裝模特兒及圖樣。最明顯的特點，首先是請明星偶像人物進行表演，利用社會大眾的盲目崇拜心理，擴大時裝宣傳效果。其次，各種時裝式樣，在變化中不斷重複，又在重複中實現創新。時裝圖樣及其組件，構成為不斷變化的信息系列，強制性地傳達設計師和生產者所設定的信號意義，使時裝圖形及其表演成為操縱性信號系統。

化的這個特徵，對它在社會身分、地位、階層和品味區分方面的特殊功能，進行了深入的研究，提出了各種不同的理論和分析方法，值得我們參考。

流行文化和社會分化是密切不可分的。流行文化從一開始出現，就具備一種神秘的社會區分化功能。隨著當代全球化和現代化的發展，流行文化的社會區分化功能，越來越顯示其獨特性質，值得一切研究社會現代化和全球化問題的學者加以深入探討。但是，流行文化的社會區分化功能及其運作過程，又不同於傳統社會中的社會區分。必須結合當代社會文化的特徵，結合當代社會的階級和階層結構，進行更深入和具體的探討。

韋伯早在研究社會階層問題時，便已經看到流行文化等文化生活的重要意義。相較於馬克思極端重視生產經濟因素的階級意義，韋伯同時也注意到社會階層間的生活機會的差異。他認為，各種類型的財產關係是通過市場運作而顯現其實際效果的；而市場狀況（market situation）則在很大程度上決定著個人生活機會的實現。因此，韋伯除了從經濟上界定階級，還注意到以生活方式（styels of life）界定地位團體。他認為，地位的特性在於：第一，凡是相同地位的人，便具備類似的獨特生活方式，而這種生活方式是在家庭、學校教育和某些高尚職業的生活循環中發展出來的。第二，地位團體的社會交往具有限制性和排他性（exclusiveness），致使他們只同同一地位的人相交往，而對其他不同地位的人們，保持一定的距離或甚至予以排斥。第三，地位團體也同樣出現在美國這樣的傳統民主社會中，因為其中的富家階層為了凸顯其優越性與特殊性，往往發展其地位團體。第四，通常要透過霸占方式維持地位團體的利益。第五，幾乎所有地位團體都擁有其特殊的地位特權（privileges）與地位象徵（symbol），以便彰顯其特殊性。第六，地位團體還以其具有規範意義和力量的地位特權界定出社會核心價值的時尚和禮節等等，並在經濟上擁有壟斷權。第七，韋

伯還強調地位團體的榮譽、優勢所造成的稀有性和認可力量，以便同其相反的、未經認可的「赤裸」（naked）階層的區隔。正因為這樣，韋伯很重視生產以外的消費過程。如果說社會階級主要是靠生產狀況來決定，那麼，階層是主要靠生活消費來決定。消費情況是同生活方式的狀況有密切關係的。

同章伯幾乎同時代，齊默爾特別強調人的生產和消費雙重性質。在探討時尚哲學時，齊默爾認為，人的超越性使人成為「二元生物」（dualistic creature）；他既有生產力，又有消費力，既有一般性，又有特殊性。人的二重性使人在社會中的生活方式呈現出極不穩定的狀態。二重性使人時時處於緊張狀態。人要通過「創造」和「模仿」活動去抒解自己心理的緊張狀態。模仿使人實現了在個人和群體之間的過渡，不僅使人有可能過著社會群體生活，而且也使個人有可能適應社會的變遷；而創造又不斷重新使人與人之間產生裂痕和分割。從這個意義上說，人的二重性是人類社會不斷進步和發展的基礎和條件。時尚就是在模仿和創造的雙重衝突中不斷發展和變化（Simmel, G. 1890; 1891; 1902b）。

幾乎同齊默爾一樣，韋伯倫也將區分和模仿心理當成人的本性。他在《休閒理論》一書中，強調人在社會生活中，經常有意進行「擺闊性休閒」（conspicuous leisure），藉此顯現其特殊地位和闊氣，以將其自身同他人區分開來。隨著商品生產和消費活動的發展，上述擺闊性休閒甚囂塵上，以至於突破有錢人階級的範圍而擴及到整個社會，使社會上各階級也模仿他們進行其各自不同的擺闊休閒。財貨消費的發展更進一步促進了社會上各種不同的擺闊性消費（conspicuous consumption）。這是一種故意引人注目的擺闊行為，其目的在於顯示某一個人或群體的「顯著性」。

如果說章伯重視社會制度面的合理化現象，而馬克思只專注於生產的決定性意義，那麼，埃里亞斯就強調生活態度和方式的變化對於

社會變遷的重要意義。埃里亞斯認為，西方日常生活的文明化過程就是現代社會發展過程的基礎。日常生活的文明化導因於貴族與布爾喬亞之間之競爭，而他們之間在生活方式方面的競相比闊，則成為他們之間進行地位競爭的重要場所。法國社會學家布勞岱也同樣研究日常生活變遷對於現代社會形成的重要意義。

但是，流行文化同社會區分的相互關係是很複雜的。正如我們從一開始就強調的，流行文化是一種很具弔詭性的事物；給人的表面印象，它是現實社會環境與人們的生活風格、價值取向、品味、愛好以及心態的區分的機制；但深入加以分析，就可以看到：其實人們往往是被流行文化帶著走的；不是流行文化構成社會生活的產物或結果，而是流行文化決定著人們的生活風格和方式，同時它又決定著社會中的人群區分原則。因此，關於流行文化同社會區分化過程的相互關係，雙方實際上是某種共時同步雙向互動關係。在這裡，兩者並不存在孰先孰後的線性單向因果關係。

流行文化同社會分化的關係是雙重雙向的：一方面現實的社會區分化的狀況決定著流行文化的分佈和消費的結構；另一方面，流行文化的消費又反過來影響著社會的分化結果。消費過程在人的實際生活中，並非孤立地進行。在當代西方社會中，觀看廣告、進行消費和購買東西的人，同時往往又是進行工作、看書、選舉投票和做愛的人。因此，對於任何一個人所作出的各種決策或決定，有必要進行通盤地觀察和分析；也就是說，不要只看到單獨的消費活動，不要把任何一次消費動作孤立或抽象起來。只看到某人在某次購買活動中的選擇和決定，看不到同一個人在其他時候其他活動中的各種決策和選擇決定過程，是非常錯誤的。所以，消費和購買商品時的決策和選擇，同其他活動中的決策過程是緊密相關的。

從另一個角度來看，流行文化的社會區分化過程，也包含著社會各階級和各階層的相互滲透過程。流行文化的社會區分不同於傳統社

會區分的地方，就在於它的區分化是與它的社會模糊化過程同時並進的。我們可以從當代社會中流行文化的運作中，明顯地看到：流行文化的社會區分是同它的不確定性密切相關的。因此，它進行社會區分的過程和結果，一方面造成社會身分和地位的不同，另一方面卻又製造了社會各階級和各階層之間的交錯滲透，形成一種特有的模糊狀態。流行文化的這種區分化特徵，使它也可能成為今後全球化社會中實現階級和階層平等化的通道。

流行文化和商業

當代流行文化具有明顯的商業性和消費性；而且，就其產生社會背景而言，流行文化最早本來就是為了滿足資本主義商業發展的需要，在資本主義奢侈生活方式的鼓吹下膨脹起來的。在這個意義上說，當代流行文化也就是「物質文化」（Material Culture）、「商業文化」（Commercial Culture）或「消費文化」（Comsumer Culter）（Lury, C. 1996）；或者說，它是當代消費社會中的一種特殊的、以消費和舖張作為一種目的的文化。

第一節　流行文化的商業性與消費文化的性質

流行文化的產生、傳播和發展，需要靠一定的社會文化因素作為其中介或載體，而其中最重要的因素，就是商業網絡以及其中的各個環節，包括商標、商業推銷及廣告等。當我們從一開始討論流行文化的性質的時候，就已經很明顯地揭示了它的商業性以及它同資本主義商業發展的密切關係；同時，在以上關於流行文化的奢侈性的專門章節中，實際上也再次談到了流行文化同商業的關係。但在那裡，還停留在流行文化同商業的最一般性質，尚未更具體地從商業運作的微觀程式進行分析。本章將結合商業運作程式的特點，更深入地說明商業部門是如何實際推銷流行文化的。

正如波德里亞所指出的，「流行，作為政治經濟學的當代表演，如同市場一樣，是一種普遍的形式」（Baudrillard, J. 1976: 139）。當代流行文化史表明：西方流行文化從一開始產生便具有濃厚的商業性質；在某種意義上甚至可以說，當代流行文化本來就是資本主義商業發展的一個必然結果，它是資本主義商業本身存在和發展的必要條件。所以，研究流行文化絕不能脫離對於資本主義商業的研究；反過

來，研究當代商業的發展及其市場策略，也同樣絲毫都不能脫離對於流行文化的研究。全面地和普遍地發展起來的資本主義商業，是滲透到社會各個領域、並影響整個社會結構的經濟活動，又是帶有濃厚的政治、文化和社會性質的綜合性活動。現代資本主義商業不同於古代社會的商業，它不是純經濟活動，而是如同馬克思所闡明的那樣，是「系統的和全面的政治經濟社會文化活動」，也如同布勞岱所指出的：它是滲透到日常生活領域的社會歷史車輪，其旋轉已經將整個社會都捲入進去，並將它們統統地加以改造，試圖使社會文化事業成為商業的附屬品。近現代資本主義社會的發展更推動了新型的消費文化的產生。這是一種文化性的商業消費事業，也正因為如此，正如本書第二章第七節分析流行文化的商業性時所指出，當代流行文化已成為「消費文化」的同一詞；而從流行文化同商業的上述緊密關係來看，也可以看出資本主義文化的充分商業化及其徹底的商業性質。文化同商業的上述緊密關係，是人類社會發展史上空前未有的現象，它是資本主義歷史階段的文化的顯著特徵之一。

消費文化是資本主義商業和文化發展相結合的歷史產物；它是一種特殊形式的物質文化和商業文化。對資本主義當代社會結構及其與文化的關係有深刻研究的法國思想家布爾迪厄和英國思想家費舍通，在揭示當代消費文化的性質時，從兩個方面進行綜合考察。他們一方面注意到生產活動對於市場的關係的變化，另一方面也注意到消費活動本身的變化，特別是集中分析了上述兩種轉變對於一種新型的美學知識的傳播的重要意義。在布爾迪厄和費舍通看來，當代消費文化就是（1）生產同市場的關係；（2）消費活動的性質；（3）新型美學知識的產生和傳播，這三項社會文化因素的發展和綜合性變化的結果。

流行文化商業化的過程，就是通過商業手段，程式和策略而將流行文化變成為流行商品的過程。由於當代商業的高度科學技術化，特

別是商業的科學管理和商業資訊網絡無空不入地向社會和生活領域的滲透，實際上，當代流行文化在相當程度上幾乎同流行商品相等同。而由於這些流行商品又屬於消費性商品，所以也可以把當代流行文化與流行的消費商品等同起來。現在，商店櫥窗已經成為流行文化的活生生的博物館，也是流行文化發展趨勢的最敏感的「晴雨錶」。各大城市的街道，特別是世界性大都會鬧市區或商業中心，已經成為各種最新流行文化的表演場所。正是在巴黎、倫敦、紐約、羅馬、東京和上海等大都會的商業櫥窗和街道上，人們可以最先看到最時髦的流行時裝，並親身感受到這些時髦所散發出來的精神氣質，變化氣息及其未來走向。

流行文化在近現代社會商業活動中的重要地位，主要是表現在它在商業消費過程中所扮演的角色。如前所述，流行文化就是一種特殊的消費文化。要深入研究流行文化的商業消費意義，必須先從近現代社會歷史發展的脈絡加以探討。近現代社會是一種特殊的消費社會。近現代社會的產生同近現代消費方式的產生有密切關係。我們可以說，近現代社會的產生就是同近現代消費方式的產生過程同步發生的（Social and cultural forms of modernity, the emergence of modern consumption: 128-143）。

現代商業的發展及其對於整個社會諸領域的滲透，使商業成為了流行文化的主宰力量和表現途徑。流行文化幾乎等同於消費文化，成為商業推銷和發展的主要手段。當商業推銷流行文化時，主要是把它當成社會消費活動的主要內容和基本形式。因此，有必要深入探討商業是如何將流行文化納入商品消費過程。

商業將消費過程逐漸改造成為流行文化的推銷過程，這是同資本主義生產方式和商業的性質及其發展所決定的。資本主義從一開始就將生產和消費過程同商業的發展緊密聯繫在一起。資本主義生產的性質決定了它必須靠社會消費過程的擴大來維持和推動。因此，不斷改

變和促進消費也就成爲發展生產的主要策略。促進消費的過程導致消費同流行文化的進一步結合。

第二次世界大戰以後的西方社會的經濟發展，通過在生產活動中所創造的各種技術和管理能力，不但使生產活動本身推向了從未有過的新高度，而且也開始顯露出作爲生產勞動主體的人的能力的限度。這是從兩方面說的。從第一方面，也就是從積極方面來說，人在生產活動中所顯示的各種能力，特別是在技術和管理方面，都表明作爲主體的人，不但具有無限更新的創造能力，推動生產不斷發展，而且也有能力不斷協調生產活動中的各種危機和矛盾。在這個意義上說，人的生產活動的能力具有無限創新的前景。從第二方面，也就是從消極方面來說，生產活動在對自然資源進行開發和利用的同時，也逐漸地疏遠自然同人的關係，而且，作爲生產勞動主體的人還不滿足於將自然作爲唯一的開發對象，在自然之外，又人爲地創建了第二自然或第三自然，使勞動的對象進一步複雜化，造成了原有的自然不但被破壞、而且被包圍和被消融的嚴重局面。與此同時，也造成人與人之間相互關係的複雜化，使由新的人際關係所構成的社會整體的性質和結構也發生了根本變化。

生產的急速發展的結果，爲在經濟範圍之外解決生產的開發和危機問題開闢了新的可能性，同時，也爲人在經濟中、甚至在整個社會中的地位的更新創造了新的條件。就是在這樣的社會歷史條件下，不但要求打破生產的中心地位，而且也要求把消費問題放在經濟範圍之外，也就是在整個社會系統中，使消費不再成爲單純經濟活動的附屬因素，而且使消費進一步同經濟之外的政治和文化的因素關聯起來。通過消費在社會中的滲透，而使整個社會各個領域和各個層面，都成爲消融經濟因素的汪洋大海，同時也使人從原有的勞動主體中心地位改變成爲社會多元化活動的主角。正是在這種情況下，消費問題凸顯出來了；一個新型的消費社會也應運而生。

當代消費文化的發展，將人融入消費過程，而消費過程又將人轉化成一種符號，使人完全喪失其主體性。在消費過程中，製造消費品的生產者及其推銷者，同消費過程的壟斷者和宰制者相勾結，將消費過程全部變成爲可控制的符號系統，同時也使消費者成爲這個符號系統的一個環節，消費者從而也失去其主體地位。在整個消費過程中，真正決定消費過程的，不是消費者的主體需求，而是商品製造者和推銷者的賺錢和宰制「需求」。因此，消費主體也成爲生產者和宰制者的建構對象，成爲生產的各種力量的一種建構成果。但是，生產者和推銷者是靠符號的任意編纂和組合而操縱消費者的。這是一種「符號的消費」，而不是商品的消費。正如波德里亞所說，當代消費是「記號的系統性操控活動」（Baudrillrd, J. 1968）。符號消費意味著現代社會所進行的，是已經超出維持人的基本生存水準的一種奇怪的消費。因此，在消費過程中，也摻入了大量的文化的、感性的、非理性的要素。人類生活因此而納入一種由美學幻覺所維持的虛假事實結構之中。在這種情況下，不但社會本身已經滅亡，而且，真實也隨著價值和真理標準的消失而蕩然無存。這就導致一種失去歷史基礎的「鄉愁」精神狀態。

從經濟學的角度，消費一方面可以理解爲一種貨幣收入的消耗，另一方面可以構成爲累積和增長財富的一種運作策略。凱恩斯特別強調消費過程中的貨幣循環過程。在這個貨幣循環中，社會各個家庭通過消費將貨幣流向企業，這在實際上是由企業分配給家庭的那部分收入倒流到企業中，同時也構成了家庭和整個社會對於企業的一種需求。

當然，凱恩斯並沒有完全解決古典政治經濟學的問題，也沒有能夠徹底地解決現代社會由於生產過剩所造成的經濟危機的問題。所以，在他之後，著名的經濟學家約翰·赫克斯（John Hicks）、瓦西利·列安狄夫（Wassily Leontief）、阿羅（Kenneth J. Arrow）、德伯盧

（Gerard Debreu）、杜森貝利（J. S. Duesenberry）、弗里德曼（M. Friedman, 1912- ）和阿雷（Maurice Allais, 1911- ）等人進一步探討了消費和投資的關係問題，並提出了關於穩定的經濟平衡的新理論。

　　但是，凱恩斯等人畢竟都是經濟學家。因此，他們對於消費問題的研究，雖然將消費問題作爲一項非常重要的經濟範疇提出來，但仍然未能走出經濟的範圍去探討。正是在這個時候，作爲社會學家的波德里亞（Jean Baurdrillard, 1929- ）等人提出了關於消費社會的理論，從而第一次全面地從社會整體和人的社會文化活動的角度去探討消費問題。波德里亞和丹尼爾‧貝爾（Daniel Bell, 1919- ）等人提出消費社會的問題，特別重視消費的過程、消費的生活、消費的模式、消費的行爲對於整個社會運作所起的作用。

　　當消費遠遠超出經濟範圍而成爲社會問題的時候，消費這種經濟行爲就越來越涵蓋社會的性質。消費不只是經濟行爲，而且也是社會行爲和文化行爲。新的消費行爲改變了原有的消費概念，使社會中出現了一系列由消費活動所開創的新領域。這些新領域幾乎橫跨了社會的各個部門，例如觀光、旅遊和休閒的問題，除了屬於經濟之外，還包括文化的各種複雜因素，成爲經濟與文化相交叉的問題，也成爲當代社會的重要問題。只有在經濟和文化高度發展，同時社會中除了少數大量集中財富的富豪之外，又出現了比例越來越大的中產階級的時候，也就是說，只有在社會各階層結構發生根本變化的時候，才有可能使觀光、旅遊和休閒變成爲社會的一個新的基本問題。觀光、旅遊和休閒事業不斷發展的結果，不但反過來帶動經濟生產和交通運輸的發展，改變了社會的城鄉結構，也加速了經濟與科學和文化間的相互滲透，同時也在很大程度上改變了人們的生活方式和生活風格，深深地影響著人們的日常生活方式和社會心理結構。

第二節 消費文化的擬像遊戲性質

　　對於流行文化的商業化，波德里亞曾經從經濟學、符號論和意識形態批判的綜合角度進行分析。他在描述現代流行文化商業化的過程時，很注意商品的文化包裝過程。他認為，現代消費社會的產生，首先是把各種商品作為一種實實在在的客觀論述系統。作為客觀的論述系統，所有的商品所構成的物的體系，表達了操作該社會的人和階層試圖引導社會達到的目標和方向，同時也表達了被操作的人群所要追求的那些實際上已被控制的慾望和信念。商品化的物品體系，是實實在在的、因而也是真正的客觀的事物。堆積成商品的物的體系，作為實實在在的客觀存在，是一個殘酷的事實，不但是操縱該社會運作的人們意欲達到的目標的物化，而且也是被操作的人群不得不面對、並進行盲目崇拜的事實。這些龐大的商品堆積物成為了社會的操縱者和被操縱者的中間環節，魔術式地既受一部分人的操縱，又受另一部分人的順從和追求。

　　成為了中間環節的商品化的物品，變成了雙方共識和信賴的符號體系，也成為了雙方相互理解和協調的中介。這樣一來，商品化的物的體系成為了最有效的協調整個社會各階層人們的利益和慾望的客觀的論述。「它是客觀的」，當然首先指的是：它是實實在在的物的體系，但同時，又是指它虛幻地成為了社會溝通、協調和共識的客觀標準。它雖然是虛幻的，但因為受到社會共同體的確認而成為了客觀的。換句話說，它是不客觀的「客觀」，又是客觀的「不客觀」。顯然，在商品化的物的體系所充斥的社會中，由於已經現實地存在構成為客觀社會結構的力的關係，它越是虛幻的，它越成為客觀的；而反

過來，它越虛幻化，就越成爲「客觀化」。

　　爲了使得商品化的物的體系，具有客觀的性能，爲了使這些商品化的物的體系，客觀地發生社會功能，所有這些物的體系都被裝飾上各種時間和空間的人爲點綴。正如波德里亞所說的，這些商品化的物有各種各樣的外型，又有五光十色的變幻色彩，再加上圍繞著這些物品的各種人造的多層次鏡像，可以任意地折射成多層次的、多維度的和多層涵義的論述系統。這種客觀的論述系統也就因此具有自我增殖和不斷擴散的功能。

　　波德里亞在分析當代消費社會的結構變化的時候，顯然充分利用了羅蘭‧巴特（Roland Barthes, 1915-1980）在五十年代開始建構的符號學。羅蘭‧巴特根據結構主義、符號論和語言學的研究成果，總結出符號系列內部與外部的不同符號系列之間相互轉換中隱喻和換喻的運作規則，深入地說明了符號和訊息之間的內在關係。羅蘭‧巴特通過符號系統內外隱喻和換喻之間兩種不同的轉換原則的辯證關係，把語言學原有的語音與語意的相互關係，進一步延伸到語言的範圍之外，使符號學成爲了包括語言在內的各種符號體系的現代邏輯學。羅蘭‧巴特廣泛地研究了語言和語言之外的各種符號系統，首先發現：在人的面前，由於人有思想，由於人有文化，由於人有各種慾望和主觀的意向，由於人必須通過各種中介和各種象徵同「他人」和「他物」構成各種各樣的關係，所以，不只是語言，而且一切物體，只要人願意、又得到其他人的同意，都可以轉換成符號系列、轉換成符號的使用者所規定的意義系統。反過來，這些各種各樣的人爲的意義系統，又可以成爲一種眞實的存在，客觀地存在於人的社會關係之中，影響著人的行爲，並甚至成爲控制人的行爲的一種力的系統（Barthes, R. 1994: 65-73; 129-230）。他尤其結合當代社會貫穿於政治、經濟和文學藝術中的各種權力運作活動，看到了由各種符號所構成的系統演變成爲各種「當代神話」的可能性。如果說，原始的神話是原始人用最簡

單的語音符號表示他們的各種意義系統的話，那麼現代神話就是有濃厚的控制意向的各階層權力集團表達他們的慾望和控制社會的策略的符號系統。

　　顯然，波德里亞和羅蘭‧巴特一樣，看到了當代社會中各種商品化的物在社會中以符號論運作而發生作用的事實。然而，波德里亞比羅蘭‧巴特更注意到這種當代社會的商品化物體符號運作的社會意義。波德里亞從社會學和人類學的觀點，更深入地說明這些物的符號體系構成為社會的一部分、並反過來控制社會本身的運作過程。波德里亞甚至認為這些物的符號體系比製造它的人更自由。「這些物是作為運作的物體而絕對自由，也就是說，它們具有運作的自由而且在實際上也僅僅是由此而已」(Baudrillard, J. 1968: 25)。在這裡，波德里亞特別強調他所說的自由是這些物體的運作的自由，而不是這些物體本身的自由。顯然，物體永遠是物體，物體就是在那裡客觀地存在著的那些堆積品，當它純粹作為物體而存在時，它是死的；但是，當這些物體作為人的產品、而又同人的慾望和人的利益發生關聯的時候，它就成為了人們心目中能運作的物體。這些物體的生命力以及由它的生命力所產生的誘惑力，不是來自這些物體本身，而是來自它們的運作。所以，波德里亞說：「一旦物體唯有在它的運作中才能解放的時候，人就反過來成為了唯有作為這些物體的使用者的條件下才是自由的」(Ibid.: 26)。這就是說，在充滿著商品化的物品體系的社會中，人的自由完全依賴於這些物體的自由運作，因而也仰賴於控制這些物體運作的權力體系。

　　在《象徵性交換與死亡》(*L'échange symbolique et la mort.* 1976) 一書中，波德里亞深刻地說明傳統價值觀系統的喪失同作為傳統社會的生命的生產過程的終結之間的密切關係。傳統社會的生產過程，實際上就是人的模擬行為模式的經濟表演。從原始社會開始，作為社會運作基本原則的象徵性交換，本來就是一系列的模仿行為。人類從自

然分離出來而創造文化以後，就以模擬作爲基本的行爲模式，不斷地推動著社會和文化的進一步發展。作爲人類社會不斷維持和運作的基礎，以生產爲中心的經濟活動，把模擬行爲推廣到人與物的關係之中。因此，研究生產經濟活動的政治經濟學，在波德里亞看來，就是模擬的標本。但是，隨著當代社會經濟的發展，生產本身終結了，取而代之的是眞正的消費社會。新的消費社會完全脫離了生產；它既不是生產的目的，也不是生產的延續，更不是生產的基礎。所以，波德里亞認爲：「我們生存於生產的終結」（Baudrillard, J. 1976: 22）。

　　如果說，作爲傳統社會的基本生存條件的生產活動是人類有組織的社會實踐的話，那麼，當代社會的消費活動就是完全無組織和無秩序的活動。同樣地，作爲向自然模擬的生產活動，長期以來一直是以因果系列和因果範疇爲基礎，而當代的消費活動就完全否定因果關係和因果系列。同時，生產活動主要是以現實的需求和現實的條件作爲基礎，而當代的各種消費則完全以可能性作爲基礎，並以可能性作爲基本目標。消費純粹變成了消耗活動，甚至可以說是一種破壞活動。它所破壞的，正是作爲生產過程的產品的消費品。但是，這些消費品，當它們被消費時，不再是生產的產品，而是一系列具有自律的符號系統。因此，人們對這些消費品的消耗和享用，不在考慮它在生產過程中耗去的「勞動時間」，而是把它們當成追求聲譽、滿足慾望的符號體系。這種符號系統的積累從何而來？波德里亞指出：「今天，在我們的周圍存在著令人驚訝的、奇特的消費和物質豐富的空間，他們是由一系列物體、服務和物質財富的膨脹所構成的。它成爲了人類的生態環境的一種根本轉變」（Baudrillard, J. 1970: 17）。這就是說，現代社會人們的生態環境已經發生根本的變化，其主要標誌就在於，任何個人或階層不再像過去那樣只是被周圍的人所環繞，而主要是被各種不說話的、然而實質上有控制能力的大量物體所環繞。這些物體向人們說著人們聽不見的、永遠重複的話語，同時在話語中又隱藏著咄咄

逼人的、凶惡的權力威脅。所以，整個消費社會的基本結構，不是以人為中心，而是以受人崇拜的物為中心；整個社會的運作過程，也變成為對所有這些物的禮拜儀式作為基本動力的崇拜化過程。在《消費社會》一書中，波德里亞深入分析了現代社會中對於物體的「禮拜儀式」的運作。接著，他提出了新型的消費理論，深入分析人的需求在這種消費社會中的運動方向和運動邏輯，同時，也深入解剖早已失去靈魂的「經濟人」（homo economicus）的屍體，深刻地說明消費社會中人的行為的盲目性及其附屬於物體符號體系運作的邏輯。在這樣的社會中，行動者成為了「消費的自我」（l'égo consumans）（Baudrillard, J. 1970: 121）。波德里亞說：「朝向物體和消費性財富的『占有』，便成為個人化、反協作團結和反歷史的力量」。接著他又指出，「消費者便成為無意識的和無組織的自我」（Ibid.: 121-122）。

消費過程原本是生產死亡的取代物，但在當代社會中消費過程卻演變成為某種生產過程，起了生產的功能。這是一種什麼樣的生產？這是在喪失價值體系後，不斷地生產新的物體符號系統、並通過物體符號系統的再生產而產生出權力再分配的過程。消費顛倒成為生產，表明消費的運作也顛倒了整個社會和社會中的人的關係，同樣也顛倒了人的精神狀態。雖然它是顛倒的，但它仍然是符號系統的重構過程，同時也是調整個人和群體的運作過程。因此，這種被顛倒了的消費過程又構成了被顛倒的社會結構，也構成了被顛倒的交換結構。

消費社會作為顛倒的社會，並不是靠穩定的規則而運作，相反地，是靠其不穩定性而運作。但由於消費社會仍然是一種社會，因此，消費社會又要保障一代一代的新的個人和新的階層，不斷地學會和掌握消費社會的不穩定規則體系。所以，在這個意義上說，消費社會同時也是學習消費的社會，又是促使社會朝向消費的「教育消費」的社會（Ibid.: 114）。

整個消費社會就是由模擬的符號文化及其再生產所構成的。人類

社會本來就是人類文化活動的產物，同時也是文化活動的基本條件。當人類社會進入到消費社會的階段，社會的文化特徵就更加明顯。而且，文化的人爲特徵也比以往任何時代更加明顯。如果我們把文化創造及其產品分爲可見的和不可見的兩大部分的話，那麼我們可以把現代社會中可見的文化說成爲「硬體」，而把不可見的文化歸結爲「軟體」。「硬體」和「軟體」之分，表面上是二分法，但實際上，由於硬體本身是軟體的產品，而軟體又必須借助於硬體、並將硬體作爲中介才能進行文化的生產與再生產，所以文化的這兩大部分實際上已經在運作中完全失去了界線。波德里亞指出：在當代社會中，「各種事物找到了逃避困擾著它們的『意義的辯證法』。也就是說，在昇華到極端中，在一種取代其內心目的性的恬不知恥的誨淫中，不斷地和無止境的鑽入無限，不斷地潛在化，不斷地競相許諾而高價拍賣它們的本質，並達到某種失去理智的瘋狂的理性中」。「爲了能夠在顛倒了的秩序中取得同樣的效果，思想沒有任何禁忌。同樣的，另一種非理性，它也取得勝利。失去理性在所有的各個方面都是勝利者。這就是關於惡的原則本身」。「整個宇宙並不是辯證的；它是醉心於極端，而不是嚮往平衡。它醉心於極端的對立而不想要協調和綜合。這也就是惡的原則。這一切都在物體的靈巧性中得到了表現，在純物體的心醉神迷的狀態中、在主體的狡詰獲勝的策略中，得到了充分的表演」（Baudrillard, J. 1983: 9）。因此，在充斥著各種怪誕文化的當代社會中，軟體與硬體之間的關係已經不再是二元辯證的關係。但是，正是爲了逃避這種辯證關係，軟體和硬體又要僞裝或假飾成兩個東西，讓神魂顛倒的人們把它們當成二元之物，然後又在假二元關係中相互混淆，使它們自身永遠躲在背後，像幽靈一樣無法被把握、但又始終纏繞著人。

　　人類文化本來是人的思想和心靈借助於語言及各種有意義的符號體系創造出來的。因此，長期以來人類文化的生產與再生產，都是遵

循著符號和意義的辯證法邏輯。到了當代社會，文化的極度繁榮和昇華，使本來隱藏在意義的辯證法中的危機和矛盾充分地顯示出來。這個矛盾和危機的總來源就在於人的思想和心靈的超越性。超越本來是相對於現實和界限的。現實和界限本是人的思想和心靈的基礎和出發點，也是人的生命的基礎和出發點。但是人的生命的雙重性，即它的生命的物質性和精神性、經驗性和超驗性，總是導致生命的有限與無限的矛盾，給予生命永遠無法擺脫的困擾，也促使生命滋生出無止盡地追求目標的慾望。在文化創造的過程中，人類每勝利地向前走一步，不但沒有滿足先前精神的超越慾望，反而更促進他冒險地走向超越無限的野心。經歷成千年的文化發展，人類已經創造出高度人工化的文化產品和社會世界。人的慾望，特別是人的精神的超越本性卻永遠不能滿足。原本人們以為創造人為的文化可以滿足人的精神的超越性，但文化高度發達的結果，一方面使具有超越本性的人類思想在無止境的不滿足中產生否定性的消極創造力量；另一方面也為人類精神進一步超越現實和界限提供了前所未有的潛力。就是在這樣的情況下，原來隱含於「意義的辯證法」（la dialectique du sens）這個人類文化創造機制中的危機終於爆發出來了。

當代社會和文化的總危機的實質，就是人的精神創造試圖最終打破由「符號」和「意義」二元因素所組成的「意義的辯證法」。逃避和打破「意義的辯證法」的實質，就是要完全取消「意義」的追求和界定，使「符號」不再受「意義」的約束，不再同「意義」相對立或相同一。波德里亞觀察從第二次世界大戰以後當代消費社會中的各種奇特文化現象，察覺到「意義的辯證法」的總危機到來的信號。由於這場總危機以「符號」試圖完全擺脫「意義」而進行各種引人迷惑的虛幻遊戲作為表徵，所以，波德里亞集中地分析了當代社會中各種毫無意義、而又冒充各種意義的人造符號體系。波德里亞把這種人造符號體系稱為「擬像」，並把這些擬像及其運作看作為當代社會的基本特

徵。

　　波德里亞針對著當代社會的複雜變化，一方面針對著當代消費社會的特徵，即針對著消費社會中物質符號的大量膨脹及其迅速運作和轉變；另一方面針對著當代社會中文化因素的高度發展和高度自律，特別是文化中的人為符號的大量產生及其盲目運作對於人類本身的控制作用的加強，進一步深入探討了當代社會中的模擬和擬像的掩飾性和自律性。波德里亞指出，當代社會出現了極其龐大的人為圖像的神秘運作，而且，這些圖像有時由於無所指涉而進一步帶有神秘性。本來，「掩飾就是把有的東西假裝成沒有；而模擬是把沒有的東西假裝成有。其中一個是指涉『有』的東西，也就是表現某種『在場』的東西；另一個則是指涉某種『不在』的東西。但是，問題實際上是更加複雜得多，因為模擬本來就不是假裝或掩飾。正如字典裡所說的：假裝有病的人可以簡單的躺在床上，並設法令人以為他是病人。但是，模擬一種病，實際上是要設法在自身中尋求確定的症狀。所以，假裝或掩飾，都沒有踐踏真實的原則，也就說真與假的界線始終都是清楚的。掩飾所做的不過是套上一種偽裝罷了。但是，模擬就使得真與假、實際的和想像的東西的區分成了問題。模擬者究竟是不是一位病人，是很難斷定的，因為他裝出了真的病症。所以，人們既不能將他客觀地當作病人來處理，也不能當作非病人來處理。這樣一來，心理學家和醫生都無能為力，面臨著一個無法證實的病人的真實面目」（Baudrillard, J. 1981: 12）。

　　波德里亞指出：當代的擬像遊戲，已經不是某個地方和描述它的地圖之間的關係，不再是原本和副本的關係，不再是實物和鏡中物之間的關係，也不再是對象和它的概念之間的關係。擬像既不是抽象，也不是描述，更不是模仿某物。正如他所說：「當代的模擬是根據無起源、非現實的某種實在的東西的模特兒所生產出的東西（la génération par les modéles d'un réel sans origine ni réalité）。因此，它是

超現實的（hyperréel）」（Ibid.: 10）。

因此，這種擬像文化已經徹底打破傳統文化創作的模式及其運作原則。以往的模擬，是先有被模擬的事物，然後才有模擬。現在情況完全顛倒，不但被模擬的事物不是先前地存在在那裡，也不是隨後跟隨著模擬而存在。這就是波德里亞所說的「擬像的旋動」（precession des simulacres）。

波德里亞以迪士尼樂園為例。他認為，迪士尼樂園是典型的擬像系統的真實表演。在迪士尼樂園中，到處表演著幻想和各種虛幻事物的遊戲。在那裡，人們可以隨時隨地看到各種模擬的魔鬼、海盜國以及未來世界等等。這是一個純粹想像出來的世界。但是，這是一個真實存在的想像世界，它出現在遊歷者的面前是不可否認的事實。但是，通過這個想像世界中各種虛幻事物之間的連結，通過在背後操縱的、但實際又在這些虛幻事物的真實表演中體現出來的各種運作力量，人們產生了對於虛幻世界的假「原本」——美國生活方式——的崇拜。在整個的迪士尼樂園中，貫穿著所有觀眾的精神世界，是對於本來不存在的美國生活方式的一種崇拜力量。但是，這個力量卻來自在觀眾面前不斷地表演著的假道具。迪士尼樂園中狂熱的人群，同樂園外成排成列靜止不動的空車，成了鮮明的對比。在樂園內，各種人造的假道具的表演連同觀看的人群激盪起一浪又一浪對生命的激動，相反地，汽車停車場上，一輛又一輛空著等候主人的汽車，像一排排等候安置屍體的棺材一樣，靜靜不動地待在那裡。這種對照本身，更加凸顯了迪士尼樂園具有魔力的偽造世界對於現代人的控制力量。

通過對迪士尼樂園的分析，人們當然可以得出有關美國意識形態的性質的結論。因為，在迪士尼樂園的整個表演中，正是凸顯了美國意識形態核心的價值體系。但是，這個被批判的意識形態本身也掩蓋著另一個事實。這就是說，被批判的意識形態本身正是第三個層面的擬像：迪士尼樂園就是為了要掩蓋「真實的」世界，也就是說，要掩

蓋「整個美國就是迪士尼樂園的世界」的眞相。換句話說，迪士尼樂園的想像世界，既不是眞的也不是假的，這只是一個用來征服或鎮攝人心的機器，以便再生出一種關於「眞實的虛構」的相反的面目。迪士尼樂園裝成「兒童式的」世界，是爲了使人相信：小孩子以外的大人都在「外面」，都在「眞實的」世界中；而這樣做的目的，正是爲了掩蓋本來到處存在的眞正的所謂兒童世界。所以，正是大人自己來到這裡去玩弄和欺騙自己的孩子們，爲了使他們的孩子們相信他們自己的兒童本性的虛幻性。總之，在迪士尼樂園中，眞正的問題已經不是意識形態對於現實的眞實的虛幻的再現，而是爲了掩蓋這樣的事實，爲了說明實際的不再是實際的。

由於擬像的這種魔術式的運作，造成了虛假和眞實的整個混亂，使虛假無法成爲虛假，也使眞實無法成爲眞實。虛假的由於更加虛假而無法辨別出它的虛假。眞實的由於無法同虛假的區分出來，而永遠無法眞實地呈現。如果說再也無法找到眞實世界的一種絕對的界線，那麼虛幻本身也永遠不可能顯露出其虛幻的面目。由於虛幻本身也因眞理的消失無蹤而無法眞實地被辨認出來，眞理就更加成爲不可能的。

第三節　在全球化經濟中的流行文化

流行文化作爲高度商業性的文化，當然隨著當代商業和西方文化的全球化而在世界範圍內擴張。流行文化本身，本來就是資本主義社會的特殊文化現象。資本主義是全球性的社會制度。近年來，隨著資本主義向全球的擴展，流行文化不只是作爲資本主義的伴隨物而傳入世界各國，而且也成爲資本主義擴張的急先鋒，向全球各個角落漫

延。在全球化的現階段，流行文化更成為後殖民時代西方各國擴張的基本手段。

流行文化之流行，往往是全球性和世界性的。流行文化往往生於此，長於各地，風靡數國，甚至跨海越洋而傳播於世界各地。在當代資本主義經濟和商業所到之處，流行文化也就在那裡生根、發芽並發展。流行文化一方面成為資本主義全球化的一個重要內容和組成部分，另一方面又成為資本主義全球化的「前衛」或「先鋒」，到處為資本主義的全球化開路、並擴展其影響。

後殖民時期的到來，使全球範圍內的權力鬥爭，不論就其形式或內容方面，都發生很大變化。在後殖民時期的全球化過程中，流行文化扮演了非常重要而微妙的角色。發達的西方資本主義國家，在其全球化戰略和策略中，把流行文化產品的創作權、推銷和普及，當成它們繼續控制不發達國家和地區的最重要的因素。西方流行文化產品所到之處，西方經濟和文化霸權的勢力範圍也就隨之展現出來。過去靠軍事強制性力量和暴力，靠政治統治的手段，現在都陸續以流行文化的推銷來替代。流行文化實際上起到了以往軍事強力和政治陰謀所不能完成的作用。

但是，隨著流行文化的全球化過程，也促使原殖民地國家及一切非西方國家產生對於西方流行文化的抵制、同化、改造和融化，使這些地區的人民找到了一種以本土化文化對付西方文化的靈活形式。在這個意義上說，各個非西方國家流行文化的產生和氾濫，也是他們以本土文化對抗西方文化入侵、並與之相抗衡的一種手段。德里克指出：後殖民主義產生於第三世界知識分子進入第一世界的那一刻；他們對於差異性的訴求和對於民族主義的批評本身，正是全球化過程的一部分。但後殖民知識分子卻刻意迴避自身與全球資本主義的關係（Dirlik, A. 1994）。

當代經濟的全球化推動了流行文化的發展，也促使流行文化在全

世界氾濫起來。所以，經濟全球化同流行文化的發展有密切的內在關係。我們必須在經濟全球化的形勢中研究流行文化，也必須從流行文化的發展趨勢研究經濟全球化問題。換句話說，不研究經濟全球化，就不能理解當代流行文化的性質及其發展規律，反過來，不研究流行文化，也無法理解經濟全球化的問題。

全球化是現代社會發展的必然趨勢。全球化並不單純是指西方資本主義生產和消費的全球化，而且也包括一系列有關政治、經濟、文化和生活方式的現代變遷過程。因此，全球化同現代化的相互關係是很複雜的。一般地說，全球化本來就是現代化過程的一個必然趨勢。現代化從一開始就是經濟方面的商業貿易的發展。現代資本主義是從商業經濟的開拓起家的。而資本主義商業經濟的發展是世界性的和開放的。資本主義國內經濟市場的發展是同其國際經濟市場的開拓同時進行的。

資本主義的現代化同全球化的上述緊密關係，使很多人容易誤解而把全球化等同於現代化。說全球化是現代化必然趨勢，只是表明全球化同現代化的緊密關係，但並不意味著全球化等於現代化。實際上，現代化不但不同於全球化，而且兩者之間還存在某些對立或相互抵銷的傾向。在這個意義上說，全球化同現代化是既共向同時進行，又相互抵銷和相互對立。從現代化帶動全球化而言，兩者是共向同時進行的，是互為條件和相互促進的；從現代化過程對於發展中國家和地區的不平等關係而言，兩者又是相互抵銷和相互對立的。

由於全球化是很複雜的，有必要按其結構上的不同層次進行分別分析，然後再將各層次分析結果加以綜合研究。

首先必須分析全球化的經濟層面。經濟全球化是一個非常複雜的社會現象。在經濟上，它涉及到資本主義資本輸出、西方科學技術對生產和消費過程的全面干預、電子化和電腦化、運輸交通的技術革命、資訊和媒體的技術化、福特主義和後福特主義、商業經濟管理的

科技化、經濟企業壟斷化和一體化以及整個西方文化和生活方式的普及化等等。

根據最新資料統計和分析，當代世界經濟全球化現象，主要是以數碼科技（Information Technology）爲核心技術的ＩＴ業（資訊產業）作爲骨幹，創造出一系列最新一代的經濟產業系統。資訊產業的發展，使整個世界都不得不遵循著同一規則並在同一個市場配置資源、資本、技術和人才，也使傳統意義上的時間和空間概念變得毫無意義。這種由知識爆炸給人類所帶來的深刻變化，在經濟上的最主要表現就是經濟全球化。

當代經濟全球化的發展，使世界出現前所未有的新趨勢：第一，資訊引導整個經濟的發展。資訊成爲了當代世界一切活動的神經系統，將當代人類生活的時間和空間結構徹底地加以改造，同時也帶動生產、消費和生活方式的變化方向及其脈動節奏。正如台灣遠傳電信集團的廣告所說：「只有遠傳，沒有距離」。資訊成爲了不折不扣的生命現象的基本成份，甚至成爲生命的靈魂，指導著現代人的各種社會行動和社會生活。Erickson集團董事長阮魁森說：「數碼革命會橫掃所有的領域，這是一個巨大的潮流，沒有一個地方，也沒有一個人可以躲過」。如果說，傳統經濟是以產業引導經濟的發展，那麼，當代經濟就是以資訊爲經濟發展的火車頭。現代人的活動半徑，通過資訊的密集再生產過程，通過高速公路網的建構，比起傳統工業社會超出十到一萬倍。這一切變化，才使企業跨國組織生產成爲了可能。

第二，技術變成爲獨立的商品形態。據統計，近三十年來，世界技術轉移週期曲線發生很大變化。第一產業的硬技術轉移週期從平均十年減少到四年，第二產業的硬技術轉移週期從平均五年減低到二年，第三產業的硬技術和軟技術轉移週期已從平均二年縮短到半年，而資訊軟體的更新則從原來平均二年縮短到兩個月。正是這種技術轉移週期的迅速縮短，使經濟全球化的趨勢越來越快和越來越強。技術

轉移速度的加快是以技術本身的更新和發展週期縮短爲基礎的。技術的加速進步使技術在經濟生活中的作用和角色，變得更加重要，以至於技術本身成爲一種神秘的獨立力量，形成爲一種獨特的萬能商品，到處成爲當代社會生產和消費的基本動力。

第三，私人資本成爲國際資本流動的主要因素。專家提供的資料表明，全世界各國外貿增長速度多年來一直大大超過經濟的增長速度。絕大多數國家外貿出口占國民生產總值的比例不斷上升。而且，隨著商品在世界範圍內流速和流量的增長，包括資本、技術和勞動力在內的生產基本要素的流動，也逐漸加速起來，而其中的資本流動尤其明顯。根據二十世紀最後一年的統計數字，全世界每天跨越國界的貨幣流通量平均爲一萬五千億到二萬億美元，比十年前的1989年增加了十倍。這種跨國界的貨幣流通量，已達到全世界每天新增GDP產值的七百倍，是全球股票市值總額的10%。

第四，國際經濟體系正面臨重組和重構局面。澳州前總理約翰‧馬爾科姆‧弗雷澤指出，現有國際金融體系極爲脆弱，國際貨幣基金組織只能在危機出現之後作出反應，顯得非常被動。二十世紀最後幾年發生在、並席捲整個亞洲的金融危機風暴，幾乎在發生以前沒有任何人或組織能夠有所預見。而且，這場危機發生以後很久，國際金融組織仍然顯得軟弱無力。這就表明，世界貿易組織、世界銀行、世界貨幣基金組織等現有各種國際經濟金融組織以及各種經濟金融制度，都面臨新的考驗，需要從根本上重組和重構。非但如此，而且，當前現存的世界經濟秩序存在著許多不合理性，急需根據新的全球化現象進行改革。全球化是一個長期的、複雜的、需要反覆較量和不斷均衡化的過程。現有的跨國公司組織並非最理想的經濟發展組織形態。跨國公司並不能爲世界範圍內的經濟一體化作出應有的貢獻。世界經濟發展的非均衡性，主要表現爲多極化、南北差距拉大、馬太效應加劇、市場經濟規律失靈、發展中國家邊陲化、微宏觀經濟相互關係失

調、經濟政治化以及政治經濟化等等。國際經濟體系的改組和重構原則，基本上是將整體觀、均衡觀、多極觀、多元觀、進化觀綜合起來，建立一種為全世界各國可以接受的新經濟發展普遍原則，推動世界經濟一體化和多角化，同時實現世界政治和文化的多元化，避免強權政治和經濟霸權主義，反對單極和單一經濟的全球宰制現象。

第五，高素質人才無國界的流動成為不可避免的現象。新加坡現有國家領導人的平均年齡是四十到五十歲，但他們已經意識到：當代資訊技術的高速發展，使他們對於數碼科技的認識遠遠比不上二十到三十歲的年輕人。未來世界範圍內的Internet互聯網絡使靈敏和反應迅速的新一代成為政治、經濟和文化發展的主力軍。前新加坡總理李光耀說：中國現有三分之二的頂尖大學畢業生跑到國外。他認為，要阻止有才華的年輕人出國是不可能的，也是不切實際的。按台灣人才流動規律，出國的青年才子，會在接下來的十年到三十年內回流國內，並帶回他們在科技、管理和銷售方面的技能，同時也把他們在歐美的科技和商業聯絡網帶回來。全球化增加了發達國家對於人才的需求，使這些國家放寬了移民的條件，提高了發展中國家的人才流動量。據統計，1971年到1997年之間，移居美國的移民約一千九百萬，幾乎比以前增加三倍。在二十一世紀初，美國正在考慮進一步放寬人才的移民條件，將外國專業人才移民最高限額從每年十一萬五千人增加到二十萬人。德國也計畫在近年內增加從歐盟外各國引進人才，近兩年準備每年吸收資訊科技人才兩萬名。英國正在修改移民法律以便讓英國在國外的公司能夠更容易地從亞洲徵聘更多的資訊科技人才。日本政府甚至決定鼓勵在日本國內留學的外國科技人才留在日本工作，以高薪資吸引他們。韓國則發放金卡讓外國工程師和電腦軟體設計師能夠居留十年，希望藉此吸引二十萬高科技人才。

第六，國與國之間依賴性加強。經濟全球化的進程使國與國之間相互連接和滲透，無論任何一個國家都無所倖免。經濟全球化將世界

各國相互分割的現象成爲一去不復返的歷史。經濟全球化實現了經濟一體化，市場的不確定性的進一步加強，使各國市場納入世界大範圍市場的經濟流通之中，各國無法閉關自受而置世界經濟交流於不顧。

第七，發展中國家改革開放相互相容。經濟全球化爲發展中國家利用國際資金、技術和人才提供了空前未有的好機會，但同時也帶來各種負面的影響。經濟全球化提高了資源和資金在全球範圍內的合理配置效率，但又加強了貧富國家的差距。經濟全球化爲發展中國家原有的經濟秩序帶來新的無可預料的衝擊，使這些國家遭受空前未有的挑戰和面臨新的考驗。這對發展中國家來說既是風險，又是發展的新契機。中國改革基金會國民經濟研究所所長樊岡指出，發展中國家要更多地從經濟全球化進程中收益，必須善於將改革和開放相互「相容」，使兩者相互均衡互動；過早或過快地開放，特別是開放金融體系方面，有可能導致市場的混亂和失調，不利於經濟的改革本身，會帶來更多的金融風險和經濟破產局面。經濟全球化要求發展中國家及時地進行經濟、政治和文化制度的全面改革，以配合整個國家經濟方面的發展步伐。

第八，本土化及地區化日益加強。這是全球化過程在各地區和各國所伴隨帶動起來的一個經濟發展進程。這種本土化和地區化的趨勢，具有兩方面的意義：一方面，它是經濟全球化的一個副產品，是附屬於全球化過程的次現象，因爲相對於全球化而言，它在開始時總是弱勢和被動的；但另一方面，它又是對於全球化過程的一個積極反應，是各地區和各發展中國家對於全球化的抗衡和抵銷，同時又是對於不合理的全球化過程的一個正面補充，有助於補償和抵銷全球化過程中所出現的不合理的非均衡現象，是全球化達到均衡化的必要程式。

流行文化在全球的發展和氾濫，是經濟全球化的一個結果，同時又是全球化的重要條件。經濟全球化促進了流行文化的氾濫，在這個

意義上說，流行文化的氾濫是經濟全球化的必然結果。但從另一方面來說，流行文化又成為經濟全球化過程的催化劑和活酵母，它成為了經濟全球化的急先鋒，為經濟全球化的推行鳴鑼開道。流行文化總是緊密伴隨商品廣告而肆虐於世。這一事實典型地表現出流行文化同當代商業全球化過程的內在關係。

第四節　商業性流行文化的多元化研究方式

　　由於流行文化具有明顯的商業性和消費性，使它同商業和消費活動的關係顯得更加複雜起來。在分析這種狀況時，不同的立場、觀點和方法，會使對於它的探討集中在某一方面，呈現出不同的研究結果和結論。為了避免過於簡單地得出結論，應該儘可能地從多方面和多角度進行觀察。嚴格地說，流行文化同商業和消費的複雜關係，應該時時從兩個角度加以考慮。也就是說，流行文化同商業和消費的複雜關係，一般地說，總是有它的兩個面向或多重層次。當人們注重於它的消極面向時，就會更多地思考它同商業的複雜關係的否定面。在這個時候，有相當多的理論家往往從批判的觀點，特別是從維護文化本身的自律性和獨立性，從揭露商業網絡對於它的控制的方面，進行各種研究。不可否認的是，這種研究角度和方法，也有它的優點和貢獻。這就是它較為深刻地揭露了當代流行文化的商業性及消費性的實質，指明它同商業相結合之後促使文化本身的性質發生蛻變，造成文化的商業化和庸俗化，也加強了社會統治勢力對於文化的控制，有利於他們在意識形態方面的操縱，使社會大眾喪失一定的思想自由和生活自由。另一方面，也有一些理論家從肯定的角度對流行文化進行分析，強調它同商業相結合之後，使文化普及化和大眾化，減少以往精

緻文化（專業文化、菁英文化）同群衆文化、大衆文化、粗俗文化之間的區分和對立，從而有利於文化在整個社會的普及和傳播，有利於人民大衆更快地接受文化成果，也有利於人民大衆參與文化創造。

而且，關於流行文化同商業的複雜關係，進行分析時，也應該儘可能地細緻和實證化，以便有利於更好地闡明它的複雜性及各種弔詭性。流行文化同商業的複雜關係並不是簡單明瞭，似乎可以一目瞭然，似乎單靠抽象的理論批判就可以揭露出來。因此，對於流行文化的商業性的分析和批判，應該既看到它的積極面，又揭露它的消極面，儘可能呈現出其中的複雜關係網絡，眞實地揭示其本來面目。

所以，關於流行文化同商業的複雜關係，始終都應看到它的兩面性。在流行文化商業化的過程中，一方面流行文化作爲一種文化被商業化，這是一種文化商業化的過程；另一方面由於商業的介入和參與，使原來的文化失去它的純文化的性質和特點，使文化得以成爲更多的社會大衆的鑑賞對象和消費對象，從而使它超越文化的狹隘範圍，成爲整個社會各個領域和各種力量相互關聯的場所，有利於文化本身從傳統的小圈子裡走脫出來，也使文化的生產和再生產過程發生變化。所以，商業對於文化的介入和干預，並不是完全只具有消極的意義。

從文化對於商業的影響而言，也要考慮到各種情況和多種效果，必須給予細緻地分析和探討。

而且，從流行文化同商業相結合的過程來看，它並不是完全可以納入隨便任何社會集團或個人的任意控制或操縱範圍。流行文化一旦同商業相結合，其過程固然可以在一定程度上被操縱，但這個過程一旦開始和進行，就會在很大程度上脫離人們的意願和意志而客觀地實現，並在一定程度上甚至會出現許多難以被人們意料的偶然事件，使它客觀地遵循著它自身的邏輯而進行。

一般地說，當代各種文化雖然多多少少也要受到強大的商業力量

的滲透和侵襲，但一般文化畢竟還保持其特有的自律性，保持其文化的中立性；也就是說，一般文化仍然試圖顯示其脫離商業經濟和政治權力的超然性質。但當代流行文化同商業力量的特殊結合，使它在許多方面失去文化的自律而不得不附屬於商業力量。有許多流行文化本身，往往就是商業集團投資的結果和產物。當然，流行文化作爲一種文化形態，仍然還在某種程度上保持其文化的特質；其文化性質及其文化產品的特點，要依據不同的流行文化類型而有所不同。這就使流行文化在被商業化的同時，又保留其文化的相對獨立性。在這個意義上說，流行文化的商業化又使它成爲一種特殊的文化形式，使它在當代社會中更具有特殊的生命力，並因而成爲當代社會中最普及的文化形式，使它直接地在許多方面同「大衆文化」相重合。流行文化也因此而顯示它的複雜性質。托克維爾就曾經指出：「民主主義不但使商人階級產生了文學的愛好，而且也使文學染上了商業的氣質」（Tocqueville, De la Democratie en Amerique）。

從商業和消費的角度探討流行文化，可以採取許多不同的途徑和取向。首先，可以從歷史的觀點，把流行文化的產生和發展同近現代社會及其文化的性質聯繫在一起來考察。如同埃里亞斯所做過的那樣，根據近現代社會發展的歷程及其不同階段，深入分析近現代社會發展和變遷同流行文化的關係。在這種情況下，流行文化直接成爲近現代社會的消費過程的一部分，既是近現代社會日常生活中的普通消費生活的一部分，又是其炫耀式消費（conspicuous consumption）的一種表現形式。炫耀式消費實際上就是一種奢侈生活方式，但不同於歷史上以往社會的各種奢侈生活方式，它是一種同現代性緊密相關的現代奢侈生活。它是通過近現代商業經濟的特殊消費活動來進行的奢侈活動。其次，從純經濟和商業的觀點來看，流行文化是近現代社會經濟運作的重要組成部分，同時也是它的經濟商業發展的基本策略。再次，從文化再生產和文化宰制的角度來看，流行文化是近現代社會文

化生活及其再生產的重要組成部分。近現代社會文化再生產和文化宰制的一個重要特點，就是靠商業和經濟的消費活動及其相關策略來進行。

當流行文化進一步同資本主義商業相結合以後，流行文化產品就在商業交換中沾染上資本主義經濟的特徵，尤其是顯示出它處處以追求利潤、顯赫權力地位為目的的「腐敗」性質。流行文化因此喪失了它作為文化產品的自律及崇高性質。為此，法國作家巴岱很早就給予嚴厲批判。他認為，資本主義的生產性質注定將引導消費者走上「舖張浪費」、「以進行破壞和摧毀勞動產品為樂」的道路。他根據資本主義社會階段商業交換的特點，指出：在資本主義社會階段的經濟生產，實際上並不是與短缺或缺乏相關，而是同過剩、毀滅和死亡有關（Bataille, G. 1988）。所以，為了有效地推動生產的增長，為了設法消耗過剩產品，資本主義社會就儘可能採取遊戲、娛樂、藝術活動、戰爭、死亡、人為地製造非自然的消費以及炫耀性禮儀等形式，達到在最大限度的消費中推動生產的目的。這種鼓吹消費的社會運動，必然遠遠超出商業經濟的範圍，採取一切有效的手段，不惜動員整個社會的力量，也就是說，不惜動員除了經濟以外的各種手段，包括政治和文化在內。為此，資本主義社會的行政和政府部門，甚至也動員其全部能力，組織包括狂歡、嘉年華、展覽會、博覽會、競賽、公眾祭拜、名目繁多的節日盛會和遊園等活動。資本主義社會在人類歷史上第一次創造了將商業買賣同娛樂、體育、藝術表演、賭博、性慾發洩以及其他種種活動相結合的成功範例。現代各種大規模商業中心、百貨公式、超級市場等消費中心，已經不是單純的商業設施，而是帶有濃厚文化氣息的綜合機構；反過來，現在的電影院、體育場、博物館等機構，也已經不是純粹的文化結構，而是摻雜著許多商業經濟性質的消費場所。

正因為消費已不再是單純的經濟問題，所以，研究現代消費的理論和方法，也呈現出多元化的形式。總的來說，現代消費理論和方

法，可以大致概括成幾個類型。第一種是延續或改造原有的經濟學理論和方法，注重於從經濟的角度研究消費。把消費當成經濟活動，當然就認為消費是人的需求同商業買賣過程的關係。但是，這種研究也考慮到了現代社會的重大變遷，因此，從新的觀點和方法研究了消費的經濟過程，諸如以新符號論或管理科學的重要成果，深入探討消費（D. F. Dixon; R. A. Fullerton; N. McKendrick; R. Williams; R. P. Bagozzi; M. Mauss; R. W. Belk; J. F. Sherry）。第二種類型是從文化觀點研究消費。這是原有文化人類學理論和方法的延續或改造。在這種情況下，消費並非單純是經濟活動，而主要是一種文化活動，具有文化創造、再生產和美學鑑賞的意義（F. Braudel; R. W. Belk; C. Campbell; M. Shell; J. O'Neil; G. McCracken; M. Featherstone; P. Bourdieu; J. Baudrillard; M. Douglas; G. Bataille）。第三種類型是從歷史角度和方法，探討消費的歷史及其演變闡明消費的發展和變化同社會文化的關係，特別是探討消費同人類歷史發展的關係（N. Elias; F. Braudel）。第四種類型是從社會學觀點和方法，將消費看著是一種重要社會現象，並從它與社會結構以及社會行動的關係，深入分析消費行動和過程的社會意義（T. Veblen, T.; Weber; M.; Bourdieu, P.; Baudrillard, J.; Simmel, G.; Miller, M.; Macfarlane, A.）。第五種是從心理分析和精神分析的觀點，注重於研究消費活動中的消費者、生產者、銷售者以及消費過程諸因素的心理基礎及其在消費過程中的變化（Featherstone, M. 1990; Levine, L. 1989; Levine, D. 1985）。第六種是以符號論的手段。在這方面，由於符號論本身也分成許多學派，所以，可以形成多種研究風格，並產生各種結果（Barthes, R.1983; Baudrillard, J. 1993）。第七種是從權力論和正當性理論的角度探討消費，強調分析消費中各成員的權力關係及其運作，把消費當成社會和政治權力鬥爭的一個重要場域，從而也把消費當成當代社會和全球化政治的主要方面（J. F. Sherry, Jr.; R. Ulin; Th. W. Adorno; M. Horkheimer; H. Marcuse; H. Lefebvre; ）。第

八種類型是從多學科整合的角度，對於消費進行分析和探討。後現代主義的思想家基本上屬於這一類型。

　　爲了對於消費文化研究方法有更具體的瞭解，我們以波德里亞的符號論研究爲例。同馬克思一樣，波德里亞在觀察社會的時候，首先看到了成堆成堆的商品。但是，不同於馬克思的是，他並不把商品看作是社會運作所遵循的價值體系的物化，而是把商品當作「虛幻的存在，當作具有魔術般誘惑力的『花神』（flore）和『色魔』（faune）」（Baudrillard, J. 1968: 7）。琳瑯滿目地陳列在五光十色的現代都市櫥窗中的東西，都是失去了商品的眞正價值的「非商品」，是供人遊戲和縱慾的各種玩具。是這些「商品」蛻變成「非商品」嗎？是「商店」不再成爲「商店」嗎？或者是，製造商品和購買商品的「人」不再把商品當成商品呢？換句話說，是作爲物的商品本身變質了，還是製造和購買商品的人變質了？或者是，環繞著製造和購買商品的人類文化體系本身變質了？顯然，這一切的問題並不在於作爲物的商品本身，而是製造和購買商品的人及其所控制的製造和購買商品的系統，發生了根本的變化。從現象上看，人還是人，整個商業系統以及受這個商業系統控制的人類日常生活行爲模式，似乎都是穩定不動的。相反地，作爲物的商品則是瞬息萬變。波德里亞在這樣一種社會現象中，看到了不變中的變化以及變化中的不變。他尤其抓住了現實存在的「不存在」，也抓住了現實不存在的眞正「存在」。

　　在這樣的消費社會中，人們既無法辨認他們自己的眞正的生活需要，也無法認知自己的生活和生命形式。他們不但不認識自己的生活需要，也辨別不出他們所消費的商品的眞正性質，不懂得他們所購買的商品的眞實內容。因此，物品所自成的自體系已經主宰了人的主體性本身，從而也剝奪了人的潛在本質，人也因此而演變成爲物品本身，甚至於成爲物品的奴隸，「正如在狼群中生長會變成狼子，我們在物品中生長也逐漸使自己成爲物品」。

第九章

身體和性的流行文化

現代社會是由身體和性所構成的社會。自從資本主義社會自十八世紀正式形成以來，身體和性的問題，就越來越以多樣形式滲透於社會的所有領域，並以不斷更新的多元形式，將整個社會和文化進一步改造成爲一個不折不扣的「身體和性的社會」。福柯在談到當代社會的性質時說：資本主義社會是充斥著「性」論述（le discours sexuel; the sexual discourse）的社會（Foucault, M. 1984）。如果說，整個現代社會主要是靠論述，特別是知識論述進行社會統治的話，那麼，在現代知識論述體系中，關於「性」的論述，特別是關於「性」的科學論述和道德論述，是最突出和最明顯的。歷史上沒有任何一個社會，像現代資本主義社會那樣，以最大的興趣到處和時時刻刻談論著「性」的問題，並以各種最「科學」的性論述統治著整個社會，污染和麻醉人們的精神和思想，引誘人們按照其特定的性論述，從事各種行爲，使整個社會都不知不覺地在「性」的論述的宰制下運轉。而在販賣和推銷各種「性」論述方面，當代流行文化可以說達到了登峰造極和無以復加的程度。在這個意義上說，當代流行文化就是一種關於身體和性的消費文化。

幾乎所有的流行文化產品都與身體和性有關。流行文化成爲了身體和性的消費文化。性和身體不但成爲流行文化的內容和主要表達手段，而且也直接成爲了流行文化的消費對象及其附屬品。

（圖片來源：法國時裝雜誌ELLE之封面）

當代流行文化幾乎沒有一項不同身體和「性」（Sex; le sexe）相關，這是大家有目共睹的事實。性和身體的主、內容和形式，幾乎成為流行文化永無止盡地引誘社會大眾進行消費的最大動力。不但流行商品環繞著身體和性而生產，身體和性本身也因而變成了商品，而且，身體及其各個組成部分，也可以直接成為組成流行文化的資料和符號。同時，科學技術的發展成果，也越來越被用來滿足身體和性的需要，在社會生活的許多領域，科學技術創造了新的誘惑力，趨使身體和性的慾望越來越瘋狂。在追求慾望滿足方面，人們不只是要求一般的「舒適」（fitness），而且還要「無止盡舒適」（Becker, H. S. / McCall, M. M. 1990）。各種流行文化的生產和更新，幾乎都是為了更好地滿足身體和性的慾望：或者是為各別地滿足某些器官或感官的慾望，或者是為了滿足整體身體發展的健美要求。身體五大感官（視覺、嗅覺、味覺、聽覺和觸覺）以及關係到健美的關鍵器官（特別是性器官）的各種不斷翻新及其永無止境的需求，成為了流行文化不斷更新和再生產的重要動力，以至於當代社會中流行著這樣的口號：「不但要高科技（high-tech），而且還要強烈感觸（high touch）」。因此，早在二十世紀八十年代，法國社會學家們就以「永遠還要得更多！」（toujours plus）的基本公式來概括社會流行風氣。

西方社會現代化的新進程，在不斷打破傳統道德觀念和批判傳統理性主義的基礎上，大大推動了身體的全面解放，特別是性的解放。過去被各種道德觀念視為「禁忌」的感官要求，諸如「非禮勿聽，非禮勿視」等信條，越來越成為身體進一步解放的障礙，因而也成為現代化進程的主要批判對象。同時，當代商業的發展也直接或間接地將身體和性納入商業戰爭中，使身體和性成為發展商業和控制消費者的重要手段。身體和性成為了當代消費文化的主要旋轉軸心。

當代流行文化的發展顯示：身體的解放同流行文化的發展是相輔相成的：身體越要求得到進一步解放，流行文化越獲得發展的動力；

而流行文化越發展，反過來，身體就越得到解放。在各種道德和傳統原則遭到深入批判的同時，流行文化獲得了有恃無恐地發展的有利條件。在這種情況下，身體和性越加成為消費文化商業和工業發展的基本槓桿，也成為作為消費文化發展中介的媒體的宣傳核心論題。同關於身體和性的流行文化膨脹的同時，關於身體和性的各種新「論述」甚囂塵上，不脛而走。關於身體和性的各種論述同流行文化產品並進並旺起來，幾乎充斥了整個社會的各個角落，形成為當代社會文化的一大奇觀。

社會學從產生的第一天起，當它把研究的焦點集中指向社會危機的關鍵問題時，就同時研究了身體及其同社會制度、文化以及各種充滿矛盾的社會現象的相互關係。社會學家很清楚地意識到：身體作為人的社會存在的基本條件，在社會生活中扮演非常重要的角色。近代社會的許多社會問題，都同身體的社會遭遇及命運緊密相關。勞動、農村、日常生活、家庭、青年、死亡等，作為社會學研究的主題，都同身體相關。因此，身體社會學（Sociology of The Body; La sociologie du corps）也成為社會學研究的一個重要領域。自二十世紀六十年代以來，社會學家更加重視身體社會學的研究。在這方面取得了偉大成就的社會學家，有波德里亞（Baudrillard, J. *La société de consommation; L'échange symbolique et la mort*）、福柯（Foucault, M. Surveiller et punir; Histoire de la sexualité）、布爾迪厄（Bourdieu, P. *La distinction*）、道格拉斯（Dauglas, M. Natural Symbols. *Exploration in Cosmology; Do dogs laugh? A Cross-Cultural Approach to Body Symbolism*）、埃里亞斯（Elias, N. *The Civilizing Process. Vol. I. The History of Manners*）、哥夫曼（Goffman, E. *The Stigma*）、伯維斯特爾（Birdwhistell, R. *Introduction to Kinesics; Kinesics and Context*）、特納（Turner, B. S. *The Body and Society: Exploration in Social Theory; Regulating Bodies: Essays in Medical Sociology*）、費舍通

（Featherstone, M. et al. ***The Body: Social Process and Cultural Theory***）、西林（Shilling, C. ***The Body and Social Theory***）、佛克（Falk, P. ***The Consuming Body***）、歐耐爾（O'Neil, J. ***Five Bodies: The Human Shap of Modern Society***）及霍爾（Hall, E. T. ***La dimension cachée***）等。

第一節　身體和文化的一般關係

　　流行文化同身體和性的緊密關係並非偶然。為了弄清這個問題，我們可以從社會、文化和身體本身的性質等各個角度，進行考察和分析。人的身體究竟是什麼？雖然人的生命實際上就是他的身體的生命，而且，在許多情況下，人的各種生命活動都顯示了身體的決定性地位，但許多人並不真正瞭解自己的身體。現代人總以為對自己的身體的瞭解是不成問題的；很少有人認真思考過「身體」究竟是什麼；他們以為，身體就是他們所看到的那些：手、臉、軀體等等。他們看到自己的身體也和其他人的身體是一樣的，沒有什麼差別。人們因而小看了自己的身體的複雜性。當他們看不到自己的身體的複雜性時，他們自己也就成為了身體的奴隸。他們任憑身體決定自己的命運；但可悲的是，在許多情況下，他們並不知道是自己的身體在決定他們的命運。所以，人同自己的身體如此地接近，卻並不真正瞭解它。

　　人的身體（肉體），作為一種生物性的物質結構，一種複雜的有機體單位，永遠是人類精神和思想的載體和基礎。人所創造的各種觀念和文化，不管怎樣複雜化，都離不開身體，更離不開身體在社會和歷史上的命運。人的身體其實並不只是一種肉體單位，並不只是物質性的自然器官，而且也是社會性和文化性的生命單位。因此，人的身體不可能同人的精神生活相脫離。人的身體創造了精神產品及整個文

化，同時，它又以享受這些文化產品作爲它的生存條件。所以，人的身體是社會生活的重要成份；人的身體不僅是人的肉體生活的重要支柱，而且也是人的精神生活和文化生活的基本條件和重要因素。換句話說，人體不只是一種具形體的物體，而且也是一種社會文化現象，是一種特殊的象徵形式和載體，又是人類思想觀念和想像的對象和基礎。所以，人的身體同時地具有自然性、社會性和文化性。人的身體具有明顯的社會文化性質，它不可能脫離社會文化生活及其創造活動。人的身體一旦脫離社會文化生活，便不再是人的身體，而是變成爲同自然界其他物體一樣的自然單位，失去了它的原有意義。人的身體的上述特徵，使人的身體具有特殊的三重維度；但這不是常人所理解的那種自然物體的長寬高三大維度，而是身體的別具一格的「本體論三維度」。正如沙特所指出的：「我是我的身體，我以我的身體而存在，這就是它的存在的第一維度。我的身體被他人所利用、並被認識，這就是它的第二維度。但是，由於我是爲他人而存在（je suis pour autrui），他人對於我來說呈現爲主體，而我成爲了他的客體。正如我們所看到的，正是在這裡，我通過這一點而發現了我同他人的基本關係。因此，他人承認我是爲我本人而存在，特別是通過我本人的親在性而被確認。我顯然是從身體的這一方面而被他人確認它是爲我本人而存在的。這就是我的身體的本體論的第三維度」（Sartre, J.-P. 1943: 401-402）。沙特從哲學的高度總結了身體的本體論三維度，對於我們深入理解當代社會消費文化中的身體意義，是有一定的啓發性的。他所說的第一維度，實際上就是身體的物體維度，是人的生存的物質基礎；這種物質性的身體，如同自然界其他物體一樣，必須占有有形的、因而是有限的、可以計算出來的時空維度。沙特所說的第二維度，就是身體的社會維度，它是在社會的人與人之間的關係中展現的。沙特所說的沙特第三維度，指的是它的哲學和美學的維度，這是以抽象的、想像的、象徵性的和超越的無形時空結構展現出來的，是

人的身體的最高存在形式。但是，沙特的論述畢竟還是屬於二十世紀四十年代的傳統說法。他還沒有能夠結合晚期資本主義社會階段的消費文化的膨脹而觀察人的身體的特殊意義。

自從人類產生以來，人的身體就成為人與整個人類同自然界發生關聯、進行雙向溝通的出發點，成為個人與他人、與整個社會進行互動、溝通、交往的出發點，成為人與人之間、人與自然界之間進行交往、溝通和互動的交接點。同時，在個人與整個人類的社會文化生活中，身體始終都構成人的生命（肉體生命和精神生命）的立足點，成為人們外在生活和內在生活交集的支柱和場所。每個人，當他同整個宇宙和世界進行交往的時候，時時刻刻都以身體作為出發點和歸宿點。沒有身體，每個人不但不能同世界發生交往，而且，既使進行了交往，也無法得到實際的效果。

身體就其具有特殊形體結構而言，實際上成為了人的生命存在的第一個有形界限，成為人的內在生命同外在世界相互交接的首要領域。就是在這個意義上說，人的生命的進一步擴大活動以及人同外在世界的進一步交往，是從身體的這個限制出發的。但是，從另一方面來說，身體的肉體結構，作為人的生命的第一存在界限，也是每個人同他人、同世界相區別的基礎。在這一方面，身體就像一個有形的屏障那樣，在把個人同他人、同世界相交往的同時，也把他同他人和世界區分開來。所以，身體既是人與世界的交集點，也是區別點。作為人同世界的交集點和區別點的身體，同時具有自我確認和自我區分的功能，具有連接和分割的功能，也具有限定和超越的功能。它的上述三重雙向運作的功能，使身體具有絕妙的神秘性質，甚至具有多重可能變化的性質和結構。在這個意義上說，人的身體是自然界中最複雜、最神秘的物質單位。法國哲學家梅洛‧彭迪曾經將身體比做一種可以自編、自唱、自演和自我欣賞的奇妙的音樂器具（Merleau-Ponty, M. 1945a; 1945b）。

以身體爲基礎和出發點，每個人進行著自己的各種物質和精神創造活動，同時，他又將自己一切活動的成果和收穫，重新納入自己的身體之中，以便不斷地充實著自己的生命，更新和重新開闢自己的生命歷程。身體在其生命的歷程中，一方面不斷地向外擴展和超越，試圖超越它所實際占有的時空結構，朝著不存在的、虛幻的、象徵性的和可能的領域擴展，另一方面又不斷地向內、向心靈和情感深處滲透，在思想境界中反覆迂迴、反思和再創造，穿越一層又一層的精神世界，通過心靈和思想的無止盡否定過程，在身體的內在世界中塑造一個又一個深邃而美好的領域，使人的身體具備越來越細膩的美感、氣質、性格、心態和秉性。這樣一來，身體還成爲人的生活中進行時間和空間占有、擴大和持續的基本單位。人通過身體經歷著時間的變化，通過身體在時間的廣闊維度中遨遊、遊盪、想像和生存，又通過時間同歷史、同整個文化世界交往，把人自己帶入無限廣闊的世界，帶到一切可能的世界；沒有身體，就沒有時間感，沒有同自己、同歷史、同世界進行交往的可能。同時，通過身體，人們不但首先占有了生命活動所應有的基本空間，而且，還通過身體不斷擴大和超越有限的空間，使自己的身體所占有的空間，永遠都在膨脹和漫延，延伸到一切可能的地方。身體所占的空間，永遠都不只是肉體物質結構的局限所能夠限定的。人的身體同其他物體不同的地方，正是在於它除了占有特定的肉體有限空間以外，還要占有一切可能的空間。身體並不滿足於肉體所給予的空間體積範圍，它通過想像、慾望、情感和意志，將自己延伸到物質性空間之外，試圖占有一切象徵性的空間。因此，身體占有和試圖占有的空間，並不只是物質結構的有限空間，而且還包括象徵性的可能空間。身體在時空兩方面的上述特性，使人的身體成爲人類同自然界進行交換、鬥爭、競爭的強有力陣地。有的人只看到身體的外在表現，只估計到身體對外擴展的一面，卻很少看到身體向內延伸和迂迴的另一面。其實，身體的向外擴展永遠都是同它

向內延伸和曲折同時進行的。身體的特殊生命力正是由於它的這種交叉式雙向運作的結果。

　　所以，身體不只是社會文化存在和發展的基本標誌，而且也成爲人的心靈、思想、精神狀態和氣質的「窗戶」或表現形態。法國著名作家喬治‧巴岱曾經將身體同城市建築作比喻，並指出：「建築是社會的靈魂的表現，正如人的身體是每個人的靈魂的表現一樣。」（Bataille, G. 1929: 171）。有什麼樣的靈魂和思想，就有什麼樣的身體表現；反之亦然。傳統思想家將身體同思想、精神或靈魂加以分割，甚至像笛卡爾那樣，認爲身體與思想是互不相干的兩個平行存在的獨立實體，是不符合實際狀況的。實體同思想之間的區分，只是相對地就其基本結構和功能而言；實際上，兩者在任何時候都是緊密相關的。在談到這一點時，梅洛‧彭迪深刻地指出：我們往往習慣於笛卡爾的那種傳統觀點，以爲身體以外的世界同我們身體之內的精神是兩個互不相關的獨立實體。但是，我們的身體的實際經驗向我們顯示的，是身體存在的模糊狀況。（Merleau-Ponty, M. 1945: 230-231）。身體的存在模式是模糊的，這就意味著身體的存在既有有形的界限，又有無形的界限；兩者交叉並存使身體既有確定和有限的一面，又有不確定和無限的另一面。

　　身體和性的極端重要性，使歷代統治階級十分重視對於身體和性的控制。他們一向將對於身體和性的控制，看作是對於整個社會進行統治的首要出發點。爲此，他們將社會不同階級和階層的身體和性，根據社會統治的需要，分成不同的類型和等級，並給予不同的社會待遇，以不同的社會「禮儀」要求，使其遵循著不同的社會規則和規範。對於統治階級來說，他們的身體就是社會統治的主體，是制定社會規範和法則的基礎，是製造和決定各種（道德、知識和法律）論述的出發點，是他們自身各種慾望得到滿足的標準。對於廣大社會大眾來說，統治者將他們的身體和性當作統治的首要對象，成爲社會道德

和法律約束的主要目標，也是進行規訓和管制的對象（Foucault, M. 1976）。到了資本主義社會，統治者比任何時代的統治者更加重視對於身體和性的控制。福柯認為，資本主義社會是關於身體和性的論述最氾濫的時代。身體和性從來沒有像資本主義社會階段那樣被嚴格操作、販賣、收買、訓練、規訓、科學管理和監視。

對於身體和性的研究雖然是最近一、兩個世紀才興起和蓬勃發展起來，但實際上早在人類社會產生的時候，特別是當人類開始進行其文化創造的時候，對於身體和性的好奇和探討，就已經全面開始。現在發現的西元前三萬五千年的石器時代藝術，基本上就是表現人的身體的藝術。當時的古人，以最樸素、最簡單和最浪漫的藝術手法，呈現出身體的多采多姿和豐富美感。

從人類文化創立以來，政治和道德方面的規範和制度，往往把身體分割成「公衆」和「私人」兩大部分（Landes, J. B. 1998）。法國後結構主義思想家福柯強調指出，一切人類社會和文化都是從人的身體出發的；人的身體的歷史，就是人類社會和文化的歷史。反過來說，社會和文化的發展都在人的身體上留下不可磨滅的烙印。在這個意義上說，人的身體遭受了各個歷史發展階段的社會和文化的摧殘和折磨。身體就是各種事件的紀錄表，也是自我進行拆解的地方（Foucault, M. 1994: II. 143）。身體是人的思想活動的基礎，也是思想活動的限制性條件。所以，如果說柏拉圖曾經將身體說成為思想的牢籠（Platon, Phédon. 1965: 137-139）的話，那麼，與此相反，福柯認為心靈是身體的監獄（Foucault, M. 1975）。其實，人的文化的各種形態及其發展程度，都離不開身體的社會命運及其社會遭遇。

研究人類文化發展史的女性人類學家道格拉斯（Mary Douglas）指出：身體就是一個自然的象徵；正如一切事物象徵著身體那樣，身體也象徵著一切事物（Douglas, M. 1978: 122）。道格拉斯根據人類學研究的成果，提出了關於兩種身體的理論，把身體當成「自身」和

「社會」。每個人的身體都運載著由身體中的「自身」同「社會」之間的緊張關係而產生的意義系統（Douglas, M. 1973: 112）。道格拉斯認為社會的身體始終限制著自身肉體的身體的活動方式，而肉體的身體的活動經驗，始終都是以肉體身體所認知的社會範疇和規範加以總結的。因此，就是在每個個體的身體的生命運動中，就已經包含了作為個人身分認同基礎的自身身體同社會身體之間的複雜矛盾。超出個人的範圍，在個人與個人之間，或者在個人和群體之間，身體之間的關係更是錯綜複雜，其中滲透著由每個人的雙重身體矛盾所引起的複雜社會文化關係。不管是個人的或群體的身體關係，都同環繞著身體的社會結構密切相關。其實，在人類學和社會學研究中，已經有大量的研究成果表明人的身體的社會文化意義。問題在於：對於女性身體的各種論述，正是集中地表現了長期以來占統治地位的男性父權中心主義文化的特質，表現出傳統文化始終以女性身體作為最大的犧牲品，以建構男性中心的所謂不偏不倚的標準化文化體系。

　　人類文化的產生和發展，本來就是應肉體和精神雙重生命活動不斷超越的需求的。肉體和精神雙重生命的活動原本是合為一體和互相補充的。肉體和精神雙重生命的同一性和統一性，就是人類生活不同於動物的地方，也是人類文化產生並不斷發展的真正根源。

　　身體不僅同精神一起交錯地和相互補充地構成為人類文化的產生基礎，而且，它也因其本身具有一定的形狀和形式而具有象徵意義和一定的價值。因此，在流行文化的生產和再生產中，人的身體及其各個部分，也直接成為流行文化製造過程中的符號形式或資料本身。同時，身體不只是具有形狀或形式，而且它還是有生命和具有活動力的特殊形體。因此，身體的形式從根本上不同於一般物體的形式；身體形式是不斷變化並具有創造力，而一般物體的形式則是固定不變的，沒有生命活動力的，因而也是沒有創造力的。正因為這樣，身體的不斷活動著的形式，不但具有不同的象徵意義，而且還因不同的活動時

空和不同的條件而不斷更新其意義，具有不斷生成新意義的特殊功能。身體的千變萬化的生命活動形式，隱含著與一般物體形式不可相比擬的極為豐富的內容，更隱含著無限變化的可能性。在這個意義上說，人的身體是極其特殊的意義符號和象徵。人的身體的任何一個部位以及整個人體，都同時可以是現實的、過去的和未來的意義象徵，也可以是現實顯現的、隱含的和可能的意義象徵。

　　人的身體的活動及其社會遭遇，同樣也是社會活動的一個重要內容。人的身體活動，特別是性的活動，乃是社會存在及運作的基本條件之一。沒有性的活動和性的交換，社會就不能存在和維持下來。在這方面，不只是身體和性的所謂「正常活動」，而且它們的「異常活動」本身也是具有不可忽視的社會意義。

　　早在十九世紀，西方學術界就已經產生了「性學」（Sexology），並出現了像理查德‧馮‧克拉夫‧埃冰（Richard von Kraft-Ebing, 1840-1902）和哈維洛克‧埃里斯（Henry Havelock Ellis, 1859-1939）那樣的性學家。理查德‧馮‧克拉夫‧埃冰在其著作《性心理變態》（*Psychopathia Sexualis,* 1886）中，已經強調「性」的本能性質，而且它具有推動力量和「非得到完全滿足不可」的特徵。但是，現在的狀況已經發生根本變化。性不只是具有上述特徵，而且它擴張成為個人身體個性化的表徵，成為每個人的個人身分和個性的特徵的基本標誌。

第二節　陽具中心主義和女性主義的身體論述

　　流行文化同身體和性的上述緊密關係，實際上也是傳統的陽具中心主義長期操縱的結果。男人及其欲望，特別是他們的性慾，是西方

傳統文化生產和再生產過程中最重要的運作中心。

西方傳統文化關於女性的論述的男性中心論性質，集中地體現在它關於女性身體的論述上。西方傳統的邏輯中心主義性質，決定了西方傳統文化關於女性身體的論述，主要地是從神學、倫理學、經濟學（勞動和勞動力的生產和再生產）、生理學、社會學（家庭和母親的角色）、人類學（禁忌）和美學的角度提出和進行論證的。這就是說，關於女性身體的傳統論述，是邏輯中心主義和語音中心主義的二元對立模式在論述中的具體化，它主要是從理性主義的道德論和知識論出發的。德里達把這類女性身體傳統論述稱爲「陽具邏輯中心主義」（phal-logocentrism）（Derrida, J. 1987: 194）。實際上，這就是西方傳統的語音中心主義和邏輯中心主義在女性身體論述中的具體運用原則，根據這種原則，女性身體永遠都是男性身體，特別是男性生殖器（phallus，即陽具）的客體和性慾發洩對象。

陽具邏輯中心主義的身體論述雖然在對待男女兩性身體二元對立關係時採取男性身體中心主義的立場和態度，但是，相對於整個西方傳統文化體系，上述傳統身體論述只構成語音中心主義和邏輯中心主義的一個組成部分。這一組成部分，只是專門對付和處理兩性關係，特別是男女兩性身體的關係。因此，在一個強調理性和語言永遠宰制和支配身體論述的西方文化體系中，陽具邏輯中心主義的身體論述只能受制於純粹的理性邏輯論述體系；兩者的地位，前者從屬於、並劣於後者。所以，整個說來包括男人的身體在內的兩性身體，其活動規則和規範及其有關論述，都要受理性和語音中心主義的支配。這就是說，包括男性身體在內的兩性身體及其活動規則，都永遠是理性和語言的奴隸。在西方文化中，嚴格說來，實際上從來不存在眞正的身體，也不承認眞正的肉體的赤裸裸的呈現；所存在的不過是按理性邏輯規則和語音中心主義所規定的各種身體的「替身」。這樣一來，在西方所有傳統身體論述中，眞正「在場出席的」，不是眞正的身體，而是

被理性化和語言化的假身體。正因為這樣，在西方社會文化發展中，真正的身體及其本能慾望都未能直接呈現在文化體系中。後現代主義對於陽具邏輯中心主義的傳統身體論述的批判，實際上不只是企圖顛覆這類身體論述體系中的「男體中心／女體邊陲」的二元對立結構，而且是要真正地達到「身體的叛逆」（the revolt of body），也就是達到使身體本身（包括男性和女性的身體在內），直接地和赤裸裸地自由呈現在現實生活中，排除一切理性和語言的干預和支配，當然也排除一切由理性和語言所制訂的社會道德文化規範。後現代女性主義成為了從第二次世界大戰以來發生於西方社會中的「身體的叛逆」運動的主流。在他們的導引和推動下，這場曠日持久的身體的叛逆運動，極大地衝擊西方社會和文化的傳統體系。在這場身體的叛逆運動中，還包含了各式各樣和多元化的同性戀、異性戀的反道德、反文化的批判運動，造成了當代西方社會以身體叛逆為中心的社會文化危機。

有關女性身體的神學論述，可以說是傳統女性身體論述的基礎，也是歷史最久遠、影響最深刻的一種論述形式。猶太教和基督教對於整個西方傳統文化的影響具有決定的意義。在舊約和新約中，神創造世界和創造人的過程，一開始便把女人當成男人的附屬品和社會的「惡」的根源（《舊約・創世紀》）。在基督教教義中，女人的「惡」的根源又恰恰是女人的身體，特別是女人身體中的性器官部分。到了中世紀，在神學哲學化的過程中，被聖化的基督教官方思想家聖奧古斯丁和托瑪斯・阿奎納等人，進一步論證人的慾望，特別是肉體慾望是人和社會罪惡的根源，強調以理性控制和統治慾望的必要性，並以此作為基督徒實現道德完善化和升天的基本原則。與此同時，被聖化和世俗化的社會統治機構又雙管齊下地要求全體社會成員實行「禁慾主義」的生活原則，而在這過程中，女性軀體再次成為規訓和教育的中心對象。顯然，有關女性身體的神學論述，並不侷限於宗教神學的範圍。它隨著猶太教和基督教在西方社會文化生活中的影響的不斷擴大

而滲透到社會文化生活的各個方面，同其他的傳統女性肉體論述結合在一起，成為約束女性思想和行動的規範基礎，也成為包括男性在內的全體西方人處理兩性關係以及其他社會文化活動的重要規範。

西方倫理學所探討的重要問題中，包括對於女性身體的形狀、姿態及其活動規則，也包括女性和男性對待女性身體的態度，特別是包括兩性肉體接觸關係的許多道德性規定。同時，由於家庭一向成為西方傳統社會的基本生活單位，又是個人性格成長、個性化和整合化的基礎單位，因此，有關女性身體的倫理學論述也成為傳統社會進行家庭教育的重要內容。

有關女性身體的倫理學論述也和神學論述一樣，成為傳統性論述體系中歷史最久遠和影響最深刻的重要部分。在這部分中，最主要的內容是從道德倫理學的觀點對女性身體進行種種「禁忌」約束，並在此基礎上提出女性身體活動的倫理規範和標準。在有關女性身體的禁忌規則中，最主要的包括「處女貞操觀」以及有關女性身體性行為規則等。

根據西方傳統的女性身體論述，女性身體中的任何一個器官雖然生長在女性身體上，但其所有權和動作規範的制訂權卻屬於男性，因而只有使女性身體及其各個部分滿足男性的需要和符合男性的利益，才達到有關身體動作的道德標準。男性對於政治權力和文化生產權的壟斷，又使上述有關女性身體的道德論述無孔不入地滲透到社會各個領域和個人生活的各個階段。國家政權利用法制將不忠於貞操標準的女性加以判決，而由男性控制的文學藝術作品又把「處女情結」等各種約束女性身體的道德論述加以美化而傳播開來。

到了資本主義現代社會，有關女性軀體的道德論述雖然同生物學的科學論述相配合，而且在某種程度上又同有關自由平等的政治法制論述相結合，但是，總的說來，資本主義比歷史上任何一個時代都更嚴謹地從社會和文化規範方面管束和規訓女性身體。現代資本主義社

會和文化的法制化、制度化、組織化、專業化、生產化、商業化、資訊化、消費化、娛樂化和全球化，使有關女性身體的道德論述採取了全新的形式和手段而更有效地發揮對女性的約束作用，從而也使這方面的論述同其他方面的女性身體論述更緊密地結合在一起，以致對女性身體實現了全天候的全控程度。蘇山波多在題名爲《不可承受的體重：女性主義、西方文化和身體》的著作中，深刻而又充滿諷刺意味的指出當代資本主義社會文化的發展，造成了對於女性身體的全面控制和約束，以致使女性不僅在社會活動、職業工作和家庭生活中，也在休閒和個人生活的各個方面隨時承受有形和無形的壓力，迫使自身按照流行於社會中的各種消費娛樂標準約束自己的身體。她說：「我對於飲食紊亂的分析——也就是本書對於規範化生活規則的批判的核心，是通過我自身，作爲一位女性，親身在全部生活中同體重和身體形象的鬥爭實踐經驗而寫出來的。然而，我並不打算把我個人的故事滲入到我的著作中，我力圖作爲一位哲學家，因而也努力採取對我來說不容易的寫作方式。非但如此，我力圖保持那些成就的女性主義論述的批判鋒芒，同時又補進儘可能靈活和多方面的後現代女性主義論述，以便能夠正確地評價當代社會女人和男人的複雜經驗，同時又能對於這些經驗提供系統的觀察和批判的觀點。我不是打算通過這種或那種可以找到的模式，去說明各種各樣的飲食紊亂；而是像福柯那樣建構一種『理智的多面體』。我要揭露圍繞這個問題的各個方面和交錯點：有關女性飢餓和飲食的文化觀念，消費文化的功能，長期起作用的哲學和宗教對於身體的態度，前資本主義各社會階段有關女性多種失序的類似性，同當代各種身體限制的聯繫，以及在我們的文化中有關『標準的』女性身體生活經驗的連續性等等」（Bordo, S. 1993: 24-51）。蘇山‧波多還把她的上述分析批判稱爲「政治的」。她認爲，她對於女性身體傳統論述的後現代女性主義批判，同其他後現代女性主義者布倫貝爾克（Joan Brumberg）、歐爾巴賀（Susie Orbach）和車爾

寧（Kim Chernin）等人的觀點是相類似的（Brumberg, J. 1988; Orbach, S. 1986; Chernin, K. 1981; 1985）。

在當代的社會文化生活中，純粹的有關女性身體的道德論述，已經不像古代和中世紀社會那樣採取赤裸裸的道德說教形式，而是同當代流行於消費和娛樂社會中的商業、大眾媒介、教育、文化藝術、娛樂和美學的論述緊密相結合，呈現出一種特殊的道德論述形式，甚至採取「非道德」論述的形式。但是，女性身體道德論述的上述複雜化和多元化，不但沒有阻止其道德論述的功能，反而使它更加成為現代女性不可承受的社會文化壓力，時刻伴隨著無所不在的媒體溝通網絡、而對女性身體的每一個動作施加壓力和進行規訓化。就連女性身體各部位的重量、形狀及動作姿態，都被無形中納入女性身體道德規範的範圍，迫使女性在衣食住行各方面都要進行約束，使身體達到標準化和規範化。蘇山波多等人在其著作中所提到的有關女性身體飲食節制、瘦身塑身以及減肥「文化」的氾濫，使女性處處時時處於緊張的生活狀態，以致造成女性某種新的「神經質狂熱」。

由此可見，到了資本主義現代社會，特別到了晚期資本主義社會階段，有關女性身體的倫理論述已經被現代化和後現代化，同當代社會有關女性身體的生物學、社會學、商品學和美學的論述相結合，構成為控制和玩弄女性身體的「論述複合體」（discourses complex），也成為當代社會運轉和再生產的權力網絡組成部分。

資本主義社會對於商品生產的重視，對於社會進步和科學技術發展的重視以及對於文化教育事業的多元化自由創作的政策，使有關女性身體的各種論述顯現出資本主義現代性的特徵。首先，女性身體也納入商品生產和流通的軌道，因而，女性身體像商品一樣具有其特殊的交換價值，同時，有關女性身體論述也像商品一樣無孔不入地滲透到商品流通的各個渠道。由於資本主義社會商品生產和流通的普遍性和一般化，女性身體及其論述也因此隨著商品流通而一般化和普遍

化。其次，為了推動資本主義社會的進步和發展女性身體成為了先進的生物學、生理學、心理學和醫學的特殊研究對象，在界定女性身體的生物學「健康」標準的同時，賦予女性身體以社會人口生產和生殖的基本功能，以保障整個資本主義社會有足夠充分的勞動力後備軍和起碼的消費人口。生物學、生理學、心理學和醫學對於女性身體的研究不只是將女性身體當作科學活動和技術進步的單純對象，而且也保障女性身體普遍地納入資本主義社會發展所需要的健康標準。因此，上述各種自然科學及其技術的進步和發展，成為了女性身體及其健康的標準化的主要途徑，也成為資本主義社會對於女性身體進行控制和規訓化的主要手段。因此，在資本主義階段，對於女性身體的控制是越來越採取科學化和技術化的手段。第三，資本主義的教育政策要求培養和訓育符合資本主義文化道德要求的新一代婦女，要求有適當數量的女工具備特定的文化知識和技巧，要求具有資本主義法制知識的家庭婦女和職業婦女，也要求符合商品生產和文化生活需要的美化女性。所有這一切，使資本主義階段的女性論述同時具有道德的、社會學的、經濟學的、政治學的和美學的性質。而這一切，又同資本主義社會內教育制度和文化創造的自由化和普遍化政策相聯繫。第四，資本主義社會文化制度對女性身體的「美化」達到登峰造極的程度，不僅使女性身體成為人體美的普遍標準，而且也將女性標準化的身體美的意義，進一步推廣到整個社會政治、經濟和文化生活的各個領域，使追求女性身體美的鑑賞活動超出文化藝術創作的範圍，成為全社會各個領域談論和評比的主題，也成為日常生活的基本話題。資本主義社會對於女性身體的如此特殊美化，顯然是同資本主義經濟的商品生產性質、政治意識形態和文化藝術創作的自由化政策密切相關。近半個世紀以來，這一切又同晚期資本主義高科技發展和媒體資訊化以及全球化網絡的形成密切相關。最後，資本主義文化的高度發展，又使有關女性身體的各種論述越來越複雜地通過文化因素的中介而擴散開

來。正如蘇山波多所指出的：「看來，我們所經驗和概括的身體，始終都是通過文化性質的建構、連結和各種圖像的中介而表現出來」（Bordo, S. 1993: 51）。

面對傳統女性身體論述、特別是現代資本主義有關女性身體的商品化、資訊化和美學化論述，面對上述資本主義女性身體論述在權力和資訊網絡的推動下在整個社會生活中的擴散，後現代主義除了從哲學形上學和理論上以及語言論述方面進行「解構」以外，特別主張以高度自由和高度自律的態度進行肉體活動和身體生活的遊戲進行對抗，同時，以也同樣的態度將傳統兩性區別及其一切論述徹底顛覆，實現後現代主義所追求的不確定的自由生活境界（Cain, P. A. 1999）。

首先，後現代女性主義不再將身體問題僅僅歸結爲「女性身體」的問題，而是使之成爲不分性別而普遍存在於兩性中的不確定的問題。正如後現代女性主義者黛安娜·依拉姆（Diana Elam）所指出的：「我們並不知道女人是什麼。成爲一個女人，成爲女人群的一個部分，究竟意味著什麼，就好像有關女人的知識是如何構成一樣，都是不確定的。根本就不存在認識論的或本體論的基礎，可以一勞永逸地作爲依據去解決這些爭論。女性主義並不需要任何一種政治界線」（Elam, D. 1994: 27）。

後現代女性主義對於傳統女性身體論述的解構，目的不是在於將女性重新作爲一個「種類」而被界定，同樣也不是使兩性關係重新樹立協調的標準和規則，而是使整個有關「性」的論述進入自由遊戲的狀態，走出一切規則和界線的約束，使有關「性」的論述及其實踐構成爲自由遊戲的新境界。爲此，黛安娜·依拉姆指出：「後現代主義所追求的女性新狀態是『墮入無底深淵』（mise en abyme）。這是一種無限延異化的結構。作爲源出於紋章學的語詞，『墮入無底深淵』是將局部對於整體的關係顛倒過來的一種觀念：整體的圖像本身已經表現在部分的圖像中。……因此，『墮入無底深淵』在觀念中開闢了一

個無限倒退的漩渦。觀念表像在這裡永遠不可能達到終點⋯⋯這看起來似乎是很奇特的，因為我們習慣於思考著準確性，而且對於局部細節的掌握有助於完滿地瞭解一個圖像，而人們並不習慣於強制自己去確認掌握上述漩渦的不可能性」（Ibid.: 28）。後現代女性主義對於女性身體及其論述所採用的上述「墮入無底深淵」的策略，也正如黛安娜·依拉姆所說，「是爲了使有關女性主義的問題不要在一個界線上終止，同時又使我們眞正瞭解到女人的無限可能性。也就是說，女人是可以被表現的，但是，試圖完滿地表現她們的努力，都只能使我們更瞭解到這種努力招致失敗的可能。我把這種無限的倒退特別地稱爲『墮入無底深淵』」（Ibid.; Benjamin, A. 1991）。

爲了使女人走出傳統女人的界線，爲了使女人身體和男人身體一樣無區分地實現一種自由遊戲活動，後現代女性主義者將「性」和「身體」統統拉回到原始渾沌的不確定狀態。通過「墮入無底深淵」的遊戲活動，男人和女人，不論在身體或各個方面，都不存在主體和客體的明確區分和界定，正如黛安娜·依拉姆所說：「在『墮入無底深淵』中，主體和客體無限地交換位置；同時也不存在表像的發送者和接收者的明確區分。因此，在『墮入無底深淵』中封閉了主體和客體關係的穩定模式的可能性」（Elam, D. 1994: 28）。

只有完成對於性論述和女性身體論述的上述本體論的顚覆，才使女性身體不再成爲「客體」和「他者」，同樣也使男性失去成爲「主體」和「自我」的權利和可能性。從此，女性身體不再成爲男性性慾或其他肉體慾望的獵取對象，也不再成爲父權中心主義社會文化制度的統治和規訓對象，不再成爲社會活動和日常生活中可以任意被擺佈和被使用的對象和工具，也不再成爲美的欣賞的對象和客體。更重要的還在於：破壞和顚覆兩性界線及其對立，並使之模糊化和不確定化，使女性和男性一樣都成爲性的遊戲活動的自律主體。

在後現代主義者看來，兩性關係、特別是兩性的肉體關係，當他

們進入一種完全自律的自由遊戲狀態時，兩性的自然區分及其不斷自我區分化，將隨著兩性的人爲社會文化區分的削弱和消失而自然地再現出來，以致可以達到兩性自然區分的非確定化和渾沌的自由狀態。使兩性的自然區分，通過兩性身體關係的遊戲活動而達到非確定化和非固定化，實際上就是兩性自然區分的自律遊戲的最高境界，也是兩性身體得到徹底解放而自由活動的最高境界。

關於兩性肉體關係的自由遊戲狀態，有兩點值得反覆強調和呈現出來。首先，兩性肉體關係的自由遊戲狀態是沒有目的和沒有終點的。這就決定了兩性肉體遊戲活動不含有性遊戲活動以外的其他目的，也不以滿足遊戲一方的單方面要求或需求作爲界限，而是以遊戲本身是否完成其遊戲運動的機制，並以是否達成遊戲中各因素的相互平衡和協調爲基本條件和前提。這樣一來，肉體間的性遊戲中的任何一方，始終都不可能成爲確定的主體或客體，也不可能保持固定不變的位置和姿態，更不存在足以指導始終的一貫性原則；而是肉體的性遊戲本身成爲遊戲的主體，或者，成爲某種具有自律性的性遊戲主體。

肉體間的後現代性遊戲，將藐視和否定一切傳統的身體論述及其有關規則，變成爲後現代主義對傳統文化進行解構的一個重要部分。在後現代主義者看來，主張並實行肉體的性遊戲，應該成爲後現代社會文化生活和日常生活的一個重要內容，它是直接同傳統的和現代的人文主義原則相對立的，是後現代的生活模式的重要表現。晚期資本主義社會和文化的科技化和資訊化，實際上也成爲了批判傳統性論述和肉體論述的社會基礎，同時也成爲形成和實施上述後現代肉體間性遊戲觀念和生活實踐的重要條件。

流行文化的發展，一方面是上述各種後現代的「性」論述的實際表現，另一方面又是它們以實際行動對於傳統陽具中心主義的批判。流行文化的發展，在最近幾十年來，一直同後現代主義等各種社會思

潮的發展相互推動和相互仰賴。在某種意義上說，流行文化本身就是以這些新型的社會思潮作爲意識形態基礎的。

第三節　作爲文化資本的身體

　　流行文化的整個運作過程，體現了現代人對於身體和性的盲目崇拜。身體和性，作爲流行文化的生產和再生產的運作桿槓，表現了在現代社會中流行的身體拜物教意識形態的抬頭及氾濫。身體拜物教使現代人盲目地被身體奴役（包括他人的身體和自己的身體在內），被身體和性牽引和宰制，並在身體和性的遊戲中渾渾噩噩，試圖在身體和性的遊戲中實現個人和群體的超越和解放。

　　在消費社會中，肉體（le corps; the Body）和性（le sexe; the Sex）扮演了新的角色。研究流行文化的波德里亞認爲，在消費社會中唯一成爲最美、最珍貴和最光輝的物品，唯一具有最深不可測的意含的物品，就是人的肉體。在他看來，消費社會中，人們對於自己肉體的再發現，是在身體和性方面徹底解放的信號。通過人的身體和性的信號的無所不在，特別是女性身體的無所不在，通過它們在廣告、流行和大衆文化中的普遍存在和表演，通過一系列採取消費形式的個人衛生、塑身減肥、美容治療的崇拜活動，通過一系列對於男性健壯和女性美的廣告宣傳活動，以及通過一系列圍繞著這些活動所進行的各種現身秀和肉體表演，身體變成了儀式的客體（Ibid.: 200）。這樣一來，身體代替了靈魂而起著道德和意識形態的功能。消費成爲了當代社會的道德；它摧毀人類的基礎，破壞西方傳統文化所追求的平衡和諧，破壞自希臘以來在神話與邏輯話語世界之間的平衡。

　　在消費社會中人的肉體的遭遇，集中地說明瞭消費社會的顛倒式

邏輯。身體是什麼？身體不是很明顯地就是它所呈現的那個樣子嗎？但實際上，似乎並不是這樣。消費社會給予身體一種「文化」的「禮遇」，使身體成為了「文化」的一個組成部分。問題在於，當代社會的「文化」，已經是商品化的符號系列的運作的代名詞和裝飾品。這是一種滿足商業發展需要的文化，它不再是與人的自然需求和社會需求相關。在目前的情況下，在物體的符號系列中所表演的肉體，一方面把肉體當作是資本，另一方面又把肉體當作崇拜物或消費的對象。肉體被納入到物體的符號系列中去，不是因為肉體確實成為各種物體的符號系列中最珍貴的一種，而是由於肉體可以成為符號系列中最有潛力的資本和崇拜物。

在消費社會中運作的肉體，隨著肉體在展示過程中的聖化和祭獻過程，它不再是傳統神學所詛咒的那種生物學意義的「肉」所組成的；也不是在工業運作邏輯中作為勞動力的身體，而是成為自戀崇拜對象的最理想觀看客體，成為了社會策略和禮儀的一種因素，從而也成為了消費社會運作的兩項最重要的構成因素，即美（la beauté）和色欲（l'érotisme）。波德里亞指出：「肉體本身的美和色慾兩方面是不可分割和相互構成的，它們都密切地同當代社會中對待身體的新倫理相關聯。但是，同時對於男人和女人有效的消費社會中的身體，區分為一個女性的極端和另一個男性的極端。這也就是所謂『女性美』和『男性美』……。但是，在這個新的倫理學的體系中，女性的模特兒始終具優先地位」（Ibid.: 205）。這樣一來，身體，變成了運作中的美（la beauté fonctionnelle）和運作中的色慾（l'érotisme fonctionnel）（Ibid.: 205-209）。肉體也就成為了運作中的價值符號，成為人們盲目追逐的對象，尤其成為在運作中被操作的對象和物品。

身體的運作功能還在於：它直接成為了生產的策略，也成為了意識形態的策略。波德里亞說：「對於肉體的崇拜，並不與對靈魂的崇拜相矛盾。對肉體的崇拜只是取代了對靈魂的崇拜，並繼承了後者的

意識形態功能」（Ibid.: 213）。消費社會中的肉體運作邏輯，表明肉體成爲了一切對象化的最優先的支柱；就好像傳統社會中靈魂是優先的支柱一樣。因此，關於身體的運作的原則，也就成爲了消費的倫理最主要的奧秘。

身體和性在流行文化中的角色及其奇妙的功能，是有其複雜的內在和外在基礎。如同前面所說，身體和性本身，從人類社會和文化產生的第一天起，就具有奧妙的性質，不同於其他一切事物。身體和性本身的內在性質及其同外在世界的複雜關係，使身體和性，有可能在消費社會中成爲一切神秘化社會文化活動的重要工具和手段。

身體和性在流行文化中的運作，是通過廣告和媒體系統的中介和介入而進行的。爲此，本書將在論述媒體和廣告的專門章節中更集中地加以分析。

第四節　身體和性的美學和流行文化

如前所述，人的身體，不論是整體還是各部分，都具有性和美的意義。這就是所謂人體的性感和美感，它是人類社會文化發展的一個重要部分，也是人類社會文化生活的一個重要內容。人類在其發展的過程中，始終伴隨著性和美的意義的演變。在任何時候，身體性感和美感的內容及其表現形式，都伴隨著社會文化的變遷而發生變化。不同的歷史發展階段，人類有不同的身體性感和美感，也就有不同的文化內容和形式。性感和美感本來是同一和統一的。美感始終同性感連結在一起。

嚴格地說，「色情」並不屬於文化藝術的範疇，而是一種道德倫理概念。在最原始的自然狀態中，根本不存在「色情」的概念。只是

到了文明發展階段，爲了用道德倫理原則限制人的自然情慾和性活動，才提出了「色情」概念。因此，在有道德的社會中，「色情」隱含著兩個基本因素：第一個因素顯然是道德方面，指的是足以破壞道德倫理原則的各種「性」現象；第二個因素，是足以誘發性慾和情慾的各種「性」現象。實際上，將「性」的任何一種現象同道德倫理原則聯繫在一起，即使是在文明社會中，在很大程度上也仍然決定於特定的環境的脈絡，特別是決定於人的精神狀態。這也就是說，即使是在文明社會中，性的現象並不一定會導致道德倫理問題。更何況在藝術創作中，性的現象同道德倫理原則問題的關聯，並不內在於藝術活動領域中，而是存在於、並決定於環繞藝術活動的非藝術環境因素。因此，「性」的問題並不必然包含色情的因素。從社會生活的觀點來看，「性」的現象，只要嚴格局限在私人生活範圍內，只要限定在相關各方自由平等意願的範圍內，只要不妨礙和侵犯他人的生活，就不存在「色情」與否的問題。當涉及到「色情」問題時，除了涉及到事件發生的環境和脈絡以外，還關係到相關各方的情感和內在精神狀態。因此，「色情」問題的發生也帶有相當程度的主觀意義。總的來說，「色情」的概念本身就是含糊的。把「色情」簡單地歸結爲有可能導致「傷風敗俗」的現象，是不合理的，也很容易引起各種混亂。「性」和兩性問題在不妨礙社會生活正常秩序的限度內，無所謂「有傷風化」；反過來，有些傷風敗俗的東西，從道德倫理原則來看，也不止於「色情」一種。

作爲藝術創作因素的「性」，在藝術創作活動中的各種表現及其意義，應該完全純然服從於藝術的自由創作原則，不應以藝術以外的其他範疇和原則來約束。所以，嚴格地說，在藝術創作中，即使是出現「性」的因素，應該同具有濃厚道德倫理色彩的「色情」概念劃清界限。

後現代反藝術的自由創作，原本是爲了將道德從藝術領域中徹底

驅逐出去。不僅如此，後現代反藝術還要通過自身的自由創作，主動地向傳統道德原則挑戰。因此，後現代反藝術在其創作中往往集中選擇傳統道德設計禁忌最多的「性」領域，作為其自由創作和不斷創新的主要場所和中心主題。

後現代反藝術在「性」問題上的自由創作，把反藝術的荒謬推向了極端，達到以藝術反文化、反美學和反道德的目的，從而也凸顯了後現代反藝術自由創作的特色。

由日本舞蹈家永子（Eiko）和高麗（Koma）演出的《記憶》，是藝術家以本身肉體的赤裸裸表演所進行的藝術創作。當帷幕掀起，燈光集中在舞台中下區。赤裸的女體，臉朝下，雙腿長短交疊俯身橫在鐵絲網前。在延續三分中的時間寂靜中，最低限度的無調音樂迴旋於虛空中，女裸體以無比嬌嫩和脆弱的呈現狀態，表達出一種無法通過語言、本來也不應該通過語言所呈現的自然美。作為舞台背景，一個沒有頭的男人背脊緩緩移動，有如千山萬水移動到鐵絲網邊，然後又緩緩以靜坐姿態聞風不動地消失在黑暗中。就在這時候，女軀體緩緩從沈睡中甦醒，並顯露臀部隆然完整背影。她又緩緩以右肘撐地，仰頭甩髮於肩後，升起左手左腳，呈延伸狀態，彷彿在召喚。接著，她又重新趴在地上，而鐵絲網可怕的黑影，在她身上留下恐怖的條紋。但是，男子的裸背重新浮現在鐵絲網上。男人似乎痛苦地轉過頭來，顯示一張扭轉的面孔。他赤手空拳地抓住鐵絲網，精神痛苦地凝視橫在面前的女性裸體。女裸體靜止不動。呈現過的痛苦像虛無一樣占領了整個舞台現場。男人頹廢地鬆手，並在緩緩離去中，留下一個沒有頭而被鐵絲網切割的背脊。一男一女坐著和臥著的裸體相互凝視，在虛無中呈現出天長地久的情愛狀態。但是，音樂在不知不覺中消失於時空。女軀體翻身移位，肉蟲似的移動到舞台前。她抬起上身，面向那漆黑的劇場。坐在幽暗的劇場上的觀眾看到了披頭散髮的女軀體漸漸離去，彷彿聽到悽慘的無言吶喊，陷入無底的寂寞深淵。整個舞

蹈，始終都是一男一女裸體的表演。兩性的肉體，在舞台上，靠肢體或整體的伸縮曲直及移動，來表現人體本身的各種可能狀態。因此，整個表演成為了純粹身體符號的展現過程；但是，作為符號的身體又不表現符號和身體以外的其他東西，而是通過作為符號的身體的移動和變化，來表達符號的延長、伸縮和移動的時空結構，表達肉體自身在不同時間中創造空間的經驗。後現代主義者對於身體運動在藝術創作中所創造的空間，給予極大的重視；因為只有這種純粹的空間，才是完全擺脫語言及其意義體系的限制，才顯示藝術本身的生命和延異的可能性。這樣的藝術，也就是通過肉體的赤裸裸表演而擺脫道德倫理的干預，進入一種後現代反藝術創作所追求的自由境界。德里達指出：「所謂『空間化』（espacement），指的是那種由任何一種話語所不能概括或理解的空間創造；通過這種空間創造，首先假定其自身的存在，同時也可以達到非語音線性的時間結構，達到一種新的空間概念和一種特別的時間概念」（Derrida, J. 1967: 348-349）。在平常人看來容易導致傷風敗俗的兩性肉體裸體表演，在《記憶》中卻表達了藝術創造擺脫道德倫理約束的願望。

性的現象始終構成藝術創作的內在構成因素。「性」和藝術之間的密切關係，不是藝術家願意不願意承認或表現的問題，而是因為「性」同人類生活和人的生命活動有密切關係，因而也同作為生命本質的藝術活動存在密切關係。一般認為，所謂「色情」，指的是將正常情況下藏而不露的人體部分和性愛活動不加掩飾地暴露出來，以致有可能引起反道德的情慾和性慾。但是，究竟人體的哪些部分不該通過藝術表露出來？表露到什麼樣的程度？人的臉、頸項、胸部、腰部、陰部、腿部還是整個身體？人的性愛活動的哪些內容可以在藝術中表現出來？接吻、擁抱、撫摸或做愛行動？在藝術創作中，提出和討論這些問題本身，就已經是一種限制，當然就直接關係到藝術創作的自由問題。後現代主義者為了排除傳統文化和道德原則對於創作的干預，

試圖通過純粹的肉體表演，當然包括最能表現性徵的肉體部分的表演，呈現一種不受文化、不受語言文字和不受道德限制的時空創造。因此，在後現代主義的藝術創作中，根本不存在「色情」的禁忌。

雖然性的因素在藝術創作中早已出現，而且也構成藝術創作的重要組成部分，但是，只有到了現代性發生危機、後現代性開始萌芽的階段，也就是到了十九世紀中葉，才由尼采提出了以「性衝動的醉」作為藝術創作基本動力的創作原則。尼采最崇尚酒神精神。酒神的象徵來源於古希臘的酒神祭，也就是對於狄奧尼索斯的祭禮。在這種崇拜儀式中，所有參加的男女都打破一切禁忌，返回到生命的原始自然狀態，狂飲爛醉，放縱性慾和情慾，並通過儀式行為，在痛苦和狂喜相互交織的癲狂狀態中，達到與世界本體融合為一的最高歡樂。

其實，關於身體的美，它本身始終都與特定的社會文化條件以及特定民族傳統有密切關係。以女性的乳房為例。豐滿的乳房可以說是女性身體的一種最重要的美感象徵，因而也是女性的一種驕傲。從美學的角度來看，波浪起伏的胸峰是構成女性美的主要方面。女性乳房在女性體態美以及在性的活動中的地位是毋庸置疑的。

歷代社會文化對於女性美的標準是不同的。但在上述社會文化背景之外，關於身體，特別是女性身體的美的標準，也有它的普遍標準方面。什麼樣的乳房才稱得上是理想的乳房呢？一般地說，不論是任何時代，在這方面，幾乎都抱有以下類似看法：（1）豐滿、勻稱、柔軟而富有彈性；（2）乳房位置比較高，在第二至第六肋骨間；（3）兩乳頭的間隔大約二十公分左右；（4）形狀挺拔，呈半球形。古希臘著名大理石維納斯女神塑像所表現的乳房形象，就是最典型的具有性魅力的乳房標準。

其實，一位女性的乳房豐滿程度及其性美感，是由許多因素所決定的。西方女性的乳房一般都偏大，而東方女性的乳房一般都偏小。如果母親的乳房偏小，女兒的乳房也偏小；這是由遺傳因素所決定

的。從年齡來看，一般從八、九歲開始，女性乳房發育隆起，到十五、六歲時，基本上定型，二十歲左右發育最爲完善，四十歲開始萎縮。另外，乳房顯然也與體型有密切關係：肥胖者乳房偏大，瘦弱者偏小。女性乳房還同女性激素有密切關係。但有時又同乳房組織和皮膚對於女性激素的反應狀況有關。有的女性對於女性激素不敏感，使用任何類型的豐乳霜也無濟於事。本來女性激素是卵巢分泌出來的，用以顯示第二性徵，並調整整個身體的內分泌系統的運作。用人工化學合成方式製造出來的「豐乳霜」，含有大量女性激素，適當塗抹在乳房上，將有助於乳房皮膚引起反應，促使乳房豐滿、增大。但其效用並非長期性，也不穩定。停止使用後，乳房仍然會萎縮成原樣。而且，長期使用豐乳霜會引起月經失調，出現黑色沈著、黑斑以及皮膚萎縮的現象，甚至還會導致肝臟胂系統紊亂，膽汁酸合成減少，容易引起膽結石。而且，體內女性激素持續過高，也會促使乳腺、子宮頸、子宮體以及卵巢產生腫瘤。但是，在流行文化產品氾濫的時代，爲了達到推銷流行文化產品的商業目的，人們幾乎盲目地追隨廣告商和流行文化意識形態的說詞，使成群女人，特別是天眞浪漫的少女，成爲「豐乳工程」的犧牲品。

身體不只是對於女性具有重要意義，而且對於男性也是同樣重要。晚期資本主義社會的男性，比以往任何時候都更重視其身體和身體的美（Mort, F. 1988; Bocock, R. / Thompson, K. 1992）。在當代流行文化產品中，已經越來越多地出現男性身體和性的化妝品。這說明在流行文化的身體美學中，已經逐漸取消傳統的男女區別，其目的無非就是進一步使流行文化中的身體拜物教在整個社會中氾濫成災。

第十章

廣告、媒體與流行文化

正如本書論述權力和流行文化相互關係以及有關身體的專門章節所已經指出的，當代媒體系統對於流行文化在社會中的傳播和興盛發揮了非常重要的作用。當代媒體在全世界的發展及其技術化、壟斷化和高度組織制度化，使媒體的觸角伸到各個角落。媒體的上述特徵，使它很難保持傳統媒體那種單一專業化的特徵。本書序言和導論也曾反覆強調：在當代西方文化和生活方式全球化的過程中，高度科技化、數位化和網絡化的媒體系統，包括新聞、廣告、出版、廣播等，特別是電視，簡直成為了當代流行文化橫行於世界各國的主要推動和宰制力量。現在的社會，幾乎可以這樣說：「電視就是世界」＝「世界就是電視」。對於流行文化及其同商業、媒體、技術、權力和意識形態的關係的研究，幾乎是屬於同一個範疇。在當代社會中，商業、媒體、技術、權力和意識形態，是緊密結合在一起的；而流行文化則成為以上各種因素相結合的中介。英國社會批判理論家湯普遜指出：「我們現在生活在一個由象徵形式的廣泛流通扮演重要、並日益增長其角色的世界之中。在所有的社會中，語言表達、姿態、行動、藝術作品等所構成的象徵形式生產和交換，始終是社會生活的普遍特徵。但是，在早期近代歐洲資本主義發展的促進下，隨著現代社會的出現，象徵和信號的性質及其循環擴展的程度，已經採取新的形式，並在數量上大大地增加了。同制度上朝向有利於資本積累的改進相平行，技術手段也得到了根本的改造，使得象徵形式的生產、再生產和周轉能夠以空前未有的程度展開。這些被稱為大眾傳播的發展，尤其是受到電子符碼化技術以及象徵形式傳播技術的大幅度改善而膨脹起來」（Thompson, J. 1990: 1）。

　　隨著世界經濟和文化的全球化，電視、電影、出版等媒體本身也實現了全球化，使得流行文化產品在全世界的傳播和推銷，更加變本加厲。在這種情況下，社會大眾的日常生活也實現了全球化，任何時間和空間的間隔及距離，都不能限制全球社會大眾日常生活的全面相

互影響。而在全球化過程發展的同時，全球各地也越來越本地化、本土化和在地化。全球媒體在全球化過程中扮演了特別重要的角色。科學技術的成就使各個國家的媒體網絡，有可能興建全球化的衛星通訊系統，將全球各個地方連成一體。媒體網路的全球化使媒體傳播的內容實現了空前未有的國際化。不只是新聞內容，而且還包括各種節目及廣告，也實現國際化。電視等媒體網路由此建構了它們的國際化聽眾、觀眾和受眾。其次，通過全球化的媒體網路，任何國家和地區都可以毫無困難地接受國際節目。第三，媒體的全球化也導致媒體網路資本和所有權的國際化。幾乎所有的大型媒體網路都屬於跨國財團系統。媒體網路的全球化無疑進一步推動了流行文化的發展和氾濫。

當代媒體的發展及其社會影響力，已經足於說明：媒體的發展程度在很大程度上可以決定現代社會的發展程度。如果我們以媒體發展程度爲標準，可以將現代社會分爲兩大歷史時期：第一時期是「前資訊時期」，第二時期是「資訊時期」。前資訊時期相當於前消費社會，也就是從古典資本主義社會到第二次世界大戰以前的西方社會。資訊時期就是我們所說的消費社會階段，是晚期資本主義時代的西方社會。在前資訊時期，西方社會的媒體以印刷傳播系統爲主，主要以報紙、出版業和廣播電台所構成的網絡。到了資訊時期，主要以電視爲中心，整個社會充斥著和傳播著難以計數和不斷更新的圖像（images）和資訊（information）。正如費舍通所說，這是以圖像和資訊充斥整個日常生活的現代社會的特徵，在那裡，纏擾整個日常生活、並以強大效率運作的媒體網絡，傳播著無止盡更新的符號和圖像，迫使社會大眾接受（Featherstone, M. 1991: 67）。

廣告與媒體不只是流行文化的傳播中介渠道，而且也是它的創造溫床和增生環節，也是流行文化在其流變過程中上下起落和不斷更新的基礎條件。流行文化同廣告與媒體之間幾乎構成了某種互爲依賴、互爲寄生和互相促進的關係。

二十世紀下半葉流行文化的興盛和氾濫，是同電話、電視、出版以及電腦網路等溝通事業的爆炸性發展有密切關係的。據統計，1998年1月全世界使用電腦網路的總人口是九千萬，而到2000年年底猛增至五億人，其中，最重要的增加人口是中國大陸。

　　據美國報刊最近報導，美國1999年初大約已有69%的家庭擁有電腦，其中61%的家庭已上網路，而三分之一的家庭電腦安裝了「網上過濾器」，以防治其未成年子女亂上網路。青少年泡在網路世界的普遍現象，已經引起家長和社會的廣泛注意。特別是最近，美國從校園到超市，連連不斷發生令人震驚的槍殺事件，就更引起社會和政府的驚恐不安，因為這些殺手都是「電腦迷」。美國安伯格公共政策研究中心最近發表了該中心的一項調查報告，指出：大部分家長對於子女上網感到憂慮，認為電腦網路固然對於其子女來說確實是必不可少的教育工具，但它又帶來許多「不確實性」，其中還包含危險的「陷阱」。家長們對於網路的第一個感覺是「網上世界太大、太神秘」；第二個感覺是難於控制、監督和幫助自己的子女。美國聯邦傳播委員會主席肯納德先生說：「家長們對於互聯網路的出現，一是高興，二是恐懼」。接著他說：「不用說，這是代溝，而且還是一個非常大和非常深的鴻溝。我們的責任就是盡最大力量來彌補這個鴻溝。可以預測，用不了幾年的時間，幾乎所有的美國人都將生活在一個個人化、但又通過互聯網路而世界化的新時代中；這將是由無數網頁和頻道構成的世界」。肯納德也談到最近出現的校園殺手。據悉，這些殺手每天都在網上花費許多時間。肯納德為此要求家長「投入孩子的生活中」。據調查，在上互聯網路的家庭中，76%接受調查的家長擔心子女會瀏覽色情網頁；77%的家長擔心子女會把個人的資料洩露出去；60%的家長擔心其子女因上網時間太長而患上「孤獨自閉症」；50%的家長承認一家人花在網上的時間越多，彼此之間交談的時間就越少。不過，同樣也有84%的家長認為上網對於子女的功課有幫助，81%的家長宣稱他們的子

女可以在網上「找到非常有用的資料」。因此，有70%的家長認為在這樣的情況下，如果他們的子女不上網的話，「就吃虧了」。最近，針對網上新一代的這些問題美國副總統高爾建議美國各大網路公司應該達成協議，應該讓家長瞭解到子女上網的情況。高爾說，這樣做就可以防止青少年接觸暴力遊戲或不良少年組織的網頁。高爾副總統還建議網路公司應該設計、並供應可供家長控制的最新技術的電腦，或者設計建立新的網站，在新網站首頁加上通往其他網站的密碼，家長和子女只有通過這一密碼才能進入其他網站，這就給家長們監督子女的上網情況提供了有力的工具。美國一些社會學家已經注意到了網上新一代所帶來的問題，他們說，從現在起，就應該對新一代進行引導，否則的話，這「網站」以及由這些網站薰陶出來的網上新一代「既可以是你的朋友，也可能是你的敵人」。

以上有關美國上網青少年的消息，使我們進一步看到流行網路文化的社會影響及其重要意義。

第一節　媒體傳播功能之探討

媒體之傳播和宰制功能所能達到的程度，決定著流行文化在社會中的普及和有效程度。「流行文化在很大程度上是媒體製造出來的」。這一句話在目前這個時代一點也不誇大。因此，分析媒體之傳播功能，有助於深入理解流行文化同媒體的相互關係。

對於媒體的社會功能，傳統上大致存在兩類理論派別：功能主義和新馬克思主義的傳播理論。根據功能主義傳播理論，媒體基本上是不偏不倚的傳播工具他們研究媒體的主要依據是分析聽眾對於從媒體所獲得的資訊的回憶和補充的程度（Tuchman, 1988）。新馬克思主義

者認爲，媒體不是不偏不倚的，而是受社會統治勢力控制的菁英文化的傳播手段，廣大社會聽衆在各個方面處於弱勢的情況下，是無力鑑別和批判來自媒體的資訊的（Gans, 1974）。

但是，當代社會的整個結構已經發生很大的變化，以至於社會中的媒體機構的組織、性質及其傳播方式，都根本不同於傳統社會的媒體。導致媒體性質發生變化的主要原因，是媒體所傳播的資訊的性質以及聽衆接受媒體資訊的反應狀況。在這兩方面，當代社會同傳統社會相比是非常不同的。

有一種理論認爲，媒體是萬能的，或至少它是有決定性影響的：它只要發出資訊和訊息，就一定會在社會中發生效應。這種「媒體萬能論」強調當代媒體的強烈功效性，立足於對媒體的過分評價。但是，當代媒體之所以如此「萬能」，正是因爲它借助於當代社會科學技術的威力，已經變成爲徹頭徹尾的「訊息」的代名詞。正如麥克魯漢（McLuhan）所說：「媒體就是訊息」（the media is the message）。媒體之「萬能」是立足於當代資訊社會的整體結構及其特徵。現代社會已經在很大程度上成爲「資訊社會」。當代科學技術的威力加強與商業、政治和整個文化力量的結合，使媒體系統建構了強大的硬體和軟體網絡，並使之成爲無時無刻存在和運作於整個社會之中。當代媒體的無所不在使它被稱爲當代社會生活的中心。美國研究電視等媒體文化的專家阿倫指出：「關於同電視究竟有什麼樣的關係，這確實是值得思考和研究的；而它之所以重要，是因爲電視已經以如此多種多樣的方式，在如此多的不同地方，介入到如此衆多人民的日常生活中去。現在，全世界各個地方，一天之內，共有三十五億小時的時間是用來觀看電視的。但不論其他任何地方，都沒有像美國這樣，電視成爲了日常生活的一個不可分割的組成部分。全美國有九千二百萬個家庭平均每家擁有一台電視，也就是說，占總人口98%的人都看電視；其中，又有70%的家庭平均每家擁有一台以上的電視。這些美國家庭所擁有

的電視比電話還多。這些家庭平均每天開電視七小時以上。大約在晚上七點到十一點之間，不同族群、社會和經濟群體的美國人，都在有電視放演的地方消磨他們的大部分時間」（Allen, 1992: 1）。

　　媒體功能的實現及其擴展，還要靠媒體活動過程中所應用的策略及其具體形式。媒體所應用的策略包括「連續轟炸」、「不惜重複」、「製造幻影」和「塑造偶像」等。這些策略的貫徹，使大眾和顧客成為媒體的主要獵取和征服對象。在今天的社會中，人們可以一天不吃飯、不睡覺，卻無法一天不接受廣告，無法迴避電視節目的騷擾。

　　因此，我們所說的媒體，已經不是傳統的媒體，而是當代最氾濫和最有效力的那些媒體。而在今天，這樣的媒體，首先就是電視、廣告和電子網路。隨著電子網路的出現及其氾濫，人類確實已經進入到「數位世界」（digital world）的新時代。在當前的數位世界中，最有效和最橫行的媒體就是電視和電子網路。流行文化幾乎全靠電視和電子網路上的廣告和造勢來維持其週期、循環和生命活動。

　　當代媒體的上述社會功能，在很大程度上取決於當代媒體所傳播的資訊的資訊符號性質。所以，在分析當代媒體的性質時，還應進一步探索當代資訊符號的特點及其特殊的傳播特徵。

　　當代媒體所傳播的資訊和訊息，基本上是由一系列人為的符號、符碼和象徵所構成的。借助於當代科學技術，特別是人工智慧的特徵，當代媒體所傳播的資訊和訊息，具有明顯的穿透大眾心理的功能。

　　在接受電視節目的成千成萬觀眾和聽眾之中，有相當大部分人是完全被動的。也就是說，面對當代電視的「連續轟炸」，他們永遠是乖順的接受者。這些幾乎絕對被動的電視受眾，大體可以分為兩大類：第一類是經長期艱苦勞動和工作的折磨、找不到別的休閒出路、而又缺乏知識或懶於思考的人們，這些人屬於社會廣大下層工人和一般民眾中的一大部分。他們往往在工作之餘和日常生活的相當大部分時間

內，是留在家中觀看電視。第二類是兒童和未成年的青少年。這些青少年缺乏辨別能力，同時又在課後受困於家庭之中。正如研究電視的專家伯金漢（Buckingham）所指出的：「兒童同電視的關係是典型地屬於『單向因果過程』（typically regarded as a one-way process of cause-and effect）。在這種情況下，兒童成為了電視的最典型的純然無力的犧牲品」（Buckingham, D. 1993: vii）。

　　針對當代媒體傳播的特徵，有一種觀點認為，媒體所傳播的一切，是它們「架構」出來的。為了深入探討媒體的這種特殊社會功能，近來媒體研究對於媒體文化的「構架新聞」（Framed News）模式進行了專門的分析。一種最重要的觀點認為：媒體在傳送現實資訊的同時也對現實進行了詮釋（Campbell, 1987; Molotch / Lester, 1974）。各個報刊和電視機構，當它們編輯新聞時，首先考慮採取何種報導形式才能最大限度地影響新聞接受者領會其新聞的效果。為此，它們將設計某種最有影響力的「架構」（Frame）去報導和傳播其新聞內容。這種報導和傳播實際上就是新聞機構對於它們所製造出來的新聞故事的一種詮釋。為了達到最大效果，新聞機構通過捨棄或排除某些新聞、而選擇某些新聞事故或事件，作為它們編撰新聞故事的基礎。接著，它們對於選擇出來的新聞故事進行編排、文字上的修飾、技術上的安排以及策略上的謀算，採取一定的敘述形式，以特定的視野、觀察角度及傳播方向，將加工出來的「新聞」強加於接受者。在這種情況下，那些屬於爭執、衝突、暴力和危險的部分，往往受到了最大的重視，甚至給予盡可能的誇大和渲染。這就不難理解，為什麼台灣的電視新聞中，所謂「社會新聞」占很大比例，而「社會新聞」的主要部分則是有關兇殺、自殺、暴力、縱火、黑社會、打鬥、強暴、火災、車禍、婚外情、通姦以及其他類似的事件。

第二節　廣告媒體的商業化及其同流行文化的關係

　　在流行文化商業化的過程中，商業系統最主要是通過商業廣告，行銷策略及其全球化的商業網絡而對它最感興趣的某些文化產品進行選擇和推廣。因此，廣告成爲了流行文化同商業相互結合的最重要中介環節。

　　廣告本來就是資本主義媒體的一個重要組成部分，也是資本主義商業生命力及其動力學性質的重要基礎。商業廣告同流行文化的關係，包含兩方面相互關聯的面向：一方面流行文化靠廣告而發展和推廣，另一方面廣告本身也在很大程度上靠流行文化的推廣而生存。正因爲這樣，廣告本身也在很大程度上從屬於流行文化的生命力，廣告甚至也等同於流行文化。廣告在推廣流行文化過程中，一方面運載和推行某種流行文化，另一方面它本身也以流行文化的形式維持其生存、發揚其廣告的威力。任何廣告，就像任何事物一樣，其生存和其功能的發揮，都不能脫離流行文化。所以，在廣告的生命中，我們可以看到一種只有資本主義社會才有的特別有趣的現象：流行文化所仰賴的因素，反過來也要靠流行文化本身的發展才能生存；甚至它們本身在推廣流行文化的過程中轉化成爲了流行文化。

　　廣告是如何使某些商品變成爲「流行文化」呢？對此，台灣最著名的廣告業雜誌《動腦》曾發表一篇關於1999年流行商品排行調查報告，生動地說明瞭流行商品同廣告的密切關係。《動腦》在這次調查中共發出二百一十一份問卷，其中一百七十二份是廣告主，四十九份是廣告公司，最後回收四十五份有效問卷。調查結果顯示：易利信

T18sc和麥當勞Hello Kitty 玩偶並列冠軍，是1999年台灣市場兩大贏家。中華電信、SKII、泛亞電信緊追在後，而媚登峰、蠻牛飲料、誠信銀行Kitty Card、和信輕鬆打、台灣啤酒、中興百貨、台灣大哥大、遠傳IF卡、NOKIA、摩托羅拉cd928、信義房屋、左岸咖啡館等也得到消費者的青睞。在這些流行商品的行銷手法和廣告商的廣告策略之間存在什麼關係呢？

首先以電信業的廣告戰為例。各電信商為了打出自己的天空，除了降價促銷和手機配套等措施以外，在廣告表現上更是一家比一家別出心裁、無所不用其極。在這場電信戰中，意識形態廣告公司把生硬的電信商品賦予具有人性化，創造設計出富有情趣和浪漫個性的廣告。他們設計出交交與阿亮比一比、阿亮網內互打半價的幽默情節，使中華電信的形象頓時活潑起來，一掃當初中華電信所面臨的整個市場被瓜分的頹勢。和信電訊運用「這個月不會來，以後也都不會來了」的雙關語，很詼諧幽默地把「輕鬆打」的特性活靈活現地表現出來，輕而易舉地打進消費者的心坎。廣告公司還巧妙地創造出任賢齊選擇琳達還是安琪的戀愛故事，使手機商品隨著故事在茶餘飯後的廣泛流傳而成為消費者聊天的話題。陳曉東年輕敢秀的個性，使遠傳易付卡的知名度，也隨著他的「Just call me, Be happy」的甜蜜迷人的話聲而傳開於年輕人群之中。

其次，還可以以「蠻牛飲料」為例，說明廣告在推銷流行商品中的威力。在它的廣告中，一男一女，一胖一瘦，一搭一唱，加上以人們經常不停地談論的有關「性趣」為中心課題而編造的幽默小故事，竟然對於蠻牛飲料的販賣直接產生魔術般化學效應。引人抑制不住要發笑的蠻牛夫妻，其爆笑的劇情，誇張的表演，輔以生活橋段的另類演繹，讓非俊男美女的蠻牛夫妻，不但在消費者心目中留下深刻印象，更擊敗帥哥金城武，成為最受歡迎的廣告明星，也為蠻牛飲料創造高銷售量。蠻牛飲料在台灣保健飲料市場的迅速竄起，廣告中的那

一對「蠻牛夫妻」確實是功不可沒。

　　廣告促銷策略中，最常見的是發揮現成已達高知名度的「明星」，使流行商品借助於明星知名度及其在其崇拜者群眾中的威望，得以擴展其影響。在推銷女性化妝品中，被選為1999年熱門商品之冠的SKII，曾先後讓劉嘉玲、蕭薔、梅大林、琦琦、江淑娜及關芝琳等明星捧場表演，在女性消費者中造成強力影響。NOKIA也深知金城武擁有成百萬崇拜者的事實，特地請他先後兩次推銷NOKIA新產品。現代流行文化社會中，每一位明星幾乎可以擁有成百萬、甚至上千萬的崇拜者群眾。這對於流行文化商品的製造商和推銷商而言，是最有利、最值得大加利用的因素。為此，製造商和推銷商不惜以百萬、千萬、甚至上億的代價償付廣告明星。

　　廣告在流行商品的促銷中確實扮演關鍵角色，如上述中華電信轉被動為主動以及蠻牛飲料迅速竄紅的例子就可見一斑。但廣告的作用也毫無疑問有其限制，它必須同商品本身的質量和競爭價格，同市場整體商品總結構以及消費者當時當地心理狀況等實際因素相結合，才能發揮廣告的促銷功能。NOKIA行銷經理黃思齊表示，NOKIA絕不會用名人來做廣告，因為他認為手機是屬於理性的購買，除了廣告所帶來的短期熱潮外，消費者主要注重於手機本身的功能好不好、待機時間長不長、品質高不高等基本問題。所以，NOKIA會繼續維持一貫提供手機相關資訊給消費大眾的廣告訴求，強調「科技始終來自於人性」的使命。

　　登載在《動腦》雜誌的有關商業廣告對於流行文化產品的銷售及推廣的緊密關係，請看以下表10-1、表10-2兩則重要調查報告表。

表10-1　1999年台灣熱門商品排行榜

排名	商品名稱	得票數	廣告主	廣告代理商
1	易利信T18	20	易利信	奧美
1	麥當勞Hello Kitty	20	麥當勞	伊登
3	中華電信	9	中華電信	意識形態
4	SK-II	8	寶僑	李奧貝納
5	泛亞電信	6	泛亞電信	麥肯
6	Kitty Card	5	誠泰銀行	無
6	和信輕鬆打	5	和信電訊	智威湯遜
6	蠻牛飲料	5	保力達	無
6	媚登峰	5	媚登峰	無
10	台灣啤酒	4	公賣局	東方
11	中興百貨	3	中興百貨	意識形態
11	台灣大哥大	3	太平洋電信	台灣電通
11	遠傳IF卡	3	遠傳電信	奧美
11	NOKIA	3	NOKIA	達彼思
11	摩托羅拉cd928	3	摩托羅拉	麥肯
11	信義房屋	3	信義房屋	汎太國際
11	Starbucks	3	Starbucks	太笈策略
11	HONDA休旅車	3	南陽實業	博陽
19	佐丹奴	2	佐丹奴	無
19	麒麟啤酒	2	麒麟啤酒	台灣電通
19	黑松沙士	2	黑松企業	聯廣
19	左岸咖啡館	2	統一企業	奧美
19	泰山鮮果純水	2	泰山企業	靈智
24	約翰走路紅牌威士忌	1	約翰走路	智威湯遜
24	豐年果糖	1	豐年豐和企業	國事好廣播
24	潘婷洗髮乳	1	寶僑	華威葛瑞
24	雪芙蘭水平衡	1	雪芙蘭	運籌
24	飲冰室茶集	1	統一企業	奧美
24	維他露P汽水	1	維他露	普陽
24	中華威利	1	中華汽車	聯旭
24	可口可樂	1	可口可樂	李奧貝納
24	I Mac電腦	1	蘋果電腦	康信
24	統一AB優酪乳	1	統一企業	奧美
24	7-11御飯團	1	統一企業	太笈策略
24	上山採藥	1	詩芙蘭	博上
24	PS跳舞機	1	SONY	無

表10-2　1999年熱門商品1-10月「有效廣告量」表

商品名稱	無線電視	有線電視	報紙	雜誌	合計
SK-II系列產品	264536	310342	10391	43136	628404
台灣大哥大	171447	150312	204252	9418	535430
中華電信	172117	97051	227169	12894	509230
遠傳IF卡	105912	103954	127324	3317	340507
Nokia行動電話	63446	60783	76841	10984	212053
媚登峰美容沙龍	103183	40456	61482	3848	208969
潘婷洗、潤、護髮乳	95960	101252	78	2686	199977
和信輕鬆打	32483	42948	93408	5404	174243
可口可樂	73099	53739	10836	985	138659
泛亞電信	53306	25645	49981	358	129290
Motorola行動電話	35722	19151	57882	4381	117135
麒麟啤酒	32937	69381	2935	3384	108637
易利信行動電話	25404	40592	37265	2619	105881
黑松沙士	69635	27071	1989	0	98696
保利達蠻牛維他命飲料	70438	27175	0	0	97613
約翰走路紅牌威士忌	7565	63872	0	195	71632
誠泰Kitty Card	37927	9045	13206	3175	63352
台灣啤酒	30568	16638	13297	1830	62332
Honda CR-V	21330	17246	15616	5336	59528
豐年果糖	47945	3934	353	1833	54065
統一AB優酪乳	20291	21195	5505	1559	48550
維他露P飲料	28597	15409	1038	488	45532
中華威利	16348	13238	5427	0	35014
佐丹奴服飾	6210	2706	7110	17637	33664
麥當勞Hello Kitty	18634	13633	0	0	32267
泰山鮮果純水	14676	9582	187	0	24444
統一飲冰室茶集	4559	15511	557	1621	22248
信義房屋	14438	1903	1871	2546	20757
7-11御飯團	6794	6509	854	312	14469
上山採藥保養品	3022	6615	678	2109	12424
中興百貨	1251	531	7686	98	9566
雪芙蘭水平衡潔面露	5306	2297	0	1284	8888
蘋果電腦	0	4138	1419	1752	7309

在表10-1、表10-2中，我們有趣地看到：流行文化產品的流行及其實際銷路，在很大程度上決定於廣告及廣告商的推銷策略。為了使這些廣告推銷策略取得高效率的成果，還必須依據市場需要和人們的心態、品味及生活風格的變化而不斷變換策略，使策略本身也同流行文化產品一樣具有一定程度的「新穎性」，靠其新穎性取得消費者追求新穎性心態的歡悅。

第三節　流行文化中的意識形態生產

流行文化在現代消費活動中，既是屬於日常生活消費的一個重要組成部分，也是屬於炫耀性消費的奢侈生活方式的一種重要表現形式。也就是說，它作為近現代社會的一種消費活動，流行文化可以通過消費，直接同社會上絕大多數人的日常生活緊密相結合，也可以同社會中某些人的炫耀式生活方式發生密切關係。但是，流行文化的社會文化性質，又使它在被社會大眾消費的過程中，成為人們所意料不到的意識形態力量而發揮它的作用。換句話說，在消費社會中的消費活動，流行文化是以「非意識形態」的形式而實現其意識形態的社會功能。毫無疑問，流行文化絕不同於傳統的意識形態，不能簡單地將它同傳統意識形態等同起來：如前所述，它不但在形式上不同於傳統意識形態，而且，當它在消費過程中發揮它的特殊的意識形態功能的時候，它也以其獨特的曲折和象徵性方式影響著消費者。所以，有必要深入而具體地分析流行文化的意識形態性質及其特殊運作形式。

流行文化，作為一種採取象徵符號結構的文化體系，同其他文化一樣，其本身就具有一種無形的、然而又是相當強大的象徵性權力。首先，流行文化之成為流行，就已經表明它本身的威力。一種文化能

夠被多數群衆所接受，爲他們所擁護和採用，其本身就表明了其中所隱含的威力，同時，由於它成爲了廣大群衆所接受的文化，它也就分享了群衆作爲社會力量的威力，它就由此而具有強大的象徵性權力。其次，流行文化在群衆中的廣泛影響，也使它隱含著某種正當性。群衆對它的擁護和接受，表明群衆對它的認同和確認，而這是社會正當性的重要基礎。流行文化在群衆中的流行傳播，又同社會統治勢力對它的重視和認可不無關係。它之流行傳播，本來是群衆本身接受和統治者有意推廣的結果。但不論是前者還是後者，都是一種社會文化現象取得正當性的先決條件。

當流行文化成爲了社會的強大力量時，它就滲透著意識形態的影響，特別是滲透著其生產者和推銷者所擁護的那些意識形態的精神力量和思想威力，而且，它本身也自然地成爲意識形態在社會上發揮作用的一個重要中介。從這個意義上說，流行文化同意識形態的關係是雙重的：它既是滲透著意識形態，包含著意識形態的性質，同時，它也是各種意識形態發揮其功能的某種中介。對於某些意識形態而言，透過流行文化而掩蓋其意識形態性質，甚至是一種不可避免的策略。

伯明罕學派特別重視流行文化的意識形態性質及其特點。正如詹姆士‧嘉里（James Carey）所說：「英國文化研究簡直就是意識形態研究的一種方式。他們在研究中總是試圖將文化納入意識形態之中」（Carey, J. 1989: 97）。當然，關於意識形態問題也並不是輕而易舉地可以解決的，它本身還包含著許多值得爭論的因素。從馬克思到現代的格蘭西和阿爾圖塞，雖然都先後提出關於意識形態的理論，但都多多少少還存在著一些理論上的盲點或缺點（Bennett, T. 1992; Harris, D. 1992; Philo, G. 1990）。

葛蘭西在談到統治階級的文化霸權時，特別強調控制文化，特別是掌握文化中的意識形態生產和傳播權力對於統治階級的重要意義。因此，格蘭西鼓勵被壓迫的社會階級，以其人之道反治其人之身，將

意識形態問題當成對抗統治階級控制的理論戰場，並提出了利用大眾文化作爲武器進行鬥爭的策略。在這種情況下，有一部分文化研究者根據格蘭西的上述文化霸權理論，主張將群眾享用流行文化產品時所產生的「愉悅」快感，當成抗拒統治階級意識形態控制的一種精神力量。

霍爾在其〈意識形態的再發現：媒體研究中返回「壓迫」的傾向〉一文中，曾經簡單地概述英國文化研究歷史中的三個階段（1920年到1940年，1940年到1960年，1960年到二十世紀末），並認爲，在第二階段，占統治地位的理論觀點是美國的行爲主義社會學觀點，只有到了第三階段，才逐漸地被一種選擇性的批判觀點所取代。霍爾指出，關鍵性的轉變就是意識形態概念的廣泛應用。霍爾認爲，只有通過意識形態理論，才能將媒體中的傳播功能問題同整個社會聯繫在一起，從而更深刻地揭示了問題的本質（Hall, S. 1982）。在對於文化的意識形態研究中，文化研究者發現：媒體在其傳播資訊的過程中，總是向其受眾（觀眾或聽眾）灌輸特定的「形勢」定義（the definition of the situation），並從其形勢定義出發，向其受眾灌輸媒體所主張的意識形態範本。霍爾將此稱爲「媒體所建造的現實」（the construction of 'the real'through the media）（Hall, S. 1982: 64）。群眾總是被動地接受媒體的「形勢」定義和「現實」概念。就在這些有關「形勢」和「現實」的定義中，已經滲透了媒體的控制者所支援的意識形態。正如本章第一節探討媒體功能時所已經指出的，媒體往往推銷它們所建構的新聞架構。在宣傳和推銷流行文化產品時，媒體同樣也向消費者灌輸各種各樣的「形勢」、「現實」和「流行」的定義，並使消費者產生各種各樣的錯覺，以爲「現實」、「形勢」和「流行」就是實際的、客觀的那些現實、形勢和流行。媒體利用它的「反覆狂轟濫炸」策略，不惜重複地推銷同一個口號和定義，強迫社會大眾在他們出現的任何地方都必須接受這些資訊。

在現代社會中，國家同流行文化保持著非常複雜而微妙的關係。這些關係還特別與國家同市民社會的相互關係問題相關聯。為了在較短的篇幅中，能集中分析最重要的關鍵問題，這裡要特別把焦點集中到以下兩大問題：（1）國家通過政治論述的流行化而同商品流行化相配合或相協調的機制；（2）國家通過對於媒體的控制而加緊利用媒體這個管道，同時又通過媒體同商業的複雜關係而間接地和曲折地控制流行文化的消費活動。

當代國家機器基本上是繼續尊重市民社會的運作的，儘管在十六世紀以來國家同市民社會的相互關係已經發生很大的變化。但是，事實證明：近代國家對於市民社會的控制已經日益加強，而包括媒體在內的市民社會整體結構，也已經逐漸削弱其監督國家的職能；反過來，國家對市民社會的滲透，則是利用越來越多的制度性力量，在不受到太多的阻力的情況下，逐漸地帶有「正當化」的性質。這樣一來，國家很容易通過市民社會、特別是其中的媒體系統，灌輸和擴大有利於國家的各種「論述」（Discourse; le discours）。經官方正當化程序審核和推廣的各種各樣的論述都滲透著意識形態的內容。當它們通過媒體和流行文化而散佈到社會大眾時，這些論述中所包含的意識形態便輕而易舉地征服了群眾，並成為群眾追求流行文化產品的日常生活實踐的一部分。

作為一種論述的流行文化，其本身就含有意識形態的性質。所謂「論述」就是各種帶有主題的目的性論說、話語或論談，它們是在特定社會文化條件下，在一定社會情境下，根據製造論述的主體的實際利益或需要，就社會文化的某些事物或問題，針對其選擇性的對象的特點而說出來的結構性話語。因此，在論述中，就已經濃縮著製造論述的主體的意識形態。論述當然以話語、語句結構和論證體系的方式表現出來。但是，論述的散播和成效過程，卻要緊密結合特定社會文化條件，採取滲透到各種社會文化事件中的途徑，以曲折、反思和象徵

性的手段，儘可能掩蓋其意識形態目的和內容，以便使論述在各種巧妙的掩飾下，在其同其他事件和事物相結合的過程中，靜悄悄地發揮其宰制性威力。流行文化在群眾中的流行本身，為統治者利用流行文化灌輸其論述製造了最好的條件。

總之，流行文化在一定程度上，是媒體製造出來的，也是媒體傳播開來的，又是媒體封殺和再製造出來的。也就是說，媒體可以在不同程度上決定流行文化的命運。它可以製造、決定和擴大流行文化的社會影響，也可以縮小或消除流行文化的影響，甚至可以終止某種流行文化的傳播。媒體對於流行文化的上述控制，使當代社會占統治地位的社會勢力更採取有效的手段展開其意識形態的攻勢，實現以往傳統社會中所不能完成的意識形態控制效果。

媒體對於流行文化中的意識形態加工和滲透，是同商業、政治和文化領域中的菁英階層及其代表人物的曲折介入緊密相關的。由於流行文化在很大程度上表現為消費性的商品和鑑賞對象，使人們在消費和鑑賞的時候，往往只是被它的光怪陸離的感性外表所迷惑，被它的外形的誘惑性結構所吸引，將他們精神和思想的注意力傾注於流行文化的物質性質和感性特點，從而有效地掩蓋了它的意識形態性質，「忘記」了它作為一種特殊的文化產品所包含的意識形態力量。正是流行文化產品的這個特點，有利於隱蔽於其中的意識形態的活動。也就是說，正當人們玩賞和消費流行文化的時候，它的內在固有的意識形態，便以無形和不知不覺的方式宣洩出來，直入消費者的心態和內在世界。歷來的意識形態製造者，為了發揮其功效，他們最注意的，就是使接受者「誤認」和「無視」意識形態產品中的意識形態成份。為此，傳統的意識形態製造者，傾其全部力量，磨鈍其產品的意識形態的鋒芒，使它披上「客觀」、「中立」和「超脫」的外衣，賦予一種「一般性」的性質，似乎它「代表」整個社會利益，對於各個社會階級均表現「不偏不倚」的立場。正如馬克思在其《德意志意識形態》一

書中所指出的，統治階級總是將其只代表本階級利益的意識形態加以抽象化，讓它帶上「普遍代表社會利益」的外貌（Marx, K. 1845）。在這方面，知識分子的理論加工是非常重要的。當代法國社會學家布爾迪厄也指出：爲了推銷其意識形態，並使其統治正當化，統治階級總是使用迂迴曲折的循環論證的手法，儘可能請距離本社會最遙遠的、因而是最被人們忽視的社會力量和「權威」進行論證，盡力造成一種「誤認」，使社會大衆接受其意識形態和正當化程式。例如，當拿破崙爲其登基加冕進行正當化時，他設法請當時被人們認爲最脫離政治領域的羅馬教皇，使他的登基加冕塗上「神聖」和「公正」的色彩（Bourdieu, P. 1979）。面對當代社會廣大社會大衆教育程度的提升和文化的普及，當代統治階級試圖改變其意識形態的推銷策略，而流行文化就是這樣迎應了這種需要。

在探討消費文化與媒體、廣告、商業、國家權力以及消費者心態的相互關係的基礎上，我們可以進一步深入研究和分析消費文化同意識形態的複雜關係。從以上各個章節可以看到：第一，當代社會的消費文化是超出常規的自然和社會消費的需要而被人爲地擴展和膨脹起來的。第二，消費活動本身並不是正常的商品經濟交換活動的自然結果，而是由社會上占有一定政治、經濟和文化勢力的社會階層所刺激和製造出來的。第三，消費者本身及其消費「需求」也是消費文化總過程所製造出來的。正如埃文早在1976年就已經觀察到的：正是跨國公司大財團所建構起來的市場結構及其同媒體和廣告系統的勾結，將社會大衆「培養」成「消費者」（Ewen, S. 1976）。由此可見，當代消費社會的特點就在於：它不但可以製造出人們自然社會生活中所不需要的產品，而且，還進一步有能力「生產出」消費活動本身，並同時也「培養」它所需要的「消費者大衆」。爲了「培養」這種消費者大衆，顯然必須向他們灌輸消費意識，並使這種消費意識隨時適應消費文化的發展。

霍爾在談到流行文化的意識形態性質時說：流行文化產品的製造和推銷過程，實際上是其生產者、推銷者和控制者在產品中「結碼」、「定碼」或「密碼化」（encoding）的過程，但同時也是在他們的精巧操縱下，使消費者和接受者「讀碼」、「解碼」和「化碼」（decoding）的過程（Hall, S. 1980c）。霍爾認為，整個流行文化產品的製造和推銷過程，並不是純粹的商業消費活動，而是在其過程中製造、注入、灌輸和宣傳經密碼化的特種意識形態的過程，因為流行文化的製造和推銷過程是一種經媒體控制和加工的意識形態教育過程。

當代消費的製作過程，如前所述，當代社會中的消費已經不是古典資本主義社會階段的消費活動，既不屬於一般商品經濟生產總過程，也不是一般意義上的消費，而是在晚期資本主義社會階段所產生和膨脹起來的特殊社會文化現象。這是一種超經濟領域的總體性社會文化活動，因而也自然地包含著滲透於文化生產和再生產過程中的意識形態生產的問題。所謂「意識形態時代的終結」是一種虛幻的口號，並不符合消費社會的實際情況。消費文化的氾濫，不是「意識形態的終結」，而是「消費文化意識形態的開始」。意識形態的生產始終伴隨著一切文化的生產過程，同樣也包含在消費文化的生產過程之中。當代消費性質的轉變，意味著意識形態生產，不論是它的具體內容和表現形式，還是它在社會傳播的方式，都發生了根本變化。

當代消費社會中的意識形態生產、傳播和再生產，雖然在一定程度上延續了古典資本主義社會的一般形式，但其性質、內容、表現方式，都採取越來越隱蔽及越來越曲折複雜化的途徑，並採取了非常特殊的手段和策略。

首先，當代消費文化意識形態的生產者和製造者，已經遠遠超出傳統的知識分子和思想家的範圍，包括了商人、企業管理人員、科學技術人員、藝術家、廣告業者、新聞記者及報刊編輯等。這些人的介入，使意識形態的性質模糊化，也使廣大消費大眾減少了警覺性。

其次，當代消費文化意識形態的生產過程，已經不再是停留在傳統的文化思想領域，而是更多地透過商業交換、媒體傳播、藝術表演、消費活動及日常生活方式的手段，在社會生活的廣闊領域中，以不知不覺的方式進行。

再次，就傳播途徑而言，正如克蘭所說：從清一色的印刷媒體向印刷媒體同傳播媒體相結合的轉變，深刻地影響了意識形態內容的廣泛傳播（Crane, D. 1992）。當代傳播媒體巧妙地以視聽結合的圖形和肢體表演的方式，將消費文化的意識形態傳播開來。美國社會學家拉扎斯費爾特（Felix Lazarsfeld, 1901-1976）早在1944年就已經提出「意見領袖」（opinion leaders）說法，強調社會生活領域中總是存在少數具有影響力的人，可以在投票行為和大眾傳播的二級流程中的發揮他們的功能。當代消費社會由媒體和消費文化生產者所製造出來的各種「偶像式」人物，包括明星等在內，實際上比上述「意見領袖」還更能發揮消費文化意識形態的傳播功能。

第四，就意識形態的性質而言，正如專門研究消費文化的專家懷特（White）所指出，當代意識形態不再是單純受經濟因素所決定。由於當代社會結構的變化，使社會變成為由既相互衝突、又有共同利益的不同社會群體所組成，而這些利益不能完全歸結為經濟利益。各個社會群體或社會機構都是各自獨立的，它們所主張和生產出來的意識形態也有所不同，甚至完全對立。這就使當代社會的意識形態形成了多元化的形態。同樣地，媒體廣泛傳播的各種信息也不能完全解釋成為經濟利益的表現（White, M. 1989）。

第五，就消費文化意識形態的表現形式而言，是多種多樣和多元化；其形式多半採取生動活潑的藝術美和生活美的方式，也更多地透過身體和性的美的表現形態，使其中所隱含的意識形態被「柔化」和「美化」及「藝術化」，從而能夠在消費者思想解放和思想放鬆的情況下受到影響。

凡此種種，說明消費文化的意識形態已經在很大程度上失去原來意識形態的性質和形式。如果繼續以舊的古典意識形態定義及理論觀點來分析當代消費文化的意識形態的話，不但不能揭露其性質，而且，還可能有意無意地掩蓋它的意識形態本性。

　　但是，也有人認為，當代社會的意識形態功能畢竟是非常有限的，因為一方面傳播意識形態的媒體的功能本身是有限的，另一方面當代社會的個人或群體都或多或少具有一定的獨立性，具有選擇的自由。但是，持有這種主張的人，忽略了這樣的事實：在人們進行選擇以前，選擇的範圍就已經被消費文化的製造者和傳播者所限定。所以，不管進行什麼樣的自由選擇，永遠都跳不出消費文化生產者和傳播者所限定的範圍之外。

第四節　媒體的自律和流行文化的發展

　　在流行文化的生產和製造中，如同我們在以上各個相關章節所指出的，媒體的性質已經完全不同於早期媒體。最大的不同點，就在於媒體本身已經在相當大程度上失去自律。流行文化的生產過程，是一個包括媒體系統在內的極其複雜的鎖鏈。然而，流行文化的商業性不可避免地使流行文化生產過程中的媒體喪失自律性。這是因為流行文化中的媒體，不論是它的組成成員，還是它的運作過程和方向，都必須為流行文化的商業性服務；流行文化生產過程中所參與的媒體不得不隸屬於流行文化的商業生產和發展的需要。

　　當代媒體自律的喪失並不只是指媒體機構已經被大型文化工業企業所壟斷，也不單純是指媒體組織機構幾乎為少數財團所占有的事實，而且，還包括整個媒體製作內容、形式和程式方面的受控制程

度。我們在前面各章節中已經揭示：西方各重要媒體機構，幾乎都是由大財團所占有；而且，這些財團有日益相互併吞的趨勢，以致掌握大型媒體機構的財團的數量，有日益減少的趨勢。二十世紀末所發生的西方原有大型媒體系統組織的大調整及其相互合併的事實，已經有力地證明了這一狀況。在全球性的大型媒體機構系統，越來越為少數大型財團所占有和控制的情況下，媒體原有的自律就更少得可憐。媒體的相互歸併及其壟斷化，表明掌握和控制媒體系統，符合少數大型財團的物質經濟利益和它們的意識形態要求。至於媒體自身的自律以及媒體專業工作者的專業利益和專業規格，都成為從屬於上述壟斷者和操縱者的利益和意識形態的犧牲品。

有人也許認為：雖然媒體機構系統被少數財團所占有和控制，但在媒體機構中工作的媒體專業人員畢竟還保持他們自身的自律。媒體專業工作者在工作中的自律是毫無疑問的；問題是這種自律究竟能夠保持到什麼程度？它究竟能否在媒體製作過程中發揮其功能？媒體專業工作者能否在媒體工作中發揮傳統媒體專業工作者的職業良心，充當市民社會公眾利益的代言人而監督國家和公權力機構？如此等等，都必須結合當代媒體組織機構的管理程式進行具體分析。

在媒體機構組織幾乎受到大型財團壟斷和控制的情況下，首先，媒體工作人員的成份就受到了財團的嚴密控制：大型財團按照它們的標準選擇媒體人才。

其次，被選入的媒體人才，他們在媒體機構中的工作內容、方式及其動向，都嚴密地受到媒體機構上層主管的控制和監督。根據多方面的調查，發現在絕大多數媒體機構中，從事媒體專業工作的專家和藝術家們都受到媒體機構高層主管人員的嚴厲監督。這種監督並不只限於組織關係和組織活動方面，而且還直接關係到專業工作本身的內容和形式的決策和選擇。根據坎特爾的調查資料，電視連戲劇的內容、表演技巧及形式等方面，在具體交給導演執導之前，都要受到媒

體機構上層主管的直接干預和檢查。即使這些上層主管並沒有足夠的專業知識的訓練和專業經驗，他們也要憑藉他們的身分監督和決定電視連續劇的創作和演出過程（Cantor, 1971）。

福克納在訪問電影音樂專業作曲家的時候，發現他們的專業工作自主權經常受到威脅和限制。對於製片商投資意圖有充分領會的製片監督人，儘管缺乏專業的音樂知識，仍然試圖千方百計干預電影伴奏樂曲的創作，使電影音樂作曲家無法充分發揮他們的專業知識和創意。這些作曲家抱怨自己猶如被僱用的幫工一樣，完全失去專業創作的自由，也幾乎埋沒了他們的特殊技藝，似乎完全為了生存而掙扎。有些作曲家不得不改變自己的作曲內容和風格，勉強地符合被上層認定的那些所謂走紅的流行曲的模式（Faulkner, R. 1983）。

在大型壟斷財團所控制的媒體機構中，為了盡可能減少或甚至完全抵銷專業媒體人員的創作和工作的自律，幾乎採用一系列制度性的組織措施，建立一整套嚴密的組織把關等級系統，使媒體工作過程完全納入受控制的軌道中去。克蘭在其著作《文化生產：媒體與都市藝術》中指出，為了加強對於整個媒體系統的控制，西方大型媒體機構都制定了非常嚴謹的組織把關程式。她說：各種文化產品必須通過多階段的層層等級把關，才能最後完成並被推銷出去（Crane, D. 1992）。這一類多階段系統的把關組織典型地表現在電視媒體的節目製作和播放過程。首先是節目文本的審查和選擇，同時還涉及到節目製作、導演和實際表演的各個主要角色的選擇與審查。在節目決策作出之後，總是要經過多次試拍，並在試拍過程中，不僅要一再地受到把關組織各級主管的審查，而且還要從媒體機構之外聘請與節目相關的機構單位進行再次預審，特別是要請與節目資助密切相關的單位提出審查意見。在這過程中，導演和演員作為專業藝術人才，幾乎完全失去對於節目的決定權。即使是在節目決策完成之後，在拍攝和放演的過程中，節目的內容和形式仍然受到重重限制和監督，特別是受到節目效

果調查統計的限制，隨時都有可能改變節目內容，甚至決定節目的整個命運。

傳統的媒體場域是交錯地運作於文化和社會場域之中。因此，媒體一方面具有文化場域的運作自律，另一方面又作爲社會場域的一部分而遵循著社會場域的運作邏輯。

流行文化中的媒體之所以同時隸屬於文化和社會場域，是因爲組成當代媒體的整體及其各個部分，一方面作爲文化機構而存在，另一方面又作爲附屬於社會場域和經濟場域的一部分而運作於社會之中。流行文化中的媒體系統，就其專業性質而言，都是屬於文化場域。但是，它們不同於純文化專業系統，例如明顯地不同於藝術場域，因爲媒體在它的文化身分之外，又要作爲社會公共輿論的場所而隸屬於社會場域，另一方面還要作爲經濟場域而隸屬於商業系統。而且，在當代媒體系統中，其各個組成部分距離或介入社會場域和經濟場域的程度也很不一樣。屬於新聞出版傳播系統的媒體，例如電視、報刊雜誌及出版業等，比媒體中的廣告系統更直接同社會公共領域相關聯，它們是以社會場域中的公共領域和公共輿論的身分而介入社會場域的；而屬於廣告系統的媒體則比新聞傳播媒體更接近商業和經濟場域，它們的公共領域和公共輿論身分一般都比新聞出版傳播媒體更弱些。但是，不管新聞出版傳播媒體還是廣告媒體，作爲屬於文化場域的一部分，都責無旁貸地負有監督和維持公共領域和公共輿論的客觀性和中立性的責任。正是由於這一點，它們的社會責任總的說來，都比純文化場域的各個單位更重要。純文化場域的專業工作者，由於遠離於社會場域，他們專心於在他們自己的獨立創作領域中進行專業活動，因此，他們可以相當大地脫離社會場域和經濟場域，顯示出文化場域的自律性及其專業工作的客觀性。也正因爲這樣，純文化場域的專業文化工作者可以以他們的更大的自律性進行創造，可以在很大程度上置社會利益於不顧，只是單純地追求他們專業工作的興趣和愛好。但媒

體工作者則不同。既然他們分屬於社會場域、經濟場域和文化場域，他們又要保持其自律性，又要維持和發揮他們的專業職責，充當社會公共領域和公共輿論的代言人的身分，還要正確地處理他們同商業經濟的關係，處理他們同他們的「老闆」的實際關係。

在早期資本主義社會階段，傳統媒體作為文化場域的一部分，充分地顯示出它的自律性。這種文化實踐的自律性，使它同社會上的其他實踐活動區分開來。作為文化活動，媒體工作者的實踐是以他們的專業愛好與專業性質為基本指導原則。而作為文化愛好活動，它是一種對於美的鑑賞活動，因此它具有著康德所說的那種.「無目的的合目的性」的性質。很明顯地，作為文化活動的媒體文化實踐，不同於其他社會實踐的地方，就在於它的「無利益性」或「無關利益性」（dis-interestedness）。它所追求的是擺脫一切實際利益的專業樂趣或專業旨趣；根據康德的說法，這是一種高於一般認知活動、倫理活動及其他社會活動的最精緻而又最複雜的人類實踐。在這種文化實踐中，由於它同一般社會實踐之間保持著一定的距離，並明顯地同社會實際利益和經濟利益的爭奪活動相區隔，所以，它不但可以典型地表現出其中主客觀雙重因素的複雜互動，而且也看到文化場域內外一系列「有形」和「無形」、「在場」和「缺席」等因素之間的力的緊張關係網。文化實踐的這種特殊性，使得文化場域與其他場域區隔開來，在遠遠擺脫社會實際經濟利益與政治權力直接介入的同時，它又透過一種布爾迪厄稱之為「系統性的轉換」（systematic inversion）的程式，形成了其自我運作的邏輯，高度地體現了文化場域相對於其他場域的自律性。布爾迪厄所說的文化場域的「系統的轉換」，指的是文化場域自身依據其運作邏輯，在其場域範圍內，由場域活動的主體和客體之間的複雜雙重互動，在儘可能擺脫其他場域干預的情況下，就其自身的運作目標和運作準則，進行自我審察和自我調整，在其內部各種力量進行緊張對立競爭之後，完成其自我改革，獨立於其他場域，特別是獨立於

權力和經濟場域而自律運作。文化場域的這種自我轉換，必須靠文化場域內部文化專業工作者的努力，特別是發揮他們自身的反思精神，不屈從於政治和經濟場域的干預，顯示出他們的專業工作的獨立性和自主性。這樣才能保證文化場域專業工作的高質量和高品質。

在文化實踐和文化鑑賞能力的探討上，布爾迪厄認為，「任何的藝術知覺牽涉到意識的或無意識的解碼（deciphering）運作」（Bourdieu, P. 1993: 215）。一件物品是否有藝術價值，不只在於此物品的表現形式為何，而更是決定於該藝術品所經歷和遭遇到的社會文化歷史脈絡及鑑賞者鑑賞能力的高低。任何一項藝術作品在被生產出來的過程中，必然牽涉到產品的密碼化（coding）過程。文化產品的生產者透過某種特殊的邏輯，通過某種同自己的「生存心態」（Habitus）密切相關而擁有的密碼系統，在生產的過程中，將產品結碼化和密碼化，使產品本身不只是成為一種物質性的有形存在，更包含了生產者所賦予的意義叢結（complex），隱含著產品生產者心態、品格、風格、愛好及受教育歷程等因素的縮影。鑑賞者必須擁有某種解碼能力，同時必須具備充分的鑑賞時間，才能夠適當地和分層次地理解產品的藝術價值。文化工作者的自律性的真正價值，也正是體現在他們所創造的文化產品中的密碼結構，而這是需要消費者和鑑賞者經歷相當大時間和擁有相當大文化資本才能完成的。文化工作者的這種自律性保證了流行文化產品的文化價值，使它們有可能在一定範圍內，抵制來自政治和經濟的干預，排除商業的經濟利益，維持文化產品的自身價值。

在談到將文化場域的結構時，布爾迪厄將它劃分為兩個次場域：大量商業生產的場域以及限制性生產的場域。前者將文化產品視為商品而連結到市場性的運作中，而後者透過許多策略，象徵性地試圖將前者排除在文化場域中（Bourdieu, P. 1993: 38-40）。流行文化的生產過程實際上就屬於布爾迪厄所說的第一類型的文化次場域，而流行文化

生產過程中的媒體則也屬於這一類。由於它們同商業之間的緊密關
係，使它們無法完全保持文化場域應有的自律性，而它們的社會監督
職責也受到很大的限制。

第十一章

流行文化的心理學、心態學、品味學及美學

一般說來，當代社會學家往往都很重視對於流行文化的製造、推銷和接受過程中相關各方的心理、心態、品味和美學的研究。事實上，當代流行文化的推廣、普及化及其不斷變化的旋律，始終都是同社會大眾的心理、心態、品味和審美的變化密切相關，甚至在一定程度上相互對應。這裡所說的心態和品味，從更廣的意義來說，也包括心理和情感方面的表現及其特徵。但是，流行文化傳播和鑑賞的過程中所涉及到的品味心態方面的變化狀況，遠不是純粹的心理現象，並不是單靠傳統的心理學或社會心理學等專業學術理論和方法所可以正確理解和解決的。

　　所以，有關流行文化的心理、心態和品味研究，既可以從一般意義上說的心理研究，特別是從社會心理學出發，也可以從嚴格意義上說的當代流行文化心態學、品味學和美學的角度來進行。從傳統社會心理學和群眾心理學的角度，就是根據社會心理學和群眾心理學的原理和方法，對於流行文化傳播中的社會大眾心理，進行理論上探討和經驗事實方面的統計分析。而從後現代的建構主義、符號論、精神分析學、擬像理論以及解構主義的觀點和方法，以一種新型的流行文化品味學、心態學和美學的角度，研究流行文化的精神層面，分析它之所以能夠在當代社會中廣泛地被生產出來，又能在社會大眾之中迅速而持久地傳播開來的思想、情感和心理基礎，是一項更為重要和更為複雜的理論工作。由於流行文化已經成為當代社會的重要社會文化現象，所以，近半個世紀以來，社會學、心理學、人類學、語言學以及精神分析學及一系列整合性人文社會科學，已經形成和發展出有關流行文化的品味學、美學、心理學和心態學理論，並各自具有其自身獨特的方法。這些關於流行文化的心態學、品味學、心理學和美學的理論和方法，實際上是承繼了自二十世紀初以來早已形成的各種有關理論和方法，特別是繼承和發展了齊默爾、佛洛依德、皮爾士等人的理論和方法。在這方面，取得重大成果的，正如我們反覆提到的，有法

國的布爾迪厄、波德里亞、羅蘭‧巴特，英國伯明罕學派的霍爾、費舍通，美國的詹明信等人。

　　正如我們在探討流行文化的日常生活性時指出，流行並不只是人們在社會生活和交換中的一種普通消費行為，而是一種生活態度，也是一種藝術生活的實踐，表現出人們對待生命的終極關懷，它甚至也是最貼近心靈層次的一種思想方式的流露，是人們的審美態度了能力的直接表現。因此，對於流行文化的消費和鑑賞活動，實際上是一種綜合性的經濟、文化、社會和日常生活的實踐。所以，對於流行文化的心理、心態和品味研究，從根本上說，不可能同流行文化的創造者、傳播者和接受者的實際生活方式相隔離，也不可能同他們的審美判斷能力及其實踐相脫離。因此，流行文化的品味學、心理學、美學和心態學，嚴格說來，都是與傳統的心理學、社會心理學、美學等理論有很大的不同。它們的最大特點，就是它們同實際生活、實際行動、感情變化以及審美實踐之間的緊密結合，這是一系列在實際生活中形成和貫徹的理論，體現出非常突出的日常生活性。這就為流行文化心理、心態和品味研究增加了許多困難，因為它不是像傳統理論和方法那樣，只是從抽象的純概念出發，也不是單純進行理論分析就足夠，而是要結合流行文化的實際表現，根據流行文化的生產者、傳播者和崇拜者的實際生活和實際心理兩方面的縱橫交錯狀況，進行活生生的分析。從這個問題的複雜性而言，也可以進一步暴露上述經驗實證的統計分析方法的局限性。單純從數量或經驗現象的表現來研究，很容易將問題簡單化或表面化。由於心理、心態和品味問題是極端複雜的，所以，任何對於流行文化的心理、心態和品味的經驗統計分析，都必須同更抽象的理論分析相結合。反之亦然。

　　當代流行文化心態學、品味學、心理學和美學研究的另一個重要特點，就是這些研究理論和方法之間的互通性和交錯性。流行文化的心態學、品味學、心理學和美學，不是傳統意義上的專業學術分工基

礎上所產生的學科理論，它們之間是不可分割的，而且，在實際研究中，它們也不能孤立地分別進行。換句話說，流行文化的心態學、品味學和心理學，就是流行文化美學。當社會大眾最瘋狂和最崇拜流行文化的時候，他們的心態、品味和心理變化，就是他們的審美力的實際表現。因此，流行文化心態學、品味學、心理學和美學是相互交錯的學科群，它們之間的界限是模糊而相互滲透的。在當代人文社會科學發展的歷程中，隨著西方社會本身的強烈而急遽的變化，出現了越來越超越傳統學科界限的整合性和模糊性學術理論，例如被稱為後現代主義的一系列理論論述，就是最典型的類型。它們當中的美學，由於超越傳統美學理論的界限，已經成為一種「反美學」和「反文化」的論述。其實，流行文化心態學、品味學、心理學和美學，也是這種類型的反傳統的新興學科，它們的產生也是同後現代美學之類的其他理論論述一樣，是西方社會實際變遷和根本變化在理論層面上的反映。

　　對於社會大眾心態的研究，可以分成不同的層次和層面來進行；也可以將各個層面統合起來進行一般性的研究；也可以同時地既作各層面的具體研究，又作統合性的研究。所以，研究心態和品味的變化及其性質，可以採用各種不同的方法。所有這些方法，實際上都各有優缺點，其中的任何一種方法都不能代替或取代其他的方法；相反，上述各種方法應該是相互補充的。

　　所謂統合性的研究，指的是研究心態的一般結構，並指明它同一般社會結構的關係。布爾迪厄在這方面已經提出了比較深刻的理論和方法。他認為社會結構和社會心態是相互對應和相互影響的。他在《國家菁英》一書中指出：人們在實際活動中的心態表現及其結構，不但不能孤立地在純粹心理活動範圍內進行分析，也不能單純根據實際活動所涉及的具體領域而將心態理解為該具體領域特殊實踐的心理表現。人們在實際活動中所表現的心態呈現出非常複雜的結構，不但同

實際活動具體領域的特點相關，同該領域周圍相關的其他類似領域的結構相關，同整體社會結構相關，而且，也同長遠與短暫時間範圍內的各種實際活動相關；同時，就實際活動主體與其客體的關係而言，任何實際活動的心態絕不是傳統心理學或其他人文科學所說的主體心理問題，而是一種實際活動主體及其客體相互影響和滲透的結果。布爾迪厄將他的心態結構理論簡單地歸結為建構的結構主義。按照這種建構的結構主義心態分析理論，任何實際活動的心態結構一方面同其所處的社會結構相對應、並相互滲透，另一方面心態結構本身也是活動者主體的生存心態（Bourdieu, P. 1979; 1989）。

第一節　個性和社會群體心理交錯匯合的流行文化

　　流行文化並不只是一種純經濟性的物質現象，而是以複雜的思想、心態和感情結構為基礎而形成和發展的社會文化運動。被捲入流行文化洪流中去的個人和群體，不但各自具有明顯的心理特徵，而且兩者往往相互交錯地形成為有生命力的心理叢結，以其特有的邏輯發生運作，影響著整個流行文化生命運動的進程。

　　流行文化是個人個性和社會群體心理結構縱橫交錯匯合而成的思潮的產物。追求流行文化的人們，不管是個人或群體，都存在著主動地表現其自身心理特徵的趨勢，也同時被動地受到流行文化整個潮流的整合和溶化，使捲入流行文化中的所有各式各樣的心理和情感，在追隨流行文化的過程中，始終呈現出活躍變動、互相滲透和相互推動的場面。這個心理運動的場面，既有整體性的結構，又有分層的不同面向。在流行文化的運動中，整體性的心理結構同分層次的微觀結

構，既有各自獨立的運作規律，又有相互影響和相互滲透的動力性流動過程。流行文化的這種複雜的心理情感基礎，使流行文化始終充滿著活生生的生命力，並也使它本身呈現出明顯的心理情感特徵。

流行文化的個人的心理層面，主要呈現出個人不斷地主動顯示其特殊心理情感個性及其同時追求同社會整體心理結構保持適當平衡的弔詭傾向。

研究個人心理與社會心理相互關係的許多社會心理學家，都密切地注意到流行文化中的個人心理特質：它們一方面具有其自身的獨立性和個別性，但另一方面又深受其所處的社會心理環境的強烈影響。面對著社會環境及其社會心理因素，個人既要儘量保持其個人尊嚴（personal esteem）、個性的獨特性及優異性，又要儘可能適應、調整同社會心理結構的整體關係。

在早期的研究中，美國傳統的行為主義社會心理學家往往過多地強調社會環境因素對於個人心理的影響，因為他們只是把人的心理過程看成為「適應」環境的被動「反應」過程，忽略了個人心理的認識、思想和情感層面的複雜性及其主動性（Watson, J. 1924; Skinner, B. F. 1938）。行為主義者把人在社會環境中的心理特徵，簡單地歸結為「刺激－反應」的公式，似乎人的心理和動物沒有什麼區別。但是，正因為行為主義者重視社會影響對於個人行為的性質所產生的決定性意義，在流行文化個人心理研究中，行為主義心理學的觀點，可能會偏向於強調群眾中的個人對於社會大眾流行趨勢的隨和性和被動性。在這方面，正如我們將要在以下討論中所看到的，由於流行文化潮流受到整個社會媒體、意識形態結構以及各種社會文化因素的積極推動，個人心理對於流行文化潮流的抵制、對抗或選擇性態度，是非常有限的，也很難取得顯著成效。所以，行為主義心理學觀點在一定程度上可以為我們分析個人模仿行為的心理基礎提供某些有益的思路。面對來勢洶洶的流行文化的湍急潮流，不可否認，許多個人根本無法抵

擋，還沒有來得及思考和進行選擇，就已經被迫地接受了。把這種情境描述成「刺激－反應」也未嘗不可。

然而，上述行為主義心理學的觀點畢竟還不夠全面，特別是忽略了流行文化洪流中個人和社會心理的複雜互動以及個人心理的多元化結構。對於流行文化中個人心理的複雜性，美國其他學派的社會心理學家，主張更多地考慮處於社會環境中的個人具體地面對外在社會因素時所產生的複雜心理活動狀況。他們認為，處於特定社會環境中的個人，對於社會環境因素的影響和刺激，從心理方面說，往往很多都會有所思索，引起曲折的詮釋過程，並在情感上也產生複雜的重新排列組合過程，導致影一系列心理選擇活動（Griffin & Ross, 1991; Ross & Nisbet, 1991）。這種強調個人詮釋態度的心理分析觀點，首先來自著名的「格式塔心理學」(Gestalt Psychology) 的研究取向。這一學派認為，當外在的客體呈現在個人面前時，首先要考慮的，應該是客體在個人思想中的主觀表現方式，而不是重點地探討客體的外在的和物質的性質的影響。在當代美國社會心理學界中，一批社會心理學家主張深入研究個人心理維持個人尊嚴的具體機制。這就把重點放在個人心理的主動性方面（Aronson, 1992; 1998; Baumeiter, 1993; Hartwer, 1993; Kunda, 1990; Pyszczynski et al., 1995; Stone, 1998; Thibodeau & Aronson, 1992; Tice, 1993）。流行文化的衝擊，固然會引起個人和群體的模仿和隨和心理，但在個人主義和自由主義意識形態強烈濃厚的西方社會中，個人總是有自我突出和自我優先的心理趨勢，試圖儘可能避免使自己與社會大多數人合流，盡力表現個人的特質和優越之處，以顯示自己的才能、智慧、處理事物的敏捷性等等，同時也顯示個人的獨特個性和優異的情感，以便在充滿激烈競爭的社會中，維持自己的有利地位。他們的研究證明：為了顯示自己的優勢，並使自己有好的感受，在流行文化潮流中，個人往往主動地表示其自身同社會大眾的不一致性，並在對抗周圍世界同一化趨勢中保持其個人的獨特性。通過

一系列實驗顯示：融入群體過程越困難，融入群體的個人參與者越傾向於選擇與群體的同一性。這個現象說明：人們都傾向於為自身的以往行為作辯護，以便保持自身的積極主動形象；同時，在一定的社會條件下，又有可能促使他們去做某些乍看起來令人驚奇或弔詭的事情，例如偏向於靠近一些曾經傷害過他們的人，或者選擇對於他們來說很容易適應的事物。這就說明：在追逐流行文化的過程中，個人心理變化是很多樣又多面向，不可能以同一不變的公式加以概括。

就群眾心理層面而言，最值得我們注意的，是追求流行文化過程中所呈現的群體性的「羊群心理」的特徵。群眾始終都具有盲目崇拜的心理傾向。群眾生活於群體之中，但他們對於群體存在著相當程度的依賴性和不安全感。他們對於自己的命運抱有消極等待心理，存有濃厚的「救世主」觀念，期待和渴望群體中出現「超人」，以一種僥倖心理，幻想以最省力和最迅速的方式，獲取最大利益，達到最高理想境界。這種心理本來也構成了社會宗教產生和發展的思想根源。流行文化本身就帶有宗教性質。流行文化是在半宗教和半藝術的創作境界中存在。所以，流行文化可以迅速地氾濫於群眾之中，也可以將他們帶到任何一個地方，就如同宗教中以「牧羊人」身分的牧師可以隨時帶領它的「羊群」奔向任何方向那樣。

群體心理的這個基本特徵，早在一百多年以前，就已經陸續地被西方各國思想家所注意；在這方面最有影響力的社會學家就是法國的塔爾特（Gabriel de Tarde, 1843-1904）。他在他的著作《模仿的規律》（*Les lois de l'imitation,* 1890）和《社會心理學研究》（*Études de psychologie sociale,* 1898）中，深刻地指出：生活在社會洪流之中的個人和群體，都具有雙重的心理傾向（Tarde, G. 1979[1890]; 1898）。他們一方面不斷地創新和獨特化，試圖從群體中「異軍突起」和「出類拔萃」，另一方面又模仿、傳播和追求傳統，惟恐自己被孤立、被排斥而急於融合於群體之中。

卡爾・帕普（Karl Popper, 1902-1994）在研究當代社會民主制的時候，也曾經驚奇地發現：群體心理中根深蒂固地存在著盲目崇拜英雄的傾向。他認為，這個傾向非常不利於民主制的鞏固和發展，凡而有利於反民主的法西斯勢力和獨裁專制力量（Popper, K. 1945）。民眾的崇拜英雄心理在流行文化中，表現為對於各種流行的盲目追隨，特別是集中地表現為對於模特兒、歌星和影星的崇拜。早在二十年代末和三十年代初由法蘭克福學派的弗洛姆（Erich Fromm, 1900-1980）所領導和主持的社會心理的調查研究中，就已經發現群眾心理的盲目崇拜和盲目隨從傾向。當時希特勒正是利用了群眾的這種盲目崇拜和尾隨心理，製造法西斯政變的人間悲劇。

　　而且，群眾還存在著「與人類似」的奇怪心理，促使流行文化像潮水一樣氾濫。據美國社會心理學家的調查研究，群眾固然有智慧和能力表現與社會大眾的對抗，試圖顯示自身的獨特性，但是，大多數情況下，群眾還是寧願選擇「相似性」（similarity），也不選擇「對抗性」或「補充性」（complementarity）。在社會心理學的實驗和調查中顯示，「類似性」是引誘力得以實現的最關鍵的因素（Berscheid & Reis, 1998）。流行文化就是靠它的引誘力發生作用，將成千成萬的人捲入流行的洪流中。仔細分析人們盲目追求「類似性」的原因，社會心理學家得出這樣的結論：人們把類似性當成自己「正確」的標示（Byrne & Clore, 1970）。生活於社會之中的人，時時刻刻都擔心自己被他人誤解為「落後」：「落後於社會」、「落後於生活」、「落後於資訊」等等，似乎「落後」就會降低自己的社會地位。反過來，人們以為，只要自己像他人一樣，緊跟潮流，緊跟流行，就會被認為自己「做對了」（Holtz, 1997; Houts, Robins, & Huston, 1996）。

　　一般群眾是經不起群體的外來影響的衝擊的，他們時時刻刻以驚訝、好奇和隨和心理，觀察其周圍他人的一舉一動和生活表現。根據社會心理學的研究和調查，大多數群眾都把接受外來影響當成自己同

社會相結合的標誌。社會心理學家拉達內（Bibb Latané）所提出的「社會影響理論」（Social Impact Theory）認為，有三大因素決定著個人接受社會影響的程度。第一，是周圍群體的「強度」（Stength）；第二是周圍群體對個人的「近密性」（Immediacy）；也就是說，在影響發生作用的限度內，周圍群體在時空方面同個人的近密程度。第三，是周圍群體的「人數」（Neumber）。強度和近密性越大，同群體的一致性、雷同性和類似性就越強。至於在人群的數量方面，其影響方式就顯得更為曲折複雜（Latané, 1981; Latané & L'Herrou, 1996）。流行文化從來都是靠它的群眾性和強制性而取勝的。社會群體對於一波又一波的洶湧澎湃的流行潮流，其基本態度總是「順從一致」。

此外，個人和群體的心理情感結構中，還包含著理性和非理性的雙重層面，而且兩者之間不但沒有明顯固定的界限，甚至還相互影響和相互滲透，使理性和非理性的因素有時清楚地區分開來，有時又混淆在一起，造成流行文化運動中非常複雜的社會心理現象。因此，在分析流行文化的社會心理基礎時，不能僅僅考慮理性的因素，還應考慮非理性及其與理性的複雜交錯影響。

第二節　消費心態、品味與生活風格

在探討人類實踐活動的客觀化過程時，法國思想家李克爾（Paul Ricoeur, 1913-　）注意到行動主體的主體性（Subjectivity）和社會同一性（Social Identity）問題的重要性。他認為，為了在外在對象中實現客體化，發展主體性和社會同一性，人的實際活動不可避免地要同三個領域發生關聯：政治、經濟和生活世界。在由交換價值、金錢、資本和市場所構成的經濟領域內，勞動、工作和私有財產保證了生產

品、商品和私有制。在以國家機器為基本成份的政治領域內，權力是在公共機構和制度中客觀化和結晶化。由此建構了統治、同一化過程和群體結社的結構方式。上述兩個領域內，整個客觀化過程全靠市場和國家來控制和掌握。第三個領域就是生活世界，在這裡，他認為，由於消費文化的氾濫，品味模式（Taste pattern）構成了價值系列中的重要組成部分。主要以等級式結構組織起來的品味模式，是靠象徵、文本、藝術品和工藝品的文化物體和產品所組成和表達出來的。在這個領域內，上述象徵、文本、藝術品和工藝品等文化產品，是在人們需要相互認識、評估和評判的時候，用來表現他們自身和他人的身分。人們的各種品味，在現代社會中，顯然是靠消費性物質和商品實現其等級劃分的功能；而隨著當代社會制度化的完善化進程，它們也伴隨著高度物質化的文化機構，如學校、出版社、報刊雜誌、博物館及文化工業等，進行分類和等級化（Ricoeur, P. 1970[1965]: 507）。

另一位法國當代社會學家布爾迪厄，進一步在其對於社會經驗生活方式的系統調查的基礎上，總結了另一種類型的心態和品味理論。

布爾迪厄的心態和品味理論是同傳統理論完全對立的。首先，他反對像傳統理論那樣，將心態、品味和鑑賞力當成孤立的精神狀態，反對將它們同物質世界、同生活世界以及同實際活動對立或分割起來。布爾迪厄試圖跳出傳統關於精神與物質、心與世界以及思想情感與實際活動的二元對立模式，從現實的實際生活經驗調查，探討當代消費社會中人們的消費心態及其品味的狀況。其次，布爾迪厄也反對將品味抽象化，似乎它是脫離人類實際生活和實際行為的抽象概念。

所以，布爾迪厄的品味理論實際上同康德等人的經典美學理論直接相對立。布爾迪厄在一定程度上同尼采一樣，反對康德的學究式的品味美學概念。康德曾經在他的《判斷力批判》中，強調品味判斷力是美學的（das Geschmacksurteil ist ästhetiisch），它既含有普遍性的品格，又同個人的主觀愉悅感（the feeling of subjective pleasure）密切相

關。所以，康德把品味置於「自然的感性領域與自由的超越性領域之間」的溝通橋樑。美學品味作爲一種特殊的判斷力，既不同於尋求眞理的理智，又不同於尋求善的實踐理性。在康德看來，審美判斷力不可能成爲人的獨立功能，因爲它既不能像理智那樣提供概念，也不能像理性那樣提供理念；它只是在普遍與特殊之間尋求某種關係的心理功能。但是，這種判斷力又不同於《純粹理性批判》中所說的「決定的判斷力」，而是一種「反思的判斷力」，它是一種審美的目的論判斷力。這究竟是什麼樣的審美的目的論判斷力呢？

　　康德爲此爲美學品味（品味判斷力）界定了四項標準：第一，從「質」（Qualität）的角度，品味判斷力是獨立於一切利益的。他說：「愉悅作爲品味判斷力的決定性因素是獨立於一切利益的（Das Wohlgefallen, welches das Geschmacksurteil bestimmt, ist ohne alles Interesse）」（Kant, I.: 1995[1788]: 58）。換句話說，對於一個對象或一個形象顯現形式，不憑任何利益標準、而單憑是否能引起愉悅感所進行的判斷力，就是品味判斷力（Ibid.: 67）。所以，所謂「美」，其首要標準，就是能夠不計較任何利益而能引起愉悅感的那種對象。第二，從「量」（Quantität）的角度，所謂「美」，就是「不涉及任何概念、卻又能呈現普遍的愉悅感的對象（Das Schone ist das, was ohne Begrifft als Objekt eines allgemeinen Wohlgefallen gestellt wird）」（Ibid.: 67）。康德在這裡強調美雖然是屬於一種主觀的愉悅感受，但它必須具有普遍性的品格；也就是說，它必須同時又能被許多人普遍地感受到。第三，從「關係」（Relation）的角度，「美」「是一個對象的合目的性的形式，但在感受它時並不包含任何目的的觀念（Schönheit ist Form der Zweckmaßigkeit eines Gegenstandes, sofern sie ohne Vorstellung eines Zwecks an ihm wahrgenommen wird）」（Ibid.: 99）。所以，美是一種無目的的「合目的性」的形式。美既然是形式，康德就把它歸入先驗的原則。品味判斷力作爲一種反思的判斷力是一種自然的合目的性。

「這個自然合目的性概念，既不是一個自然概念，也不是一個自由概念，因為它並不賦予對象（自然）以任何東西，而僅僅表現一種特殊途徑，經由這種途徑，我們反思自然諸對象作為貫穿聯繫著的經驗所必須在其中進行的。因而它是一個判斷力的主觀原則（公設）（Dieser transscendentale Begriff einer Zweckmaßigkeit der Natur ist nun weder ein Naturbegriff, noch ein Freiheitsbegriff, weil er gar nichts dem Objecte [der Natur] beilegt, sondern nur die einzige Art, wie wir in der Reflexion über die Gegenstände der Natur in Absicht auf eine durchgängig zusammenhängende Erfahrung verfahren müssen, vorstellt, folglich ein sub-jectives Prinzip [Maxime] der Urteilskraft）」（Ibid.: 34）。第四，從「模態」（Modalität）的角度，「美」是一種不涉及概念而必然令人愉悅的對象。品味判斷雖然不屬於認識領域，不需要概念建構，但它要求普遍性，即需要得到普遍的承認和接受，具有普遍有效的可傳達性。在康德看來，品味判斷的這種性質，說明它並不只是可能性和現實性，而且，也是一種必然性。而在康德的範疇分類表中，「必然性」是屬於模態範疇的。但是，對於美感的這種必然性，並不能來自經驗；它只能屬於先驗性。康德把這種特殊的先驗性稱為先驗的共通感。人的社會性決定了所有的人都會有共通感。

布爾迪厄認為，一個人的品味是在他的生活風格和消費活動中顯現出來的。品味和生活風格一樣，都是在實際生活和實際活動中活生生地和形象地體現出來，是直接在行動和生活中，通過可以看得見的人們的實際生活風格和消費行為而具體地呈現出來。

在當代社會的消費生活中，對於消費品的態度，並不是單純出自物質消費的需要，也不僅限於滿足身體欲望的單純需求，而是包含著品味和美的鑑賞，包含著整體心態結構、氣質、情感及美學愛好的薰陶過程。當代消費中的心態表現，是消費者個人心態和整個社會心態結構的組成部分及其一種表現，它的形成、鞏固和變化，一方面同個

人心態和品味的歷史形成和變化過程相關聯，另一方面又同整個社會心態結構的變遷緊密相關；而且，個人心態和社會心態之間還存在著非常複雜的互動關係。同時，消費活動中的心態和品味，又是緊密地同消費行爲和實際生活的模式、風格以及具體實踐過程相關聯。

　　爲了更細緻地分析消費社會中心態和品味的形成及其變化過程，必須按層次地分析上述三大層次的心態結構的運作邏輯，即：（1）個人消費心態同其整體心態結構的互動；（2）個人心態和品味的歷史形成「軌跡」（trajectoire）；（3）消費心態同消費行爲和生活風格的互動。爲此，必須首先分析屬於個人心態和品味方面的變化，接著分析整個社會心態結構的變遷，最後，則分析個人心態和社會心態的相互關係及其變化的總體結構的運作過程。但是，正如上一節所已經指出的，不論是個人心態和品味方面，還是社會心態結構方面，也不論是個人心態和社會心態的相互關係的運作，都同時包含著雙重雙向互動的生命結構，必須全面加以分析。

　　布爾迪厄爲了深入分析消費心態的複雜結構，提出了「生存心態」（Habitus）、「生活風格」（Le style de la vie）、「象徵性權力」（le pouvoir symbolique）、「資本」（le capital）、「心態結構」（la structure mentale）和「社會結構」（la structure sociale）等重要概念和範疇，因爲在他看來，心態和品味問題，始終都是同權力和社會地位等因素密切相關。因此，只有首先弄清這些重要概念和範疇及其相互關係，才能對他的消費心態和品味理論有所瞭解。

　　布爾迪厄首先提出四種類型的「資本」，作爲他分析當代社會階級結構的出發點。他認爲，當代社會階級結構已經發生根本變化，其主要標誌就是人們的社會階級地位並不是固定不變和明確區分開來的，而是時常隨社會場域中的權力鬥爭及權力再分配過程而變化。不僅如此，而且，人們的社會階級結構也不單純決定於經濟因素和財產狀況，而是綜合經濟資本、社會資本、文化資本和象徵資本的掌握程

度，決定於社會場域中權力鬥爭的過程和結局，還決定於鬥爭中的策略應用本領。所以，資本並不是單純的經濟概念，而且是可以應用於社會各個領域的價值和資源手段。而在所有的資本中，象徵性資本是唯一成為衡量社會地位的最後手段。其他各種資本，如果要有效地發揮其社會功能，顯示出其威力及其決定社會地位的能力，就必須轉化為象徵性資本。一個人的社會地位（聲譽、名望及權能），就是他的象徵性資本總和的實際體現。文化資本就是與高等教育、精緻的品味及高級文化技能等因素密切相關的一種最重要的象徵性資本。在當代社會中，一個人的教育、資訊及科學技術等知識的狀況，同樣也是他的文化資本的重要表現。社會資本是一個人的社會關係狀況的表現，是他的親友關係、社會關聯同社會權力集團的關係的度量性標誌。人們的經濟資本和文化資本的積累及增長程度，決定於他們長時期的有效投資狀況。社會的結構往往使得一部分家庭或群體有可能循環地利用他們的優勢，不斷進行其資本的再生產和增值。所有資本的積累、總和和轉換，還需要由整個社會經正當化程序「認可」的「聖化」過程。這是一場反覆進行的「確認」、「否認」、「品味認可」及「品味反認可」的權力鬥爭遊戲活動；在這當中，有時還需要經過反覆而曲折的認可和否認過程，經過將物質性財富轉化為象徵性資本的掩飾性方式，特別是通過將物質性資本加以掩飾的象徵化委婉而巧妙的過程，來實現整個品味等級的確認和正當化。由此可見，品味的等級化及其正當化是現代社會中激烈而又反覆的權力鬥爭的結果，也是在反覆的權力鬥爭中不斷再生產和再調整。布爾迪厄認為，在現代社會中，如同傳統社會那樣，統治階級的品味往往成為全社會的正當化的品味。也就是說，統治階級的品味總是冒充成為「最標準」的品味。但是，布爾迪厄強調：實際上，任何社會都不可能存在普遍有效的品味標準，而且，統治階級的品味也不一定是最好的品味。統治階級的品味只是眾多階級的品味中的一種類型罷了。同布爾迪厄一樣，美國

流行文化研究專家甘斯（Herbert J. Gans）在其經驗調查中，發現美國社會中實際上存在著五大類型的品味等級。根據這樣的分類，他把整個社會分為五大「品味公眾」（taste publics）（Gans, H. J. 1985[1974]）。

「生存心態」是一種秉性系統，它的特點就是可以在行動和思想模式及表達方式中轉化為實際型態。它是長期持續積累和形成的「密碼化」心態系統，又可以在行動和思想表達中經「解碼」過程而外化和客觀化。生存心態同生活風格、同消費活動的方式、同消費中的品味，有密切關係，這是因為生存心態從根本上，就是既來自實際活動和思想過程，又回到實際活動和思想活動中去；它是長期反覆實踐中形成、積累和鞏固，也是在長期反覆實踐中不斷有意識和無意識地外化為行動和思想本身（Bourdieu, P. 1979）。它不是人們所說的「習慣」或「慣習」，因為一般所說的習慣，是被動地在生活中慢慢形成的。但生存心態既內在於思想過程和品味過程，又實際地外化於行動和品味活動，而當它外化於行動和生活時，它就轉化為一種既看得見、又含蓄的生活風格。因此，生存心態是既主動、又被動，在內化和外化共時雙向進行的過程中形成和表現出來。生存心態的這種結構及其實際轉化過程，使布爾迪厄稱之為雙向共時互動的「雙重結構」（Double Structure）或「結構化的結構」（Structuring Structure）和「被結構化的結構」（Structured Structure）的共生體（Bourdieu, P. 1991: 104-106）。

布爾迪厄還強調，生存心態既是歷史經驗的產物，又是現實行動和實際生活的精神思想指導原則。所以，它是在雙向共時運作中，集歷史、現實和未來於同一結構中的密碼系統。對於每個人來說，由於其歷史和現實過程的不同，密碼化的過程也是迥然相異的。正是在這裡，體現了不同的人的文化資本、經濟資本、社會資本和象徵性資本的狀況，因為不同的人的社會地位和歷史經驗使他們的密碼化過程呈現出不同的特徵。品味和生活方式的不同，正好也體現人們的生存心

態結構及其密碼化過程的不同。

個人的或集體的生活方式以及人們的品味狀況，在很大程度上決定於他們的社會經歷和社會關係網絡的特徵。所以，同生活方式和品味相聯繫的，是布爾迪厄的「社會場域」和「權力」等概念。顯然，生活方式和品味是同人們的家庭生活和學校教育過程密切相關，因為它們是在這樣的場合中不斷地被固定、改變和再生產。品味的再生產和實際狀況，是同社會權力網絡及其內在鬥爭狀況有關聯的。通常看來，品味的等級化在很大程度上決定於占統治地位的優勢社會力量所作出的分配決定，由他們決定品味等級的高低秩序。而由他們所控制的學校及各種社會機構，也可以決定品味等級的標準。

在布爾迪厄看來，品味也不限於傳統美學所說的藝術實踐活動和鑑賞活動，而是現代人實際活動中的最基本的心態表現，可以成為個人和他人社會地位及社會身分的評判標準。布爾迪厄在研究和調查現代社會各種人的品味時，很重視日常生活中的各種具體表現。他把食物偏向和餐桌禮儀方式等在別人看來極其瑣碎的事情，當成重要的品味調查對象。

當然，對於消費者心態的研究，既可以從社會心理層面進行理論方面的詮釋批判，也可以從經驗調查的角度進行量化分析，同時還可以在必要的時候將兩者結合起來。

為了對消費中的消費者心態進行經驗研究，美國社會學家羅克茨（Rokech）將美國消費者在消費過程中所追求的價值分成兩大類：目的性價值和工具性價值；其中屬於目的性價值的，包括：（1）生活在一個平靜的世界；（2）過一種舒適自在的生活；（3）享福；（4）過自由獨立的生活；（5）在一個美好的世界中生活；（6）靈魂獲得拯救；（7）占據顯赫的社會地位；（8）過一種活躍而又充滿激情的生活；（9）心安理得和良心上安穩寧靜；（10）生活自如；（11）趨向完滿的生活；（12）維護家庭；（13）過著充滿愛情的生活；（14）

享盡友情；（15）人人平等；（16）有自尊心；（17）維護國家安全；（18）過充滿愉快的生活。

屬於工具性的價值，包括：（1）企圖心；（2）勇氣；（3）能自我控制；（4）理性主義；（5）喜氣洋溢；（6）忠誠；（7）仁慈；（8）理智和反思；（9）寬宏大量；（10）檢點自潔；（11）想像力；（12）服從；（13）才能；（14）禮貌；（15）服務精神；（16）責任心；（17）忍耐；（18）自律。羅克茨所採用的分類方法幾乎同韋伯一樣，只是他結合了美國消費者的特殊心理作了更具體的分析。他所說的目的性價值，指的是消費者生活中所追求的終極目標，而工具性價值是指他們爲達目的所進行的行動中所遵循的價值標準。羅克茨認爲，文化是多層面整合的成果，而它的核心是價值觀。他說，一種價值就是一種持久有效的信念；同其他不同或相反的信念相比，個人或群體在其生活或行動中，往往是傾向於選擇其所追求的價值。羅克茨在著作中制定了著名的「羅克茨價值調查表」（Rockeach Value Survey），以便爲社會心理調查參考所用（Rokeach, M. 1973）。同羅克茨相類似，另一位美國社會心理學家揚克羅維茨（Yangkelovitch）也列舉了三十一種目的性價值，作爲分析社會心理的參考。

第三節　流行文化的美學原則

流行文化的美學原則，就其思想和理論根源而言，主要受到現代主義美學產生以來的各種美學思潮的影響，同時又特別綜合了自第二次世界大戰後發展起來的最新思潮，其中最重要的，是結構主義、後結構主義、符號論、精神分析學、新馬克思主義、解構主義及後現代主義的美學。所以，流行文化美學同傳統美學及後現代主義美學的關

係是雙重性的：它一方面同它們有所區別，保持一定的距離，另一方面又在某種程度上吸收它們的成果，並在某些問題上，同它們相互交錯，具有一定程度的共同點。

除了思想和理論根源以外，流行文化美學的產生和發展，也是有它的深刻的社會和文化基礎，這主要是指現代社會自二十世紀六十年代以來的重大變化。在這方面，值得注意的是現代社會在社會生活方式、社會階層、經濟發展以及科學技術發展成果等領域的深刻變化。

首先，現代社會生活方式，已經隨著經濟和科學技術的蓬勃發展而轉化成為現代消費文化的模式。現代消費文化的產生，促使整個社會生活方式，採取以消費為主的遊戲、享樂和無拘無束的樣態。由於消費本身已經滲透了大量的文化因素，在消費中生活或在生活中消費，也成為一種新興的文化活動。文化同生活的緊密結合，使生活中充滿了品味和美的鑑賞。對於美國社會消費文化生活方式有系統研究的伯內特（Bernett, J.）和布希（Bush, A）指出：在1946年與1964年間出生的美國新一代，有大約50%是屬於「消費取向的佑畢（Yupie）」型人物。他們在美國的總人數大約是三千萬之多（Burnett, J. / Bush, A. 1986）。這批人大多數有過富裕的童年，接受了較高的教育，然後，在七、八十年代期間成批地湧進競爭激烈的就業市場。這種生活經歷以及他們所處的社會環境，使他們培養起一種特殊的生活方式，並同時具有一系列獨特的生活品味和審美鑑賞能力，而當他們中的一部分在不同組織中升上領導崗位或擔任主管工作之後，就會發揮他們所得的權力和影響力，將他們這一代的生活方式、品味和審美方式擴散開來。這就表明：當代社會的一個重要特點，就是消費充斥了一切領域，使生活本身成為了文化生活的一個重要部分，也因此使美學進入了生活。現代生活就是一種追求美的生活方式。美的鑑賞成為生活的一部分。

其次，現代社會階級和階層結構的變化，也導致新型的生活和身

體美學普及開來。

　　流行文化在其發展中，根據它本身同社會大眾日常生活及其實踐活動的緊密結合，在吸收各種美學思潮的時候，也創立了自己的富有生命力的美學原則。所以，流行文化的美學本身是非常複雜的、不確定的和變動著的創作生命體。它的形成和發展也是經歷了一段曲折而混亂的過程。流行文化美學同當代各種美學思想和理論一樣，不只是在其形成和演變的過程中，充滿著各種矛盾和含糊不確定的事件，而且在它的一系列重要美學觀點和原則方面，它同現代性美學及後現代反美學的理論論述，實際上也很難找到明確的區分。就連他們的理論家隊伍也充滿著混亂的局面，其中不管是哪一個人，往往在理論上表達出許多模稜兩可的概念和觀點，以致難以將他們當中的任何一個人確定地歸類於某一種範疇。在流行文化美學同現代性美學和後現代反美學之間的混雜性，表明它們之間的相互穿插性，但同時也表明它們都不同程度地隱含著內在矛盾和弔詭。

　　流行文化美學的奠基人是本雅明和阿多諾。他們兩人，有時最堅持傳統原則，有時又是最反傳統；他們對於某些重要的藝術理論或美學觀點上，往往同時地表現出非常矛盾的立場。他們倆對於現代性和後現代性，都採取非常矛盾的態度：一方面堅持、讚頌和發揚現代性的藝術原則和美學理論，另一方面又不遺餘力地批判現代美學和藝術原則，使他們在很大程度上成為了後現代反文化、反藝術和反美學原則的啟蒙者；然而，他們對於後現代反文化、反藝術和反美學的傾向，又進行尖銳的批判，並在批判中不斷地倒退到現代美學的典範原則，使他們在許多時候成為傳統文化和藝術原則的衛道者。不僅在理論原則上，而且也在藝術原則和美學理論的論述模式和表達形式方面，他們倆都表現出對於體系化形式的厭惡，表現出對於自由自在地表達思想的論述形式的無限嚮往。因此，他們有關美學和藝術原則的著作，其風格和論述表現形式，也體現出後來的後現代主義者的某些

特徵。他們身上，同時地集中體現了現代主義藝術的危機意識和後現代主義的自由遊戲創作精神，也典型地表現了現代性和後現代性兩者的自我矛盾性和弔詭性。在他們的身上，既可以看到現代性和後現代性之間的相互穿插性，又可以看到現代性和後現代性本身各自內含的自我矛盾性。他們倆是不折不扣的「兩性同體」的思想家。深入分析和比較這兩位思想佳的美學思想，不但可以生動地看到現代性和後現代性之間的相互穿插、相互混淆的複雜關係，同時又可以看到後現代反藝術思想觀點究竟如何從現代性中孕育出來。本雅明和阿多諾美學理論的上述矛盾性和弔詭性，在當代流行文化產品的製造和推銷過程中也具體地呈現出來了。流行文化產品在美與醜的標準上所呈現的模糊狀態，同流行文化本身打破了傳統菁英文化同俗民文化的明顯界限有密切關係。

一、流行文化的含糊美學

流行文化所遵循的創作原則，首先是立足於一種「含糊美學」的基礎上。所謂「含糊」，指的是流行文化本身的美學標準並不是確定的。在流行文化的設計者和欣賞者看來，「美」不是由美學家所規定的標準而存在於藝術作品中，美是隨時隨地依據生活本身的旨趣而不斷變化。不論哪一種流行文化產品，在其創作過程中，從來沒有首先以現存的「美」的定義作為標準，也沒有考慮以固定不變的「美」的模式創造和衡量其產品。流行文化在其反覆的生產和再生產中，置傳統的美醜對立於不顧，只以流行文化產品本身的生產邏輯自行創造自己的藝術品。只要能夠流行於社會之中，就是「美」的產品。美與醜之間不存在確定不變的區分界限。在昨天、今天與明天的美之間也沒有什麼固定的分界線。一切都是可能的。因而，各種各樣的美也都是

可能的。一位法國依夫・聖洛倫斯（Yves Saint Laurent）著名時裝設計師宣稱：什麼樣的美都是可能的。在各種可能的美之間只能存在某種模糊的界限。設計師的銳利眼光並不在於他善於依據固定模式，而是在於他隨時都可能超越常人的美的標準，敢於在各種可能性之間選擇一種方案。正因為流行文化的美都是可能的，所以，他認為設計師從來都沒有危機感，從來都不會感到自己的設計會走到「盡頭」。要敢於打破各種美的標準模式，才有可能為流行文化設計出具有創作新意的圖式。不僅設計師是模糊美學的追隨者，而且，連流行文化的崇拜者也是無意識地按照模糊美學的原則選擇和使用流行文化產品。廣泛訪問流行文化追隨者的結果證明：他們心目中不存在傳統美學的原則，他們所追隨的是沒有固定模式、沒有美醜界限的流行文化產品。

作為流行文化美學基本原則的模糊性範疇，最初是由本雅明首先加以系統化和理論化的。本雅明這位出生在柏林一位猶太裔藝術品商人家庭裡的流行文化美學家，實際上最有資格被稱為「流行文化美學之父」。他從小生活在藝術的世界中，又在充滿著人文主義精神的高級中學受到教育，最後在柏林和佛萊堡大學的文學系和哲學系取得了博士學位。他的精神生命始終都混沌地充滿著猶太教文化、人文主義、浪漫主義、馬克思主義、現代性以及後現代性文化的因素；而且，他又不同於傳統專業美學家，非常注重對於實際生活的考察，很體諒廣大社會大眾的實際生活及其藝術創作活動。阿多諾曾經說：人們以為本雅明是一位評論家，也是《法蘭克福報》和《文學世界》的一位成員。還有很多人把他當成普魯斯特（Marcel Proust, 1871-1922）作品的最優秀的翻譯家。但是，他的更重要的意義卻是「在另一方面」。阿多諾所說的「在另一方面」，指的是他作為一位哲學家所特有的思維方式，也就是那種自由自在，毫無拘束，根本就不以自己先前所創造的觀念作為固定的教條性原則（Adorno, Th. W. 1986, Bd. 20. 1: 169）。所以，阿多諾似乎同本雅明一樣，寧願以不斷變化和不確定的「碎片式」

表達形式，也不願意追求固定不變的觀念系統，更不願意在系統的形式中犧牲自己的思想自由。本雅明主張將藝術真正地還原為藝術本身，使藝術回到生活中去，尊重藝術同生活的血肉聯繫，並保障藝術作品的一種內在的無止境的反思，以此同傳統的各種教條主義的美學斷絕關係。

　　在本雅明看來，藝術創作始終都是作者本身創作靈感及其不可替代的風格的自然流露。藝術家永遠不會知道他自己究竟「應該」在什麼時候、以什麼形式進行他的創作。流行文化產品的創作，始終也都是違背那些被人們設定為「應該」的模式。創作是一種奇特的突發性創造活動，雖然其中免不了包含一些理性因素，但歸根結柢它是不可預測和不可能按部就班地進行的。試圖將藝術創造納入理性控制或籌劃，試圖將藝術創造活動牽制性地由國家或行政機構加以控制，都是注定要失敗的。同時，藝術也不可忍受任何類型的形式、架構或公式的限制，因為藝術根本不是科學研究，更不是行政工作，似乎需要什麼制度或規則加以規範。本雅明還認為，任何一部作品的形式，對於．藝術來說始終是偶然的；而對於該藝術品的任何一個評論，又為該作品超越其界線、而朝向藝術的無限理念發展提供新的力量。所以，本雅明非常重視文學藝術的評論，他認為藝術評論本身有是藝術的再創造。正因為這樣，藝術評論也不應該有標準。為了深入研究藝術評論的自身邏輯，他把集中了小說各種形式的特徵的散文，當成最完備的浪漫主義文學形式。散文的最大優點就在於它不論在結構、形式和風格方面，都是以「散」為特徵。要達到真正的「散」，就必須貫徹模糊美學的原則。撰寫散文的最大忌諱，就是過於嚴謹，不懂得放鬆思路，任創作自身尋找恰當的語詞和語句。同時，本雅明在斯列格爾、諾瓦利斯和荷爾德林等浪漫主義作家關於近代的「節制」概念中，預見了由福婁拜（Gustave Flaubert, 1821-1880）和各種象徵論作家心目中的意識流藝術的形象。

流行文化的模糊美學實際上也主張意識流的創作精神。創作的意識流是任意流竄的，它沒有目標，也沒有標準。人只有處在真正的模糊狀態，才能真正讓意識流活躍起來。流行文化的創作中，任意識流帶領創作的思路，放鬆一切精神緊張狀態，才能達到最大的產品設計效果。

　　本雅明在論述和分析浪漫主義藝術批評觀的時候，比較了歌德（Johann Wolfgang von Goethe, 1749-1832）和耶拿學派的不同觀點。本雅明批判和反對歌德重內容、輕形式的評論觀，捍衛和支援耶拿學派重形式、強調藝術評論創造性的文學藝術評論觀。在本雅明看來，只有通過藝術評論才能將藝術的形式解脫出來，獲得高度的發展自由，從而也為藝術作品本身的自由發展提供最廣闊的可能性。從他從事文學藝術理論研究活動的時候起，本雅明就把文學評論當成藝術和哲學之間的中介，以便彌補神學、哲學和藝術的巧妙結合的艱難過程中所遭遇到的侷限性。他認為，任何一種藝術作品，都同某種完美的理念存在著內在的深刻親和力，而完美的理念又只能在多樣的藝術作品中表現出來。文學評論就是要顯露作品中內涵的真理內容，但真理又只能通過具體而特殊的藝術形式表現出來。顯然，本雅明已經在藝術作品的美學價值中看到了真理的因素，並把美同真理的複雜關係體現在文學評論活動中。

　　本雅明還將「神秘性」範疇納入美學和藝術評論中，試圖凸顯藝術創造活動中的某些神秘因素。實際上，模糊美學的真正貫徹，必定會出現一系列神秘現象。羅蘭・巴特一再強調流行文化創作的神秘性，他甚至認為，流行文化本身就是充滿神秘性的社會神話。藝術創造和再創造，既然是一種最複雜的精神心靈創造活動，它就難以單靠語言、形式或其他任何手段進行全面表達。這就決定了它的神秘性。它的神秘性固然表現了藝術本身包含著某些悲觀因素和虛幻性，但同時它也恰好保障了藝術的高雅和神聖性質。流行文化產品的神秘性，

往往成爲它們取得成功的秘密武器。許多流行文化產品的推銷者，在其推銷策略中，最重要的一條，就是設法將其產品神秘化。爲此，他們在尋找廣告商時，最主要的標準，就是評判廣告設計能否達到使產品神秘化的程度。

　　藝術的神秘性只有在其同生活的緊密聯系中去理解，也只有在生活中才能被揭示出來。本雅明曾經在〈對於強力的批判〉（*Zur Kritik der Gewalt,* 1921）一文中，強調社會生活形式的神秘性。他認爲，生活的神秘性是同藝術的神秘性有密切關係的。包括法制和道德等社會生活形式，都不可能眞正地從自然、從其力的關係中以及從其本身所內在的精神力量中解脫出來。他對於社會生活形式神秘性的信念，也使他認爲：藝術家以及其所創造出來的藝術作品都隱含著某種程度的神秘精神，而這種神秘精神是很難徹底的弄清楚。不論是歌德，或者是歌德作品中的各種英雄人物，都具有某種神秘性。這種神秘性，例如在某一個人物中所體現的充滿魅力的美，正因爲是神秘性，完全擺脫語言的約束，簡直成爲了一種純粹的明顯現象，在歌德的藝術作品中，經常出現這些純粹的明顯現象，體現了某種最天眞無邪的含糊性，同時也體現出無法表達出來的崇高。才成爲小說和藝術創作的某種精神動力。爲了取得大學教授職務，他從1925年起動筆撰寫《德國悲劇的起源》。這部本雅明生前唯一完整的作品，不論從語言和風格方面，都顯示出本雅明的充滿思想矛盾的性質。據說是因爲這部著作不符合傳統規則，行文過於抒情，自說自話，不受約束，而被法蘭克福大學拒絕。在這部作品中，本雅明已經顯示出對於現代性的高度興趣，透露出他對現代性中充滿思想矛盾的特徵的嚮往。本雅明試圖通過寓言式的風格表現出猶太教、馬克思主義和現代性之間的混雜關係。他不願意使自己的思想觀念固定化和確定化，卻又不放棄傳統文化和馬克思主義以及猶太教文化所規定的基本原則，使他的思想觀念永遠都是在確定和不確定、傳統和反傳統之間穿梭。其實，本雅明心

目中所嚮往的理念，就是德國巴洛克戲劇所呈現的充滿著廢墟、死亡和災難的混亂景象，並把世界的混亂性和人類自身在確定和又不確定的世界中的生活，當作創作靈感的一個源泉。

本雅明對卡夫卡非常敬佩，尤其讚賞他的那種「同時把握政治和神秘兩個目標」的精神。其實，政治的和神秘的目標是一致的。所謂政治，本來就是將現實和可能靈巧地結合起來的一種藝術。眞正的政治家必須善於估計現實中的哪些力量和因素是值得同未來起主導作用的力量相結合的。政治的目的是要再現實和可能的未來之間架起一座理想的橋樑，不但成爲號召自身和社會爲之奮鬥的目標和通路，而且也成爲同其他政治派別較量、並玩弄計策謀略的一個手段。正是在估計和操縱現實同可能的相互關係時，顯示出政治的高於其他一切的優點。在現實和可能之間，存在著多種多樣可選擇的確定性和不確定性。因此，從事政治活動也成爲個人自由創造發揮最大才能的一個領域，同時也是進行自由創作冒險和遊戲活動的理想場所。在這個意義上說，眞正的藝術創作也就是等同於政治。政治的上述特徵顯然具有神秘的性質，同時有集中表現出政治的兩面性和弔詭性。本雅明對卡夫卡的「政治和神秘雙重目標」的追求，正好顯示出本雅明本人及其作品的特徵。

同法國的馬拉美（Stéphane Mallarmé, 1842-1898）等現代性作家一樣，本雅明對於藝術、文學和語言之間的相互關係非常敏感，並做了深刻的反思。也許是他的猶太教傳統的影響，使他對於寓言的表達形式深感興趣。寓言如同各種模糊一樣，正因爲它是模糊的，所以，它才顯示出它的可貴和不可替代。寓言既表示一切，又不表示一切。寓言固然顯示模糊的不穩定性和各種可能性，但它又以其不可替代性凸顯了它的唯一性和確定性。這種確定性不同於傳統所追求的那種確定性，它是以其不確定爲基礎的確定性，它又是以其獨特性而襯托出它的「唯一的不確定性」。他在《德國悲劇的起源》中，嚴厲批判現代文

學和藝術對於寓言式表達的扭曲。他認為，寓言是採取某種帶驅動力的書寫方式，寓言的使用不僅使創作者有可能表達出已經被驅動出來的思想情感，而且也有可能繼續表達出尚待表達的那些精神創造力量，這種表達的持久性甚至可以延伸到作者本人已經消失或者已經停止創作。同樣地，寓言還可以驅動面對著作者所驅動出來的精神力量的讀者們，使他們繼續作著未完成的創作活動。本雅明甚至認為寓言對會領作者和讀者一起回溯各種意義的原初歷史，找回由於主體性而喪失的各種意義。寓言不同於一般的象徵，不僅具有多重的可能意義展現結構，而且可以持續地驅動歷史的車輪，使由各種原因而破碎的或殘缺的歷史得以恢復，並因而可以彌補歷史的痛苦。

　　本雅明對於藝術創作中的寓言形式的分析，後來成為流行文化產品設計和創作的指導原則，也成為後現代主義藝術創作原則的一個基礎。根據本雅明在1940年所寫並在1942年發表的《論歷史的概念》（*Über den Begriff der Geschichte,* 1940）的基本觀點，人類歷史是在某種斷裂的和充滿閃爍不休的時間片段結構中而存在的。歷史的展現，伴隨著作為歷史產物的個人所處的現實位置，而呈現出不同程度的模糊性。因此，歷史也伴隨著觀察者和思索者的不同現實位置而呈現出不同程度的透明性和可見性。本雅明的歷史觀點顯然是建立在他的濃厚色彩的猶太教救世主觀念的基礎上。按照猶太教的救世主義，時間往往在現實充分地呈現出來，但又同時地同呈現過或未呈現過的時間以不同程度的模糊性並存著。猶太教救世主義的這種時間觀，完全不同於近現代歷史主義所想像的時間；其主要區別點，就在於否定歷史連續性、虛空性和一線性，同時也反對「進步」過程所呈現的時間同質性。本雅明從猶太教救世主義的觀點出發，把時間的斷裂性和不連續性同人類文化和精神整體性緊密地結合起來。因此，儘管歷史時間結構是斷裂的和不連續的，但在本雅明看來，由於人類文化和人類精神的整體性，在不同歷史瞬間的人，有充分可能通過人類精神本身的

直觀而抓住歷史中某些具有特殊意義的片段。人的創作以及人在生活中所從事的各種活動，都離不開歷史的脈絡。但由於歷史的上述特徵，以及人類本身的精神和文化的特質，使各個時代的人，有可能把其自身優先進入的歷史瞬間同已經消失在模糊斷裂結構中的時段連接起來。也正因為這樣，具有創作能力的人，總是可以不同程度地，從其所占據的現實位置，感受到或甚至看到具有不同明亮度的歷史。人同歷史之間的上述既真實而又神秘的關係，使任何時代的人和文化，都有可能接受和發揚在歷史中所滲透的各種傳統。在這個意義上說，傳統雖然是在歷史中存在，但傳統的呈現和發生作用，卻需要歷史同其接受者之間的某種關係。傳統也因而是在歷史同人的關係中時隱時現地發生作用。所謂氛圍是始終伴隨歷史，並因而也伴隨傳統而存在的。本雅明說：「過去的真正圖像是飛掠而過的。只有當『過去』作為一種圖像在某一個瞬間閃爍而現、而同時又能被確認卻看不到的時候，過去才能被把握」（Benjamin, W. 1942）。本雅明在這句話之後不遠的地方，進一步指出：歷史的過去的任何一個瞬間，雖然隱隱約約地閃爍在歷史場合的某一段，但它始終同現實的人息息相關；只是當現實的人，由於其關切的方向和中心點，使過去了的瞬間重新地同作為關切者的現實主體發生關聯。所以，只有當主體本身不再關心歷史瞬間的時候，過去才在歷史的黑洞中消失。本雅明在引述歷史學家蘭克（Leopold von Ranke, 1795-1886）的話時說，恰當地評價和把握歷史的過去，並不是要把它當成實際存在過，而是把它當作在一個危險時刻而閃爍出現的記憶來把握。雖然本雅明在論述其獨創而神秘的歷史觀時，一再地聲稱他的歷史觀是屬於歷史唯物主義，但他顯然以猶太教的神秘觀點看待歷史。本雅明在講「歷史的過去」時，每當他強調「過去瞬間」的價值的閃爍性時，一再表現出他對於威脅著歷史和自由創作的「危險時刻」的敏感感受。把歷史的存在及其作用同歷史時時遭受威脅的可能性密切地關聯起來的這種觀點，就是猶太教救世

主義的基本精神。但在本雅明那裡，正是這種精神，又轉化成為進行自由創作的一種動力；成為尋求自由的人，在歷史茫茫傳統長河中，探索克服威脅的開創性活動的一種精神支柱。本雅明並沒有因為歷史時時遭受威脅的狀況而置自身於無奈，而是積極主動地去把握那些關於受威脅的歷史瞬間的記憶閃現的時刻。歷史的價值就在於：它經常無意地在某一個危險的時刻獨一無二地向人們呈現歷史的面貌。本雅明之所以一再地將歷史同危險的時刻連結在一起，主要是因為他自己已深感陷入在危險的歷史時刻中。

　　同時，本雅明也以其親身經歷，深深感受到歷史的傳統及其接受者都同時地在危險的時刻受到了威脅。他試圖拯救傳統，也同時地拯救受傳統精神薰陶的現代文明，以免遭受猖獗一時的法西斯勢力的破壞。但他並不消極地反抗，而是召喚新的自由創造力量向當代的統治勢力挑戰。本雅明堅信歷史及運載在歷史中的傳統是一股不可戰勝的力量，因此，他認為危險時刻中所呈現的邪惡勢力終將會被毀滅。他引用布列斯特一篇歌劇中的詩句：「認定黑暗和酷寒，在無底深淵中，伴隨著貧困，時時迴響」（Brecht, B. The Threepenny Opera）。本雅明對於歷史瞬間中呈現的各種邪惡勢力的確認，包含著他對戰勝這種勢力的堅強信心。但是，本雅明的堅強信心總是透過他對歷史的悲哀情感而表現出來。本雅明對於悲哀的感情隱含著對於歷史和文化力量的清醒估計，因為他清楚的意識到：真正的悲哀感情不是純粹的悲觀主義，而是能夠導致宣洩智慧和勇氣的暫時移情。在這點上，本雅明引用了法國作家福婁拜的深刻詩句：「只有少數人，才真正猜測到：必須以何種程度的悲哀，才能把迦太基人激奮起來」。正是在歷史文化的傳統中隱含著暗示悲情和勇氣之間的恰當比例。本雅明也正是在這個意義上將「氛圍」同傳統以及同對於傳統的理解連結在一起。

　　本雅明所提出的「氛圍」概念，其中心思想就是要凸顯藝術創作中的「模糊」風格和靈感。氛圍是不可界定的，又是沒有固定形式和

框架的。但它卻確實存在於藝術創作之中，並在藝術作品中隱隱約約地顯示出來，構成為任何真正的藝術作品的靈魂。氛圍一方面是從事自由創作的歷史文化脈絡中所隱含的精神氣質的表現，另一方面又是創作者本身浸透於歷史精神的程度的標誌，因而也是創作者同歷史上過去和未來一切創作者相互溝通和相互交流的中介。氛圍所包含的主客兩方面的因素，永遠都是相互影響和相互依賴的。現代技術及其複製能力極大地破壞了氛圍，使現代人不願意在特定的歷史間隔中生存，不願意在歷史間隔的反覆反思和創造活動中承受必要的悲哀和精神痛苦，更不願享受必須付出巨大精神代價才能鑑賞的藝術唯一性之美。現代人受現代技術的扭曲，試圖像享受速食文化那樣不費力氣地立即把握藝術對象。技術產生了複製的能力，也導致現代人對於技術複製的迷信和崇拜，使藝術創作的氛圍消失殆盡。本雅明認為現代電影就是最典型的「後氛圍時代」的技術複製藝術。本雅明的氛圍概念，早在一百年前的法國詩人博德萊那裡就已經提出來了。博德萊在《光環喪失》（*Perte d'auréole*）的詩文中已經深刻地揭示了現代氛圍的沒落。同本雅明一樣，博德萊在使用氛圍概念時也表現出含糊不清的態度。他一方面用氛圍表現時代創作精神的墮落，另一方面又表現出氛圍所表達的內容的徹底喪失。實際上，本雅明和博德萊都強調氛圍本身的精神力量同對氛圍進行反思的創作者之間的相互關係。在這個意義上說，氛圍的概念隱含著主體間性相互關係的建構。因此，當代氛圍的沒落也意味著主體間性的削落。當代氛圍衰落的信號，意味著徹底重建當代文學藝術的必要性，也意味著對傳統進行徹底反思的時刻已經到來。

在〈技術複製時代的藝術作品〉一文中本雅明進一步發展了浪漫主義的文學創作精神。他強調隨著當代技術的發展而轉變的人類感官能力，同時也進一步研究在技術時代中感官轉變對於藝術創作的意義。當代技術的發展使原有的時間概念得以通過資訊和媒體的多重象

徵性結構而包含著更大的延展性、凝縮性、共時性、多元性和交錯性。時間再也不像古典自然科學和哲學那樣，不只是具有單向性、一次性、不可重複性、不可逆性和連續性的特徵，不只是一種孤立的流程和抽象的框架，而是同人們的行動及其成果相互包含、相互伴隨和相互穿插，使時間更加顯現出循環性、重複性、潛在性、穿梭性、凝縮性和延展性。技術的發展使時間不但成為各因素間有序、有向、有層和相互連結、又可以使之無序、無向、重疊、交錯、無層和間隔起來。所以，時間不僅對於同一性質和同一系列的因素發生統一和標準化的效果，而且也可以對任何不相同、甚至毫無關係的因素發生又統一、又多元化的標準性效果。在現代技術條件下，時間固然是一切因素的存在和發生作用的實際條件和基礎，但同時、並更加是其可能的條件和基礎。在這種情況下，時間作為可能性的條件而呈現出來，也使時間在藝術創作者和觀賞者面前成為選擇各種可能性的場所。換句話說，作為可能性的時間，可以包含一切可能的因素，也可以使一切可能的事務發生，又使一切已經實際存在和發生過的事物轉變成為不可能性。這就迫使現代人和現代藝術家，必須在每個瞬間中迅速的做出選擇，才能對於確定的和不確定的、可能的和不可能的、可見的和不可見的各種事物，進行鑑別和區分。這樣一來間也就變成了一種象徵；而具有象徵性的時間，實際上就是任何事物成為其他一切事物的象徵性條件。由於穿過某個時間點或穿梭於某個時間脈絡中的事件的多樣性和穿插性，使時間成為了所有這些穿插於其中的事件，轉變成各種可能性的一個場所。當代時間結構的轉變極大的影響著藝術家和藝術鑑賞者的視覺和其他感覺能力。本雅明觀察到當代攝影和電影技術在改變時間結構方面所起的作用，例如通過電影和錄影製作中的蒙太奇和各種剪裁技術的使用，使人類生活的節奏忽而加快、忽而減緩甚至凝滯，也使各種現實和歷史的畫面呈現出多維度的結構，變的片段化、不連貫化或秩序倒錯。現代技術綜合光線、色彩和聲音的多種

重合和分隔，也進一步改造了藝術家和鑑賞者的感官能力，有助於新類型的藝術作品的創作和流傳。對於現代技術影響藝術創作和人們的感官能力的歷史效果，本雅明是給予正面和反面兩種評價。從正面意義說，本雅明充分肯定技術創造對於推進藝術創作多元化的正面作用，同時也肯定技術發展有利於在社會大眾推廣藝術的歷史作用。例如，本雅明高度評價當代電影藝術適應、並改進群眾藝術感官能力的意義；他把電影藝術的這種重要功能同建築的發展及其推動建築藝術的功能加以比較。在這個意義上說，本雅明肯定技術複製的藝術所提供的美學感官能力的正當性。但另一方面，本雅明也揭露技術及其他現代文明中非藝術因素對於藝術創作的介入的消極意義。正如前述本雅明對於氛圍的論述所指出的，技術複製能力的加強對於藝術創作所起的破壞作用主要表現在氛圍的削弱和消失。氛圍，作爲歷史傳統和藝術創作者對於歷史傳統的態度的表現，首先是一種連結歷史文化力量和現實因素之間的關係性網絡，同時又是藝術創作者同鑑賞者、同歷史的因素之間的相互交往和相互影響的精神性橋樑。氛圍的存在及其運作，保障了藝術創作和鑑賞過程中各個主體間的精神交流，也保障任何時代藝術品同歷史整體人類文化創作生命之間的密切連結。現代技術的複製能力對於藝術創作的介入，顯然破壞了上述氛圍運作中的各主體間的交流和創作循環。

本雅明也從猶太教關於救世的神秘觀念出發，把氛圍看做是某種神學的殘留物。這樣一來，藝術中的美，也被看作是世俗化的一種儀式，是在宗教迷信活動中的群眾把握藝術品的一個程式。這樣的理解是同上述對氛圍的肯定性理解相連結的。本雅明實際上借用了藝術史和文化史上原始人通過宗教禮儀活動把握藝術的經驗，去肯定現代技術在普及和推廣藝術方面的功能。在對於現代技術干預藝術創作的歷史研究中，本雅明在立場上時時表現出兩面性和變動性：從對於氛圍消失的分析轉變到對於藝術世俗化過程的肯定，從對於迷信的價值的

肯定轉變到對於藝術展覽價值的肯定。本雅明對於技術複製時代的藝術作品的研究，再次體現了本雅明美學理論的多元性和變動性，也體現出本雅明美學的高度靈活性和生產性。實際上，本雅明總是認為：任何一位具有創作精神的藝術家，不但必須是本人藝術作品的創作者，同時又必須是其自身創作力的不斷生產者。他在〈作為生產者的作者〉一文中指出藝術家不僅通過其作品而外化其自身的創作精神，使自己成為內在的創作的生產者，而且也應該直接的參與生產藝術作品的技術的推動者和生產者，使自己成為生產藝術的技術的生產者和改造者，使藝術因而也成為社會生產力的一部分。在這方面，本雅明比阿多諾更堅決的靠攏馬克思主義的歷史唯物論，企圖使藝術生產納入到社會總生產的體系中去，也使藝術成為推動社會生產力發展的一個動力。正因為這樣，本雅明也主張讓人民大眾更多的和更方便的學會創造和鑑賞藝術，讓人民大眾直接參與藝術的生產活動。正是在這個背景下，本雅明肯定現代技術複製文化的意義。但是，本雅明關於「生產者的作者」的基本觀點，又隱含著鼓勵藝術家直接參與改造藝術家同人民大眾的社會關係的實際活動，使藝術不再成為少數藝術貴族和菁英所壟斷的「象牙之塔」。在本雅明看來，由技術發展所推動的大眾藝術和文化，又將進一步加快藝術的政治化，有力於動員和組織人民大眾發展反對法西斯勢力的社會運動。但是，對於本雅明的上述觀點，仍然不能用一種僵化的固定原則去看待。在那怕是表現出極端馬克思主義化的言詞中，都包含著本雅明相反的觀點和風格。應該說，本雅明的這種充滿著矛盾和充滿著變動可能性的言論，正是體現了他的美學理論的生命力。本雅明的任何一段論述，從來都不被他自己當成約束在創造的框架，而是成為再創造的出發點。因此，本雅明有關藝術創造的任何言論和觀點，如果從回溯的觀點來看，從來都找不到其前期的相同結構。這並不是他在理論上的不一貫性，而是他真正貫徹了「作為生產者的作者」的基本觀點和原則，把自己和所有的藝術

家都看成是不斷創造、因而不可能重複以往任何一種觀點的創作者。
正是這種精神，使本雅明不但成為阿多諾的眞正啓蒙者，也成為後現
代主義者的理論開創者。本雅明在其爲完成的著作《途徑巴黎著作殘
篇》（*Das Passagen- Werk,* 1927-1940）一書中，最典型地表現了他的
自由自在的創作風格。這本著作雖然是由幾篇不完整的草稿所組成
的，但表現了本雅明研究現代性文化的獨創見解，同時也表達了突破
現代性文化界線的某些後現代精神。其中的兩篇重要文章，分別寫於
1935和1939年，對超現實主義的作品以及博德萊的現代性作品進行了
深刻的分析。其中一篇〈辯證的女神〉（*Féerie dialectique*）是閱讀超
現實主義作家阿拉貢作品〈巴黎的農民〉後所寫的。他高度讚揚超現
實主義，強調對於虛幻的幻想世界的想像的重要性。他雖然一方面堅
持馬克思主義的唯物史觀，另一方面卻強調作家在創作中突破現實事
物界線的必要性。他認爲，藝術創作所需要的，不是單純對於現實的
觀察和理解，而是發揮主觀想像力，在歷史和文化的氛圍中創造出像
夢幻那樣變化不定、甚至含糊不清的圖像，並超出現實各種邏輯關
係，用虛幻的力量連結各種可能的因素。不僅如此，藝術的創作還需
要一種同樂觀並存的悲觀精神，因爲只有通過深層的悲觀和焦慮，才
表現出作者對於歷史文化脈絡中隱含的危機和罪惡力量的洞察，表現
出作者在藝術創作中所貫徹的對人類命運的觀測。本雅明的第一篇文
章探討了博德萊的詩歌，他讚揚博德萊創作思考中的含糊創作動機和
理念，同時讚揚博德萊對於現代語言的批判。本雅明指出，各種比喻
和象徵性的文學語言，是用來徹底摧毀現代社會所假像出來各種協調
圖像的有力武器，而且，通過對於語言的批判以及重新使用破碎了的
語言碎片，可以更清楚地和更深刻地表現出普通語言所無法表達的現
代性眞實意義。因此，《途徑巴黎著作殘篇》直接成爲阿多諾進一步
發展現代性和後現代性雙重文學特徵的起點，也成爲當代流行文化模
糊美學的最有價值的參考文獻。

當代流行文化的模糊美學，當然並不局限於本雅明的上述理論的範圍內。流行文化在最近時期的氾濫，反而有助於拓展本雅明原來所設定的模糊美學基本原則，並在當代社會環境中，進一步豐富其實際內容，創造出更新的表達方式。實際上，羅蘭‧巴特、波德里亞及德勒茲等人，也都在其分析流行文化時，進一步發展了由本雅明奠定的模糊美學原則和設計策略。

二、流行文化的生活美學

流行文化同實際生活的緊密聯繫，是建立在它的生活美學原則的基礎上。生活就是美，美存在於生活中，美來自生活本身；沒有生活就沒有美。同樣地，人的生活也是需要美，靠對於美的不斷追求，使生活得以不斷更新和充滿生命力。流行文化在其創作中，通過不斷向傳統道德、傳統藝術和傳統價值觀的挑戰，實際上實現了生活藝術化和藝術生活化的雙向美學理論革命。

從人類學研究的資料可以看出，藝術是人的自然本性的一種表演活動，同時藝術又是緊密地同生活聯繫在一起，以致可以說，最純樸和最自然的原始的人類生活，本來就帶有藝術性，而藝術活動從一開始也是同生活實際活動相互滲透。大量的藝術史資料證明：藝術的表達方式，從一開始就已經成爲人與人之間、人與自然之間相互溝通和相互理解的主要手段。藝術想像和創作活動都是同維持人類生存的基本生產勞動活動同時發生和同步發展的。理性化的邏輯概念和文字化的各種語言論述，都是在藝術活動中萌生和發展出來的。因此，不是理性的邏輯思維和語音文字論述去決定和產生藝術，而是相反，是藝術的自然化和多樣化及其不斷再創造過程，才眞正地成爲了理性思考和語言文字不斷完善化和發展的基礎。藝術同生活的關係，如同宗教

同生活的關係那樣，是比哲學理論和科學思維同生活的關係更早和更普遍地出現在人類文化史上。

自從人類社會分化爲各個階級和各個專業領域之後，對於美的生產、鑑賞和推廣，也逐漸地成爲社會上層少數文化專業分子的特權，從而使美的生產和鑑賞，逐漸地脫離了社會大衆。美學作爲專門研究美的生產和鑑賞的學問，也逐漸成爲專業美學家的專門研究對象，成爲他們獨享和壟斷的領域。流行文化不斷地將藝術同實際生活結合在一起，使兩者長期以來的分離，在流行文化本身的發展中合而爲一。本來，藝術和生活都是源自人的超越本性的。人的生活中的不斷自我超越，導致人類在藝術、哲學、科學和宗教方面的創造；反過來，藝術、哲學、科學和宗教的不斷更新，又同時地提升了人的自我超越能力，使人的本性和他在藝術、哲學、科學和宗教方面的超越，都雙雙無止盡地循環發展下去。藝術既然來自生活，它當然就要回歸生活。這就是流行文化生活美學的基本創作口號。

從人類學研究的資料可以看出，藝術是人的自然本性的一種表演活動，同時藝術又是緊密地同生活聯繫在一起，以致可以說，原始的人類生活本來就帶有藝術性，而藝術活動從一開始又是同生活實際活動相互滲透。人不同於一般動物的地方，就在於他不會滿足於平淡的、無創造的和始終一致的生活方式。人在其生活中，一定要不斷尋求突破，尋求新的探險，要在「驚訝」和「好奇」的驅動下，不斷超出原有生活的圈子，並在非現實的領域一再地試探，不惜付出最高代價，甚至寧願犧牲自己的生命，以換取新的創造成果。這就是人的偉大之處。人的這種本性，使藝術創造和其他超越活動成爲一種不可避免的事情。同時，由於人的超越就是人的本性本身，所以，在藝術和哲學、科學以及宗教領域的超越活動，也就成爲人的生活中的普通現象。所以，藝術同生活的結合，特別是在流行文化中的合而爲一，是人類社會文化發展的自然結果。

至於藝術的表達方式，從一開始也是成為人與人之間、人與自然之間相互溝通和相互理解的主要手段。藝術想像和創作活動是同維持人類生存的生產勞動活動同時發生和同步發展的。理性化的邏輯概念和文字化的各種語言論述，都是在藝術活動中萌生和發展出來的。因此，不是理性的邏輯思維和語音文字論述去決定和產生藝術，而是相反，是藝術的自然化和多樣化及其不斷再創造過程，才真正地成為了理性思考和語言文字不斷完善化和發展的基礎。藝術同生活的關係，比哲學理論同生活的關係更緊密。

　　再次，藝術表達方式所具有的「含糊性」和「象徵性」以及「自我再生產性」，不但符合自然世界的基本規律和內在本質，而且也符合人類本身的最自然思考模式和生活方式。藝術同自然、同生活的共在和同步發展，使藝術思考和創作的基本模式，同自然界的存在本身、同生活所採取的自然模式相類似。自然界的存在和人類生活的原始模式就是渾沌，就是含糊性和象徵性。自然界的規律性和秩序性是在自然界的不確定性、偶然性和渾沌性中存在的，也就是說，自然界的規律性和秩序性原本內含於其不確定性、偶然性和渾沌性。自然地呈現出來的自然界，是混雜不定而無從辨別。因此，後現代主義者德勒茲等人堅持認為「渾沌」原是自然的本來面目。渾沌就是各種區別的共在，也是各種區別的延伸、更新和再生產，同時也是區別自身繼續不斷自我區別化的基礎。區別只有在區別化的情況下才有可能發生，而區別自身也只有在渾沌的情況下才有必要被提出來和被產生。渾沌是自然界生命的基礎和基本表現形式。正因為渾沌，自然界中的各種複雜的內在構成因素之間，才因其內在區別而相互滲透和相互轉化，才有生存的能量和發展的動力。發源於自然的人類生命及其生命活動形式，也是以渾沌作為基本模式。德勒茲把世界的渾沌比喻成為相互重疊和相互穿插的無規律皺摺，他有時稱之為「巴洛克式建築」，有時稱之為「千層物」；有時他也借用福柯的語詞，稱渾沌為「檔案」。所謂

巴洛克式建築，是借助於巴洛克建築所呈現的那種高低不平和千奇百怪的曲折圖案重疊結構，來表現渾沌的外在呈現形式。巴洛克式建築是西方建築藝術史上採取最花俏和凹凸不定圖案呈現出來的建築物。在談到巴洛克建築的比喻時，德勒茲又引用萊布尼茲的單子論，通過各自不同的「單子」之間的相互觀看，通過單子間相互觀看所產生的千層皺摺式的世界，他再次強調了世界本身的渾沌性質以及利屬於這個世界的人的思想的渾沌性。德勒茲引用萊布尼茲的「單子」以及單子所組成的世界來說明世界的渾沌性，是意味深長的。這是一種比喻，當然就是後現代主義的一種思考模式，是後現代主義者爲了對抗和破壞被傳統形上學和理性中心主義所規定的語言論述的一種抗議形式。在萊布尼茲那裡，單子是一個個獨立的實體。它們彼此間沒有任何完全相同的性質和形式，而各個單子都以其自身特有的觀看方式去面對整個世界和其他的單子。而且，用來觀看世界和其他單子的那種觀看器官，在單子那裡，並不像人的雙眼那樣簡單；不但它們的結構是相互區別的，而且，它們觀看世界的方式也始終都是非同一的。萊布尼茲把單子觀看的器官比喻成爲「窗戶」。在這裡，「窗戶」只是作爲單子將其自身同外在世界、同其他單子相互溝通的通道罷了。作爲通道，這些窗戶實際上又採取多種多樣的形式和步驟進行溝通。單子的窗戶也就成爲單子間相互滲透和相互折疊的中介。所以，德勒茲在談到由單子所構成的世界的渾沌結構時說，世界「無非就是皺摺、反皺摺和再皺摺（Il s'agit toujours de plier, déplier, replier）」（Deleuze, G. 1988）。

德勒茲用「千層物」（mille plateaux）和福柯的「檔案」（l'archive）的概念比喻渾沌的世界和渾沌的思想，也是意味深長的。如同上述借用「皺摺」、「巴洛克式建築」和「單子」比喻渾沌一樣，千層物和檔案作爲兩種比喻，都是爲了避免傳統語言和理性主義、並對兩者進行抗議的手段。在這種情況下，所謂「千層物」，並不像理性的人所製造

的千層餅那樣具有層層有規律、又有明確相互區別性的層次結構，而是層次不清和不定，有時甚至層次間失去明顯的界限而呈現多種模糊狀態。至於「檔案」，也不是像文明人所整理的檔案那樣井然有序、種類清晰、並自成系統。被稱爲「檔案」的那些東西，就像埋在地下千萬年的古物陳跡那樣，實際上是模糊不清，沒有明確的界限，而各種事物又混雜在一起。

後現代主義者用上述各種比喻說明世界、生活、思想、藝術和各種文化產品的渾沌性。在後現代主義者看來，造成自然、世界、思想、藝術、和各種文化產品喪失其原有渾沌性，而呈現有規律、有明確界限的表現形式的主要原因無非有三：第一，正是伴隨西方傳統文化產生和發展的語音中心主義和理性中心主義，將本來渾沌的自然面目規律化、同一化、並在同一化基礎上區別化，由此出發，然後，再進行不斷的自我區別化和再區別化，造成現代有秩序、分門別類而又高度專門化和統一化的社會世界和文化世界。生活於其中的人及其思考創作活動，也都服從上述規律化的程式。長此以往，規律化被不知不覺正當化和正常化，而原本的渾沌反被當成「異常」。第二，正是伴隨西方傳統文化發展而被正當化的權力網絡，將渾沌的原本結構不斷排斥出去，人爲地確立和鞏固與渾沌相反的各種社會文化「秩序」，才使世界和藝術同時喪失渾沌的原本結構，使整個世界和藝術納入有規律的社會文化秩序之中而失去其原有的生命。福柯在完成《性史》第一卷之後，越來越明確地揭露權力對於人及其創作和生活方式的干預，揭露權力通過改造「自身的實踐」（la pratique de soi）的基本方式，將人及其創作和生活方式，也就是將人及其整個生活世界，都納入符合權力運作需要的社會文化秩序中去。第三，正是被形上學和統治者捧爲最高優先地位的「知識」，不斷地以所謂「客觀」和「中立」的面目和方法，將作爲主體的人和作爲客體的世界，都納入受知識論證、並定位的現代生活世界中，從而使世界以及長期被貶低的藝術都

從原本渾沌的狀態中被定義化。

德勒茲在談到福柯對於傳統文化和傳統藝術的批判時，特別強調：為了揭露傳統文化對於人和藝術的歪曲，福柯不惜從所謂「卑賤的人」（l'homme infame）開始談起。所謂「卑賤的人」，當然是指原初未受傳統文明道德約束的自然人，也是只那些抗拒傳統道德文化約束的叛逆者。由此看來，為了揭示人和藝術的本質，揭露其本來面目，福柯首先向歪曲人和藝術的傳統權力系統挑戰，特別是向傳統權力系統所維護的傳統道德挑戰，不惜以「反道德」或「不道德」的身分，進行他所說的那種「知識考古學」和「權力和道德系譜學」以及「自身的歷史本體論」的揭露方式，論述人及其文化（包括藝術）的不確定性和無規則性，也就是其渾沌性。德勒茲指出：「福柯為此長期地尋求和提供一種回答。這就是要逾越強力的界限，超越權力。而這就意味著展現權力，將權力按其自身運作的樣式呈現出來，而不是以一種權力干預另一些權力的那些方式去展現權力的運作結構。這就意味著展現權力運作中的那種『皺摺』：而這種皺摺，在福柯看來，就是權力對其自身的一種關係（un rapport de la force avec soi）。這就意味著權力自身的內在相互關係的不斷重疊和重複，也就是權力對其自身的關係的複製。正是通過這個途徑，福柯也找到了我們人自身抗拒權力，使我們超脫權力的控制、並返回到自然的生與死之中的基本方式。在福柯看來，古代的希臘人所發明的無非就是這些。在這種情況下，就再也不是像知識中的那些被決定的形式，也不像在權力中所限定的那些規則；而是關係到隨時可以任意選擇的那些規則，這些永遠有選擇可能的規則產生、並決定著藝術作品的存在，而且，這些可變的共選擇的規則，同時又是倫理的和美學的，它們構成為人類生命的存在和風格的基本模式，甚至也成為作為生活一部分的各種自殺的一種模式。這就是尼采發現的那種藝術家權力意志的運作模式，也就是他所發明的新『生活多種可能性』」（Deleuze, G. 1990: 134-135）。

由此可見，後現代主義者反藝術的藝術反定義，實際上是他們反傳統文化及其核心的整個批判活動的組成部分。而所有這些，又決定於傳統文化本身原本對藝術和整個文化所進行的形上學化和語言化程式，也決定於權力和各種知識對於反藝術歷史過程的整個干預方式。

　　藝術和生活、和世界一樣都是以渾沌的基本結構呈現出來。因此，它們都是從本質上和基本結構方面不可界定。對於藝術來說，不只是一般的藝術是不可界定的，而且，藝術中的各個領域也是不可界定的。說一般的藝術是不可界定的，這是由於一方面藝術同生活、同世界都是一樣是渾沌的，是相互滲透的，另一方面是由於藝術本身的自由創作精神也決定了藝術活動及其產品的不確定性。說藝術中的各個領域同樣都是不可界定的，是由於藝術創作各個領域，如繪畫、雕塑、舞蹈、音樂、戲劇、電影等，其本身也是呈現出渾沌不確定的結構，而且，它們之間往往需要通過相互滲透才能達到自我提升。

　　以美國後現代藝術家羅伯特・威爾森（Robert Wilson, 1941-　）為例。他是一位攝影家、劇作家、戲劇和電影導演、舞蹈設計家和塑膠藝術家。他的藝術創作實踐及其作品，可以成為藝術及其內在各個領域的不可界定性的見證。作為一位後現代的藝術家，羅伯特・威爾森並不是傳統意義上的純粹藝術家，而是一位在藝術創作中，通過其無限制的思考和探索，從事抽象形上學理論探討、藝術作品設計、藝術活動指導和組織以及藝術創造等「藝術／跨藝術／多學科」多元化不確定活動的人。在他的藝術生涯中，我們可以典型地看到藝術同生活、藝術同哲學、藝術同科學技術、藝術同工藝以及藝術同宗教相混淆而又相互補充的的特徵。為了探索藝術的生命和藝術的自由本質，羅伯特・威爾森從觀察和分析可以看得見聽得見和觸摸到的藝術形式入手，進一步探索支配著形式不斷變化的藝術生命原動力。他認為，對藝術來說，時間比空間更重要；空間是在時間中移動和變化的。有了時間，才有生命，也才有藝術創作，才有藝術的不斷更新和變化。

因此，在羅伯特‧威爾森的劇作及其導演的戲劇舞台上，空間再也不區分爲「點」，而是分割成「時刻」。整個藝術創作和藝術表演，就是時間的展示。時間爲作者、讀者、觀衆和欣賞者提供了在藝術面前和在藝術之中進行思考和創作的可伸縮的場域。整個藝術創作和表演的遊戲必須在時間中展開，也在時間中不斷地建構藝術形象和自我更新。時間不但沒有給藝術創作限定界限，不但沒有將藝術活動和作品封閉在一個疆界中；反而爲其不斷自我區分和自我延伸提供多維度的可能性。義大利著名藝術評論家瓜達利引用羅伯特‧威爾森下述名言：「問題不在於延緩時間，而是一種自然的時間。在通常情況下，戲劇舞台總是被用來表現一種加快的時間，但對我來說，我使用典型的自然時間，在這種自然時間中，太陽降落、雲彩不斷改變，而白晝從黎明開始。我給予觀衆對其他事物進行思考的時間。我給予他們思考發生在舞台以外的其他事物的時間」（Guadri, F. et al. 1997: 11）。在這段話中，瓜達利充分意識到羅伯特‧威爾森在戲劇和其他藝術創作活動中所遵循的指導思想。根據這個指導原則，在藝術創作和藝術表演的每一個時刻，演員和表演者要充分意識到他們自身的身體各個部分的活動，甚至細膩地意識到：在他們的腳觸及地面以前的那一刹那，自己的腳是如何緩緩運動而準備邁步；細膩地體會當時的腳是如何懸掛在虛空中，又如何在極其短促的千分之一秒時刻中，從一個狀態過渡到另一個狀態。時間對於羅伯特‧威爾森來說是如此重要，以至於必須善於將時間在特定時刻內進行無限制的自由伸縮，以便爲自由創作開闢和在開闢無限的活動空間。例如，一幅展現母親抱起哭著的嬰兒的圖畫，實際上表現了母親在呈現這種動作以前和進行過程中的無限瞬間所發生的複雜情感。創作者和觀衆都可以面對這一動作而進行自由的想像，時間就是自由想像展示程度的基本條件；而想像到什麼樣的自由程度，就要看作者和觀衆如何去分享環繞這種動作所經歷的時間結構。

羅伯特‧威爾森在時間的想像中所創作和導演的所有作品，都是沒有規範和沒有界限的節目。他從六十年代初到1997年創作和導演了無數戲劇和舞蹈，其中沒有一個節目是嚴格地按照傳統藝術的定義製作的。他的最著名的作品，包括《聾子的觀看》（*Deafman Glance*）、《KA山和守衛者丹尼亞‧德拉斯：關於一個家庭和變化中的人的故事》（*KA Mountain and GUARDenia TERRACE: A Story About a Family and Some People Changing*）、《序曲》（*Overture*）、《國內戰爭》（*the CIVIL wars*）以及《蝴蝶夫人》（*Madame Butterfly*）等。這些作品都成爲流行文化創作的模範和榜樣。

三、流行文化美學的弔詭性

流行文化美學的弔詭性（paradoxe），主要是指它的基本原則的模稜兩可性、不確定性、矛盾性和多質性。傳統美學原則都以邏輯中心主義爲指導準則，表現出完整的系統性和前後一貫性。但流行文化美學並不要求嚴謹的邏輯性和統一性，它是隨著流行文化產品的銷售需要及策略而不斷變化，所以，勢必在其體系中容納許多相互矛盾、甚至相互對立的因素。這就表明：流行文化美學的弔詭性，歸根結柢，是由流行文化本身的弔詭性所決定的。

流行文化美學的上述弔詭性，也很明顯地表現在阿多諾的美學理論中。他的弔詭美學，如同他的含糊美學一樣，主要是受到本雅明美學的影響。雖然阿多諾的創作起點，可以一直上溯到他自己的青少年時代，但是，眞正成爲阿多諾自由創造的啓蒙者，正是本雅明。本雅明在1940年面臨希特勒的迫害而絕望自殺時所留下的著作殘篇，直接成爲了阿多諾從事藝術理論和美學創作的起點。對阿多諾來說，他的最大的幸運就是他成爲本雅明遺著殘篇的第一位繼承人。阿多諾曾經

談到他在收到這部殘篇時的精神激動狀況：「本雅明的豐富而靈活的思想以及他表達思想觀點所採取的文風，給了我深刻的刺激，使我頓時開啟了思路，同時也找到了表達的最靈活而又隱含的方法」（Adorno, Th. W. 1986, 20, 1. Hälfte）。本雅明思想中根深蒂固的猶太教救贖主義，使阿多諾也堅信：只有靠對於救贖的堅定信仰，才有勇氣在充滿黑暗和曲折的歷史道路上進行沈思。他說：「在絕望面前，唯一可以盡責力行的哲學，就是站在救贖的立場上，按照它們自己將會呈現的那種樣子去沈思一切事物。知識唯有通過救贖來照亮世界，除此之外都只是純粹的技術與重建。必須形成這樣的洞察力，置換或疏遠這個世界，揭露它的裂縫、扭曲和貧困，就像它有朝一日將在救世主的祥光中所呈現的那樣」（Adorno, Th. W. 1986, B. 4）。1941年阿多諾在南加利福尼亞與霍克海默和勃洛克相會，並從那時起開始起草《啟蒙的辯證法》（*Dialektik der Aufklärung,* 1947）。本雅明在晚期思考中所表現的猶太教神學主題以及悲觀主義的含糊思維，給予阿多諾深刻的啟發。在《啟蒙的辯證法》中，阿多諾和霍克海默以一種灰暗的論述方式，時而借用馬克思的語言，時而借用尼采和韋伯的概念，系統探討在當代文化危機中起著主導作用的理性的歷史蛻化過程。他們認為，在德國古典哲學中與純粹分析的理智或理解力相對的理性，由於工具化和主觀意識的長期主宰，已經被淹沒、並大為遜色了。阿多諾對於理性的這種悲觀估計是同本雅明的思想情感相一致的。

　　阿多諾從懂事的時候開始，便被深深染上悲觀憂鬱的生活和精神氣息。用他的話來說，「憂鬱的科學」時時伴隨著他對「毀掉了的人生的反思」。他一生的思考和著作，儘管隨著不同歷史時代而呈現不同的思想和表現風格，但始終都貫穿著他試圖痛苦地詮釋悲哀的社會文化歷史命運的心路。他很喜歡引用流浪的愛爾蘭後現代詩人貝克特的話說：「無數的悲泣消融了盔甲，唯有臉上印著淚水的痕跡」（Adorno, Th. W. 1986, Bd. 10, 1. Hälfte）。

影響著阿多諾思考及表達風格的另一個重要因素是音樂和藝術。阿多諾對於音樂的天生愛好和藝術才能，可以說構成爲他本人特殊生活和思考方式的一個推動力量，同時也是他實現知識上的早熟和形構對於社會文化眞知灼見的精神基礎。他從小就被愛好藝術並狂熱地從事音樂活動的女人們所環繞。他的母親是一位職業的歌唱家，要到三十七歲時才生下他，使阿多諾從出生起就得到了母親的傾心關注。而長期未婚的姨母又是一個天賦的鋼琴家，天天從旁親切指導阿多諾彈鋼琴，並一起上歌劇院鑑賞各種歌劇和音樂，在古典音樂的氛圍中薰陶和成長。音樂不但使阿多諾練就了一身獨特的文化精神，而且也使他學會了「音樂式」地思考和表達。

現代音樂大師桑貝克（Arnold Schoenberg, 1874-1951）的創作風格給予阿多諾深刻的影響。阿多諾曾說桑貝克的音樂所要求聽衆的，並不只是沈思，而且還要體驗。長期以來，阿多諾在其理論著作中所要表達的，不僅僅是讀者可以在字裡行間理解到的內容，而且還包含需要靠反覆思考才能體會的深奧因素。他希望他的作品向桑貝克的樂曲一樣，不只是讓人們簡單地理解到其中的部分內容，而且也體驗到那些難以表達、甚至無法表達的思想感情。他喜歡講的格言是：「眼前的玻璃碎片就是最好的放大鏡」。他並不認爲思想必須嚴格按照死板的邏輯，更不期望以語言表達的語法去約束思想觀點的流露。在許多情況下，他反倒認爲活潑的、甚至是放蕩不羈的表達形式和風格才有可能深刻表達思想本身的自由創造精神。阿多諾寧願使自己的論文和作品像神秘的樂曲那樣，也不願意爲了投合讀者而把自己的思想簡單化。他的藝術家氣質，使他堅持認爲任何思想觀點都不能以簡單方式表達出來。他在二十年代在維也納學習桑貝克現代音樂的生涯，使他也學會採用「無調音樂」的方式表達自己的思想。

他十五歲那年，在一位比他年長十四歲的朋友克拉考爾（Siegfried Kracauer, 1889-1966）的引導下，開始每週閱讀康得的《純粹理性批

判》。克拉考爾是威瑪共和國時代著名的建築學家，早年攻讀建築、美學、哲學、和社會學。他曾是齊默爾的學生。1921年起，當他在《法蘭克福報》主持文學評論時，與阿多諾、布洛赫、本雅明和佛洛姆（Erich Fromm, 1900-1979）結成深刻的友誼。克拉考爾以及本雅明和布洛赫等人，充滿著激情、悲觀、烏托邦幻想和藝術憧憬的精神氣質，同阿多諾原有的性格自然地融合在一起，使他開始在哲學和音樂雙軌道所鋪陳的文化研究道路上迅速成長。對阿多諾來說，哲學和音樂一樣，使他敏銳地感受到理論論述中所隱含的歷史苦難，而哲學論述所採取的抽象表達結構，又給予他更多的反思的可能空間，如同無調音樂的樂曲提供了自由表達情感的維度一樣。

　　阿多諾是在法蘭克福和維也納兩個大學先後完成哲學和音樂的系統訓練的。桑貝克的無調音樂以及其後期以十二音階為基礎的新音樂，使阿多諾深受表現主義的影響。在阿多諾看來，音樂不只是人的複雜思想情感的產物，而且具有發展人的認知能力的功能，有助於深化人同社會及文化的相互滲透。在為桑貝克六十壽辰所寫的〈辯證的作曲家〉（Dialektische Komponist）一文中，阿多諾讚頌桑貝克否定資產階級調性原則，並認為桑貝克的新音樂有助於對資產階級現代自然主義的批判。

　　希特勒上台前夕，阿多諾在法蘭克福大學發表題名為《哲學的現實性》的演講，再次表現出本雅明對於他的思想和表達風格的影響。在這篇著作中，阿多諾表現了他在晚期所寫的《否定的辯證法》（Negative Dialektik）一書中所堅持的原則。在法西斯的迫害下，阿多諾和本雅明等人流亡國外。他並不贊同霍克海默直接將法蘭克福大學社會研究所遷移到美國的紐約。他對美國文化有一種特殊的反感：這種感情或偏見在他一生中幾乎沒有真正改變過，儘管後來他也不得不接受霍克海默的邀請而定居美國。

　　當1940年本雅明在流亡中自殺時，遺留下一組包括十八篇文章的

《哲學歷史題綱》。本雅明對於馬克思主義所提倡的歷史進步概念提出了批評。本雅明認為，只有通過「現時」的呈現（the presence of the Jetztzeit），才能拯救時時受威脅的歷史。歷史不是單一性質和單質結構，也不是由虛空的時間所構成，而是由充滿著生命力的現時所構成。只有肩負著救世精神的革命英雄，才敢於面對來到面前的歷史。阿多諾本來堅持黑格爾的辯證法，而且也不贊同本雅明的反個體主義，但他仍然贊同本雅明對於進步的歷史主義的批判。阿多諾尤其是對本雅明的下述論斷深表同情：「任何一種文明的紀錄，同時也就是野蠻的記載」。阿多諾和本雅明一樣，並不相信歷史本身有一種客觀的趨向進步的內在推動力量。歷史和馬克思、和黑格爾的辯證發展的論斷相反，不是必然地要經歷各種預定的客觀法則的各個階段，而是充滿著斷裂和起伏，有時甚至是停止或倒退，也有時陷入災難的漩渦中。貫穿於阿多諾思想中的悲觀、否定、曲折和模糊不清的格調，使阿多諾在四十年代批判美國文化工業和其他現代藝術的活動，表現出一種痛恨單調僵化的特質。他在文化工業的批判中，一再強調文學藝術創作的自由和多樣性，反對因商業和技術力量的干預而導致藝術的單一化和標準化。他認為，因襲陳規、崇拜權威和玩世不恭，都是具有反民主和反自由的性質。他在批判現代藝術的商品化和技術複製的同時，又堅定地捍衛音樂和藝術本身的自律性、複雜性、唯一性和精緻性，反對通過技術和媒體的傳播而簡單地使藝術實現大眾化，因為他認為任何真正的藝術總是免不了曲折、甚至是神秘的創作過程。

　　他在批判文化工業的過程中，始終伴隨著對於音樂和各種藝術的密切關懷。在四十年代所寫的《新音樂哲學》（*Philosophie der neuen Musik*）、《電影作曲》（*Komposition für den Film*）和《最低限度道德》（*Minima Moralia. Reflexionen aus dem beschädigten Leben*）等著作中，一方面肯定桑貝克的現代性和後現代性創作風格，另一方面嚴厲批判史特拉文斯基的復古式新古典主義，強調史特拉文斯基醉心於主

體性的犧牲所隱含的集權主義傾向。《最低限度道德》典型地表現了阿多諾的尼采主義風格。在這部著作中的一百五十三則格言，幾乎以某種隱喻和反諷的形式曲折地表達阿多諾對長期流亡生活的痛苦反思。這是對於被毀滅和被粉碎的人生的思索。他說：「每一個移居國外的知識分子毫無例外地滿身創傷；如果他希望保持自己的尊嚴的話，最好是對此有自知之明」。阿多諾痛恨系統性和整體性，就像他痛恨單一性和不變性一樣。他說：「整體是虛偽的」。現代社會和文化的最大弊病，就在於盲目性、單一性和直接性。他對於現代文化的單一化傾向非常憂慮：「反諷的中介，也就是意識形態與現實之間的差異已經消失。……在現成秩序的山崖上已經不存在反諷家可以插手其中的裂縫」（Adorno, Th. W. 1986, Bd. 4）。在他看來，人的生命本來就是非同一的。生命的自由本質就在於它本身的永不停止的自我分化、自我差異化和自我更新。在每一個生命的瞬間，生命自己即是它本身、又不是它自己；不斷地自我否定，不只是在時間連續結構上的先後自我否定，而且也包括同時刻的自我否定在內，這就構成生命存在的基本動力，也是生命在不斷變化中，在每時每刻的不確定中，不斷地表現出生命的唯一性本質。

　　阿多諾對於生命的不斷自我否定性，導致在哲學上對於否定的辯證法的追求以及在音樂上對於不定型的無調中介音樂的追求。阿多諾在哲學和音樂方面的上述反思特質，實際上已經從精神上和風格上為六十年代後的後結構主義哲學思考和反美學藝術創作思想作了準備。

　　早在四十年代發表的《最低限度的道德》，他就已經在他的思考中，極端重視各種逃離概念網而走漏出來的各種異質性思想觀念片段。他認為，不是在嚴謹而形式化的邏輯框框中展現的思想觀念，而是那些不時地偶然逃脫邏輯約束力量而表現出來的思想觀念片段，才是人的生命不斷追求自由的本質表現。他多次表示：那些呈破碎狀態的自由觀念所合成的大於總體的思想結構，才是比一個完整無缺的理

論上的自由概念更加珍貴和更加真實。

在晚年發表的否定辯證法，不但在觀點和論證方法上，而且也在組織結構上，有意識地表現出對於傳統的主體性和整體性的否定。他那種反形上學、抵制任何終結和反對各種調和的基本精神，始終貫穿在他的否定的辯證法的論述過程中。在這本書中，阿多諾一方面顯示出不斷自我否定的自由生命力的不可抗拒性，表現出他對於各種不可能的因素和力量的堅定信念，比現出他對於死亡和永恆否定的期望，另一方面也表現初對於歷史的和現實的哲學以及一切理論思考的絕望，表現出對於人類文明的悲觀前景的憧憬無可挽回的破滅。他說：「哲學似乎已經過時；但正是因為它的實現的時刻已經錯過，哲學才有可能繼續存在」。在哲學和理論領域中所遭遇到的一切絕望，只有在遭遇藝術的時候才出現了虛幻的希望。他說：「藝術那怕是在它的頂峰地位也不過是相似物。但是，藝術的相似，也就是它的不可被壓制的那部分因素，正是由其並非相似的因素所提供的。藝術，特別是被斥責為虛無的藝術，當它避開各種判斷的時候，它所說的正好就是判斷每一件事都不是虛無。如果是這樣，不管藝術是什麼，它都將是蒼白的、沒有特色的和平庸的。只要不表現出超越性，就沒有光芒照射在人類和事物身上。眼睛始終盯著褪色了的世界，並表現出一種抗拒，這就包含著對於可替換的交換世界的抗拒。相似就是非相似的一種希望」（Adorno, Th W. 1986, Bd. 7）。這就是說，阿多諾也在藝術的墮落中，在藝術不斷地失去差異性的歷史趨勢中，看到了人類文化從自我否定的歷史中所可能獲得的重建希望。

阿多諾的最後著作是《美學理論》（*Ästhetische Theorie*）。這在很大程度上象徵性地表示阿多諾思想的頂峰的特質，也表明只有在探討藝術和美學的問題時，阿多諾才有能力將他的極為複雜的思想觀念表達出來。他在這部著作中表現了思想的高度自由和自我矛盾，表現出自由思想展現過程中所可能採取的曲折而破碎不堪的途徑和形式，表

現出眞正自由的思想不可能容忍前後一貫的嚴密體系化形式。

《美學理論》這本書當然是以探討藝術創作及其社會功能爲中心的。但是，正如康德在《判斷力批判》一書中通過探討藝術和美學問題而深刻地論述到人的自由本質一樣，阿多諾也通過藝術的反思深刻而廣泛地探討了人本身和人的社會。他在這部著作中極力捍衛一種他稱之爲「非審美化」的現代主義及其自我批判能力。在他看來，一種能夠自覺地不斷揭露其本身虛幻化的整體性要求的藝術，一種不斷地進行自我否定的尋求達到自我完滿的藝術，總是比一種保持其假象的藝術個具有否定現實的力量。

藝術在本質上是悲劇性的。這是因爲所有的藝術都不可避免地要通過不停的自我否定而實現超越，實現其本身所追求的完美理念；但是，在不斷自我超越和自我否定的過程中，藝術又何嘗不逐步地意識到追求完滿本身的虛幻性！明知自我否定和自我超越的結果，必然導致虛幻的完滿性；但藝術卻又固執地不斷在我否定的道路上走下去。這就好像人類文化和人類歷史本身永遠都朝向更高的目標而自我否定，但其結果只有虛幻的完滿性在不斷地召喚罷了。藝術的自我否定性，正是通過其本身的虛幻性，顯示出他對於現實的批判的無限性。因此，阿多諾高度肯定藝術對於哲學的優越性，肯定藝術自我否定的力量高於哲學的自我否定。

阿多諾對於藝術的讚揚，還隱含著他對藝術自我否定的非異化傾向的肯定。在阿多諾看來，同藝術相比，人類知識，特別是現代科學技術，過多地追求對於自然的征服，過多地追求主體性的實現。所有這一切，在眞正的藝術創作中，是完全可以避免的。

阿多諾對於知識和技術以及各種權力的蔑視，他對於藝術的含蓄讚頌，再次表現出他的文化悲觀主義精神。但是，如果認爲阿多諾的思想只有悲觀的一面，那未免過於簡單化。他對於藝術的讚美和期望，儘管是包含著虛幻的和悲觀的精神，但它像扔到茫茫大海中的瓶

中信一樣，可以指望總有一天未來的收信人的出現，儘管這位收信人的身分始終不明確。

在本雅明和阿多諾的思想表達和論述中所有那些前後矛盾和不明確的地方，正是後現代主義從中得到最深刻的啓示的關鍵所在。

四、流行文化的解構美學

「解構美學」（l'esthétique de la déconstruction）是由解構主義哲學家德里達所提出來的。「解構」所要達到的目標是顛覆傳統文化的基本原則。因此，解構美學的宗旨就是顛覆傳統美學原則。由於流行文化本身的產生及流行，始終同對於傳統生活方式的批判相結合，所以，流行文化產品的美的標準及其指導原則，同解構主義的基本原則是一致的。

嚴格地說，眞正促使德里達提出「解構」概念、並使「解構」賦有主要美學重建使命的思想家，不是海德格，而是尼采。與海德格將尼采的哲學意圖簡單地歸結爲「權力意志」不同，德里達認爲：尼采的最主要的貢獻，就在於爲當代文化重建樹立了「含糊的思想家」（le penseur de l'ambivalence）的典型形象。德里達認爲，尼采在他的哲學表述中處處表現出思想上和文字上的極端含糊性，爲當代人類重建文化、並徹底批判傳統文化，不僅提供了最好的榜樣，而且也提供了最有效的策略。德里達強調：尼采的整個哲學著作的特點及其重要價值，就在於採用了極端含糊、甚至相互矛盾的語詞表達法，達到在玩弄文字的自由遊戲中摧毀傳統形上學的目的。實際上，在德里達看來，尼采所採用的具有高度含糊性的熟練文字自由遊戲，其首要目的，就是要從傳統語音中心主義和「話語至上」以及「在場出席優先」的原則解脫出來，以便實現思想自由、表達自由和創作自由的一致

性。德里達說：「應該毫不猶疑地引用尼采對『形上學』、『存在』和『眞理』概念的批判及其以『遊戲』、『詮釋』和『無須眞理表現的符號』等概念取而代之的作法」（Derrida, J. 1967a: 412），一方面努力地批判傳統形上學及一切傳統文化，另一方面在新的符號遊戲原則的基礎上重建新的文化。

德里達在另一本書中再次強調尼采的「含糊性」對於批判傳統文化和傳統形上學的重要意義。他說：「尼采一會兒將女人歸結爲『謊言的強權』（puissance de mensonge），一會兒將女人說成爲哲學的和基督教的『眞理的強權』（puissance de vérité），最後，又將女人當成『在上述雙重否定之外，作爲肯定的、掩飾的、藝術的和酒神的強權的肯定』」（Derrida, J. 1978a: 79）。顯然，在德里達看來，尼采論述女人和酒神所採用的上述含糊不定的文風和修辭本身，就是對於傳統形上學，特別是對於強調正反二元對立的黑格爾辯證法形上學的諷刺和否定。尼采在上述論述中，有意地同黑格爾相對立，拒不使用「肯定」和「否定」的無止境對立統一形式，也不打算像黑格爾那樣通過「正題」（thèse）和「反題」（anti-thèse）的「綜合」（synthèse）達到所謂「揚棄」（Aufhebung）的目的。與黑格爾相反，他論述女人不是爲了揭示女人的什麼「固定的本質」或「穩定的特徵」，而是通過對女人的多種多樣表現的含糊不定的陳述，表達在各種各樣可能條件下女人所可能呈現的樣態。德里達認爲，尼采在上述論女人的含糊性和矛盾說明中，表現出作爲一種生命型態的女人，可以、也應該以某種可變化的密碼組成形式生存於現實世界中；一點也不需要按照傳統形上學的要求，讓女人變成僵化的「正」、「反」和「合」的犧牲品，也不應該使女人成爲傳統邏輯歸納和化約的產物，變成爲某種具有固定性質和同一性特徵的生存者。

在尼采和德里達對於思想含糊性和存在多質性的表述中，一方面表現出論述對象和被表達目標本身的多樣性和變化性，另一方面也表

現出作者本身的思想自由的無限性和不確定性。所有這一切，都是爲了使（1）人的思想創造活動；（2）表達思想創造活動的符號差異化過程；（3）作爲思想對象或符號差異化過程所指涉的客觀存在本身，都始終保持其本身的生命力，而且所有這些原本分屬於不同因素的生命，並不因爲人的思想以及相關的符號運用過程而發生變質或凝固化。

德里達在這裡雖然發揚了尼采的含糊化原則，但他顯然已經遠遠超出尼采的思路。當然，尼采以女人和酒神作爲基本象徵而表達他的含糊化原則和策略，本來就已經同傳統思想和傳統文化的基本精神根本對立，而且也已經很深刻地表達了他尋求開闢進行無限制的自由創造活動的新途徑的意圖。尼采顯然已經看到了傳統語音中心主義和邏輯中心主義對於人的自由創造活動的限制，也看到傳統文化有關語言文字及其使用規則對於自由表達思想的限制以及對於其被表達物的扭曲作用，同時尼采也看到同傳統語言文字規則息息相關的思想邏輯化和確定化原則對於創造者本身和對於創作內容的原本生命的扼殺作用。但是，尼采在當時尚未將注意力集中到符號結構方面，並未深刻揭露上述各種問題同西方語言文字結構及其運作邏輯之間的密切關係。德里達的卓越貢獻，就在於充分利用尼采和胡塞爾的研究成果，集中地在西方傳統語言文字的結構問題上，將尼采所提出的問題進一步發揚光大。

五、流行文化的象徵論美學

流行文化及其產品都是以符號象徵結構及其遊戲運動的形式呈現出來。流行文化產品的「美」的價值及其實際形象，也都靠符號象徵的各種變化構成及運作來建構。對於流行文化來說，「美」的問題就

是符號象徵結構的不斷重建過程中所產生的，「美」是符號象徵遊戲運動的產物。正如象徵主義美學的傑出代表莫雷亞（Jean Moréas, 1856-1910）所說：「象徵主義（印象主義）的小說蔑視自然主義的陳腐方法，確信如下公理：客觀只向藝術提供一個極端簡明的起點，象徵主義將以主觀變形來形構它的作品」（Moréas, J. 1976）。在各種流行文化產品中，靠象徵符號的重組、重建和重複排列組合，可以推導出或重構出一系列美的形象。這些由符號的不斷重組所構成的美的形象，以其不斷換新的形式，給予觀賞者的感官以種種愉悅的感覺，產生了美感，滿足了人性中對於美的渴望和期待。其實，流行文化產品並不以傳統的美的標準判斷其美的形式，而是靠組成產品的象徵符號的重組遊戲，靠這種遊戲給予人的幻影式的新鮮感，滿足人們對於超現實的美的世界的虛幻期待。

象徵符號美學的奠基人之一、德國哲學家卡希勒（Ernst Cassirer, 1874-1945）指出：藝術本來就是象徵符號形式的構建產物。藝術的象徵符號如同其他符號形式一樣，都有著兩方面的內涵。它一方面是物質的呈現，另一方面是精神的外殼或外觀。藝術中的象徵符號中所包含的物質和意義兩方面，可以任意地和靈活地以各種方式連接起來，從而構成藝術作品的千變萬化，也導致對於它們的理解和鑑賞的多種可能性（Cassirer, E. 1944）。流行文化產品的象徵美學原則，一方面顯示象徵符號遊戲產生美感的實際效果，另一方面也極力同傳統美學的語言中心主義原則相對抗，試圖將流行文化產品的美學原則脫離語言中心主義的約束，讓流行文化產品能夠靠語言以外無拘無束的各種非語言符號遊戲，在創造美的遊戲中，使流行文化產品的消費者和鑑賞者得以海闊天空地達到最自由的無限愉悅感。

流行文化產品的這種符號遊戲美學原則，源自近五十年來發展起來的後結構主義、解構主義和現象學的符號遊戲美學。後結構主義和解構主義以及現象學都試圖超越單純的傳統語言中心主義的限制，在

更廣闊的符號遊戲領域內，將文化創造的自由活動本質盡情地表現出來。

　　為了徹底批判傳統語言中心主義，解構主義者德里達認為，人類文化的整個創造活動，涉及到一系列非常複雜的過程，當然也關聯到在各種複雜過程中所呈現的各種因素。我們很難用連續表達出來的語言文字系列性結構，來概括人類創造文化過程中各個面向領域內所面對的各種複雜問題和各種複雜因素，尤其很難以單純性的語言表達過程，如實地表現創造過程中所涉及的各種因素的複雜生命運動過程。西方傳統語音中心主義和邏輯中心主義的原則，顯然是試圖有意識地使上述複雜的文化創造過程，以單純的語言符號系列，實現簡單化、同一化、確定化和可理解化。但是，正如本書在前幾章反覆分析的那樣，西方傳統語音中心主義和邏輯中心主義的原則，又借助於上述特點，而使西方文化的創造活動的整個過程，都朝著有利於各時代統治中心的利益方向發展，同時也在此過程中實現了對於文化創造者及其產品的自由創造生命的宰制和扼殺。總之，語言符號並不能窮盡文化創造活動的奧秘，也不能全面表達文化創造過程中的一切複雜因素。流行文化的創造過程，為了避免傳統語言中心主義和邏輯中心主義的宰制，試圖在語言系列之外，靠語言以外的各種符號，尤其是靠非標準化的符號遊戲，來表達流行文化創造過程中的自由創作精神，使流行文化產品脫離傳統文化產品恪守死板規則的宿命。

　　以德里達為首的解構主義者所發出的基本挑戰，就是試圖在顛覆上述傳統原則的基礎上，同時復原並發揚文化創造中最自由的生命運動過程。在德里達看來，人的思想創造活動、符號差異化過程以及指涉的客觀存在，是與人類文化創造活動密切相關的三大基本因素。因此，為了繼續發揚文化創造活動的生命力，最重要的，是始終保持它們三者所固有的內在生命活動，設法避免使其生命活動繼續受制於人

為的語言符號結構體系，特別是避免受到語言中的文字元號運作邏輯
的約束。

當然，德里達也看到：第一，通過符號結構而實現中介化，是人
類文化創造活動所不可避免的。第二，在符號中介化的過程中，思想
創造過程以及相關的各種因素，都不可避免地伴隨中介化而被扭曲。
第三，試圖將符號中介化過程保持其生命力，又不得不借助中介化過
程的內在差異化而再度實現中介化，因此符號中介化生命力的維持，
又不可避免地借助於再度中介化、並以再度中介化過程中對於符號結
構生命運動的扭曲作為代價。第四，在集中精力試圖解構符號中介化
過程的時候，實際上又不可避免地暫時將文化創造過程的非符號因素
的生命運動「懸掛」或「擱置」起來，從而又導致對這些非符號因素
生命運動過程的暫時扭曲。第五，文化創造運動所不可避免的符號中
介化過程，不可避免地將要經歷暫時的固定階段，因此符號中介化的
暫時固定而引起的非生命化過程，又必將導致對於文化創造過程各因
素原生命的傷害。

所以，德里達極力主張，將自由的文化創造活動同語言符號運作
邏輯脫離開來，使其儘可能地按照創造活動中符號遊戲的自由規則進
行。為此，他主張以各種非語言的符號遊戲取代語言文字元號規則，
以「前語言」、「非語言」、「超語言」或「後語言」的各種符號遊
戲，以諸如圖形、數字、不規則的符號和混雜的符號遊戲，表達人類
思想在創造過程中的複雜思路。

其實，法國現代派作家博德萊等人，早在十九世紀中葉就主張靠
非語言的象徵符號進行自由創作。博德萊在讚揚戈蒂耶的作品時說：
在語言中，包含著某種神聖的東西，並非偶然。巧妙地使用語言，就
是實行某種富有啟發性的巫術一樣。在這種情況下，色彩可以說話，
就像深沉而顫動的聲音；建築物也站立起來，直刺深邃的天空；動物
和植物，也可以作為醜和惡的代表，作出毫不含糊的鬼臉；香味激發

出彼此合諧的思想和回憶；而激情低聲地說出或厲聲喊出它的想像的話語（Baudelaire, C. 1976）。所有的東西，不管是有形的還是無形的，都可以作爲象徵或符號，表現出一定的或變動的意義，也可以表達任何象徵性的意含。最重要的，是流行文化產品的創造者或消費者本身，是否能夠在物質性的產品中，去寄託、理解和發現這些奇形怪狀而又瞬時急變的象徵。

流行文化以其活潑的非語言符號遊戲，表現了文化創造的「另類」可能性，也表明：脫離了語言的約束之後，文化產品的「美」的問題，就變得更加自由，變得更加不受僵化的規則的操縱，眞正使美感的享受達到最自由的最高境界。

波德里亞對於流行文化的這種象徵符號遊戲美學，作了精闢的概括。他在其《惡的透明性》一書中說：脫離了一切約束的象徵符號遊戲是酒後的狂歡，是一種陷入酒醉狀態的酒神精神的自由抒發。這是癲狂癡情無所顧及的蔑視一切禁忌的挑戰冒險精神，是陷入縱慾、追求快感高潮的最美境界。這種狂歡就是現代性一切因素總爆炸的深刻，是從一切領域中的徹底解放運動；這是政治解放、性的解放、生產力的解放、摧毀性力量的解放、女人的解放、兒童的解放、無意識衝動的解放、藝術的解放……。這是癲狂癡情的高峰，是一切危機的總爆發，也是一切發展力量的總爆發。符號遊戲正是表達這種狂歡的最好手段（Baudrillrd, J. 1990: 11-13）。

波德里亞接著指出：實現狂歡式的徹底解放的關鍵是從各種觀念中解放出來。上述語言中心主義的要害就是要求人們在創造中，始終充當語言符號「意義」的奴隸，順從語言符號所規定的觀念體系。傳統思想正是靠語言符號中符號同意義的二元對應關係，約束創造者的自由創造和表達。所謂觀念的約束就是意義體系的約束。意義體系是傳統思想和傳統統治階級約束社會大眾，特別是約束文化創造者的「禁錮咒」。觀念體系反映了歷代統治階級的利益，一貫成爲他們統治

社會的意識形態力量。所以，只有徹底脫離觀念的約束，才能像波德里亞所說的那樣，實現真正的酒醉似的狂歡，達到徹底的解放。波德里亞說：「當事物、符號、行動，都從它們的觀念中，從它們的概念中，從它們的本質中，從它們的價值中，從它們的參照系統中，從它們的本源中，從它們的目標中，徹底地解放出來時，它們才有可能進入一種無限的自我生產境界中」（Ibid.: 14）。流行文化產品中的符號遊戲結構，是靠其擺脫參照體系、擺脫語言、擺脫道德規範以及擺脫各種規則的途徑，實現在其自身中自我生產的高度自由狀態。這一境界，就是康得夢寐以求的「崇高」境界：它既脫離感性世界的必然性，又擺脫理智和理性世界的自由律，進入一種真正無目的、無關利益的美的世界。

六、流行文化的「嘉年華」模式

流行文化的創作和推銷始終以「嘉年華」式的「節日」狂歡作為基本模式。流行文化本身的消費過程，由於其參與者和消費者的社會規模及其大眾化程度，往往形成節日式的狂歡氣氛，並幾乎每次都以狂歡形式完成其整個流程。正因為這樣，流行文化產品的設計和製造，必須考慮到它的狂歡效果。在推銷過程中，這種對於「嘉年華」和「節日」的訴求，更是明顯。為了使更多的人享用、並鑑賞流行文化產品，流行文化的生產者和推銷者往往要以各種策略，以各種藉口或說詞，以各種花樣和手法，一再人為地制定名目繁多的「節日」（父親節、母親節、情人節等等），「製造」節日氣氛。在他們的日曆中，隨時都可以造出或規定新的節日，以便使消費者能以「節日」為理由，並在節日的氣氛中搶購和使用流行文化產品。就是這樣，隨著流行文化的氾濫，現代社會中，新的社會節日越來越多；而人們也為了

享受和盡情消費，寧願商人們推出更多的「節日」，使自己能夠在同社會大眾共同慶祝節日時，顯示自己的個性、品味和愛好的特殊性和高雅性。

原籍俄國的文學評論家和文化研究專家巴特金（Mikhail Bakhtin, 1895-1975）曾經對大眾文化的「嘉年華」模式進行深刻的歷史和理論研究。巴特金認為，嘉年華是自中世紀以來流傳於歐洲各個大眾文化中的一個傳統。嘉年華的一個最重要的特點就是不把表演者和觀眾區分開來。嚴格地說，嘉年華既不是被注視或被觀看的，它也不是被演出或被表演的；因為它的參與者是活生生地活動於其中，而且，只要嘉年華繼續在運作，他們就自然地依據嘉年華的規律而活動於其中。所以，嘉年華的參與者是在嘉年華中過著他們的嘉年華生活的（Bakhtin, M. 1984: 122）。

巴特金進一步指出：所有在日常生活中進行干預和限制的力量，諸如法律、規範、禁忌等等，都在嘉年華中被「懸掛」起來而失去效力。日常生活主要貫徹著與嘉年華活動完全相反的規則。在嘉年華中被懸掛的那些日常生活中的東西，首先是等級化的結構以及一切暴力的形式、復仇、孝敬、孝順等等。所有這些從社會等級制和社會生活中延伸而出的不平等關係，都被排除在嘉年華之外。換句話說，一切在人民中存在的「間隔」或「間距」都在嘉年華中被消除掉。嘉年華中唯一起作用的規律就是：在人民之間高度自由並親密無間。

嘉年華作品就像在最美好的時間中的彩排那樣。因此，任何嘉年華活動以及作品，都為人性的徹底解放提供最有利的條件。嘉年華將人性中最潛在的因素，都統統地抒發出來。人民在嘉年華中完成了自己同各種枷鎖、限制和規範的決裂。因此，嘉年華也將一切「神聖」同「世俗」、「崇高」與「底俗」、「偉大」與「渺小」、「智慧」與「愚蠢」等相互對立的東西，統統連接在一起，徹底地消除在嘉年華的歡樂之中。

巴特金認為，一切官方和「標準」的文化的重要特點，就是充滿著暴力、禁忌和限制，是以「嚴肅」為其基本特徵的。這種嚴肅性將文化創造中的精神自由壓抑得毫無聲色，消除得一乾二淨。所以，一切嘉年華活動就是對於官方世界的迴避和拒絕，是人民走向自由，走向自己的快樂世界的理想途徑。巴特金為此將嘉年華文化同官方文化加以比較：

嘉年華文化	官方文化
歡笑	嚴肅拘謹
身體	心靈
世俗	神靈
非正式	正式
平面式	垂直式
開放	教條獨斷
偶然性	一成不變
運動	靜止
豐滿	稀少
密集強化	控制
透明性	非透明性

　　從以上所引的巴特金的論述，可以看出：嘉年華是人民群眾自由自在生活於其中的共時狂歡的創作活動，也是他們用以對抗傳統文化約束的自我解放活動。

　　正是流行文化的社會表演典型地體現了嘉年華創作活動的模式。

　　流行文化的嘉年華模式，將共時和歷時的傳統程式加以徹底顛倒和破壞，採用化妝舞會的狂歡酒醉狀態，作為無止境地進行藝術創造的一種基本活動模式，這也就是把一般的生活中的遊戲加以提升和美化的結果。

　　英國哲學家羅素指出：「在沈醉狀態中，肉體和精神方面都恢復了那種被審慎所摧毀了的強烈真實感情。人們覺得世界充滿了歡愉和

美；人們想像到從日常焦慮的監獄中解放出來的快樂」（Russell, B. 1945）。因此，酒神作爲一種「醉」的精神狀態的象徵，標誌著人性情緒慾望的盡情放縱，表達人類本性的徹底還原，也是表現人的感性生命的高張洋溢和個體身心的徹底自由。正因爲這樣，尼采才用「醉」的理念和情感表現人的生命的本質，也是用來表達藝術的自由本質。

尼采作爲「哲學家狄奧尼索斯的最後一位弟子」，認爲藝術在本性上就是一種「醉」。他說：「爲了使藝術能夠存在，爲了使任何一種審美行爲或審美直觀能夠存在，有一種心理前提是不可或缺的，這就是醉」（Nietzsche, F. 1888）。尼采明確地說：「首先是性衝動的醉」，「這種醉是最古老最原始的形式」（Ibid.）。在藝術中，性衝動是「最理想化的基本力量」（Ibid.）。藝術創作的完滿程度，決定於肉體慾望本能的無限擴張，決定於敢於衝破一切障礙的強力氾濫。只有通過情慾和性慾的擴張和徹底暴露，才達到生命的高漲和藝術的成功。「每一種完美以及事物的完整的美，只有通過接觸才會重新喚起性慾亢奮的極樂狀態。對藝術和美的渴望是對性慾癲狂的間接渴望」（Nietzsche, F. 1895）。顯然，尼采不但將性衝動的沈醉狀態當作生命和藝術的基本動力，而且也是生命和藝術的主要內容和基本表現形式。尼采高度肯定性慾和情慾在藝術活動中的重要地位。他認爲：「藝術家如果要有所作爲的話，就一定要在稟性和肉體方面強健，要有精力過剩，像野獸一般，充滿情慾」（Ibid.）。他還說：「藝術家按其本性來說恐怕難免是好色之徒」（Ibid.）。後現代主義的反藝術正式把尼采的觀點徹底的加以貫徹，使藝術創作本身成爲藝術突破傳統限制並進入最高自由境界的途徑。

符號和象徵所賦予的精神力量，在於提供一個無限寬廣的中介空間，從文本和藝術品所容許的虛空出發，通過同以往、現在和未來相貫連的虛幻，使歷史再生，使受感染者「忘卻」現實和歷史中的條件，獲得一種可以重複無限次的「再生」。

如果說遊戲所展開的是藝術的虛空的空間結構，那末，「節日」是在一個突然靜止了的瞬間以完滿形式出現的「共同性」本身。伽達默把不同與普通時間的、與藝術的「節日性」有密切關係的時間，稱爲「實現了諾言的時間或特有的時間」（die erfüllte Zeit oder auch die Eigenzeit）。羅蘭・巴特曾經歷過這種藝術意義上的「特有時間」的經驗。他說，有一次，他重讀了托馬斯・曼（Thomas Mann, 1875-1955）的小說《魔山》，這部小說把他熟悉的一種病，即結核病，搬進了情節。他說，在閱讀中，他彷彿在意識中又經歷了病症的三個階段，即1914年戰爭以前的逸閒時期，1942年左右的重病時期和現在。他說，他經過的結核病有點像《魔山》中的結核病，兩種時刻融匯在一起，距離他現在同樣地遙遠。羅蘭・巴特由此吃驚地發現（只有顯著的事件才使人驚奇），他的身體居然也是歷史性的。從某種意義上說，他的身體同《魔山》的主人公漢斯・卡斯托普是同時代的。

　　儘管《魔山》的主人公漢斯・卡斯托普在1907年已經二十歲了，而羅蘭・巴特自己的肉體在當時還未出生，但巴特卻如身臨其境那樣同漢斯・卡斯托普來到「高原國家」住了下來。所以，巴特說：「我的身軀比我要老得多，好像我們始終保持著可怕的社會恐懼年齡，這種年齡通過生活的風險，我們已經能覺察到了。如果我想活下去，我必須忘記我的軀體是歷史性的。我必須把自己拋入一種幻覺之中；現在這個年輕的身軀是我的身軀，而過去的那個，則不是我的身軀。簡單地說，我必須階段性地再生，使我比現在所是的更年輕」（Barthes, R. 1995: 295）。

　　羅蘭・巴特所說的其軀體的「歷史性」，從一個側面反映了藝術作品作爲「節日」的特點。如前所述，藝術作品通過一個「共時性」的畫面，把不同時代、不同人物的曲折經歷、不同的歷史事件、不同地點的情節，都「壓扁」成一個可供觀賞者「共時地」覺察到的作品中；藝術作品就像壓縮餅乾那樣，可以使旁觀者在某一瞬間同時地覺

察到以往的歷史，並使之與現在聯繫在一起。

由此可見，「節日」的時間性質是「被巡視遍的」，它不是被分解為互相脫節的時刻的延續。如果說，在日常生活中和在經驗中，時間是以「被排遣」的形式而被感受到的話，節日中的時間是被壓縮成一個「時間整體」的、不可計量的瞬間。這一節日瞬間可以任意地脫離現實的時間「順序」而存在。尼采曾經描述那酒神節的情景：在尋歡作樂、如醉如癡和幸福無窮的節日時刻中，一切的一切，包括那分分秒秒而過的通常時間，都早已像夢幻、像飄渺多變的天上白雲一樣，在人的記憶中，在感受上，留下模糊不堪的、難以分辨的印象，有的卻是混濁一片、不可區分的「一瞬」，即被壓縮成毫無層次的「共時性」。

為了體會到這種「共時性」。不妨再回過頭去體驗日常生活中的「時間」，那延續成分分秒秒的、一系列有前後順序的時間。在這種普通的時間中，人們可以體會到「被填充」或「泛泛而過」的無聊虛空兩種形式；前者是在感受者不停地以具體的工作內容「填滿」了前後相延續的時間才體會到的；後者則是當感受者無所事事地感到「無聊」時體會到的。這些對時間的經驗體會，不同於藝術中的節日般時間感。藝術上的時間感與此相反，乃是一種沈澱物，如同考古學家所發現的化石一樣，在一塊石頭上，人們可以發現相隔幾百、幾千或甚至更長的時間間隔的不同時代的「沈澱物」。這種歷史的化石，很形象地把不同時代的事件都壓縮在一個「共時結構」中。

藝術作品的節日性質，就在於儲藏著不可估量的「主體」的、不同時間的活動於一體，在那「特有時間」中，和盤托出某一個節日中的一切：不同人、不同地點、不同時刻的心態、活動及事件，給人以突然出現和同時出現的感受，給人以無限豐富的內容，同時又極其激動人心，令人陶陶然沈醉於「節日」中；這時，那普通的分分秒秒的時間順序早已消失殆盡。因此，節日的時間並不是在均勻的間斷瞬間

系列中渡過的，不是由感覺上無數個「同樣長」的時間片刻拼湊而成，而是在不可計數的中介過程中突然地消失：給人以「成塊的鐵板」那樣的印象，突如其來，又不知不覺地消失。這是一種巨大的時間流的沈積物，就像那堆積了數億年的冰山，突然地在一瞬間傾瀉而來，流逝過去，而其中隱含的時間則是難以計量的。正因爲這樣，伽達默說：「藝術作品同樣也不是通過其時間上延伸著的可計數的持續性，而是通過它自己的時間結構來規定的」（Gadamer, H. -G. 1977: 256）。

藝術的節日性使藝術作品永遠可以被旁觀者感受爲「現代」的時間流，給人以「親臨其境」感。伽達默指出，一切藝術作品「在任何一個『現在』都是有當代性，它們永遠地保存其功能」（Gadamer, H. -G. 1986: 115）；藝術作品，不管是在任何時候，也不管是在博物館或是在其他什麼地方，永遠都具有「現時感」。「它們永遠是它們自身」，永遠同一於它自身（Ibid.）；也就是說，藝術作品永遠不會完全消失掉，「它永遠不會消失其原本的功能」，而它「始終都不停地爲其身建構一個起點」（Ibid.）。伽達默把藝術作品的這種特殊的時間性又稱爲「同時代性」。這種同時代性，一方面是基於普通事物的「時間性」，另一方面又與這「時間性」相對立；它是兩者的辯證的統一，即歷史性與超歷史性的統一。

實際上，所謂藝術作品的特殊時間性，乃是基於遊戲概念的。伽達默對此解釋說，基於遊戲的藝術作品的時間性，是同藝術作品之自我展示（Darstellung）性質、整體性及其形象之同一性緊密相聯繫的。所謂自我展示，表明藝術作品無論怎樣變態都永遠同一於其自身。這種永恆的、隨時隨地的自我同一性，就是藝術作爲節日的特點的眞正基礎。節日的重複既非另一種節日的出現，也不是一種對原初節日的重新紀念。在重複著的節日中，時間的概念並非日常生活中的經驗性的時間，而是一種「慶祝」，是一種不斷更新的「現時」感的表現。

伽達默說，「基於相聯繫的持續時間經驗是難以把握慶祝的時間

性的」(Gadamer, H. -G. 1986: 115)。

在慶祝節日時，在表面上人們似乎重複地紀念同一個節日，但同時，每次同樣節日的慶祝活動都有所不同。所有這些觀察，都是把節日看作對一種「歷史事件」的紀念的結果。但是，作為節日的藝術是同任何一個歷史事件無關的；或更確切地說，某一個具體的歷史事件，只是節日的次要因素。從本質上說，節日並非某一個歷史事件的重現。「節日只有在被慶祝時才存在」(Ibid.: 118)；慶祝則總是變化著和回歸著。但這並不意味著節日是具有「主觀性」，也不意味著節日的性質是由「慶祝者」的主觀性所決定。

在節日中，不是旁觀者的主觀性決定節日的內容，而是節日的進行同時地「喚起」旁觀者的現時感及其豐富而深厚的特殊時間結構。伽達默說，他使用「召喚」概念，與齊克果在他的神學沈思錄中所使用的神學意義的「同時代性」概念不期而合。

所謂召喚，是某種存留著的東西。它的合法身分（或其合法性的確認）就在於它的第一個到來。正因為召喚留存著，所以它可以在任何時候都有效(Ibid.)。

「召喚」，是一種隨時都可以發出的呼喚，是第一個主動發出來的。但召喚並非本身是「確定不移的要求」，而且對召喚的滿足也不是每次都是等同的。「召喚是一種不確定的要求權力的基礎」。召喚的永恆有效性是同一種要求的具體化內容與形式相適應的。召喚的不確定性恰巧是其長存的可能性的根源。但召喚之所以可能，往往由於旁觀者之「出席」或「在場」(Dabeisein)。

「出席」或「在場」就是「參與」；一切參與者都體驗到實際發生的過程。因此，就一種偏離的意義而言，「參與」就是「出現於事實中」(bei-der-Sache-Sein)。所以，在觀看一場戲劇的時候，觀眾之在場就是一種「參與」。這與古希臘所說的「神聖的相通」（或「靈通」，即所謂theoros）是相像的。本來，Theoros指的是參與被邀請的代表團的

一個成員，而參與一個代表團的成員，其職責無非就是「出席」。正因為這樣，古希臘的形而上學也往往把「靈通」或「奴斯」（nous）看作是「對真正的存在的純粹參與」。在所有這些地方，「靈通」或「參與」，都與參與者的主觀態度無關，它是一種「純粹的」參與；與其說是一種行動，毋寧說是一種「受難」、「受罪」（Pathos），即因參與某一件事而受罪，是一種由「凝視」之聚精會神而忘卻一切的「沈落」。

在節日中，一切參與者都在上述「沈落」中忘卻了一切。由此，參與者很自然地融合成一個不可分割的整體，互通靈感，無意識地共同動作起來。

藝術作品作為「節日」而為人們提供無限地沈思和反思的可能，為人們重視一系列歷史的時間沈積物，撥起心靈情弦的不斷更新的交響樂。當代流行文化以其產品的多樣性和豐富性，將藝術中的節日和嘉年華特徵，發揮到淋漓盡致的程度。

七、流行文化的身體美學

流行文化的審美感及其標準往往是以身體的感受為基礎。整個流行文化產品的製造，其目的、內容及形式，都是以身體本身的感受、慾望及其滿足作為基本標準。所以，流行文化的美學就是一種身體美學。

法國思想家梅洛・彭迪曾經在他的《知覺現象學》一書中對身體美學進行較為系統和深刻的描述。他認為，身體的空間性是身體的存在的展開，是身體作為身體實現的方式。他說：「我的身體的各個部分，它的視覺面、觸覺面和運動面不只是協調的。……身體的各個部分只有在它們的功能發揮中才能被認識，它們之間的協調不是習得的。同樣，當我坐在桌子旁邊，我能立即使被桌子遮住的我的身體部

分『顯形』。當我收縮在鞋子裡的我的腳時，我看到了我的腳。這種能力能使我支配我從來沒有看到過的我的身體部分。……身體不能與自然物體作比較，但可以同藝術作品作比較」（Merleau-Ponty, M. 1945b: 173-177）。因此，我們的身體具有直接感知自身的能力，並在直接感知中判定自己所喜愛的部分及其結構。

梅洛‧彭迪根據現象學的原理認為，在任何一幅繪畫或一段樂曲中，觀念只能通過顏色和聲音的展現來傳遞。如果我們沒有看到過塞尚的畫，那麼，關於塞尚的作品的分析，使我在多個可能的塞尚之間進行選擇。這個時候，是關於繪畫的知覺，給予我唯一存在的塞尚。因此，只有在關於繪畫的知覺中，對於塞尚繪畫的分析才有完全的意義。同樣地，對於一首詩或一部小說的分析，也是如此。任何一首詩或一部小說，雖然它們是由語詞所構成的，但它們在本質上乃是一種存在的變化而已。詩不同於一般的喊叫，因為喊叫是通過大自然來刺激身體。因此，喊叫的表現手段是貧乏的。詩歌並非如此。詩歌是通過語言，而且是通過一種經過加工錘鍊和反覆斟酌的特殊語言。當詩歌表達它的意義時，存在的變化並不消失在詩被表達的時刻，而是在詩歌的結構中找到了它的永恆的歸宿。一部小說，一首詩，一幅畫，一段樂曲，都是個體，人們是不能區分其中表達和被表達的部分，它們的意義只有通過一種直接聯繫不能被理解，當它們向四周傳播其意義時，它們並不離開其時間和空間位置的存在。正是在這個意義上說，我們的身體可以同藝術相比擬。在梅洛‧彭迪看來，我們的身體是活生生的意義紐結。它不是一定數量的共變項的規律鎖鏈。作為運動能力或知覺能力的身體，不是「我思」的對象，而是趨向平衡的主觀意義的整體。有時，新的意義紐結形成了：我們以前的運動湧入一種新的運動實體，最初的視覺材料湧入一種新的感覺實體，我們的天生能力突然與一種更豐富的意義聯繫在一起。它的出現突然重建我們的平衡和滿足我們的盲目期待。

梅洛‧彭迪還以人的眼睛的視覺爲例，說明身體感受對於美的鑑賞的重要意義。人們在消費活動中，往往首先靠眼睛視覺所提供的信息，選擇自己的消費對象，並在購買、使用和交流消費品的過程中，靠眼睛視覺的對比和鑑賞，來決定對於消費品的判斷。在品鑑消費品的時候，始終是身體，特別是眼睛，在向我們自己說話，在向我們自己表現對象，並同時實現對於對象的鑑賞判斷。流行文化產品的製造者和推銷者意識到眼睛的上述重要意義，所以，他們在設計產品和推銷產品的廣告中，集中力量製造各種有利於吸引眼睛視覺的形式，包括色彩變幻和形式遊戲在內。

　　在梅洛‧彭迪之後，當代法國消費文化理論家波德里亞結合了當代流行文化的特徵，對流行文化的身體美學做了進一步的闡揚。

　　波德里亞認爲，身體美學的出現是有它的社會文化基礎的。人類生產能力的加速增殖同人類本身無止境慾望的倍增之間的互動，已經成爲一種不可遏止的惡性循環，使消費產品的增殖，不但不能遏止消費產品的盲目發展，反而進一步加強生產力、科學技術和文化的合作，以空前未有的高效率，創造出更多的新奇人造消費產品，刺激和引誘人類本身在身體和精神方面的無止境慾望。這就造成當代西方社會的一種怪現象：符號同身體、同「性」之間，展開了一種奇特的遊戲；在這種遊戲中，人既是主動的創造者、製造者和控制者，同時又是被動者、被宰制者和犧牲者。在這種情況下，身體和性都不但成爲消費的對象和動力，而且，也被徹底地篡改成爲一種「超性物」（la transsexualité）（Baudrillard, 1990: 28）。身體和性被過度地人工化和消費化，它們的命運已經可以任意地由人工的程式和方法來決定。所以，波德里亞說：「性的身體，今天，被賦予人工命運的性質」（Ibid.）。身體和性，可以任意地被當代消費活動所宰割，也可以爲當代消費社會中的象徵性交換和擬像遊戲所改造。它們不再是身體和性，而是比身體和性還「更身體化」和「更性化」：它們可以任意地

被喬裝、改裝和打扮，成爲符號和擬像遊戲中的最引人注目的因素。當代社會高度發達的生產力、科學技術和文化所創造出來的力量，同人的身體和性之間的這場遊戲，包含一系列複雜的社會和人文因素，其中尤其包括政治、經濟和文化的權力因素。爲此，波德里亞的中晚期擬像理論，對於當代社會文化中的身體及性同符號之間相互關係的分析，有助於我們更深刻地瞭解當代西方社會文化的性質和特徵。

波德里亞認爲，在消費社會中唯一成爲最美、最珍貴和最光輝的物品，唯一具有深不可測意含的物品就是人的肉體（le corps humain）。在他看來，消費社會中，人們對於自己肉體的再發現，是在身體和性方面徹底解放的信號。透過人的身體和性的信號的無所不在，特別是女性身體的無所不在，透過它們在廣告、流行和大衆文化中的普遍存在和表演，透過一系列採取消費形式的個人衛生、塑身減肥、美容治療的崇拜活動，透過一系列對於男性健壯和女性美的廣告宣傳活動，以及透過一系列圍繞著這些活動所進行的各種現身秀和肉體表演，身體變成了儀式的客體（Baudriallrd, 1970: 200）。這樣一來，身體不但成爲消費對象和手段，而且也代替了靈魂而起著道德和意識形態的功能。由此，消費進一步成爲了身體和性的「道德」，也成爲當代社會的「道德」；它摧毀人類的基礎，破壞西方傳統文化所追求的平衡和諧，破壞自希臘以來在神話與邏輯話語世界之間的平衡。如果說，在傳統社會中，身體和性還可以成爲文化創造和道德行爲的標準和「界限」的話，那麼，在當代消費社會中，身體和性就轉化成爲消費本身的動力和基礎，甚至成爲消費活動的重要場域，而使文化創造和道德都必須圍繞著身體和性進行運作。

在消費社會中人的肉體的遭遇，集中地說明瞭消費社會的顛倒式邏輯。身體是什麼？身體不是很明顯地就是它所呈現的那個樣子嗎？但實際上，似乎並不是這樣。消費社會給予身體一種「文化」的待遇，使身體成爲了「文化」的一個事實。問題在於，當代社會的「文

化」，已經成爲商品化的符號系列的運作的代名詞和裝飾品。在目前的情況下，在物體的符號和擬像系列中所表演的肉體，一方面把肉體當作是資本和手段，另一方面又把肉體當作崇拜物或消費的對象。肉體被納入到物體的符號系列中去，不是因爲肉體確實成爲各種物體的符號系列中最珍貴的一種，而是由於肉體可以成爲符號系列中最有潛力的資本和崇拜物，同時也成爲當代消費社會的符號和擬像生產與再生產的最廉價的市場產品。同時，由於這一切，身體和性，如前所述，已經蛻變成爲比身體和比性還更加廣泛及普遍化的物品，也就是波德里亞前面所說的「超性物」。波德里亞指出，身體和性，從此超越和脫離了傳統意義上的男女兩性的對立的範圍，變成爲一種無關性的遊戲，一種與原本意義的性的遊戲無關的遊戲活動。如果說，以往的性的遊戲，是以追求性慾快感的高潮、並透過性慾快感高潮的達成而實現身體和精神方面的解放的話，那麼，現代消費社會中的身體和性的遊戲，是人爲的、人工化的製造物，是身體和性的替代物，是造出來的符號及擬像遊戲的程式。從此，身體和性的生理差異，統統可以在消費活動中被消除掉，使得每個人都隨時可以從男性變成女性，或者，從女性變成男性。「我們所有的人都是象徵性地成爲超性物」（Baudrillard, 1990: 28）。當代最紅的明星麥可傑克遜和瑪丹娜都是「超性物」；他們既非男，也非女。或者，他們隨時可以變成爲他們所希望的性角色。這也是當代技術的產物。人工的化妝和美化手術，可以使一切人都變成爲最美的人，甚至也可以使他們永遠美下去。身體和性是人造的，美也是人造的。麥可傑克遜透過美化手術，成爲普遍的性的象徵，也成爲當代種族之後的新種族（la nouvelle race d'après les races）（Ibid.: 29）。他靠消費過程中所賺來的錢，改造了自己的臉面，改變了自己的膚色，改變了自己的頭髮，如此等等。所以，麥可傑克遜成爲了新的青少年一代的偶像，成爲他們所想像的未來世界的理想形象。波德里亞說：麥可傑克遜簡直成爲比基督還神聖的人物，因爲

他可以隨時變成爲人們所幻想的形象，既可以統治世界，又可以與實際世界相協調：他是比上帝的兒子更優越，更偉大，因爲他成爲了一切幻想中的形象的胚胎，既可以滿足性的方面，也可以滿足種族方面的願望。

在消費社會中運作的肉體，隨著肉體在展示過程中的聖化和祭獻過程，它不再是傳統神學所詛咒的那種生物學意義的「肉」所組成的；也不是在工業運作邏輯中作爲勞動力的身體，而是成爲自戀崇拜對象的最理想觀看客體，也成爲了社會策略和禮儀的一種組成因素，從而也成爲了消費社會運作的兩項最重要的構成因素，即美（la beauté）和色慾（l'érotisme）的基礎。波德里亞指出：「肉體本身的美和色慾兩方面是不可分割和相互構成的，它們都密切地同當代社會中對待身體的新倫理相關聯。但是，同時對於男人和女人有效的消費社會中的身體，區分爲一個女性的極端和另一個男性的極端。這也就是所謂『女性美』和『男性美』……。但是，在這個新的倫理學的體系中，女性的模特兒始終具優先地位」（Baudrillard, 1970: 205）。這樣一來，身體，變成了消費過程中的功能性的美（la beauté fonctionnelle）和功能性的色慾（l'érotisme fonctionnel）（Ibid.: 205-209）。身體和性，隨時隨地可以生產「美」，並提供「美」的「新」標準，不斷更新美的標準。身體和性的美成爲了商品，成爲消費的對象，也成爲循環式縱慾消費的動力。這樣一來，肉體和性也就成爲了運作中的價值符號，成爲人們盲目追逐的對象，尤其成爲在運作中被操作的對象和物品。人們的身體和性，失去其各自獨特的唯一性和私有性，成爲可以在任何公共場合和交換場合中進行交易的物體，成爲消費公衆任意擺佈的消費品。

綜上所述，流行文化的美學具有模糊性、含糊性、生活性、弔詭性、解構性、象徵性、嘉年華性及肉體性的明顯特徵。在這方面，美國的流行文化表現的特別突出和典型。波德里亞把美國社會和文化的

狀況當成當代流行文化的典型。他在《亞美利加》和《冷的回憶》等著作中，系統地描述和批判他所看到的美國及其文化（Baudrillard, 1986; 1987b）。《亞美利加》自首至終描述著美國的原始自然景像與人造文化之間的不協調狀況。波德里亞首先把鹽湖城那種「珠寶式」和「居高臨下」的「變性慾的驕傲」所造就的「魔力」，同沙漠另一邊的拉斯維加的「大娼妓的魔力」加以比較，讓他感到：沙漠的開展已經無限地接近電影膠片的「永恆性」。波德里亞提醒人們注意：「鏡子裡的物體可能比實際看起來的物體，還要更靠近一點」。這就是美國的現代技術所造就的文化的一般特徵：它們是技術所任意設計出來的擬像形象，但比實際物體還更接近美國人的實際生活，因為它們是在人造的時空結構中存在，沒有歷史的意義。更令人深思的是眼前展現的沙漠，即刻聯想起美國的「沙漠文化」或「文化沙漠」的性質：到處是絡繹不絕的、冷漠的和令人嘆爲觀止的符號、影像、臉孔與儀式的移動，時間凝固成夢幻中的「水平狀態」，這是一種比人類學更早時期的文化，是比原始的印第安原始文化更原始的文化，一種「恆星性」（la sidéralité），一種非人性的偶存狀態，一種在別處找不到的寂寥。所有這一切，都是社會叛離的純粹狀態，呈現出冷卻與死亡、「社會去核」（dénucléation sociale）過程與邊沿化的原始形態。正如波德里亞所說：「在這裡，在沙漠的橫斷景貌與地質的反諷中，超越政治者找到其屬性與心智的空間。在這裡，我們邊遠的、非社會的、膚淺的世界之無人性，瞬間就找到它的美學形態，它的忘形神迷形態」。實際上，沙漠並不只是存在於美國中、東南部的幾個州，而是無所不在地出現在全國各地，使得美國成爲了一個世界上僅有的、既先進又保存著「無意義」的國度（Baudrillard, 1986）。

波德里亞接著指出：「在美國有一種強烈的對比。一邊是核宇宙的逐漸抽象化，另一邊是初生的、發自肺腑的、壓抑不住的活力。這種新陳代謝的活力，既顯現於工作與貿易上，又表現在性與身體方

面。但它不是出自根性，而是源於無根。基本上，美國，以其幅員之遼闊、科技之精進、粗率的善心，即使在用來模擬的空間中，仍然也是現存唯一的原始社會；這是從那些它為擬像而開放的諸多空間的角度來看的圖像。其迷人之處在於：到此一遊，彷彿它是未來的原始社會，一個盤根錯節、混居、人種極度交雜的社會，一個具有殘暴儀式、卻因浮淺的多樣性而美麗的社會。這個社會具有整體的「後設社會現象」，充滿了無法預知的結果，充滿了其內在令人神迷，但缺乏可以用來反照這種內在的過去，因此，歸根結柢，它是原始的。它的原始性，已經轉變成一個非我們所能控制的宇宙的誇張、非人性的特色；這種宇宙遠遠超越它自己的道德、社會或生態的固有情理之上」（Ibid.）。

在接受美國《新見識》（*The New Perspectives Quarterly*）雜誌主編格爾岱爾（Nathan P. Gardels）的訪問時，波德里亞再次把美國的社會稱為「未來的原始社會」。他說：美國和以前的原始社會一樣是沒有過去的；有的只是它實實在在的現在。所謂沒有祖傳的版圖，並不是指土地，而是指那些象徵性的領域。也就是說，美國沒有自古累積意義、並錘鍊不變原則的祖先版圖。換言之，美國無處尋根，只能望未來看。因此，美國的根是憑空想像出來的，要靠不斷模擬仿冒（Gardels, N. P. 1995）。

波德里亞把美國當代社會和文化比喻成「沒有歷史的未來原始社會」，是意味深長的。首先，作為一種原始社會，實際上就是生活在大自然與神話和符號之間相互交往的領域之中。如果說，一切人類文化都是在大自然和符號之間的相互參照和對立的運作中產生和發展的話，那麼，兩者之間的相互參照和對立運作，都必須靠具有創造精神的人類思想觀念和語言作為仲介。越是原始的社會，這種作為仲介力量的觀念和語言系統，越是模糊和單薄，越是接近自然和符號結構本身；相反地，越是文化發達和歷史悠久的社會，這種作為仲介力量的

觀念系統和語言，就越豐富、越多樣化、越仲介化和越多層次化。美國文化的貧瘠和歷史的短促，使美國特有的觀念系統也非常貧乏和單薄。作為現代性起源的啟蒙理性是在西歐興起的。因此，從西歐到美國移民的美國人祖先，只是把啟蒙文化的產品搬移到美國這塊待開發的土地上。從十八世紀到二十世紀，美國社會和文化基本上是現成地享受和複製西歐的文化產品，使美國沒有嚴格意義的歷史文化脈絡，從而也缺乏具有創造性的觀念生產能力。美國社會和文化的優點，就是善於利用和發揮西歐啟蒙理性所創造的一切文化產品，並使這些產品，在脫離了其歐洲母體之後，又在美國本土、在缺乏原有創造觀念的基礎上，不斷地自我繁殖，使這些文化產品，在一種脫離根源和失去參照體系的情況下，自由地加速散播、複製和自我膨脹，造成了遠比西歐更「自由」、然而更畸形地發展起來。這一切造成美國社會和文化充滿了神話和符號結構的重疊，同時又越來越脫離其產生母體的原始觀念和價值體系。更嚴重的是，美國政治和資本壟斷勢力所控制的媒體力量，都比西歐各國更強大和更有效地滲透到文化再生產的過程之中，使上述各種神話和符號結構的畸形運作更加極端化。美國人那種缺乏自我參照和缺乏沈重的歷史感的精神狀態，又使他們更輕鬆、更盲目地自我陶醉於這種文化在生產的遊戲之中。正如波德里亞所說：美國只存在自然本態和人工做作，缺乏自我參照和自我反思的層面，沒有沈重的歷史感，所以無法拉遠象徵與真實之間的距離。由於缺乏這種間隔，不懂得保持象徵及其象徵物之間的特定的和必要的距離，又沒有自嘲的反省功夫，使美國只有某種天真原始的特質，卻缺乏深刻理論反省的能力。又因為不懂反諷的意義，就會把假想和真實混淆不分。美國人所專長的，是以實用主義的精神，為了圖謀短期利益，在複製歐洲文化方面，比任何人都來得敏感和快速。對於美國人來說，迪士尼樂園的文化，可以充當資訊的傳達者，無需任何思考和辨認，便加以接受，甚至給予崇拜。而電視電影的一切圖像，也被反

思能力薄弱的美國人當成「眞實」的東西來接受。美國文化人就是憑著虛空和烏有而創造出一個烏托邦的理想，再加上電影和各種媒體，不擇手段地予以神聖化和神秘化，導致一切虛假的圖像被當成眞實事物而接受和流傳，並不斷地複製再複製，在複製的近乎機械運動的重複中，越來越發揮它的控制群眾的有效力量。正因爲這樣，美國成爲了當代虛幻的擬像的最好的製造工廠。在美國，單純靠廣告的宣傳，就足於使成千成萬的消費者追逐那些時髦的產品，並把它們當成實際的幸福來接受。

因此，美國是在美學範圍之外的，像沙漠一樣，是超越美學的。單純地依靠符號的複製和任何一種不需要參照體系的擬像遊戲，就可以造成一番轟動社會的文化事業來。在美國，文化繼續處於野生狀態。當美國人機械地將他們所虛幻出來的夢想翻譯成事實時，一切美學都被排擠在他們的視野之外。美國人所創造的符號，越遠離眞理的標準和價值的規範，越重複一切文化古國的文化產品的形式，就越具有某種神秘的誘惑力，使那些成千成萬早已忘記歷史和忘記文化價值的人群，在他們麻木地尋求即時可以滿足的慾望的情況下，找到了沒有任何目的的精神快樂。

法國著名的達達主義畫家馬賽·杜尚（Marcel Duchamp, 1898-1968）說過，現代主義的基本特徵就是表現出某種「冷漠的自由」（freedom of indifference）。對什麼發生冷漠？爲什麼冷漠？冷漠的目的又是什麼？在現代性文化發展的歷史時期，同現代性本身已經陷入無法自拔的困境的後現代時期，對於上述有關冷漠的各種問題的答案是完全不同的。對於歐洲的現代性作家來說，那種冷漠多多少少還表現出一種失落感和抗議傾向。這是由於心懷理想、而現實的發展以及個人創作自由的各種努力的結果，卻超出了理想的範圍，因此才導致一種失落感。而且，在失落感產生之後，這些進行自由創作的藝術家，還繼續試圖尋求新的自由創作的理念，使他們在失落中仍然不忘歷史

的價值。但是，到了美國社會，特別是在美國的現實環境中，一切歷史的變化，都被阻擋在美國的海岸線之外，使美國人對於思考過程所經歷的各種曲折的中介化結構不再感興趣，冷漠也就從一開始滲透在美國人的心目中。具有冷漠傳統的美國人，不再像現代性作家那樣對失落中所產生的冷漠發生興趣，而把冷漠當作過時的和普通的事物，更談不上產生追求「冷漠的自由」的精神動力。美國人對於冷漠的習以為常，使他們容易接受單一結構的速食文化，也喜歡在機械複製的循環中自我陶醉。

References

Aaker, D.
1991 *Managing Brand Equity.* New York: Free Press.

Abercrombie, N.
1996 *Television and Society.* Cambridge: Polity.

Adorno, Th. W.
1959 *Theorie der Halbbildung,* in *Theodor W. Adorno Gesammelte Schriften,* Bd. 8, Frankfurt am Main: Suhrkamp.
1984 *Aesthetic Theory.* London : Routledge.
1986 *Theodor W. Adorno Gesammelte Schriften.* Frankfurt am Main: Suhrkamp
1989a *The Culture Industry Reconsidered.* In *Critical Theory and Society,* Bronner, E. S. / Kellner, D. MacKay, Eds., London: Routledge.
1989b *Perennial Fashion: Jazz.* In *Critical Theory and Society,* Bronner, E. S. / Kellener, D. MacKay, Eds., London: Routledge.

Agger, B.
1992 *Cultural Studies as Critical Theory.* London: Falmer Press.

Alexander, Jeffrey C.
1990 *Culture and Society: Contemporary Debates.* Cambridge University Press.

Allen, R.
1987 *The Guiding Light: Soap Opera as Economic Product and Cultural Document.* In Newcomb, H. Ed. 1987, *Television: Critical View.* New York: Oxford University Press.
1992 *Channels of Discourse, Reassembled,* 2nd. Ed., London: Routledge.

Alleres, D.
1996 *Luxe, stratégie marketing.* Paris: Editions Economica.
1997 *Industries cosmétiques.* Paris: Economica.

Amiot, E. / Azizollah, J.- L.
1990 *Les marques françaises. 150 ans de graphiques.* Paris: Editions Historicom.

Appadurai, A.
1986 *The Social Life of Things.* Cambridge: Cambridge University Press.
1990 *Disjunction and Difference In the Global Cultural Economy.* In *"Public Culture"*, Vol. 2, Spring 1990.
1991 '*Globalethnoscapes: Notes and Queries for A Transnational Anthropology*'. In *Recapturing Anthropology: Working in the Present,* Ed. By Richard G. Fox. Santa Fe, New Mexico:

Arendt, H.
1963 *On Revolution.* London: Penguin.

Ariès, P. / Duby, G.
1987 *Histoire de la vie privée.* Paris: Seuil.

Arnold, M.
1869 *Culture and Anarchy.* London.

Aronson, E.
1992 *Statesways Can Change Folkways.* In R. Baird & S. Rosenbaum Eds., *Bigotry, Prejudice and Hatred: Definitions, Causes and Solutions.* Buffalo, NY: Prometheus Books.
1998 *Dissonance, Hypocrisy, and the Self-Concept.* In E. Harmon-Jones & J. S. Mills, *Cognitive Dissonance Theory: Revival With Revision and Controversies.* Washington, DC.: American Psuchological Association.

Attali, J.
1976 B*ruits. Essai sur l'économie politique de la musique.* Paris : P.U.F.

Aune, R. K. / Aune, K. S.

1994 *The Influence of Culture, Gender and Relational Status on Appearance Management.* In *"Journal of Cross Cultural Psychology"* , 1994, 25, 2, pp. 258-272.

Auzias, J.-M.

1986 *Michel Foucault. Qui suis-je* ? Paris : La Manufacture.

Bagozzi, R. P.

1975 *Marketing as Exchange,* in *"Journal of Marketing"*, 39 （4）, pp. 32-39.

Bailey, P.

1986 *Music Hall: The Business of Pleasure.* Milton Keynes: Open University Press.

Bailleux, N. / Remaury, B.

1995 *Modes et vêtements.* Paris: Gallimard; Découvertes.

Bakhtin, M. M.

1968 *Rabelais and His World.* Cambridge: MIT Press.
1984 *Problems of Dostoevsky's Poetics.* Manchester: Manchester University Press.

Barthes, R.

1983 *Système de la mode.* Paris: Seuil / Points.
1993 *Oeuvres complètes.* Vol I. Paris: Seuil.
1994 *Oeuvres complètes.* Vol. II. Paris: Seuil.

Basow, S. A.

1991 *The Hairless Ideal. Women and Their Body Hair.* In *"Psychology of Women Quarterly"*, 1991, 15, pp. 83-96.

Bataille, G.

1929 *Architechture.* In *Oeuvres Complètes.* Vol. I. Paris: Gallimard.
1969 *Theory of Religion.* New York: Urzone Books Inc.
1987 *The Accursed Share: An Essay on General Economy. Vol. I:*

Consumption. New York: Urzone Books Inc.

Baudelaire, Ch.
1976 *Œuvres complètes.* Paris: Gallimard.

Baudrillard, J.
1969 *La société de consommation.* Paris: Gallimard.
1970 *Système des objets.* Paris: Gallimard.
1976 *L'échange symbolique et la mort.* Paris : Gallimard.
1984 *La mode ou la féerie du code.* In *"Traverses"*, N. 3, La mode.
1986 *Amérique.* Paris: Grasset.
1987a *L'autre par lui-meme: Habilitation.* Paris: Galilée.
1987b *Cool memories.* Paris: Galilée.
1988 *Selected Writings.* Stanford: Stanford University Press.
1993 *Symbolic Exchange and Death.* London: Sage.
1994 *Simulacra and Simulations.* The University of Michigan Press
1995 *The system of Objects.* London: Verso.
1998 *The Consumer Society: Myths and Structure.* London: Sage.

Bauman, Z.
1999 *Culture as Practice.* London: Sage.

Baumeister, R.
1993 *Self-Esteem: The Puzzle of Low Self-Regard.* New York: Plenum.

Bayer, F.
1981 *De Schoenberg à Cage.* Paris : Klincksieck.

Bayley, S.
1979 *In Good Shape.* London.

Bayer, F.
1981 *De Schoenberg à Cage.* Paris : Klincksieck.

Beaud, P.
1973 *Musique et la vie quotidienne.* Paris : Minuit.

Beck, U.

1986 *Risikogesellschaft. In eine andere Moderne.* Frankfurt am Main.

Becker, H. S.

1963 *Outsiders: Studies in the Sociology of Deviant.* Chicago: The University of Chicago Press.

1982 *Art Worlds.* Chacago: The University of Chicago Press.

Becker, H. S. / McCall, M. M.

1990 *Symbolic Interaction and Cultural Studies.* Chacago: The University of Chicago Press.

Belk, R. w.

1981 *Cultural and Historical Differences in Concepts of Self and Their Effects on Attitudes Toward Having and Giving.* In *"Advances in Consumer Research"*, 11: 887-897.

Bell, D.

1974 *The Coming of Post-Industrial Society.* London: Heinemann.

1976 *The Cultural Contradictions of Capitalism.* New York: Basic Books.

Bell, Q.

1992 *Mode et société: essai sur la sociologie du vêtement.* Paris: P.U.F.

Benjamin, W.

1936 *Paris, capitale du XIX e siècle, Le livre des passages.*

1968 [1935] *The Work of Art in the Age of Mechanical Reproduction.* In *Illuminations*, Ed. By Hannah Arendt, trans. H. Zohn, New York: Schocken.

1989 *Surrealism: The Last Snapshot of the European Intelligentsia.* In *Critical Theory and Society,* Bronner, E. S. / Kellner, D. MacKay, London: Routledge.

Bennett, T.

1981 *Popular Culture: Themes and Issues.* Milton Keynes: Open University Press.

1986a *'Hegemony, Ideology, Pleasure: Blackpool'.* In *Popular Culture and*

Social Relations, eds., by Bennett et ali. Milton Keynes: Open University Press.

1986b *'The Politics of "the Popular" and Popular Culture'*. In **Popular Culture and Social Relations,** eds., by Bennett et ali. Milton Keynes: Open University Press.

1992 *'Putting Policy into Cultural Studies'*. In **Cultural Studies,** eds., by Lawrence Grossberg et ali. New York/ Routledge.

1993 *'Useful Culture'*. In **Relocating Cultural Studies: Development in Theory and Research,** eds., by Valda Blundell et ali. London: Routledge.

1994 *Popular Culture and the Turn to Gramsci.* In **Cultrual Theory and Popular Culture: A Reader.** Ed. By John Storey. Hemel Hempstead: Harvester Wheatsheaf.

1995 *'Out in the Open: Reflections on the History and Practice of Cultural Studies'*. In **"Cultural Studies",** 10（1）: 133-152.

1999 **Culture: A Reformer's Science.** London: Sage.

Bennett, A. et al.

1980 *'Popular Culture: A Teaching Object'*. In **"Screen Education"**, 34: 18.

1981a **Popular Television and Film.** London: BFI.

1981b **Culture, Ideology and Social Process: A Reader.** London: Open University Press.

1986 **Popualr Culture and Social Relations.** Milton Keynes: Open University Press.

1988 **Bond and Beyond: The Political Career of a Popular Hero.** London: Macmillan.

Berger, P. et al.

1973 **The Homeless Mind. Modernization and Consciousness.** New York: Vintage Books.

Berio, L.

1974 *'Dossier Luciano Berio'* in **"Musique en Jeu."** No.15. Paris.

Berscheid, E. & Reis, H. T.

1998 *Attraction and Close relationships*. In D. Gilbert et al. Eds. **The Handbook of Social Psychology.** 4th ed., Vol. 2, pp. 193-281. New York:

McGraw-Hill.

Blanckaert, Ch.
1996 *Les chemins du luxe.* Paris: Editions Grasset.

Blaxter, M.
1990 *Health and Lifestyles.* London: Tavistock and Routledge.

Blum, R. H. & Associates.
1974 *Society and Drugs, vol 1 of Drugs: Social and Cultural Observations.* San Francisco: Jossey-Bass.

Blumer, H.
1968 'Fashion'. In C. F. Sills （ed.）, *International Encyclopedia of the Social Sciences.* Vol. 5. New York: Macmillan.
1969 'Fashion: From Class Differentiation to Collective Selection'. In *"The Sociological Quarterly",* 10,1: 275-291.

Bocock, R.
1986 *Hegemony.* London: Tavistock.

Bocock, R. / Thompson, K.
1992 *Social and Cultural Forms of Modernity.* Cambridge: Polity Press.

Boethius, A.-M.-S.
1867 （500）. *De Institutione Musica libri V.* Leipzig:G.Friedlein.

Bonal, F.
1998 *Champagne.* Paris: Grand Pont.

Botton, M. / Cegarra, J.- J.
1990 *Le nom de marque.* Paris: McGraw-Hill.

Boucher, F.
1996 *Histoire du costume en Occident de l'Antiquité à nos jours.* Paris: Flammarion.

Bourdieu, P.
1969 *L'amour de l'art.* Paris : Minuit.

1979 *La distinction.* Paris: Minuit.
1991 *Language and Symbolic Power.* London: Polity.
1993 *The Field of Cultural Production.* Cambridge: Polity.
1996 *Sur la Télévision.* Paris: Liber-Raisons d'agir.

Brantlinger, P.
1990 *Crusoe's Footprints: Cultural Studies in Britain and America.* New York: Routledge.

Braudel, F.
1967-1979 *Civilisation matérielle, économie et capitalisme, XVe-XVIIIe siècle.* Paris: A. Colin.
1981 〔1979〕 *The Structures of Everyday Life. The Limits of the Possible. Civilization and Capitalism 15th - 18th Century.* Vol. I. New York:Harper and Row Publishers.
1982 *Civilization and Capitalism.15th-18th Century.Vol.II: The Wheels of Commerce.* New York: Harper & Row.

Brecher, E. M. & The Edtions of Consumer Reports.
1972 *Licit and Illicit Drugs: The Consumers Union Reprot on Narcotics, Stimulants, Depressants, Inhalants, Hallucinogens, and Marijuana－Including Caffeine, Nicotine, and Alcobol.* Boston: Little, Brown.

Brenninkmeyer, I.
1963 *The Sociology of Fashion.* Köln: Westdeutscher Verlag.

Bruchon-Schweitzer, M.
1990 *Une psychologie du corps.* Paris: P.U.F.

Brydon, A. / Nissen, S.
1998 *Consuming Fashion. Adorning the Transnational Body.* Oxford / New York: Berg.

Bernett, J. / Bush, A.
1986 *Profiling the Yupie, In "Journal of Advertising Research"*, 1986 April.

Buckingham, D.
1993 *Children Talking Television.* London: Falmer Press.

Butazzi, G.
1983 *La mode, art, histoire et société.* Paris: Hachette.

Byrne, D. & Clore, G. L.
1970 *A Reinforcement Model of Evaluative Processes.* In *"Personality: International Journal"*, 1: 103-128.

Campbell, C.
1987 *The Romantic Ethic and the Spirit of Modern Consumerism.* Oxford: Balckwell.

Cantor, M.
1971 *The Hollywood TV Producer: His Work and His Audience.* New York: Basic Books.

Cardinal, C.
1998 *La montre.* Paris: Office du Livre.

Carey, J.
1989 *Communication and Culture: Essay on Media and Society.* Boston: Unwin Hyman.

Cassirer, N.
1944 *An Essay on Man.* New Haven / London: Yale University Press.

Cauzard, D. et al.
1988 *Images de marques, marques d'images.* Paris: Ramsay.

Certeau, Michel de.
1984 〔1980〕 *The Practice of Everyday Life.* Berkeley: University of California Press.

Chambers, I.
1985 *Urban Rhythms: Pop Music and Popular Culture.* London: Macmillan.

1986 *Popular Culture: The Metropolitan Experience.* London: Methuen.

Chenoune, F.
1993 *Des modes et des hommes. Deux siècles d'élégance masculine.* Paris: Flammarion.

Chion, M. / Reibel, G,
1976 *Les musiques électro-acoustiques.* Aix-en-Provence: Edisud.

Clarke, J.
1991 *New Times and the Old Enemies: Essays on Cultural Studies and America.* London: Harper Collins.

Clarke, J. et al.
1979 *Working Class Culture: Studies in History and Theory.* London: Hutchinson.

Clairs, J.
1989 *Méduse.* Paris: NRF.

Clark, K.
1969 *Le nu.* 2 vols. Paris: Hachette.

Cohen, S.
1980 〔1972〕 *Folk Devils and Moral Panics: the Creation of Mods and Rockers.* London: MacCribbon and Kee.

Collins, J.
1989 *Uncommon Cultures: Popular Culture and Postmodernism.* New York: Routledge.

Colonna d'Istria, R.
1996 *L'art du luxe.* Paris: Hermine.

Combarieu, J.
1913 *Histoire de la musique.* Vol.1.Paris.

Cowley, D.

1991 *Understanding Brands.* London: Kogan Page.

Craik, J.

1994 *The Face of Fashion. Cultural Studies in Fashion.* London: Routledge.

Crane, Diana

1992 *The Production of Culture: Media and the Urban Arts.* New York: Sage Publications, Inc.

Cunningham, M. R. et al.

1995 *Their ideal of beauty are, on the whole, same as ours.* In *"Journal of Personality and Social Psychology"*, 1995, 68, 2, 261-279.

Daddesio, Th. C.

1995 *On Minds and Symbols.The Relevance of Cognitive Science for Semiotics.* Berlin: Mouton de Gruyter.

Damisch, H.

1992 *Le jugement de Paris.* Paris: Flammarion.

Daniels, G.

1998 *Parures et bijoux traditionnels.* Paris: Menges.

Dant, T.

1999 *Material Culture in the Social World.* Buckingham: Open University Press.

Darwin, Ch.

1871 *The Descent of man and selection in relation to sex.* London: John Murry.

Davis, F.

1982 *On the 'Symbolic' in Symbolic Interaction.* **Symbolic Interaction,** 5: 111-126.

1985 *Thing and Fashion as Communication.* In M. R. Solomon, ed. *The Psychology of Fashion.* pp. 15-27. Lexington, MA.: Lexington Books.

De la Haye, A. M.
1998 *La catégorisation des personnes.* Grenoble: P. U. G.

Deleuze, G.
1988 *Le Pli. Leibniz et le baroque.* Paris: Minuit.
1990 *Pourparlers（1972-1990）.* Paris: Minuit.
1991 *Qu'est-ce que la philosophie ?* Paris: Minuit.

Delpierre, M. / De Fleury, M. / Lebrun, D.
1988 *L'élégance française au cinema. Paris*: Musée de la Mode et du Costume-Galliera.

Descamps, M.-A.
1979 *La psychologie de la mode.* Paris: P.U.F.

Derrida, J.
1976a *L'Écriture et la Différance.* Paris: Seuil.
1981 *Positions.* English trans. Alan Bass. London: Athlone Press.

Deslandres,Y.
1976 *Le costume, image de l'homme.* Paris: Albin Michel.
1992 *Mode des années 40.* Paris: Seuil.

Deslandres, Y. / Mueller, F.
1986 *Histoire de la mode au XXèmè siecle.* Paris: Somogy.

Diener, E. et al.
1995 *Physical Attractiveness and Subjective Well Being.* In *"Journal of Personality and Social Psychology"*, 1995, 69, 1, pp. 120-129.

DiMaggio, P.
1982 *Culture Enterpreneurship in 19th century Boston, Part 1 and Part 2.* In *"Media, Culture and Society"*, 1982: 4

Dion, K. et al.
1972 *What is Beautiful is Good.* In *"Journal of Personality and Social Psychology"*, 1972, 24, pp. 285-290.

Dirlik, A.

1994 *The Postcolonial Aura: Third World Criticism in the Age of Global Capitalism.* In *"Critical Enquiry"*, 20 Winter.

Dobkin de Rios, M.

1984 *Hallucinogens: Cross-Cultural Perspectives.* Albuquerque:University of New Mexico Press.

Douglas, M.

1986 *Risk Acceptability According to Social Sciences.* New York: Basic Books.

1987 *Constructive Drinking: Perspectives on Drink from Anthropology.* New York: Cambridge University Press.

1992 *Risk and Blame. Essay in Cultural Theory.* London: Routledge.

Douglas, M. / Calvez, M.

1990 *The Self as Risk Taker. A Cultural Theory of Contagion in Relation to Aids.* In *"Sociological Review"*, vol. 38, No.3.

Douglas, M. / Wildavsky, A.

1983 *Risk as Culture. An Essay on Selection of Technological and Environmental Dangers.* Berkeley: University of California Press.

Duby, G. / Perrot, M.

1991 *Histoire des femmes.* vols., Paris: Plon.

Duhring, S.

1993 *The Cultural Studies Reader.* London: Routledge.

Durkheim, E.

1915 *The Elementary Forms of Religious Life.* New York: Macmillan.

Eco, U. et al.

1992 *Interpretation and Overinterpretation.* Cambridge: Cambridge University Press.

Efron, D. H., Bo Holmstedt, & Kline, N. S.

1967 *Ethnopharmacologic Search for Phychoactive Drugs. Public Health*

Service Publication 1645. Washingtion, D. C.: U. S. Department of Health, Education, and Welfare.

Elias, N.
1978〔1939〕 *The Civilizing Process. Vol. I. The History of Manners.* Oxford: Basil Blackwell.
1982〔1939〕 *The Civilizing Process. Vol. II. State Formation and Civilization.* Oxford: Basil Blackwell.
1983〔1969〕 The Court Society. Oxford: Basil Blackwell.
1984 *Knowledge and Power: An Interview by Peter Ludes.* In N. Stehr / V. Meja, Eds. *Society and Knowledge.* New Burnwick: Transaction books.
1987a *The Changing Balance of Power Between the Sexes.* In "*Theory, Culture & Society*", 1987: 4, 2-3.
1987b *Involvement and Detachment.* Oxford: Basil Blackwell.
1991〔1989〕 *The Symbol Theory.* London: Sage.

Engels, F.
1845 *The Situation of Working Class in England.* London.

Everett, M. W., Waddell, J. O. & Health, D. B.
1976 *Cross-Cultural Approaches to the Study of Alcohol: An Interdisciplinary Perspective.* The Hague: Mouton.

Ewen, S.
1976 *Captains of Consciousness Advertising and the Social Roots of the Consumer Culture.* New York: McGraw-Hill.
1989 *All Consumer Images.* New York: Basic Books.

Ewen, S. / Ewen, E.
1982 *Channels of Desire.* New York: McGraw-Hill.

Faivre, I.
1985 *Chirurgie esthétique et psychologie.* Paris: Maloine.

Faulkner, R.
1983 *Music On Demand.* New Brunswick, NJ: Transaction.

Featherstone, M.

1991 *Consumer Culture and Postmodernism.* London: Sage.

Featherstone, M. / Burrows, R.

1995 *Cyberspace / Cuberbodies / Cyberpunk: Cultures of Technological Embodiment.* London: Sage.

Feingold, A.

1992 *Good Looking People Are Not What We Think.* In "*Psychological Bulletin*", 1992, 111, 2, pp. 304-341.

Fine, B. / Leopold, E.

1993 *The World of Consumption.* London: Routledge.

Finkelstein, J.

1991 *The Fashioned Self.* Cambridge: Polity Press.

Fiske, J.

1982 *Introduction to Communication Studies.* London: Methuen.

1986 *'Television and Popular Culture: reflection on British and Australian Critical Pracrice'.* In *Critical Studies in Mass Communication,* 3: 200-216.

1987a *'British Cultural Studies and Television Criticism'.* In *Channels of Discourse: Television and Contemporary Criticism,* ed. Robet Allen, 254-290. London: Methuen.

1987b *Television Culture.* London: Methuen.

1988 *'Meaningful Moments'.* In *Critical Studies in Mass Communication,* Sept., 246-250.

1989a *Reading the Popular.* Boston: Unwin Hyman.

1989b *Understanding Popular Cullture.* Boston: Unwin Hyman.

1992 *Cultural Studies and the Culture of Everyday Life.* In Grossberg et al. *Cultural Studies.* London: Routledge.

1993 *Power Plays, Power Works.* London: Verso.

Fiske, J. et al.

1978 *Reading Television.* London: Methuen.

1987 *Myths of Oz: Reading Australian Popular Culture.* Sydney: Allen & Unwin.

Fornäs, J.
1995 *Cultural Theory and Late Modernity.* London: Sage.

Fortassier, R.
1988 *Les écrivains français et la mode.* Paris: P.U.F.

Foucault, M.
1976 *Punir et surveiller. Histoire de la prison.* Paris: Gallimard.
1984 *Histoire de la sexualité.* 3 vols. Paris: Gallimard.
1994 *Dits et écrits.* 4 vols. Paris: Gallimard.
1999 *Il faut défendre la société.* Paris: Gallimard.

Franklin, A.
1893 *La Vie Privée d'autrefois, le thé, le chocolat.*

Frisby, D / Featherstone, M.
1997 *Simmel On Culture: Selected Writings.* London: Sage.

Furst, P. T.
1976 *Hallucinogens and Culture.* San Francisco: Chandler & Sharp.

Gadamer, H.-G.
1975 *Aktualität der Schönheit.* Tübingen: J. C. B. Mohr.
1986 *Wahrheit und Methode. Grundzüge einer philosophischen Hermeneutik.* Tübingen: J. C. B. Mohr.

Gamman, L. / Makinen, M.
1994 *Female Fetishism: A New Look.* London: Lawrence and Wishart.

Gaines, J. / Herzog, Ch.
1990 *Fabrications: Costume and the Female Body.* London: Routledge.

Gane, M.
1991 *Baudrillard's Bestiary.* London: Routledge.

Gans, H. J.

1985[1974] *Popular Culture and High Culture. An Analysis and Evaluation of Taste.* New York: Basic Books.

1985 *American Popular Culture and High Culture in a Changing Class Structure.* In J. H. Balfe / M. J. Wyszomirski, Eds. *Art, Ideology and Politics,* pp.: 40-57. New York: Praeger.

Geertz, C.

1973 *The Interpretation of Culture.* New York: Basic Books.

Gilder, G.

1994 *Life After Television: The Coming Transformation od Media and American Life.* Rev. edn. New York: W. W. Norton.

Gilloch, G.

1996 *Myth and Metropolis: Walter Benjamin and the City.* Cambridge: Polity Press.

Giroud, F. / Van Doisen, S.

1998 *Christian Dior.* Paris: Editions du regard.

Goffman, E.

1973 *The Representation of Self.* New York:

Goldthorpe, J. et al.

1968-1969 *The Affluent Worker in the Class Structure.* 3 Vols. Cambridge: Cambridge University Press.

Goody, K.

1984 *Arts Funding: Growth and Change Between 1963 and 1983.* In *"Annals of the American Academy of Political and Social Sciences",* 471: 144-157.

Gordon, G.

1998 *Cartier. Un siècle de montres Cartier.* Paris: Cartier.

Gramsci, A.

1985 *Selections.* Cambridge, Mass.: Harvard University Press.

Grau, F.-M.

1996 *L'Industrie de l'habillement.* Paris: Collection *"Que sais-je".*

Gray, A.

1987 *'Behind Closed Doors - Video Recorders in the Home'.* In **Boxed In - Women and Television,** ed., H. Baehr and G. Dyer. London: Pandora.

Gray, A. and Jim McGuigan,

1993 **Studying Culture: An Introductory Reader.** London: Edward Arnold.

Griffin, D. W. & Ross, L.

1991 *Subjective Construal, Social Inference, and Human Misunderstanding.* In L. Berkowitz, Ed. **Advances in Experimental Social Psychology,** Vol. 24, pp. 319-359. San Diego, LA.: Academic Press.

Gronow, J.

1997 **The Sociology of Taste.** London: Routledge.

Grossberg, L.

1988 It's a Sin. In **It's A Sin: Essays on Postmodernism, Politics and Culture.** Eds., by Lawrence Grossberg, Tony Fry, Ann Curthoys and Paul Patton. Sydney: Power.

1993 *'The Formation of Cultural Studies: An American in Birmingham'.* In **Relocating Cultural Studies: Developments in Theory and Research.** Eds., Valda Blundel, John Shepherd and Ian Taylor, 21-66. London: Routledge.

1994 *'Something is Happening Here and You Don't Know What It Is, Do You, Mr Jones?'* In **Southeast Asian Journal of Social Science,** 22: v-x.

Grossberg, L. et al.

1992 **Cultural Studies.** New York: Routledge.

Grumbach, D.

1993 **Histoire de la mode.** Paris: Seuil.

Gutmann, A.

1994 **Multiculturalism: Examining the Politics of Recognition.** Princeton:

Princeton University Press.

Habermas, J.

1964 *Strukturwandeln der Oeffenlichtkeit.* Frankfurt am Main: Suhrkamp.

1981a *Theorie des kommunikativen Hadelns.* 2 Vols. Frankfurt am Main: Suhrkamp.

1981b *Modernity and Postmodernity.* In *"New German Critique"*, 22: 3-14.

1983 *Kommunikation und Moralbewusstsein.* Frankfurt am Main: Suhrkamp.

Hahn, A.

1980 *Soziale Voraussetzungen von Individualität. Personale und positionale Aspekte von Verantwortung.* In Schavan, A. / Bernhard, W. （Hg.） : *Person und Verantwortung. Zur Bedeutung von Personalität.* Düsseldorf. S. 53-70.

1982 *Zur Soziologie der Beichte und anderer Formen institutionalisierter Bekenntnisse. Selbstthematisierung und Zivilisationprozeß.* In *Kölner Zeitschrift für Soziologie und Sozialpsychologie* 34, S. 407-434.

1987 *Identität und Selbstthematisierung.* In Hahn, A. / Kapp, V. （Hg.） , *Selbstthematisierung und Selbstzeugnis. Bekenntnis und Geständnis.* Frankfurt am Main.

Hall-Duncan.

1978 *Histoire de la photographie de mode.* Paris: Chene.

Hall, S.

1971 *'Deviancy, Politics and Media'.* In *CCCS stencilled paper,* No. 11.

1975 *'Television as a Medium and Its Relation to Culture'.* In *CCCS stencilled paper.* No. 34.

1977 *'Culture, the Media and "the Ideological Effect".* In *Mass Communication and Society,* eds., by James Curran et al., 315-348. London: Edward Arnold.

1980a *'Cultural Studies and the Centre: Some Problematics and Problems'. In Culture, Media, Language,* eds., Stuart Hall et al., 15-47. London: Hutchinson.

1980b *'The Determination of News Photographs'*. In ***The Manufacture of News: Social Problems, Deviance and the Mass Media.*** Eds., by Stanley Cohen et al. 226-243. London: Constable.

1980c *'Encoding / Decoding'*. In ***Culture, Media, Language.*** Eds., Stuart Hall et al. 128-138. London: Hutchinson.

1980d *'Introduction to Media Studies at the Centre'*. In ***Culture, Media, Language.*** Eds., Stuart Hall et ali. 117-121. London: Hutchinson.

1980e *'Recent Developments in Theories of Language and Ideology: A Critical Note'*. In ***Culture, Media, Language.*** Eds., Stuart Hall et al. 157-162. London: Hutchinson.

1981 *'Cultural Studies: Two Paradigms'*. In ***Culture, Ideology and Social Process: A Reader.*** Eds., by Tony Bennett et al. 19-37. London: Open University Press.

1982 *'The Rediscovery of "Ideology": The Return of the "Repressed" in Media Studies'*. In ***Culture, Society and the Media.*** Eds. By Michael Gurevitch et al. 56-90. London: Methuen.

1986 *'Popular Culture and the State'*. In ***Popular Culture and Social Relations.*** Eds. By Tony Bennett et al. 22-49. Milton Keynes: Open University Press.

1988 ***The Hard Road to Renewal: Thatcherism and the Crisis of the Left.*** London: Verso.

1990 *'The Emergence of Cultural Studies and the Crisis of the Humanities'*. In ***October*** 53: 11-23.

1992 *'Cultural Studies and Its Theoretical Legacies'*. In ***Cultural Studies.*** Eds. By Lawrence Grossberg et al. 277-294. New York: Routledge.

1993 *'Culture, Community,* Nation'. In ***Cultural Studies,*** 7（3）: 349-363.

Hall, S. et al.

1967〔1964〕. ***The Popular Arts.*** Boston: Beacon.

1976 ***Resistance Through Rituals: Youth Subcultures in Pos-War Britain.*** London.

Harner, M. J.

1973 ***Hallucinogens and Shamanism.*** New York: Oxford University Press.

Harris, D.

1992 *From Class Struggle to the Politics of Pleasure: The Effects of Gramscianism on Cultural Studies.* London: Routledge.

Harris, J.

1992 *Private Lives, Public spirit: Britain 1879-1914.* London: Penguin.

Harter, S.

1993 *Causes and Consequences of Low Self-Esteem in children and Adolescents.* In Baumeister, R. ed. *Self-Esteem: The Puzzle of Low Self-Regard.* New York: Plenum.

Hartley, J.

1982 *Understanding News.* London: Methuen.

1983 *'Encouraging Signs: Television and the Power of Dirt, Speech and Scandalous Categories'.* In *Australian Journal of Cultural Studies.* 1 （2） : 62-82.

1987 *'Invisible Fiction : Television Audiences, Paedocracy, Pleasure'.* In *Textual Practice,* 1 （2） : 121-138.

1988 *'The Real World of Audiences'.* In *Critical Studies in Mass Communication,* September: 234-238.

1992a *The Politics of Pictures: The Creation of the Public in the Age of Popular Media.* London: Routledge.

1992b *Tele-ology: Studies in Television.* London: Routledge.

Haug, W. F.

1986 *Critique of Commmodity Aesthetics.* Oxford: Polity.

1987 *Commodity Aesthethics, Ideology and Culture.* New York: International General.

Heath, D. B. & Cooper, A. M.

1981 *Alcohol Use and World Cultures: A Comprehension Bibliography of Anthropological Sources.* Toronto: Addiction Research Foundation.

Hebdige, D.

1979 *Subculture: The Meaning of Style.* London: Methuen.

1987 *Cut'n'Mix: Culture Identity and Caribbean Music.* London: Comedia.

1988 *Hiding in the Light: On Images and Things.* London: Routledge.

Hegel, G. W. F.

1944〔1842-1843〕*Esthétique.* Trad. française. 4 Vols. Paris: Aubier.

Heidegger, M.

1927〔1979〕*Sein und Zeit.* Frankfurt am Main : Klosmann.

Hendrickson, H.

1996 *Clothing and Difference: Embodied Identities in Colonial and Postcolonial Africa.* Durham: Duke University Press.

Hirsch, P. M.

1980 *Television and Consumer Aeshetics.* In E. C. Hirschman & M. B. Holbrook, Eds. *Symbolic Consumer Bechavior.* Ann Arbor, MI.: Association for Consumer Research.

Hobson, D.

1980 *'Housewives and The Mass Media'.* In *Culture, Media, Language.* Eds. Stuart Hall et al. London: Hutchinson.

1982 *Crossroad: the Drama of a Soap Opera.* London: Methuen.

Hodder, I.

1989 *The Meaning of Things: Material Culture and Symbolic Expression.* London: Unwin Hyman.

Hoggart, R.

1958 *The Uses of Literacy.* London: Penguin.

Hollander, A.

1994 *Sex and Suits: The Evolution of Modern Dress.* New York: Alfred Knopf.

Holtz, R.

1997 *Length of Group Membership, Assumed Similarity, and Opinion certainty: The Divided for Veteran Members.* In *"Journal of Applied Social*

Psychology", 27: 539-555.

Horowitz, T.
1975 *From Elite Fashion to Mass Fachion.* In *Archives Européennes de Sociolozie.* 16. 2: 283-95.

Horton, D.
1943 *"The Function of Alcohol in Primitive Societies: A Cross-Cultural Study."* In *Quarterly Journal of Studies on Alcohol* 4: 199-320.

Houts, R. M. / Robins, E. / Huston, T. L.
1996 *Compatibility and the Development of Premarital Relationships.* In *"Journal of Marriage and Family"*, 58: 7-20.

Hutchinson.
1980 *Culture, Media, Language.* London: Hutchinson.
1978 *Policing the Crisis: Mugging, the State, and Law and Order.* London: Macmillan.
1981 *'The Unity of Current Affairs Television'.* In *Popular Television and Film.* Eds., by Tony Bennett et al. 88-117. London: BFI.

Inglis, F.
1990 *Media Theory: An Introduction.* London: Blackwell.
1993 *Cultural Studies.* London: Blackwell.

Jacomet, D.
1989 *Le textile-habillement, une industrie de pointe.* Paris: Economica.

Jahn, O.
1856-1859 *W. A. Mozart.* Vol. III. Leipzig.

Jameson, F.
1981 *The Political Unconscious: Narrative as a Socially Symbolic Act.* London: Routledge / Methuen.
1991 [1984] *Postmodernism or the Cultural Logic of Late Capitalism.* London: Verso.
1992 *The Geopolitical Aesthetic: Cinema and Space* in *"The World System"* , 17.

Jeannin da Costa, S.

1995 *La beauté*. In *"Les coulisses de la séduction"*. Paris: Editions de la Martinière.

Jenks, C.

1993 *Culture*. London: Routledge.

Johnson, R.

1978 *'Edward Thompson, Eugene Genovese, and Socialist-Humanist History'*. In *History Workshop,* 6: 79-100.

1979a 'Culture and the Historian'. In *Working Class Culture: Studies in History and Theory*. ed. John Clarke et al. London: Hutchinson.

1979b *'Three Problematics: Elements of A Theory of Working Class Culture'*. In *Working Class Culture: Studies in History and Theory*. ed. John Clarke et al. London: Hutchinson.

1980 *'Barrington Moore, Perry Anderson and English Social Development'*. In *Culture, Media, Language*. Eds. Stuart Hall et al. London: Hutchinson.

1983 *'What is Cultural Studies Anyway?* ' In *CCCS stencilled paper*. No. 74.

Kaiser, S.

1989 *The Social Psychology of Clothes: Symbolic Appearances in Context*. New York: Macmillan.

Kant, I.

1980[1798] *Anthropologie in pragmatischer Hinsicht*. In Kant Werkausgabe Bd. XII. Frankfurt am Main: Suhrkamp.

1995[1788] *Kritik der Urteilskraft*. Dortmund: Könemann.

Kellner, D.

1995 *Media Culture: Cultural Studies, Identity and Poiltics. Between The Modern and the Postmodern*. London: Routledge.

Kroeber, A. L. / Kluckholn, C.

1952 *A Critical Review of Concepts and Definitions*. In *"Anthropological Papers"*, Peabody Museum, No. 4.

Kunda, Z.

1990 *The Case for Motivated Reasoning.* In *"Psychological Bulletin"*, 108: 480-498.

Kunzle, D.

1982 *Fashion and Fetishism: A Social History of Corsets, Tightlacing and Other Forms of Body-sculpture in the West.* Towota, N. J.: Rowman and Littlefield.

La Bruyere, J. de.

1688 *Les caractères.* Paris.

Lacoste, G.

1981 *L'idée de beau.* Paris: Bordas.

Lash, S. / Urry, J.

1987 *The End of Organised Capitalism.* Oxford: Polity Press.

Latané, B.

1981 *The Psychology of Social Impact.* In *"American Psychologist"*, 36: 343-356.

Latané, B. & L'Herrou, T.

1996 *Spatial Clustering in the Conformity Game: Dynamics Social Impact in Electronic Games.* In *"Journal of Personality and Social Psychology"*, 70: 1218-1230.1

Laurent, J.

1979 *Le nu vêtu et dévêtu.* Paris: Gallimard.

Leavis, F. R.

1977 *Culture and Environment.* With Denys Thompson, West Port, CT: Greenwood Press.

1994 *'Mass Civilization and Minority Culture'.* In *Cultural Theory and Popular Culture: A Reader.* Ed; by John Storey, Hemel Hempstead: Harvester Wheatsheaf.

Leclant, J.

1951 *'Le café et les cafés à Paris（1644-1693）'*, in ***Annales, E. S. C.*** Paris.

Levine, D.

1985 ***The Flight from Ambiguity.*** Chicago: Chicago University Press.

Levine, L.

1989 ***Highbrow / Lowbrow: The Emergence of Cultural Hierarchy in America.*** Cambridge, Mass.: Harvard University Press.

Levinson, P.

1986 ***Digital McLuhan: A Guide to the Information Millenium.*** New York: Ralph M.
Vicinanza.

Lévi-Strauss, C.

1971 ***Mythologiques.*** Vol.4 : ***L'Homme nu.*** Paris : Plon.
1977 ***Structural Anthropology.*** Vol.1. New York : Penguin Books.

Lipovetsky, G.

1987 ***L'Empire de l'éphémère.*** Paris: Gallimard.
1997 ***La troisieme femme.*** Paris: Gallimard.

Lipsitz, G.

1984 *Against the Wind: The Class Composition of Rock and Roll Music.* In ***"Knowledge and Society"***, No. 5: 269-296.

Lombard, M.

1996 ***Produits de luxe: Les clés du succes.*** Paris: Economica.

Long, E.

1997 ***From Spciology To Cultural Studies. New Perspectives.*** Oxford: Blackwell.

Luhmann, N.

1986 ***Love As Passion.*** Cambridge: Harvard University Press.
1992 ***Beobachtungen der Moderne.*** Opladen.

1993 *Risk: A Sociological Theory.* Trans. By Rhodes Barrett. New York: Aldine de Gruyter.

1994 *Soziale Systeme.* 5 Auflage, Frankfurt am Main.

1995 *Soziologische Aufklärung 6: Die Soziologie der Menschen.* Opladen.

Lury, C.

1996 *Consumer Culture.* Cambridge: Polity.

Lyotard, J. F.

1984 *The Postmodern Condition.* Minneapolis: University of Minnesota Press.

Maisonneuve, J. / Bruchon-Schweitzer, M.

1981 *Modeles du corps et psychologie esthetique.* Paris: P. U. F.

Malinowski, B.

1922 *Argonauts of the Western Pacific.* London.

Mannheim, K.

1956 *Essays on the Sociology of Culture.* London: Routledge & Kegan Paul.

Marcuse, H.

1955 *Eros and Civilizatiobn.* New York: Routledge.

1964 *One Dimensional Man.* London: Routledge.

1989 *Liberation from Affluent Society.* In *Critical Theory and Society*, Bronner, E. S. / Kellener, D. MacKay, London: Routledge.

Marion, G.

1992 *Mode et marché, les stratégie marketing du vêtement.* Paris: Editions Liaisons.

Marshall, M.

1979 *Beliefs, Behaviors, and Alcoholic Beverages: A Cross- Cultural Survey.* Ann Arbor: University of Michigan Press.

Martin, R.

1998 *L'esprit du cognac.* Paris: EPA.

Marwick, A.
1992 *British Society Since 1945.* London: Penguin.

Marx, K.
1844 *Economic and Philosophical Manuscript.* New York: Free Press.
1845 《德意志意識形態》，《馬克思恩格斯全集》第3卷，北京：人民
　　出版社。
1867 *Das Kapital.* London.

Massao Miyoshi（三好將夫）
1993　*A Bordless World? From Colonialism to Transnationalism and the
　　Decline of the Nation-State.* In *"Critical Inquiry"*, Summer 1993.

Massia, P. & Rombouts, H.
1995 *Le café.* Brussels: Artis-Historia.

McDowell, C.
1992 *Dressed to Kill: Sex, Power and Clothes.* London: Hutchinson.
1997 *Histoire de la mode masculine.* Paris: Editions de La Martiniere.

McGuigan, J.
1992 *Cultural Populism.* London: Routledge.
1997 *Cultural Methodologies.* London: Sage.

McLuhan, H. M.
1964 *Understanding Media.* New York: McGraw Hill Book Company.

McPhail, Th. L.
1987 *Electronic Colonianism.* London: Sage.

McRobbie, A.
1981 *'Settling Accounts with Subcultures: A Feminist Critique'.* In **Culture,
　　Ideology and Social Process.**: A Reader. Eds. Tony Bennett et al.
　　London; Open University Press.
1982 *'Jackie: An Ideology of Adolescent Femininity'.* In **Popular Culture:
　　Past and Present.** Ed. Bernard Waites. London: Croom Helm.
1984 *'Dance and Social Fantasy'.* In **Gender and Generation.** Ed. Angela

McRobbie. London: Macmillan.

1991 *Feminism and Youth Culture: From Jackie to Just Steventeen.* London: Macmillan.

1992 *'Post-Marxism and Cultural Studies: A Post-script'.* In *Cultural Studies.* Eds. Lawrence Grossberg et ali. New York: Routledge.

1994 *Postmodernism and Popular Culture.* London: Routledge.

McRobbie, A. et al.

1976 *'Girls and Subcultures: An Exploration'.* In *Resistance Through Rituals: Youth Subcultures in Post War Britain.* Eds. Stuart Hall et al. 209-222. London: Hutchinson.

1984 *Gender and Generation.* London: Macmillan.

Mead, H. G.

1932 *The Philosophy of Present.* Chicago: University of Chicago Press.

1934 *Mind, Self and Society.* Chicago: University of Chicago Press.

1938 *The Philosophy of Action.* Chicago: University of Chicago Press.

Mellor, A.

1992 *'Discipline and Punish: Cultural Studies at the Crossroads'.* In *"Media, Culture and Society".* 14: 663-670.

Merleau-Ponty, M.

1945a *La structure du comportement.* Paris: Gallimard.

1945b *Phénoménologie de la perception.* Paris: Gallimard.

Mestrovic

1997 *Postemotional Society,* London: Sage.

Miller, D.

1987 *Material Culture and Mass Consumption.* Oxford: Balckwell.

Miller, T. / McHoul, A.

1999 *Popular Culture and Everyday Life.* London: Sage.

Modleski, T.

1984 *Loving with Vengeance: Mass-Produced Fantastes for Women.*

London: Methuen.

1986 *Studies in Entertainment: Critical Approaches to Mass Culture.*
Bloomington: Indiana University Press.

1988 *The Women Who Knew Too Much: Hitchcock and Feminist Theory.*
London: Methuen.

Moliere.

1662 *L'Ecole des femmes.* Paris.

Molotch, H. / Lester, M.

1974 *News as Purposive Behavior: The Strategic Use of Accidents,
Scandals, and Routines.* In *"American Sociological Review"*, No. 39,
101-112.

Moreas, J.

1976 *Le Pèlerin passionné.* Paris: Flammarion.

Morley, D.

1980a *The 'Nationwide' Audience.* London: BFI.

1980b *'Texts, Readers, Subjects'.* In *Culture, Media, Language.* Eds. Stuart
Hall et al. London: Hutchinson.

1986 *Family Television: Cultural Power and Domestic Leisure.* London:
Comedia.

1992 *Television, Audiences and Cultural Studies.* London: Routledge.

Morley, D. et al.

1995 *Spaces of Identity: Global Media, Electronic Landscapes and
Cultural Boundaries.* London: Routledge.

Mort, F.

1990 *Boy's Own? Masculinity, Style and Popular Culture.* In Chapman, R. /
Rutherford, J. eds., *Male Order: Unwrapping Masculinity.* London:
Lawrence and Wishart.

Mouches, A.

1994 *La representation subjective de la silhouette féminine.* In *"Les
cahiers internationationaux de psychologie sociale"*, 1994, 4, 24, pp.

76-87.

Mouffe, Ch.

1981 *'Hegemony and Ideology in Gramsci'*. In *Culture, Ideology and Social Process: A Reader.* Eds. Tony Bennett et al. London: Open University press.

Murdock, G.

1976 *'Consciousness of Class and Consciousness of Generation'*. In *Resistance Through Rituals: Youth Subcultures in Post-War Britian.* Ed. Stuart Hall et al. London: Hutchinson.

1982 *'Large Corporations and the Control of the Communications Industries'*. In *Culture, Society and the Media.* Michael Gurevitch at al. London: Methuen.

1989 *'Cultural Studies in Crossroads'*. In *Australian Journal of Communication,* 16: 37-49.

Murdock, G. et al.

1977 *'Capitalism, Communication and Class Relations'*. In *Mass Communication and Society.* Ed. James Curan et al. London: Edward Arnold.

Nelson, C. and Lawrence Grossberg

1988 *Marxism and the Interpretation of Culture.* Urbana: University of Illinois Press.

Neret, G.

1998 *Boucheron.* New York: Rizzoli.

Nicolin, Y.

1996 *Perspectives d'avenir de l'industrie du textile-habillement en France.* Paris: La documentation française.

Noro, A.

1991 *Form, modernity and the Thiid. A study of Georg Simmel's sociology.* Jyvaskyla: Tutkijaliitto.

Oakes, Guy.
1984 *Georg Simmel: On Women, Sexuality and Love.* New Haven: Yale University Press.

Osborn, A. A.
1996 *Beauty is Beauty Does ? Make Up and Posture Effects on Physical Attractiveness Judgments.* In *"Journal of Applied Social Psychology"*, 1996, 26, 1, pp. 31-51.

Pastoureau, M.
1989 *Le vetement: histoire, archeologie et symbolique vestimentaire.* Paris: Le Leopard d'Or.

Payne, Michael
1996 *A Dictionary of Cultural and Critical Theory.* London: Blackwell.

Peacock, J.
1990 *Le costume occidental de l'Antiquite a la fin du XXème siècle.* Paris: Chene.

Perrot, P.
1981 *Le dessus et dessous de la bourgeoise: une histoire du vêtement au XIXème siècle.* Paris: Complexe.
1996 *Le luxe.* Paris: Seuil.

Phillips, J. D.
1982 *Film Conglomerate Blockbusters: International Appeal and Product Homogenization.* In G. Kindem, Ed., *The American Movie Industry.* pp.: 325-335. Carbondal: Southern Illinois University Press.

Philo, G.
1990 *Seeing and Believing: The Influence of Television.* London: Routledge.

Picard, D.
1995 *Les rituels du savoir-vivre.* Paris: Seuil.

Pillivuyt, G.

1997 *Histoire du parfum.* Paris: Denoel.

Pittman, D. J. & White, H. R.

1991 *Society, Culture, and Drinking Patterns Reexamined.* New Brunswick, N. J.:Rutgers Center of Alcohol Studies.

Plato.

1963 *The Collected Dialogues of Plato.* Hamilton, E. / Cairns, H.（eds.）London: Bollingen Foundation.

1965 *Phédon.* Tr. E. Chambry. Paris: Garnier-Flammarion.

Pochna, M.-F.

1994 *Théâtre de la Mode.* In *Dictionnaire de la Mode au XXe siècle.* Paris: Editions du Regard.

Popper, K.

1945 *The Open Society and Its Enemies.* London: Routledge and Kegan Paul.

Porter, R.

1990[1982] *The English Society in the Eighteenth Century.* London: Peguin.

Post, E.

1922 *Etiquette in Society, in Business, in Politics and at Home.*

Pyszczynski, T. et al.

1995 *The Liberating and Constraining Aspects of Self: Why The Freed Bird Finds a New Cage.* In A. Oosterwegel, R. A. Wicklund, Eds. *The Self in Ouropean and North American Culture: Development and Process.* NATO Advanced Science Institutes Series. Dorrdrecht, Netherlands: Kluwer Academic Publishers.

Quick, H.

1997 *Defiles de mode.* Paris: Soline.

Raboy, M. / Dagenais, B.

1992 *Media, Crisis and Democracy. Mass Communication and the Disruption of Social Order.* London: Sage.

Radway, J.

1987 〔1984〕 *Reading the Romance: Women, Patriarchy and Popular Literature.* London: Verso.

1988 *'Reception Study: Ethnography and the Problems of Dispersed Audiences and Nomadic Subjects'.* In *Cultural Studies,* 2（3）: 359-376.

Remaury, B.

1994 *Dictionnaire de la mode au XXème siècle.* Paris: Editions du Regard.

Rich, M. K. / Cash, T. F.

1993 *The American Image of Beauty: Media Representation of Hair Color for Four Decades.* In *"Sex Roles"*, 1993, 29, 1-2, pp. 113-124.

Ricoeur, P.

1970 〔1965〕 *Freud and Philosophy: An Essay On Interpretation.* New Haven: Yale Uniersity Press.

Riggins, S. H.

1994 *The Socialness of Things. Essays on the Socio-Semiotic of Objects.* Berlin : Mouton de Gruyter.

Ritzer, G.

1996 *The McDonaldization of Society.* Newbury Park, Calif.: Pine Forge Press.

Roche, D.

1989 *La culture des apparences. Une histoire du vêtement XVII-XVIIIème siècles.* Paris: Fayard.

Rokeach, M.

1973 *The Nature of Human Values.* New York: The Free Press.

Rosenberg, B. / White, D. M.

1957 *Mass Culture. The Popular Art in America.* New York: Free Press.

Ross, L. & Nisbet, R. E.

1991 *The Person and the Situation: Perspectives of Social Psychology.*
New York: McGraw-Hill.

Rouse, E.

1989 *Understanding Fashion.* Oxford: BSP Professional Books.

Rowe, D.

1996 *Popular Culture. Rock Music, Sport and the Politics of Pleasure.*
London: Sage.

Said, E.

1978 *Orientalism.* New York: Vintage.

1993 *Culture and Imperialism.* New York: Vintage,

Sapir, E.

1937 *'Fashion'.* In *Encylopedia of Social Sciences.* New York: The
Macmillan Co. pp.139-144.

Sartre, J.-P.

1940 *L'Imaginaire.* Paris : Gallimard.

1943 *L'Être et le Néant.* Paris: Gallimard.

Saussure, F. de,

1916 *Cours de linguistique générale.* Paris.

Schaeffer, P.

1952 *A la recherche d'une musique concrète.* Paris : Seuil.

1966 *Traite des objets musicaux.* Paris : Seuil.

Schoppenhauer,A.

1942 〔1818〕 *Le Monde comme Volonté et Représentation.* Trad.
Francaise, vol.1. Paris: P. U. F.

Schulze, G.

1992 *Die Erlebnisgesellschaft. Kultursoziologie der Gegenwart.* Frankfurt
am Main.

Sebeok, Th. A. / Umiker-Sebeok, J.

1994 *Advances in Visual Semiotics. The Semiotic Web 1992-93.* Berlin : Mouton de Gruyter.

Shiach, M.

1991 *'Feminism and Popular Culture'.* In **Cultural Quarterly,** 33（2）: 37-46.

Siegel, R. K.

1989 *Intoxication: Life in Pursuit of Artificial Paradise.* New York: E.P. Dutton.

Simmel, G.

1890 *Über soziale Diffenrenzierung.* Leipig: Dincker & Humboldt.

1890 *Besprechung von: Tarde, Gabriel, Les lois de l'imitation,* in **Zeitschrift für Psychologie der Sinnesorgane,** 2.

1892-1893 *Gerhart Hauptmann's 'Weber',* in **Sozialpolitisches Zentralblatt,** 2.

1894 *Das Problem der Soziologie,* in **Schmolers Jahrbuch für Gesetzgebung, Verwaltung und Volkswirtschaft,** 18: 271-277.

1895a *The Problem of sociology,* in **Annals of the American Academy of Political and Social Science,** 6: 52-63.

1895b *Zur Psychologie der Mode: Soziologische Studie,* in **Die Zeit**（ Vienna）, 5 & 12 October.

1895c *Zur Soziologie der Familie,* in **Vissische Zeitung,** 30 June, 7 July.

1902a *Der Bildrahmen,* in **Der Tag** （Berlin）, 541.

1902b *Tendencies in German life and Thought since* 1970, in **The International Monthly,** 5.

1903 *Über räumliche Projektionen sozialer Formen,* in **Zeitshcrift für Sozialwissenshcaft,** 6.

1904 *Fashion,* in **International Quarterly,** 10. Reprinted in *"American Journal of Sociology",* LXII （6）, 1957: 541-558.

1905 *The Philosophy of Fashion.* In **Simmel On Culture: Selected Writings,** eds. by David Frisby / Mike Featherstone, London: Sage.

1906 *Die Religion,* Frankfurt am Main: Rutten & Loening.

1908 *Soziologie,* Leipig: Duncker & Humboldt.

1909a *Die Zukunft unserer Kultur,* in *Frankfurter Zeitung,* 14 April 1909.

1909b *Psychologie der Koketterie,* in *Der Tag*（Berlin）11 & 12 May.

1911 *Photosophische Kultur.* Leipig: W. Klinkhardt.

1912 *Mélange de philosophie relativiste.* Paris: Alcan.

1916a *Die Krisis der Kultur.* In *Frankfurter Zeitung,* 13 February 1916.

1916b *Wandel der Kulturformen.* in *Berliner Tageblatt.* 27 August.

1950 *The Secret,* in Kurt H. Wolff（ed.）, *The Sociology of Georg Simmel.* Glencoe: Free Press.

1980 *Essays on Interpretation in Social Science.* Manchester: Manchester University Press.

1986 *Schopenhauer and Niezsche*（Trans. H. Loiskandl）, Amherst, MA.: University of Massachusetts Press.

1990 *The Philosohy of Money.* Second enlarged edition. London / New York: Routledge.

1994 *The Picture Frame: An Aesthetic Study.* In *"Theory, Culture & Society",* 11.

Simon, M.

1995 *Mode et peinture.* Paris: Hazan.

Skinner, B. F.

1938 *The Behavior of Organism.* New York: Appelon-Century-Crofts.

Skorupski, J.

1976 *Symbol and Theory.* London : Cambridge University Press.

Soares, R.

1998 *L'habillement, analyses et chiffres cles.* Paris: Service des statistiques industrielles, Ministère de l'économie.

Solomon, M. R.

1985 *The Psychology of Fashion.* Lexington, Mass.: Lexington Books.

Sombart, W.

1900 *Der moderne Kapitalismus.* Leipig: Duncker & Humboldt.

1902 *Die Genesis des Kapitalismus.* Leipig: Duncker & Humboldt.

1967〔1913〕 *Luxus und Kapitalismus.* München: Duncker & Humboldt.（*Luxury and Capitalism.* English trans. Ann Arbor: University of Michigan Press）.

1975〔1913〕 *Krieg und Kapitalismu*s Leipig: Duncker & Humboldt（*War and Capitalism,* English trans. New York: Arno Press）.

1982〔1911〕 *Die Juden und das Wirtshaftsleben* München / Leipig: Duncker & Humboldt.（*The Jews and Modern Capitalism.* English trans. New Brunswick: Transaction Books）.

Sorokin, P. A.

1962〔1937〕 *Social and Culture Dynamics. Vol. I. Fluctuation of Forms of Art.* New York: The Bedminster Press.

1941. *Social and Cultural Dynamics.* Vol. IV: *Basic Problems, Principles and Methods.* New York: The Bedminster Press.

Sprinker, Michael,

1992 *Edward Said: A Critical Reader.* Oxford: Blackwell.

Sproles, G. B.

1979 *Fashion: Consumer Behavior Toward Dress.* Minneapolis: Burgess. Behavioral science Theories. In M. R. Solomon, ed. *The Psychology of Fashion.* pp. 55-70. Lexington, M. A.: Lexington Books.

Sproles, G. B. / King, C. W.

1973 *The Consumer Fashion Change Agent: A Theoretical Conceptualization and Empirical Investigation.* Institute for Research in the Behavioral, Economic, and Management Sciences. Purdue University, Paper No. 433, Dec.

Stacey, J.

1985 *Turning on Our TV Habit.* In *"USA Today"*, Dec. 4.

Stone, J.

1998 *The Self Concept in Dissonance theory.* In E. Harmon-Jones & J. S. Mills, Eds. *Cognitive dissonance Theory: Revival with Revisions and Controversies.* Washington DC: American Psychological Association.

Storey, J.

1994 *Cultural Theory and Popular Culture: A Reader.* London: Harvester Wheatsheaf.

1997 *An Introduction to Cultural Theory and Popular Culture.* Second Edition. London: Prentice Hall.

Strinati, D.

1995 *An Introduction to Theories of Popular Culture.* London: Routledge.

Synnott, A.

1993 *The Body Social. Symbolism, Self and Society.* London: Routledge.

Swidler, A.

1986 *Culture in Action: Symbols and Strategies.* In *"American Sociological Review",* 51: 273-286.

Tarde, G. de

1979 〔1890〕 *Les lois de l'imitation.* Genève: Stalkine

1898 *Études de Psychologie sociale.* Paris: Gallimard.

Thibodeau R. & Aronson, E.

1992 *Taking a Closer Look: Reasserting the Role of the Self-Concept in Dissocance Theory.* In *"Personality and Social Psychology Bulletin",* 18: 591-602.

Thompson, D.

1973 〔1964〕 *Discrimination and Popular Culture.* Rev. Ed. London: Penguin.

Thompson, E. P.

1978a 〔1963〕 *The Making of the English Working Class.* London: Penguin.

1978b *The Poverty of Theory and Other Essays.* London: Merlin.

Thompson, J.

1984 *Studies in the Theory of Ideology.* Cambridge: Polity.

1990 *Ideology and Modern Culture.* Cambridge: Polity.

Thompson, K.
1986 *Beliefs and Ideology.* London: Tavistock.

Thorn, J.
1996 *L'amateur de café.* Paris: Soline.

Tice, D.
1993 *The Social Motivations of People With Low Self-Esteem.* In Baumeister, R. *Self-Esteem: The Puzzle of Low Self-Regard.* New York: Plenum.

Tieger, M.
1998 *Horloges anciennes.* Paris: Flammarion.

Tocqueville, Alexis de.
1835-1840 〔1961〕 *De la Démocratie en Amérique.* 2 vols. Paris: Gallimard.

Toussaint-Samat, M.
1990 *Histoire technique et morale du vêtement.* Paris: Bordas.

Tuchman, G.
1988 *Mass Media Institutions.* In Smelser, Ed. *Handbook of Sociology,* pp.: 601-626. Newbury Park, CA.: Sage.

Tulloch, J.
1989 *'Approaching Audiences: A Note on Method'.* In *Australian Television: Programs, Pleasures and Politics.* Sydney: Allen & Unwin.

Turner, G.
1996 *British Cultural Studies: An Introduction.* Second Editon. London: Routledge.

Tylor, E. B.
1958 〔1871〕 *Primitive Culture: Researches into the Development of Mythology, Philosophy Religion, Language, Art and Custom.* Gloucester, MA: Smith.

Useem, M.

1989 *Corporate Support for Culture and the Arts.* In M. J. Wyszomirski & P. Clubb, Eds. ***The Cost of Culture: Patterns and Prospects of Private Arts Patronage.*** New York: American Council for the Arts Books.

Valda, B. et al.

1993 ***Relocating Cultural Studies: Developments in Theory and Research.*** London: Routledge.

Vatimo, G.

1992 ***The Transparent Society.*** London: Polity Presws.

Vetter, H.-R.

1991 ***Lebensführung - Allerweltsbegriff mit Tiefgang. Eine Einführung. In Vetter, H.-R. (Hg.) Muster moderner Lebensführung. Ansätze und Perspektiven.*** Münschen.

Vigarello, G.

1978 ***Le corps redresse.*** Paris: Delarge.

Vincent-Richard, F.

1983 ***Raison et passion: langages de societe - la mode 1940-1990.*** Paris: Textile / Art / Langage.

Voß, G.-G.

1991 ***Lebensführung als Arbeit.*** Stuttgart.

Vuitton, H. L.

1998 ***La malle aux souvenirs.*** Paris: Menges.

Wagner, P.

1995 ***Soziologie der Moderne.*** Frankfurt am Main.

Waites, B. et al.

1982 ***Popular Culture: Past and Present.*** London: Croom Helm.

Watson, J.

1924 ***Behaviorism.*** Chicago: University of Chicago Press.

Weber, M.

1914 *'Über einige Kategorien der verstehenden Soziologie.'* In Weber, M.
1922. ***Gesammelte Aufsätzen zur Wissenschaftslehre.*** 3 Auflage. Tübingen: Mohr.

Webster, D.

1994 *'Pessimism, Optimism, Pleasure: The Future of Cultural Studies'.* In
Cultural Theory and Popular Culture: A Reader. London: Harvester
Wheatsheaf.

Weedon, Ch. et al.

1980 *'Theories of Language and Subjectivity'.* In ***Culture, Media,
Language.*** Eds. Stuart Hall et al. London: Hutchinson.

Weil, A.

1990 ***The Natural Mind: A New Way of Looking at Drugs and the Higher
Consciousness.*** rev. ed. Boston: Houghton Mifflin.

Wernil, A.

1991 ***Promotional Culture: Advertising, Ideology and Symbolic
Expression.*** London: Sage.

White, M.

1989 *Ideological Analysis of Television.* In R. C. Allen, Ed. ***Channels of
Discourse.*** London: Routledge.

Williams, R.

1962 ***Communications.*** London: Methuen.
1966 〔1958〕 ***Culture and Society: 1780-1950.*** London: Penguin.
1974 ***Television: Technology and Cultural Form.*** London: Fontana /
Collins.
1975 〔1961〕 ***The Long Revolution.*** London: Penguin.
1976 *Developpment in the Sociology of Culture.* In ***"Sociology"***, 10: 497-
506.
1977 ***Marxism and Literature.*** London: Oxford University Press.
1983 ***Keywords.*** London: Fontana.

Williamson, J.

1978 *Decoding Advertisements: Iedology and Meaning in Advertising.* London: Marion Boyars.

Willis, P.

1977 *Learning to Labour: How Working Class Kids Get Working Class Jobs.* London: Saxon House.

1978 *Profane Culture.* London: Routledge.

1979 *'Shop Floor Culture, Masculinity and the Wage Form'.* In *Working Class Culture: Studies in History and Theory.* Ed. by John Clake et al. London: Hutchinson.

1980 *'Notes on Method'.* In *Culture, Media, Language.* Eds. By Stuart Hall et al. London: Hutchinson.

1990 *Common Culture: Symbolic Work at Play in the Everyday Cultures of the Young.* Milton Keynes: Open University Press.

Wilson, E.

1985 *Adorned in Dreams: Fashion and Modernity.* London: Virago.

1991 *The Sphinx in the City.* London: Virago.

1994 *'Fashion and Postmodernism'.* In *Cultural Theory and Popular Culture: A Reader.* Ed. by John Storey. London: Harvester Wheatsheaf.

Wiseman, C. V. et al.

1992 *Cultural Expectations of Thinness in Woman.* In *"International Journal of Eating Disorders",* 1992, 11, 1, pp. 35-89.

Wittgenstein, L.

1968 *Philosophical investigations. （Philosophiche Untersuchungen）,* Oxford : Basil Blackwell.

Women's Studies Group, Centre for Contemporary Cultural Studies, University of Birmingham.

1978 *Women's Subordination.* London: Hutchinson.

Wright, W.

1975 *Sixguns and Society: A Structural Study of the Western.* Berkeley: University of California Press.

Yonnet, P.

1985 *Jeux, Modes et Masses: la societe francaise et le moderne, 1945-1985.* Paris: Gallimard.

Zaret, D.

1992 *Critical Theory and the Sociology of Culture.* London: The Falmer Press.

流行文化社會學

著　　者／高宣揚

出 版 者／揚智文化事業股份有限公司

發 行 人／葉忠賢

總 編 輯／林新倫

副總編輯／賴筱彌

登 記 證／局版北市業字第 1117 號

地　　址／台北市新生南路三段 88 號 5 樓之 6

電　　話／(02)23660309

傳　　真／(02)23660310

郵政劃撥／14534976

帳　　戶／揚智文化事業股份有限公司

法律顧問／北辰著作權事務所　蕭雄淋律師

印　　刷／鼎易印刷事業股份有限公司

E - m a i l／book3@ycrc.com.tw

網　　址／http://www.ycrc.com.tw

初版一刷／2002 年 11 月

定　　價／新台幣 600 元

I S B N／957-818-430-1

國家圖書館出版品預行編目資料

流行文化社會學/ 高宣揚著. --初版.
　　--臺北市：揚智文化 ,2002[民 91]
　　面：公分. --(社會叢書；25)
　　參考書目：面

　ISBN 957-818-430-1(平裝)

　1.文化人類學

541.3　　　　　　　　　　　91013626